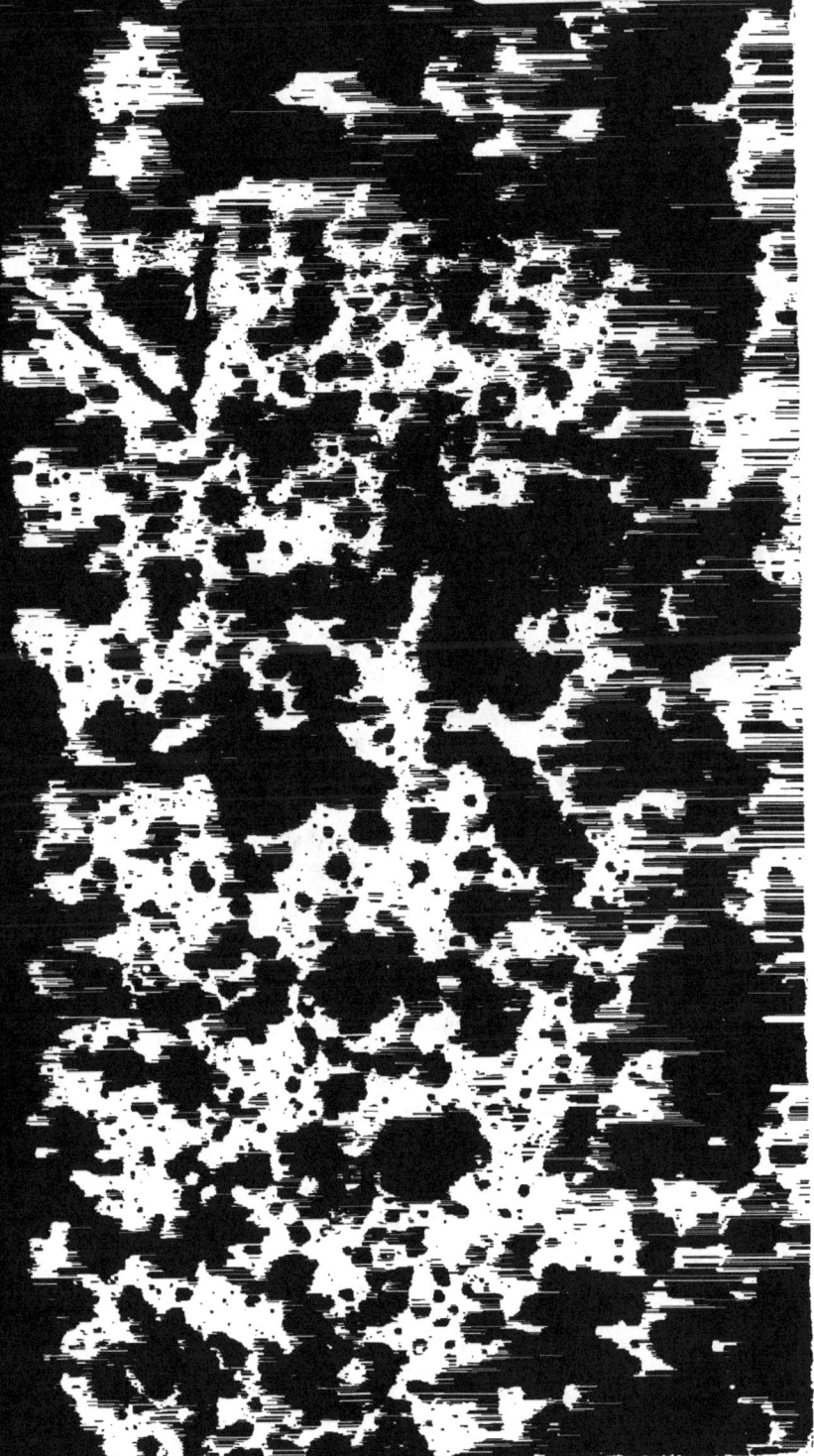

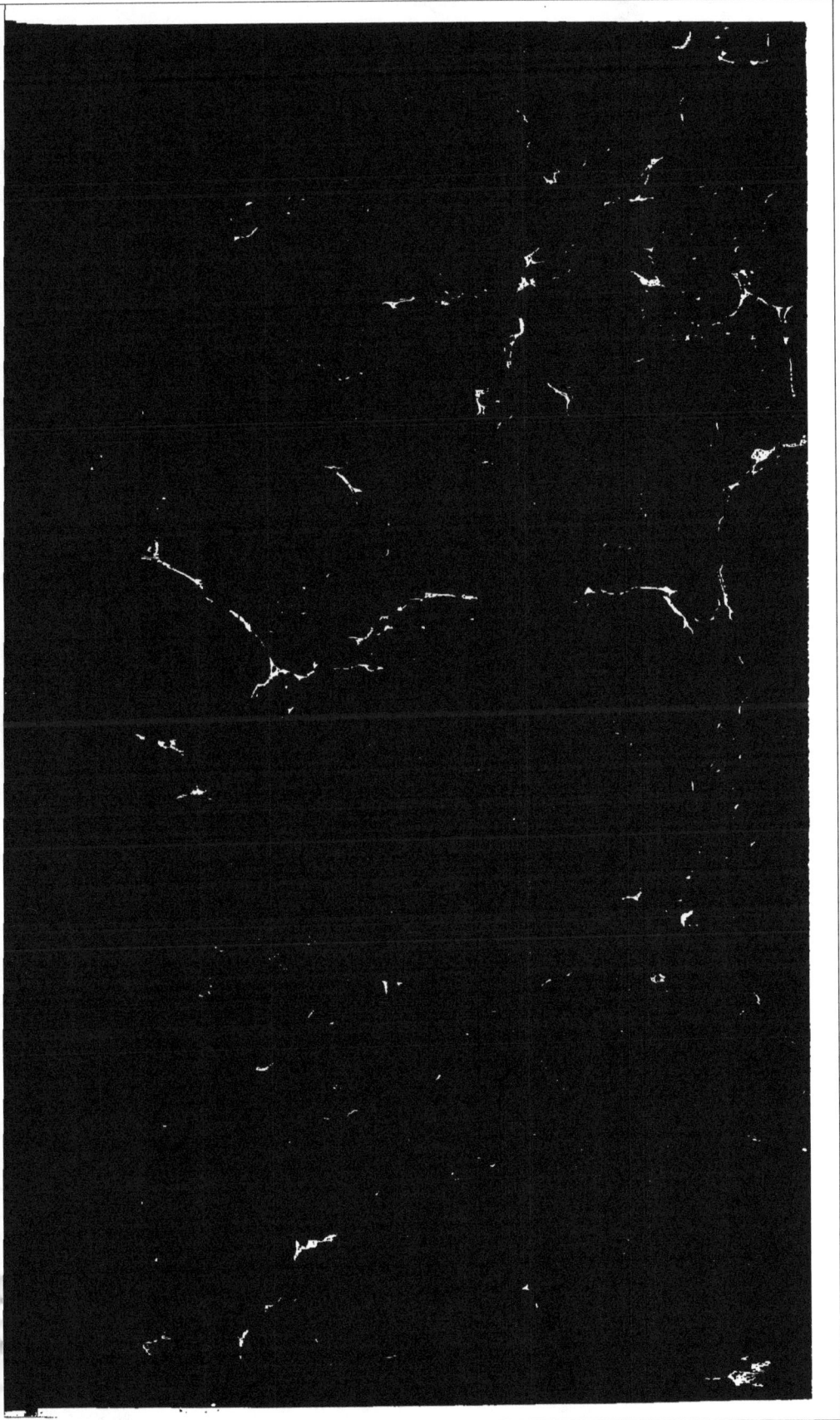

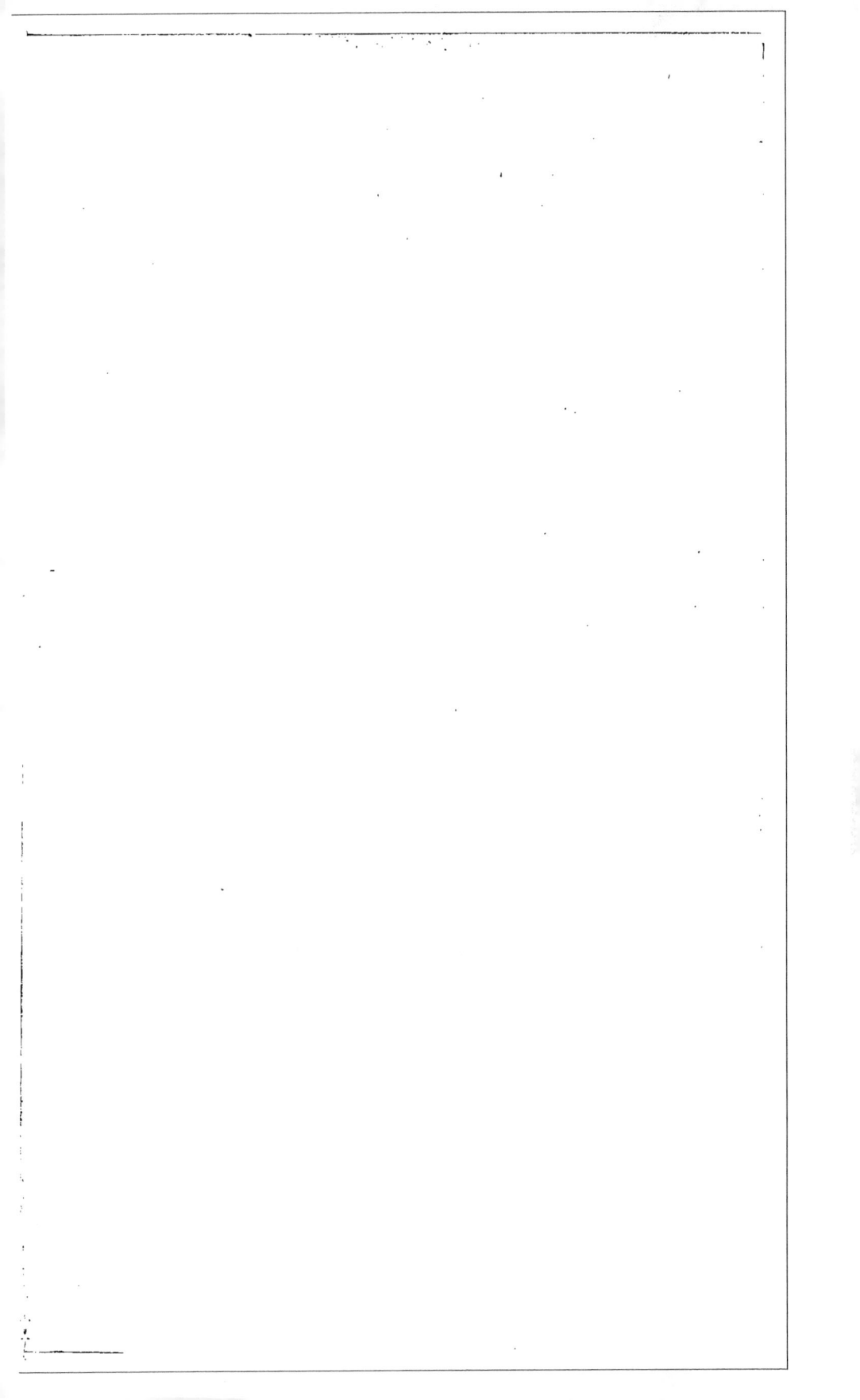

43240

RÉPERTOIRE RAISONNÉ

DES NOTIONS LES PLUS NÉCESSAIRES DES LOIS ADMINIS-
TRATIVES, CIVILES, COMMERCIALES ET CRIMINELLES,
AVEC DES MODÈLES DES ACTES SOUS SEING PRIVÉ,
ET L'INDICATION DES DROITS D'ENRE-
GISTREMENT SUR CHACUN D'EUX.

Ouvrage utile à MM. les Maires, Adjoints, Propriétaires,
Fermiers, Négociants, Entrepreneurs de constructions
et généralement à tous les citoyens qui ne peuvent se
livrer à une étude approfondie des lois.

AUGMENTÉ

*Des lois spéciales les plus importantes récemment publiées
sur diverses matières et suivi de formules de pétitions
sur divers sujets.*

PAR UNE SOCIÉTÉ DE JURISCONSULTES FRANC-COMTOIS.

A PONTARLIER,

CHEZ LAITHIER, IMPRIMEUR-LIBRAIRE.

1845.

Avertissement.

Les auteurs de l'ouvrage que l'on offre aujourd'hui, n'ont pas eu la prétention de publier un ouvrage absolument neuf, soit quant au fond même des matières qui y sont traitées, soit quant à la forme sous laquelle ils ont cru devoir les présenter. Ils ont seulement voulu faire un livre utile aux diverses classes de la société pour lesquelles il a été plus particulièrement écrit. Faire connaître d'une manière succincte, mais claire, les droits de chaque citoyen selon sa position, les devoirs qui lui sont imposés, quelle portée peuvent avoir les obligations qu'il contracte envers d'autres, ou que d'autres contractent envers lui ; tel est le but que les auteurs se sont proposé, et qu'ils se sont efforcé d'atteindre, en s'appuyant sur la législation, sur la doctrine des auteurs, et sur la jurisprudence des Cours souveraines et du Conseil d'état.

En ce sens, l'ouvrage peut n'être considéré que comme une compilation, mais s'il éclaire ceux qui y auront recours, et qui n'ont ni le temps ni les moyens de faire eux mêmes les recherches dont il est le résultat, il n'en n'aura pas moins une utilité réelle et incontestable.

Enfin le plus bel éloge que l'on puisse faire d'un ouvrage de cette espèce, est de dire que l'on y trouve tout ce que l'on y cherche, et c'est la louange que les auteurs se sont efforcé de mériter.

ACTE.

Ce mot pris dans son sens général et grammatical signifie tout fait quelconque de l'homme, et c'est dans cette acception qu'il a été souvent employé par le législateur. Ainsi on a dit *faire acte d'héritier*, pour désigner la manière d'agir de celui qui dispose des biens d'une succession, comme il ne pourrait le faire sans sa qualité d'héritier.

Cependant l'acte est, le plus habituellement, ce qui se passe entre les parties ; c'est le fait même, la convention ou le contrat qui est valable par le seul consentement exprimé par écrit ou verbalement.

Plus tard on a étendu la signification du mot en l'employant pour désigner l'écrit où sont recueillis et consignés certains faits ou certaines conventions et qui doit leur servir de preuve en conservant la mémoire de ce qui s'est passé. C'est dans ce but que sont rédigés *les actes* de naissance, de mariage et de décès.

Les actes se divisent en deux grandes catégories. Ceux que l'on appelle *publics*, parce qu'ils sont reçus ou rédigés par des officiers publics, comme les notaires, les greffiers, les administrateurs, etc. etc. On appelle les autres *privés*, parce qu'ils émanent de simples particuliers, et qu'ils ne présentent pas la même garantie que les premiers. L'acte public fait foi par lui même de tout ce qu'il contient, et pour anéantir cette autorité qu'il tient de la loi, il faut recourir à l'inscription de faux. L'acte privé ne fait au contraire, foi de la convention qu'il renferme, qu'autant qu'il est reconnu par la partie à laquelle il est opposé. (Code civil, article 1322.)

§ 1er.

Rédaction des Actes.

Les actes doivent être rédigés avec clarté et précision; car leur obscurité devient souvent funeste aux parties et donne naissance à la plupart des procès.

Les actes qui sont rédigés par les officiers publics doivent être écrits en français. (Ordonnance de 1539, arrêté du 24 prairial an XI.)

Les actes sous seing privé peuvent être rédigés dans l'idiôme qui convient aux parties. (Art. 3 du même arrêté.)

Les officiers publics et les commerçants doivent exprimer dans leurs actes : 1° les poids et mesures par les dénominations légales ; 2° la numération décimale ; 3° et les indications du Calendrier Grégorien.

§ 2.

Exécution des Actes.

Les actes ont entre les parties le même caractère et la même force que la loi ; cependant il existe une grande différence entre les actes authentiques et les actes sous seing privé ; aux premiers, reçus par des fonctionnaires publics et qui portent le même intitulé que les lois et qui sont terminés par un mandement aux officiers de justice, est attachée ce que l'on appelle l'exécution parée, c'est-à-dire, qu'à la seule présententation de l'acte, les officiers de justice sont obligés de prêter leur ministère pour son exécution. Aux seconds, n'est attachée que la voie d'une simple action, encore faut-il que l'écriture ne soit pas déniée par la partie à qui on l'oppose.

Les jugemens et les actes passés en pays étrangers, n'ont en France que l'effet de simples promesses. Pour que les jugemens et les actes passés en pays étrangers soient susceptibles d'exécution en France, il faut que les tribunaux français les aient rendus exécutoires, et la Cour suprême a décidé que les juges français devaient rendre un nouveau jugement. (Arrêt du 19 avril 1819.)

Il en est autrement si les traités autorisent de plein droit son exécution.

Il existe plusieurs traités de cette espèce, l'un du 24 mars 1760, entre la France et les états du roi de Sardaigne, et un du 31 décembre 1828 entre notre patrie et la république Helvétique.

Il est à remarquer que ces diverses conventions diplomatiques, gardent le silence sur l'exécution forcée des actes passés dans les territoires respectifs de la France, de la Suisse et de la Sardaigne, mais on peut toujours au moins les faire considérer comme de simples promesses obligatoires pour ceux qui les ont souscrites.

§ III.

De la Preuve de l'existence des Actes.

L'art. 1341 du Code civil porte : Il doit être passé acte devant notaire ou sous signature privée, de toutes choses excédant la somme ou valeur de cent cinquante francs, même pour dépôt volontaire ; et il n'est reçu aucune preuve par témoins contre et outre le contenu aux actes, ni sur ce qui serait allégué avoir été dit avant, lors ou depuis les actes, encore qu'il s'agisse d'une somme ou valeur moindre de cent cinquante francs ; le tout sans préjudice de ce qui est prescrit dans les lois relatives au commerce.

Le législateur s'est toujours défié de la preuve testimoniale ; l'expérience a démontré combien il était facile de trouver des gens qui ne craignaient pas d'attester, sous la foi du serment, des faits qu'ils ignoraient complètement. Il n'y a d'exception à la règle posée par l'art. 1341, que lorsqu'il existe un commencement de preuve par écrit.

On appelle ainsi tout acte par écrit qui est émané de celui contre lequel la demande est formée, ou de celui qu'il représente, et qui rend vraisemblable le fait allégué ; comme, par exemple, lorsque je ne puis présenter le titre original de notre obligation, mais que je présente une copie, ou bien la transcription de mon titre au bureau de l'enregistrement, avec le répertoire du notaire, contenant mention de l'acte.

La loi fait encore une exception à la règle posée par l'art. 1341 pour ce qui regarde les dépôts nécessaires faits en cas d'incendie , ruine , tumulte ou naufrage , et à ceux faits par les voyageurs en logeant dans une hôtellerie , le tout suivant la qualité des personnes et les circonstances du fait, aux obligations contractées en cas d'accidens imprévus où l'on ne pourrait pas avoir fait des actes par écrit; enfin lorsque le créancier a perdu le titre qui lui servait de preuve littérale , par suite d'un cas fortuit, imprévu et résultant d'une force majeure.

Il ne faut pas perdre de vue dans l'application de l'art. 1348 du code civil , dont on vient de rappeler les principales dispositions : 1° Que pour le dépôt nécessaire fait en cas d'évènement malheureux , celui qui réclame doit prouver d'abord l'évènement qui a nécessité le dépôt, et ensuite la valeur de la chose déposée ;

2° Que dans les obligations contractées dans le cas où l'on ne peut pas faire d'actes , l'impossibilité que le législateur a eu en vue s'entend de l'impossibilité morale , comme de l'impossibilité physique. Les juges sont appréciateurs des circonstances.

Ainsi la cour de Bourges a décidé le 23 février 1842 : « Que la preuve testimoniale n'est pas admissible pour » prouver l'existence d'un marché qui aurait eu lieu, » même en foire, tel que la vente de bestiaux , s'il s'agit » d'une valeur de plus de cent cinquante francs. Ici ne » s'applique pas la disposition de l'art. 1348 du code » civil portant que la preuve testimoniale est admissible » toutes les fois qu'il n'a pas été possible au créancier de » se procurer une preuve littérale de l'obligation qui a » été contractée envers lui. Il en est surtout ainsi si la » foire se trouvait dans une ville où il était facile de » constater l'engagement par écrit. »

2

3° Lorsque le créancier a perdu, par suite d'une force majeure, le titre qui lui servait de preuve littérale, alors il est bien admis à faire entendre des témoins, toute-fois ceux-ci devront déposer d'abord que la perte du titre résulte d'un accident, et ensuite que ce même titre était revêtu de toutes les formalités requises pour sa validité.

Nullité des Actes.

En général la nullité des actes ne peut être prononcée qu'autant qu'elle a été attachée formellement par la loi à l'omission de telle ou telle formalité. Cependant la Cour de cassation a jugé plusieurs fois qu'un acte, à l'égard duquel une formalité substantielle avait été omise, n'en devait pas moins être déclaré nul, bien que la loi n'eût pas pour ce cas prononcé la nullité, ou qu'elle eût prononcé une amende. (Arrêt du 5 juin 1823.)

Les actes contraires aux lois, aux bonnes mœurs et à l'ordre public, sont entachés d'une nullité radicale.

L'acte annulé fait preuve néanmoins contre les parties qui l'ont souscrit, des faits qu'elles ont reconnus. (Cour de cassation, arrêt du 29 floréal an VII.)

L'art. 68 de la loi du 25 ventôse an XI, sur le notariat, porte que l'acte notarié, nul dans la forme, n'en vaudrait pas moins pour obliger les parties, comme un acte sous seing privé, si toutes ces mêmes parties l'avaient signé.

Enfin, la Cour de cassation a décidé le 8 mai 1827 : « Que l'acte notarié, nul comme acte authentique, pour » défaut de forme, vaut comme acte sous seing privé, » s'il est signé de toutes les parties, bien que contenant

» des conventions synallagmatiques, il n'ait pas été fait
» en double. L'art. 1325 du code civil ne s'applique pas
» à ce cas ; les parties ayant eu l'intention de faire un
» acte authentique, n'ont pas dû suivre les formes pres-
» crites pour les actes sous seing privé. »

Acte administratif.

On appelle ainsi tout arrêté, ou toute décision de l'autorité administrative, ou tout fait d'un administrateur
qui a rapport à ses fonctions.

Aux termes de la loi du 16 fructidor an III, les tribunaux ne peuvent connaître des actes de l'administration,
c'est-à-dire, qu'ils doivent l'accepter tel qu'il leur est présenté. Les préfets, sous-préfets et maires, légalisent les
actes administratifs passés dans leur ressort, et d'après
l'art. 37 de la loi du 7 messidor an II, tout citoyen a droit
de prendre connaissance aux secrétariats des mairies,
sous-préfectures et préfectures, de ces mêmes actes qui
l'intéressent. D'après la même loi et un avis du Conseil
d'état du 18 août 1807, les premières expéditions des
décisions administratives doivent être délivrées gratuitement, mais les autres sont payées 75 centimes par rôle.
Les actes administratifs sont en général exempts de la
formalité de l'enregistrement et du timbre.

Néanmoins, sont assujettis à cette formalité :

1° Ceux de ces actes portant transmission de propriété,
tels que les adjudications et les marchés.

2° Les cautionnemens relatifs à ces actes.

Cet enregistrement doit être fait dans les vingt jours
de l'acte, ou dans les vingt jours de l'approbation de

l'autorité supérieure, dans les cas où cette approbation est nécessaire. (Instructions des 3 fructidor an XIII, n° 290 et 13 mai 1817, n° 779.)

La formalité de l'enregistrement doit être remplie à la diligence et sous la responsabilité des secrétaires des diverses administrations, à peine de dix francs d'amende et de payer les droits. (Art. 37 de la loi du 22 frimaire an VII, et art. 79 de la loi du 15 mai 1818.)

ACTE AUTHENTIQUE.

L'acte authentique est celui qui a été reçu par des officiers publics ayant le droit d'instrumenter dans le lieu où l'acte a été rédigé et avec les solennités requises.

Sont actes authentiques :

1° Les actes du pouvoir législatif ;

2° Les arrêtés des autorités administratives ;

3° Les jugemens et actes de l'autorité judiciaire ;

4° Les procès-verbaux des gardes forestiers ou des préposés de l'administration des douanes, des contributions indirectes, etc., auxquels la loi a donné le droit d'être crus jusqu'à inscription de faux ;

5° Les actes notariés ;

6° Les registres de certaines administrations publiques, comme ceux des conservateurs des hypothèques, etc. ;

7° Les registres de l'état civil.

L'acte qui n'est point authentique, par l'incompétence ou l'incapacité de l'officier, ou par un défaut de forme, vaut comme écriture privée, s'il a été signé des parties.

Effets et exécutions des Actes authentiques.

L'acte authentique fait pleine foi de la convention qu'il renferme entre les parties contractantes et leurs héritiers ou ayans-cause. Néanmoins, en cas de plainte en faux principal, l'exécution de l'acte argué de faux sera suspendue par la mise en accusation ; et en cas d'inscription de faux faite incidemment, les tribunaux pourront, suivant les circonstances, suspendre provisoirement l'exécution de l'acte.

Les actes authentiques sont éxécutoires, sans avoir besoin d'aucune autre formalité, et les officiers publics sont obligés de prêter leur ministère sur le vu de l'acte lui-même.

ACTE CONSERVATOIRE.

On appelle ainsi la mesure que l'on prend pour empêcher le droit que l'on a de péricliter.

Ainsi par exemple sont de cette nature d'actes, les inventaires, les appositions de scellés.

Comme il nous serait impossible, dans cette article, d'énumérer tous les cas où il est nécessaire de faire des actes conservatoires, nous nous bornerons à spécifier les principaux.

Voici des exemples cités par la loi :

1° L'héritier, peut dans l'intérêt de la succession, et sans que l'on puisse lui opposer qu'il a pris qualité, faire tous les actes conservatoires. — Voyez *Acte d'héritier.*

2° La femme, pendant le procès en séparation de biens, peut également faire les actes conservatoires.

3° Ce droit est accordé aux hospices en attendant l'autorisation du Gouvernement pour accepter les dons et legs.

4° En cas de présomption d'absence, les parties intéressées peuvent demander de faire des actes conservatoires des intérêts de l'absent.

Les actes conservatoires qui ont rapport à des immeubles ne doivent pas troubler la jouissance du possesseur, mais comme les meubles peuvent être facilement soustraits aux recherches, la loi a dû caractériser les moyens qui peuvent en empêcher le détournement. Si donc le meuble dont on craint le divertissement se trouve entre les mains d'un tiers, on peut le faire revendiquer en vertu d'une ordonnance du juge auquel on doit présenter une requête. (Code de procédure, art. 826 et suivans.)

ACTE DE COMMERCE.

Il est très important de connaître ce que l'on doit entendre par acte de commerce ; d'abord, parce que toutes les contestations qui s'y rapportent sont du ressort du tribunal de commerce, ensuite parce que la contrainte par corps est en général attachée aux obligations qui ont des actes de commerce pour objet.

Un acte est commercial, soit à raison de sa nature, soit à cause de la qualité des personnes qui figurent dans l'opération.

La loi répute acte de commerce tout achat de denrées et marchandises pour les revendre, soit en nature, soit après les avoir travaillées et mises en œuvre, ou même pour en louer simplement l'usage ; — toute entreprise de manufactures, de commission, de transport par terre ou par eau ; — toutes entreprises de fournitures, d'agences, bureaux d'affaires, établissemens de ventes à l'encan, de spectacles publics ; — toute opération de change, banque et courtage ; — toutes les opérations des banques publiques ; — toutes obligations entre négocians, marchands et banquiers ; — entre toutes personnes, les lettres de changes ou remises d'argent faites de place en place.

La loi répute pareillement acte de commerce, toute entreprise de construction, et tous achats, ventes et reventes de bâtimens pour la navigation intérieure et extérieure ; — toutes expéditions maritimes ; — tout achat ou vente d'agrès, apparaux et avitaillement.

Sont réputés acte de commerce par la qualité des personnes :

1° Toutes obligations entre négocians, marchands et banquiers (Code de commerce, art. 632) ;

2° Les billets même non négociables souscrits par un commerçant. Art. 638 ;

3° Les billets souscrits par les receveurs, payeurs, percepteurs et autres comptables des deniers publics, si ces billets n'expriment pas que leur cause est étrangère à leur gestion ;

4° Une entreprise de travaux de construction de routes ou d'édifices publics ou particuliers, constitue de la part de l'entrepreneur un acte de commerce qui le rend justiciable des tribunaux de commerce. (Arrêt de Turin, du 17 janvier 1807 ; de Caen, du 27 mai 1818 ; de Limoges, du 21 novembre 1825 ; de Poitiers, du 17 décembre 1840 et du 23 mai 1841 ; enfin de la Cour de cassation dn 29 novembre 1842.)

ACTE D'HÉRITIER.

C'est toute action, tout fait de la part d'un héritier qui fait supposer son intention d'accepter la succession. L'acceptation peut être expresse ou tacite ; elle est expresse, quand on prend le titre ou la qualité d'héritier dans un acte authentique ou privé ; elle est tacite, quand l'héritier fait un acte qui suppose nécessairement son intention d'accepter, et qu'il n'aurait droit de faire qu'en sa qualité d'héritier.

Les actes purement conservatoires, de surveillance et d'administration provisoire, ne sont pas des actes d'addition d'hérédité, si l'on n'a pas pris le titre ou la qualité d'héritier.

La donation, vente ou transport que fait de ses droits successifs un des cohéritiers, soit à un étranger, soit à tous ses cohéritiers, soit à quelques-uns d'eux, emporte de sa part acceptation à la succession. Il en est de même, 1° de la renonciation, même gratuite, que fait un des héritiers au profit d'un ou de plusieurs de ses cohéritiers ; 2° de la renonciation qu'il fait même au profit de tous ses cohéritiers indistinctement , lorsqu'il reçoit le prix de sa renonciation. Dans tous les cas cités par cet article , l'habile à succéder a agi comme propriétaire , puisqu'il a donné ou vendu ses droits à la succession.

La Cour de Caen a décidé, le 17 janvier 1824 , que le paiement des droits de mutation de la part du successible entraîne la qualité d'héritier.

Cependant la Cour de cassation a décidé , le 10 mai 1843 , que la déclaration de mention faite après décès ne pouvait être opposée à l'héritier comme emportant acceptation de la succession , alors que cette déclaration n'est ni écrite ni signée par l'héritier à qui on l'attribue. De même on ne doit pas regarder comme constituant une adition d'hérédité , le fait par l'héritier d'avoir récolté les fruits dépendant d'un immeuble de la succession. (Même arrêt.) Un autre arrêt rendu le 24 novembre 1842 , par la Cour d'Agen , a décidé conformément à l'opinion de tous les auteurs , notamment de Toullier, tome 4 , n° 333 , que le paiement des frais funéraires par l'habile à succéder ne constitue pas un acte d'adition d'hérédité.

Il est très important pour l'héritier qui n'a pas encore accepté , de bien réfléchir à la nature de l'acte qu'il se propose de faire , qui peut avoir pour lui des suites très graves , puisqu'il peut le priver du bénéfice d'inventaire, et mettre à sa charge toutes les dettes de la succession , même celles qui excéderaient son actif.—Voyez *Bénéfice d'inventaire.*

3

ACTE DE L'ÉTAT CIVIL.

Les actes de l'état civil ont pour objet de fixer, d'une manière certaine, l'état des personnes ; ils sont destinés à constater les naissances, adoptions, mariages ou décès.

Trois principaux événemens signalent le passage de l'homme sur la terre : sa naissance, son mariage et sa mort. Par sa naissance, l'homme prend rang dans la société où il a reçu le jour, et dans la famille qui le lui a donné ; pour que son état ne soit point exposé aux chances du hasard, il est de la plus grande importance de constater authentiquement le fait de la naissance et de la filiation ; l'un attribue à l'individu la qualité de Français, et l'autre lui assure tous les droits de famille.

A mesure que l'homme parcourt le chemin de la vie, il éprouve le besoin de laisser après lui des descendans qui perpétuent son nom ; il se choisit une compagne ; cette union qu'il va former, doit être soumise à des règles fixes, qui lui impriment un caractère légal pour en assurer les effets.

Enfin la mort arrive, elle vient rompre tous les liens qui attachaient l'homme à ses semblables. Mais en cessant de vivre, il transmet des droits à d'autres individus qui sont appelés à le remplacer. Cet évènement doit aussi être constaté d'une manière solennelle. Aussi sont-ils l'objet de vingt-un articles composant le titre 2, chap. 1 du Code civil : les dispositions générales qu'ils contiennent seront indiquées aux mots *naissance, publication, dispenses, mariage, légitimation, reconnaissance, adoption, décès.*

Toute personne a le droit de se faire délivrer une expédition des actes de l'état civil. Ces expéditions sont délivrées par les maires, d'après un tarif réglé par le décret du 12 juillet 1807 ; les droits dus sont déterminés d'après le tableau suivant.

	Dans les communes au-dessous de 50,000 ames.	Dans les communes au-dessus de 50,000 ames.	A PARIS.
Naissances. Publications. Décès . . .	50 centimes.	60 centimes.	75 cent.
Adoptions. . Mariages . .	60 centimes.	1 franc.	1 f. 50 cent

Indépendamment de ces frais d'expédition, il doit être remboursé pour frais de timbre 1 fr. 25 c.

ACTE EN FORME EXÉCUTOIRE.

On appelle ainsi l'acte qui est revêtu de la formule d'exécution : cette formule est celle qu'on trouve à la fin de tous les actes, exprimée en ces termes : *Mandons et ordonnons*, etc.

ACTE
JUDICIAIRE ET EXTRA-JUDICIAIRE.

L'acte judiciaire est celui qui a pour objet la décision d'une contestation, et qui émane directement du juge ; ainsi un jugement est un acte judiciaire.

On doit aussi attribuer ce caractère aux actes de procédure tels que celles d'huissier ou d'avoué lorsqu'ils sont
faits dans le but d'obtenir ce jugement.

L'acte extra-judiciaire est celui qui n'a pas immédiatement pour objet la décision d'un différent, par exemple
celui qui détermine un partage de succession, etc.

ACTE NOTARIÉ.

L'art. 1 de la loi du 28 ventose an XI sur le Notariat,
le définit ainsi : Tous les actes et contrats auxquels les
parties doivent ou veulent faire donner le caractère d'authenticité attaché aux actes de l'autorité publique.

§ 1er.

*De la forme des actes notariés, et des formalités à
observer dans leur rédaction.*

Les actes notariés se divisent en originaux et en copies ;
les originaux prennent le nom de *minutes-brevets* ; ils
doivent être reçus par deux notaires, ou par un notaire
et deux témoins.

L'art. 13 de la loi du 25 ventose an XI veut que les
actes des notaires soient écrits en un seul et même con-
texte, lisiblement, sans abréviation, blanc, lacune, intervalle. Ils énonceront en toutes lettres les sommes et les
dates ; le tout à peine de cent francs d'amende contre le
notaire contrevenant.

Les renvois et apostilles ne pourront, sauf l'exception
ci-après, être écrits qu'en marge ; ils seront signés ou

paraphés, tant par les notaires que par les autres signataires, à peine de nullité des renvois ou apostilles. Si la longueur du renvoi exige qu'il soit transporté à la fin de l'acte, il devra être non seulement signé ou paraphé, comme les renvois écrits en marge, mais encore expressément approuvé par les parties, à peine de nullité du renvoi.

Il n'y aura ni surcharge, ni interligne, ni addition dans le corps de l'acte, et les mots surchargés, interlignés ou ajoutés, seront nuls. Les mots qui devront être rayés le seront de manière que le nombre puisse en être constaté à la marge de leur page correspondante, ou à la fin de l'acte, et approuvé de la même manière que les renvois écrits en marge, le tout à peine de cinquante francs contre le notaire.

Les actes doivent énoncer en outre :

1° Le lieu où ils sont passés, sous peine de nullité ;

2° L'année et le jour où l'acte est passé, sous la même peine ;

3° La lecture qui a été faite de l'acte aux parties, à peine de 100 fr. d'amende et de la nullité dans certains cas, comme s'il s'agit d'un testament ;

4° La signature des parties, ou la cause qui les empêche de signer.

Un acte notarié ne doit pas non plus contenir de conventions usuraires.

§ 2.

Nullité des Actes notariés et des Actes imparfaits.

Tout acte fait en contravention des dispositions des

art. 6, 8, 9, 10, 14, 20, 52, 64, 66, 67 et 68 de la loi du 25 ventose an XI, est nul.

Cependant l'acte qui n'est point authentique, par l'incompétence ou l'incapacité de l'officier, ou par un défaut de forme, vaut comme écriture privée, s'il a été signé des parties.

Pour les actes restés imparfaits, la partie qui voudra en obtenir la copie, présentera requête au président du tribunal. La délivrance sera faite, s'il y a lieu, en exécution de l'ordonnance mise à la suite de la requête, et il en sera fait mention au bas de la copie délivrée.

Suivant l'art. 9 de la loi du 25 ventôse, les actes devront être reçus par deux notaires, ou par un notaire assisté de deux témoins. On vient de dire que l'art. 68 veut que cette disposition soit observée à peine de nullité.

Conformément à l'ancien usage du notariat, ces dispositions avaient toujours été entendues en ce sens, que le notaire en second et les témoins instrumentaires ne devaient pas assister à la réception de l'acte, et que leur signature, donnée même hors de la présences des parties suffisait.

Pendant plusieurs années, la Cour de cassasion avait consacré cet usage par ses arrêts, mais elle a changé de jurisprudence en 1843, et décide que l'acte passé hors de la présence du second notaire ou des témoins devait être annulé.

Ce changement de jurisprudence jeta la perturbation dans le notariat qu'il soumettait à une désastreuse responsabilité, et répandit de vives alarmes dans la société, en ébranlant la foi due aux titres sur lesquels reposent les conventions civiles.

C'est dans cet état de choses qu'a été rendue, le 24 juin 1843, une loi qui porte :

« Art. 1er. Les actes notariés passés depuis la promul-
» gation de la loi du 25 ventôse an XI, ne peuvent être
» annulés par le motif que le notaire en second ou les
» deux témoins instrumentaires n'auraient pas été présents
» à la réception desdits actes.

» Art. 2. A l'avenir, les actes notariés contenant
» donation entre vifs, donation entr'époux pendant le
» mariage, révocation de donation ou de testament,
» reconnaissance d'enfans naturels et les procurations
» pour consentir ces divers actes, seront, à peine de nul-
» lité, reçus conjointement par deux notaires ou par un
» notaire en présence des deux témoins. La présence du
» notaire en second ou des deux témoins n'est requise
» qu'au moment de la lecture des actes par le notaire et
» de la signature par les parties : elle sera mentionnée à
» peine de nullité.

» Art. 3. Les autres actes continueront à être régis par
» l'art. 9 de la loi du 25 ventôse an XI, tel qu'il est
» expliqué dans l'art. 1er de la présente loi.

» Art. 4. Il n'est rien innové aux dispositions du Code
» civil sur la forme des testamens. »

Enregistrement et timbre.

Les actes notariés sont assujettis au timbre et à l'enregistrement, qui varie suivant les différentes natures d'actes.

Les actes imparfaits sont soumis aux mêmes droits, à moins que l'imperfection ne résulte du défaut de signature des parties. Dans ce cas, il n'est dû qu'un droit fixe de 1 fr.

ACTE DE NOTORIÉTÉ.

C'est celui par lequel on établit qu'un fait est notoire et constant.

Il est certain cas où la loi exige des actes de notoriété, et en général les parties peuvent s'en faire délivrer pour constater des faits qui les intéressent.

Ces actes sont rédigés par les notaires ou par les juges de paix. En général deux témoins suffisent ; il existe cependant certain cas où la loi en exige un plus grand nombre. Les témoins appelés à ces actes peuvent être du sexe féminin et même étrangers, à la différence des témoins appelés pour un testament, pour un acte notarié, etc.

Dans l'acte de notoriété, les témoins viennent attester un fait, tandis que, dans les actes ordinaires, les témoins viennent donner à l'acte qu'ils signent une sorte de solennité.

Nous allons énumérer les différentes circonstances dans lesquelles les actes de notoriété sont nécessaires.

1° Lorsque celui qui veut contracter mariage se trouve dans l'impossibilité de se procurer son acte de naissance, il pourra y suppléer par un acte de notoriété délivré par le juge de paix du lieu de sa naissance ou celui de son domicile.

Cette déclaration est faite par sept témoins de l'un ou de l'autre sexe.

Le but principal de cette déclaration est de constater l'âge des époux.

L'acte de notoriété, relativement au majeur, peut être suppléé par la déclaration des aïeuls ou aïeules qui attestent le décès des père et mère des futurs mariés. (Avis du Conseil d'Etat du 23 juillet 1805.)

2° Lorsque l'Etat est appelé à une succession par droit de déshérence.

3° En cas d'adoption, il peut être nécessaire de faire constater que celui qui se propose d'adopter a donné pendant un certain temps des soins à l'adopté.

4° Lorsqu'un militaire a disparu de son corps, un acte de notoriété peut être utile pour constater sa disparition.

5° Si un créancier de l'état veut faire rectifier des erreurs de nom ou de prénoms sur le grand livre, il doit joindre à sa pétition un acte de notoriété. (Art. 1er de la loi du 8 fructidor an V. Arrêté du Gouvernement du 27 frimaire an XI.

L'acte de notoriété doit être présenté au tribunal de première instance du lieu où doit se célébrer le mariage, et le tribunal, après avoir entendu le procureur du roi, donnera ou refusera son homologation, selon qu'il trouvera suffisantes ou insuffisantes les déclarations des témoins.

FORMULE

D'ACTE DE NOTORIÉTÉ.

L'an mil huit cent quarante, et le six du mois de juillet, sont comparus devant nous.., juge de paix du canton de..., arrondissement de..., département de..., A..., Q..., T...., D..., L..., S..., T..., (prénoms, noms, âges, professions et domiciles des sept témoins, de l'un ou de l'autre sexe, parens ou non parens), *lesquels nous ont dit qu'ils sont appelés à la réquisition du sieur* **G...** (prénoms, nom, profession et domicile du futur époux), *aussi comparant pour donner des renseignements sur l'époque de la naissance dudit* **G..**, *et les causes qui l'empêchent de rapporter son acte de naissance, à l'effet de parvenir au mariage par lui projeté, qu'en effet ils connaissent parfaitement le sieur* **G..**, *pour être le fils de...* (prénoms, nom et domicile des père et mère), *né au lieu de..., commune de..., canton de...* (Il faut faire ici la désignation, au moins approximative, de l'époque de la naissance, ou, ce qui est la même chose, de l'âge actuel de l'époux; il faut en outre indiquer les causes qui empêchent de rapporter l'acte.) *desquelles déclarations nous avons dressé le présent acte de notoriété, pour servir et valoir ce que de raison, et ont, les comparans susnommés, signé avec nous.* (Il doit être fait mention des témoins qui ne peuvent ou ne savent signer.)

Droits de cet Acte.

Savoir : 1° au juge de paix, à Paris, **5** fr.; où il y a un tribunal de première instance, 3 fr. 75 c.; et dans les villes et cantons ruraux, 2 fr. 50 c. 2° Au greffiers, les deux tiers. 3° Enregistrement, 2 fr. 4° Le décime par franc. 5° Papier de minute et celui d'expédition. 6° Droit d'expédition à raison de 50 c. par rôle, à Paris, et de 40 partout ailleurs.

ACTE RESPECTUEUX.

C'est la démarche que font les enfans de famille, auprès de leurs parens, avant de contracter mariage, pour obtenir leur consentement.

L'âge de majorité fixé pour le mariage est de vingt-cinq ans accomplis pour les fils, et de vingt-un ans accomplis pour les filles. Jusqu'à cet âge ils ne peuvent contracter mariage sans le consentement de leur père et mère, ni faire aucun acte respectueux.

Les fils ayant atteint vingt-cinq ans accomplis, et la fille vingt-un ans accomplis, sont tenus, avant de contracter mariage, de demander par un acte respectueux et formel le consentement de leur père et mère, ou celui de leurs aïeuls ou aïeules, lorsque leur père et mère sont décédés ou dans l'impossibilité de manifester leur volonté.

Depuis l'âge de vingt-cinq ans jusqu'à trente, pour les fils, et de vingt-un ans jusqu'à vingt-cinq pour les filles, l'acte respectueux doit être renouvelé deux autres fois de mois en mois.

Les fils qui ont passé l'âge de trente ans, et les filles qui ont passé celui de vingt-cinq, n'ont besoin que d'un acte respectueux; mais ils ne peuvent se dispenser d'un acte respectueux quel que soit leur âge. Ces dispositions s'appliquent également aux enfans naturels légalement reconnus.

L'acte respectueux doit être fait par deux notaires, ou par un seul en présence de deux témoins : le procès-verbal de notification qui doit être dressé doit contenir la réponse.

L'enfant peut se faire représenter par un fondé de pouvoir. (Arrêt de la cour d'Amiens, du 17 frimaire an XII.)

L'acte respectueux doit être fait en termes révérentiels, et non pas comme une sommation ordinaire; aussi la cour de Bordeaux a-t-elle déclaré nul, par arrêt du 12 fructidor an XIII, un acte par lequel une fille avait *requis et sommé* son père et sa mère qu'elle était dans *la ferme résolution* d'agir malgré leur refus, et qu'elle *protestait*, etc.

L'art. 1033 du Code de procédure ne s'applique pas aux actes respectueux; le jour de la notification et celui de l'échéance sont compris dans le délai général. (Cour de Paris, 19 octobre 1809.)

Cependant la Cour royale d'Amiens a jugé, le 18 janvier 1840, que la fille âgée de moins de vingt-cinq ans, et qui, suivant l'art. 152 du Code civil, ne peut contracter mariage qu'un mois après le dernier des actes respectueux, qu'elle est tenue de signifier à ses père et mère, qui refusent de consentir à son mariage, n'est recevable à demander main-levée de l'opposition qu'ils ont formée à celui-ci, qu'après l'expiration du délai d'un mois, pendant lequel la loi lui défend de le contracter.

Le même arrêt décide que l'acte respectueux donné copie séparée au père et à la mère est radicalement nul.

Il ne peut être procédé au mariage qu'un mois après le dernier acte respectueux, et l'officier de l'état civil qui aurait fait la célébration en absence d'actes respectueux, dans les cas où ils sont prescrits, encourt une amende qui peut aller jusqu'à 3oo fr., et un emprisonnement qui ne peut être moins d'un mois.

Les actes respectueux doivent-ils précéder les publications de mariage? Un acte respectueux, dit M. Charvillac, dans son traité du *Guide des officiers de l'état civil*, page 81, fait après des publications, me semblerait un outrage; il aurait le caractère du mépris et n'offrirait plus l'hommage du respect. Je dois indiquer ici un arrêt de la cour d'Agen du 22 juillet 1806, confirmé par celui de la Cour de cassation du 10 novembre suivant, qui ont décidé que le consentement du conseil de famille n'est pas nécessaire pour les publications de mariage.

Enregistrement.

L'enregistrement des actes respectueux est de 1 franc de droit fixe.

ACTE SOUS SEING PRIVÉ.

Sous le nom d'acte sous seing privé, on comprend toute écriture privée emportant obligation ou décharge; il y en a de plusieurs sortes :

1° L'acte sous seing privé proprement dit;

2° Les registres des marchands;

3° Les registres et papiers domestiques des personnes non marchandes;

4° L'écriture mise au dos, à la marge ou à la suite d'un titre ou d'une quittance;

5° Et enfin les quittances.

L'art. 109 du Code de commerce porte que les achats et ventes se constatent par la correspondance des parties.

Dans ce chapitre, nous traiterons d'abord de l'acte sous seing privé en général; de ses effets par rapport aux parties, leurs héritiers ou ayans-cause; de l'époque où ces actes ont une date certaine à l'égard des tiers.

SECTION PREMIÈRE.

§ 1er.

De l'Acte sous seing privé en général, et de ses effets entre les Parties et leurs héritiers ou ayans-cause.

Comme son nom l'indique, l'acte sous seing privé est celui qui a été passé entre les parties, sans le ministère d'un notaire ou autre officier public.

Suivant l'art. 1322 du Code civil, l'acte sous seing privé reconnu par celui à qui on l'oppose, ou légalement tenu pour reconnu, a entre ceux qui l'ont souscrit et entre leurs héritiers ou ayans-cause, la même foi que l'acte authentique.

Lorsque l'acte sous seing privé est légalement reconnu, c'est-à-dire, si au jugement, après une instruction qu'on nomme vérification d'écriture, ou sous-vérification, le défendeur ne dénie pas l'acte ou ne comparaît pas, il sera décidé que cet acte a réellement été fait par telle personne; on doit y ajouter la même foi qu'à l'acte authentique. En effet, l'hautenticité ne sert qu'à prouver qu'un acte a été consenti par la personne qui a comparu devant l'officier public, si cette personne reconnaît cet acte, ou si un jugement déclare qu'il est émané d'elle; il devient aussi certain que l'acte lui appartient, que si un officier public l'eût attesté.

L'acte sous seing privé, comme l'acte authentique, fait également foi contre les tiers, non pas à l'effet de les obliger, car les conventions n'obligent que les parties et les héritiers; mais en ce sens qu'il prouve, à compter du jour où il a acquis date certaine, le fait même de la convention, il prouve aussi *rem ipsam*, comme l'acte authentique; il peut, comme lui, servir de base à la prescription de dix et vingt ans.

Celui auquel on oppose un acte sous seing privé, est obligé d'avouer ou de désavouer formellement son écriture ou sa signature.

Ses héritiers ou ayans-cause peuvent se contenter de déclarer qu'ils ne connaissent point l'écriture ou la signature de leur auteur.

Dans le cas où la partie désavoue son écriture ou sa signature, et dans le cas où ses héritiers ou ayans-cause déclarent ne les point connaître, la vérification en est ordonnée en justice.

Il est parlé dans l'article, de l'écriture *ou* de la signature, parce qu'il est des cas où l'écriture seule a effet : tels sont les registres et papiers domestiques, et les écritures mises au dos, à la suite ou à la marge d'une quittance; et, d'autres fois, il n'y a que la signature de celui à qui l'acte est opposé, l'écriture du corps de l'acte étant de la main d'un autre.

Le porteur d'un acte sous signature privée, peut assigner en reconnaissance de l'écriture ou de la signature, même avant l'échéance de la dette. Le code de procédure, art. 193, lui donne le droit d'assigner, sans permission du juge, à trois jours, pour avoir acte de la reconnaissance, ou pour faire tenir l'écrit pour reconnu. Cet article ajoute que si le défenseur ne dénie pas la signature, tous les frais relatifs à la reconnaissance ou à la vérification, même ceux de l'enregistrement de l'écrit, sont à la charge du demandeur.

De ce que l'art. 193 du Code de procédure met à la charge du demandeur les frais relatifs à la reconnaissance et à la vérification, ainsi que ceux de l'enregistrement de l'écrit, dans le cas où le défendeur ne dénie pas sa signature, il n'en faut pas conclure, *è contrario*, que le défendeur doit les supporter dans tous les cas où il y a eu une vérification, et que cette vérification a été favorable au demandeur; il faut d'abord distinguer si cette vérification a eu lieu en vertu d'un écrit attribué au défendeur lui-même, ou bien à son auteur.

Lorsqu'il s'agit d'un écrit attribué au défendeur lui-même, qui a dénié son écriture ou sa signature, tous les frais sont à sa charge, encore que la demande ait été formée avant l'échéance ou l'exigibilité de la dette.

Mais si, au contraire, il s'agit d'un écrit attribué non au défendeur lui-même, mais à son auteur; si le défendeur a été simplement assigné en reconnaissance d'écriture avant l'échéance, et qu'usant de la faculté qui lui est accordée par l'art. 1323 du Code civil, il déclare qu'il ne connaît l'écriture ou la signature de son auteur, les frais de la vérification ne sont point à sa charge, non plus que ceux de l'enregistrement de l'écrit.

Si l'assigné en reconnaissance de l'écrit ne comparait pas, l'écrit doit être tenu pour reconnu, sauf au défendeur à former opposition ; s'il reconnaît l'écrit, le jugement donne acte de la reconnaissance au demandeur.

Si le défendeur dénie la signature à lui attribuée, ou déclare ne pas reconnaître celle attribuée à un tiers, la vérification peut en être ordonnée, tant par titres que par experts et par témoins.

La vérification peut même être faite par témoins, pour une somme excédant 150 francs, l'article ne distinguant pas, quant à la somme.

Si celui auquel est atttribué l'écrit, l'a reconnu dans un acte authentique, ou même dans un acte sous signature privée qu'il ne désavoue pas, cet écrit fait désormais foi contre lui, comme un acte authentique.

Mais, par la même raison que l'exécution de l'acte authentique est suspendue par la plainte en faux, suivie de la mise en accusation, de même l'acte sous seing privé reconnu est suspendu par la plainte en faux que peut former la partie, si la mise en accusation est prononcée.

On peut pareillement, d'après l'art. 214 du Code de procédure, s'inscrire en faux incident civil contre un acte sous seing privé, encore que l'acte ait été vérifié en justice être de la partie ou de son auteur.

§ II.

La loi ne prescrit, en général, aucunes formalités particulières pour les Actes sous seing privé.

Le législateur ne prescrit, en général, aucunes formalités particulières pour les actes sous seing privé, sauf ce

5

qui est établi aux art. 1325 et 1326, dont nous parlerons bientôt. La loi n'exige pas que ces actes contiennent la mention du lieu où ils ont été passés, ni même qu'ils soient datés, quoique la date eût été une formalité très utile, afin qu'en cas de procès on pût savoir le lieu où l'acte avait été souscrit.

Il est à remarquer que les actes sous seing privé peuvent être écrits non seulement par les parties, ou des tiers, mais encore par des notaires ou autres officiers publics. Cela résulte d'un arrêt de la Cour de Cassation, en date du 30 novembre 1807, et d'un avis du conseil d'Etat, en date du 25 mars 1808.

La Cour de cassation a jugé, par arrêt du 11 juin 1810, qu'on ne devait pas appliquer à l'acte sous seing privé la disposition qui ordonne d'approuver les ratures.

D'autre part certains actes doivent être écrits par les parties elles-mêmes, comme le billet ou la promesse sous seing privée par lesquels une partie s'engage envers l'autre, à lui payer une somme d'argent ou une chose appréciable. Les testaments olographes doivent aussi être écrits par les parties.

Lorsque celles-ci confient la rédaction à une main étrangère, il est d'usage qu'elles mettent au bas : *Approuvé l'écriture ci-dessus.*

Comme ces actes doivent être signés par la partie qui s'y oblige, il en résulte que celle qui ne sait ou ne peut signer, ne peut pas non plus faire un acte sous seing privé. C'est à tort que les personnes de la campagne s'imaginent pouvoir suppléer à la signature en faisant une croix au bas de l'acte. Un pareil signe n'a aucune valeur quand bien même il aurait été apposé en présence de témoins qui signeraient l'acte. Personne autre que les officiers publics ne peut recevoir les actes des parties qui ne savent ou ne peuvent signer.

La signature est une formalité si essentielle de l'acte sous seing privé que la Cour de cassation a décidé, le 8 novembre 1842, que la nullité d'un acte sous seing privé, résultant de ce qu'il n'a pas été signé par l'une des parties, n'est pas couverte par la déclaration que ferait cette partie, au cours de l'instance engagée qu'elle entend l'exécuter.

Enfin, les actes sous seing privé qui contiennent des conventions synallagmatiques, ne sont valables qu'autant qu'ils ont été faits en autant d'originaux qu'il y a d'intérêts distincts; un seul original suffit pour les personnes ayant le même intérêt.

SECTION DEUXIÈME.

§ III.

De quelle époque les Actes sous seing privé ont date à l'égard des tiers.

L'acte sous seing privé, pouvant facilement s'entidater, pour frauder les droits acquis à des tiers, on a établi en principe que ces actes n'ont de date certaine, à l'égard des tiers, que du jour seulement où ils sont enregistrés, ou du jour de la mort de celui, ou de l'un de ceux qui les ont souscrits, ou du jour où leur substance a été constatée dans des actes dressés par des officiers publics, tels que procès-verbaux de scellé ou d'inventaire.

Sans ces précautions, on n'aurait aucun moyen de parer à la fraude, on pourrait facilement s'entendre, afin d'antidater un acte : je vous vends aujourd'hui une maison, je pourrais demain faire un autre acte en faveur d'une autre personne, et le dater de l'année dernière. Si vous n'avez pas fait enregistrer votre contrat, le dernier acquéreur pourra vous déposséder, sauf votre action en garantie contre moi, car son titre porte une date antérieure au vôtre ; et comme ni l'un ni l'autre n'est revêtu des formalités qui lui donnent une date certaine, on est obligé de suivre l'ordre des dates. Si, au contraire, vous avez fait enregistrer votre acte, cette formalité, qui lui donne une date certaine, préviendra la fraude, et le titre du second acquéreur n'ayant pas de date certaine, sera présumé antidaté.

C'est par application de ces principes que la Cour de cassation et la Cour de Rouen ont décidé, l'une le 23 août 1841, l'autre le 31 mai 1843, qu'on ne peut opposer au cessionnaire l'acte sous seing privé émané du cédant, et qui constate la libération du débiteur cède, alors que cet acte sous seing privé n'a acquis date certaine que depuis la notification du transport ; on ne peut dans ce cas considérer le cessionnaire comme l'ayant-cause du cédant.

Les actes sous seing privé qui ont acquis date certaine de l'une de ces manières, font foi aussi à l'égard des tiers du fait même de la convention ; ils prouvent *rem ipsam* comme les actes authentiques, et en conséquence ils peuvent servir de base à la prescription de dix et vingt ans, à partir du jour où ils ont acquis date certaine ; et celui qui aura acheté un immeuble par acte sous seing privé, ayant acquis date certaine de l'une des manières exprimées ci-dessus, sera préféré à un acquéreur par acte authentique du même immeuble, auquel la même personne l'aurait vendu postérieurement.

Le législateur n'a pas dû s'intéresser bien vivement au sort des actes sous seing privé, quand il s'agit surtout de l'intérêt des tiers ; si l'on songe que ceux qui ne font point enregistrer ces actes , ont le plus souvent en vue d'éviter les droits qui sont perçus en faveur du fisc, et qu'ils exposent ainsi ces mêmes tiers à contracter avec des individus qui ne peuvent plus disposer de ce qu'ils vendent , parce qu'ils en ont déjà disposé en faveur d'autres personnes. La loi a eu raison d'attacher peu de faveur à ces sortes d'actes ; ils sont peu dignes de faveur lorsqu'ils sont opposés aux tiers : celui qui les produit doit s'imputer la faute de ne leur avoir pas assuré une date qui pût attester leur existence à telle époque , puisque la loi lui en offrait les moyens.

Nous devons faire observer que l'art. 1328 n'est généralement point applicable aux créanciers d'un failli, qui se présentent pour être admis à participer aux distributions du dividende commun, ou pour concourir au concordat, s'il y a lieu d'en faire un avec le failli. On ne peut point exclure les créanciers sur le seul fondement que leurs titres n'ont point acquis une date certaine , antérieurement à l'ouverture de la faillite ; se serait anéantir la confiance si nécessaire au commerce.

Ordinairement, parmi les créanciers, il n'y a que ceux qui ont été obligés de faire protester pour défaut de paiement leur effet de commerce, qui aient fait enregistrer

leurs titres. Ceux dont les titres n'étaient pas encore exigibles, n'ont pas eu de motifs pour remplir cette formali-
lité. Or, si les autres créanciers étaient en droit de les
exclure sur le seul prétexte que leurs titres n'ont pas
acquis de date certaine au moment de l'ouverture de la
faillite, que ces actes ont pu être antidatés par le failli,
depuis sa faillite, le dividende commun n'appartiendrait
qu'à un petit nombre de créanciers.

On est dans l'usage de les admettre au passif de la
faillite, sauf au tribunal, s'il s'élève des contestations sur
la sincérité de leurs créances, à apprécier les circonstances
de la cause, et à rejeter la créance, s'il apparaît qu'elle
n'est point légitime.

Timbre et enregistrement.

Aux termes des art. 1, 12 et 14 de la loi du 13 brumaire an
VII, on ne peut faire usage d'un acte sous seing privé non timbré.
Quand à l'enregistrement de ces mêmes actes, nous avons vu
combien il avait d'importance, puisqu'il leur donne date certaine,
c'est-à-dire un caractère d'authenticité vis-à-vis des tiers.

Tous les actes contenant *transmission de propriété*, ou d'usufruit de biens immeubles, les baux à ferme ou à loyer, sous
baux, cessions ou subrogations de baux, doivent être enregistrés
dans les trois mois, à peine du double droit.

Les actes portant obligation, libération, et les dispositions qui
ne donnent lieu qu'à un droit fixe, ne sont soumis à l'enregistrement que lorsqu'on veut en faire usage en justice.

Les tribunaux mêmes doivent rejeter d'un procès les actes qui
ne sont pas enregistrés.

ADJUDICATION.

C'est un marché fait aux enchères publiques et avec concurrence. Les adjudications sont volontaires, judiciaires ou administratives.

§ 1er.

Adjudications volontaires.

Les adjudications volontaires sont celles que les parties majeures, capables de contracter, font devant un notaire.

Elles ne sont soumises par la loi à aucune règle spéciale ; il appartient aux parties d'en régler les conditions et les formes comme elles l'entendent. (Arrêt de la Cour de cassation du 24 janvier 1814.) Cependant elles sont définitives comme les autres ; car il y a contrat entre l'acheteur ou l'adjudicataire, et le vendeur. L'acte étant passé devant notaire, il y a force exécutoire entre les parties.

Les formes de l'adjudication volontaire n'ont pas été réglées par la loi ; mais par analogie l'on suit les régles de l'adjudication judiciaire. Ainsi elles sont précédés d'affiches et d'un cahier des charges pour faire connaître les clauses et conditions de la vente.

Le mode d'adjudication se fait *à l'extinction des feux,* en usant des bougies dont la durée doit être d'une minute au moins. Le nombre des feux nécessaires pour l'adjudication est réglé d'avance par le cahier des charges.

§ II.

Adjudications judiciaires.

Ce sont celles qui ont lieu par suite d'une décision de la justice, soit devant le tribunal qui les a ordonnées, soit devant un notaire nommé à cet effet.

Elles ont lieu dans le cas d'expropriation forcée, ou quand il s'agit de biens appartenant à des incapables, tels que les mineurs, les absens, les interdits, ou dépendant des successions vacantes, en déshérence, ou de faillites.

Au mot *Vente judiciaire* nous développerons les principes qui se rapportent à cette sorte d'adjudication.

§ III.

Adjudications administratives.

Ce sont celles qui sont faites par l'autorité administrative.

Elles ont pour objet :

1° Les ventes d'immeubles appartenant à l'État, aux départemens et aux communes ;

2° Les ventes de coupes de bois royaux et communaux;

3° Les fournitures, travaux publics, et les travaux des communes et établissemens publics ;

4° Les ventes de fruits et les baux de fermage et de loyer des propriétés communales.

Toutes les ventes ou adjudications de fournitures ou de travaux doivent être précédées d'affiches apposées, un mois à l'avance, dans les différentes cours du ressort, et indiquant les objets à vendre, la nature des travaux et la mise à prix. Cette publication est constatée par un certificat du maire mis au bas de l'affiche.

Le cahier des charges et les devis, s'il s'agit de travaux, restent déposés pendant le même temps au secrétariat du siége où doit se faire l'adjudication, pour que chacun puisse en prendre connaissance.

S'il s'agit de travaux à exécuter, chaque enchérisseur doit déposer au même secrétariat une soumission cachetée indiquant sa mise à prix.

Le jour indiqué pour l'adjudication préparatoire, le président de l'adjudication, assisté des différentes personnes intéressées, et en présence des soumissionnaires, procède à l'ouverture des soumissions, se fait remettre par eux le double certificat de solvabilité pour l'exécution des travaux, et proclame le contenu des soumissions.

Celle qui présente les prix les plus avantageux sert de base à la mise à prix.

L'adjudication définitive est ensuite indiquée, à moins qu'il ne soit convenu d'y procéder immédiatement entre toutes les parties intéressées ; c'est même ce qui a lieu le plus ordinairement. Dans ce cas, les enchères sont ouvertes entre les soumissionnaires seulement.

La durée, soit provisoire, soit définitive, des feux, et le montant des enchères, sont fixés, séance tenante, par le président.

L'adjudication est ensuite tranchée après l'extinction des feux définitifs.

L'adjudicataire proclamé est tenu de présenter sa caution dans les vingt-quatre heures, sous peine d'être déchu de son adjudication et de payer son enchère.

6

Pour les coupes de bois, le Code forestier porte, art. 24, que, faute par l'adjudicataire de fournir les cautions exigées par le cahier des charges, dans le délai prescrit, il sera déclaré déchu de l'adjudication par un arrêté du préfet, et il sera procédé à une nouvelle adjudication de la coupe à sa folle enchère. — L'adjudicataire déchu sera tenu, par corps, de la différence entre son prix et celui de la revente, sans pouvoir réclamer l'excédant, s'il y en a.

Si l'adjudicataire déclare qu'il agit pour le compte d'un autre, il doit faire la déclaration de command dans les 24 heures, excepté pour l'adjudication des coupes de bois où cette déclaration doit être faite séance tenante, immédiatement après l'adjudication. (Code forestier, art. 23.)

Dans le même délai, l'adjudicataire peut faire une déclaration de désistement ou de folle enchère, à charge par lui de payer la différence de son enchère avec celle qui la précède.

Un des soumissionnaires peut aussi, dans le même délai, faire ce qu'on appelle une surenchère, c'est-à-dire couvrir d'une enchère celle de l'adjudicataire. Cela a lieu surtout dans les ventes de coupes de bois. (Code forestier, art. 25.)

Tous ces actes doivent être faits devant le président de l'adjudication, et signifiés à toutes les parties intéressées, par acte d'huissier, dans le délai de 24 heures. Passé ce délai, et après le dernier acte de surenchère, ou après que la série des enchères est épuisée, s'il s'agit de désistement, l'adjudication est définitive.

Les adjudications sont données , 1° devant les préfets, lorsqu'il s'agit de fournitures ou de travaux départementaux, ou de travaux communaux au dessus de 20,000 fr.

2° Elles sont données devant le sous-préfet, lorsque le montant de l'adjudication ne s'élève pas à 20,000 fr.; et devant les maires des communes rurales , lorsqu'elles sont au dessous de 1,000 fr.

Les travaux et fournitures sont préalablement autorisés par les préfets , ministres , ou par le roi.

Les ventes de bois sont faites devant le sous-préfet pour les bois de l'arrondissement ; le sous-préfet est assisté des agens forestiers , des receveurs des finances et des domaines , et enfin du maire, s'il s'agit des bois communaux.

§ IV.

De ceux qui peuvent se rendre adjudicataires.

Toute personne peut se rendre adjudicataire , si elle a la capacité de contracter , et si d'ailleurs elle remplit les conditions de solvabilité, et les connaissances spéciales exigées en certains cas par les cahiers des charges , surtout en matière de travaux et de fournitures.

Cette double capacité, indépendante de la capacité civile , doit être prouvée avant les enchères.

Ne peuvent se rendre adjudicataires :

1° Les tuteurs, des biens dont ils ont la tutelle ;

2° Les mandataires , des biens qu'ils sont chargés de vendre ;

3° Les administrateurs , des biens confiés à leur surveillance ;

4° Les magistrats de l'ordre judiciaire, des biens contentieux qui s'adjugent dans l'étendue de leur ressort ;

5° Les officiers publics, des biens nationaux dont les ventes se font par leur ministère.

§ V.

Des entraves apportées à la liberté des enchères.

Ceux qui, dans les adjudications de la propriété de l'usufruit ou de la location des choses mobilières ou immobilières, d'une entreprise, d'une fourniture, d'une exploitation ou d'un service quelconque, auront entravé ou troublé la liberté des enchères ou des soumissions, par voies de fait, violences ou menaces, soit avant, soit pendant les enchères ou les soumissions, seront punis d'un emprisonnement de quinze jours au moins, de trois mois au plus, et d'une amende de cinq francs au moins et de cinq mille francs au plus. — La même peine aura lieu contre ceux qui, par dons, promesses, auront écarté les enchérisseurs.

AFFICHE.

C'est le placard que l'on appose dans les lieux publics pour faire connaître une ordonnance, un réglement, une vente de biens, de meubles, de bois, une entreprise, etc. C'est un mode de publication légale des actes de l'autorité.

Les affiches des actes de l'autorité publique sont seules imprimées sur papier blanc, tandis que les affiches apposées dans l'intérêt des particuliers, ne peuvent l'être que sur papier de couleur.

Les affiches imprimées ou lithographiées sont soumises au timbre dont sont exemptes :

1° Les affiches destinées à être apposées sur les objets à vendre ou à louer;

2° Celle de l'autorité publique ;

3° Celle qui contiennent l'extrait d'un jugement d'ouverture d'une faillite.

On distingue pour les affiches, le timbre spécial et le timbre de dimension. Celui-ci s'applique aux affiches signées d'un notaire, d'un huissier ou d'un autre officier public, et à celles relatives aux ventes judiciaires. Son prix est de 1 fr. 50 cent.

Toutes les affiches qui ne rentrent pas dans cette classe ne sont soumises qu'au timbre spécial dont le prix est de 10 cent. par feuille contenant 25 décimètres carrés ; de 5 cent. par demi feuille, avec augmentation de 1 cent. chaque 5 décimètres carrés qui se trouvent excéder ces dimensions.

Les imprimeurs qui font tirer des affiches non timbrées préalablement sont passibles d'une amende de 500 fr., et ceux qui apposent ces affiches encourent une amende de 100 fr.

Aux termes d'un arrêt de cassation du 28 mars 1816, l'amende n'est appliquée à celui qu'intéressent les affiches, qu'autant qu'il est prouvé qu'elles ont été apposées par ses ordres.

Les affiches ne sont point assujéties à la formalité de l'enregistrement ; mais il en est autrement des procès-verbaux des officiers publics , destinés à constater l'apposition des affiches.

Enfin le déchirement de celles-ci est puni de la peine de la réclusion , s'il s'agit des actes de l'autorité publique ; et de celle de deux à trois mois de prison , si elles ont été apposées dans l'intérêt des particuliers. (Code pénal , art. 439.)

AFFOUAGE.

C'est le droit qu'ont les habitans d'une commune ou d'une section de commune , de prendre dans une forêt le bois de chauffage qui est nécessaire à leur usage.

L'affouage , comme l'indique son nom , tient au foyer ; il a pour objet de satisfaire au besoin du chauffage de chaque ménage. C'est pour cela qu'une des conditions substantielles de ce droit, est d'une part la résidence, et d'autre part le feu et le ménage séparés.

S'il n'y a titre ou usage contraire , le partage des bois d'affouage se fera par feux , c'est-à-dire par chef de famille ou de maison ayant domicile réel et fixe dans la commune.

Sous le nom de *feux* on ne doit pas seulement entendre un ménage de gens mariés, mais encore un ménage de célibataire, et il a été cité comme exemple , lors de la discussion de la loi, qu'un curé, un desservant, ont droit comme les autres habitans à l'affouage ; mais il faut que ce ménage soit séparé, qu'il ait enfin , selon l'expression vulgaire , son pot au feu à part. Ainsi les ouvriers qui travaillent à l'année chez un maître qui les nourrit, n'ont aucun droit à l'affouage, parce qu'ils ne sont pas considérés comme chefs de maison ; mais si l'ouvrier tient un ménage pour son compte, et de manière qu'on ne puisse pas le regarder comme étant sous la dépendance absolue du propriétaire, il a droit à l'affouage.

La Cour de cassation a décidé le 26 février 1838, que les étrangers autorisés à établir leur domicile en France, ont droit de participer à l'affouage dans les communes où ils demeurent ; le droit à l'affouage appartient à tout habitant de la commune indépendamment de sa qualité de français ou d'étranger.

Un autre arrêt, rendu par la même cour, le 11 mai 1838, a jugé que les étrangers habitant en France ont droit de prendre part aux affouages et pâturages dans les communes où ils habitent : ces droits communaux appartiennent à tous ceux qui possèdent, habitent ou exploitent des maisons et héritages de la commune, indépendamment de la qualité de français et d'étranger.

Enfin une décision de la cour de Bourges du 10 mars 1840, porte que pour avoir le droit de participer à l'affouage, dans une commune, il suffit d'y être domicilié et d'être chef de maison ; il n'est pas nécessaire, en outre, d'y payer une contribution quelconque.

Les coupes à partager en nature pour l'affouage des habitans, ne peuvent être opérées qu'après que la délivrance en aura été préalablement faite par les agens forestiers.

Cette délivrance est faite au maire auquel est confié le soin d'en effectuer le partage aux habitans. La coupe est faite par un entrepreneur spécial nommé par les habitans et agréé par l'administration forestière.

Le droit d'affouage ayant été établi spécialement pour les besoins et les usages des habitans, la loi a défendu que l'on fît spéculation des bois reçus à ce titre ; et l'art 52 du Code forestier interdit aux usagers, sous peine de 10 à 100 francs d'amende, de vendre ou d'échanger les bois de chauffage qui leur sont délivrés.

Le rôle de répartition arrêté par le conseil municipal, doit être approuvé par le préfet qui le rend exécutoire.

ALIGNEMENT.

§ 1er.

C'est le tracé donné par l'autorité compétente des limites, des constructions et des reconstructions faites sur la voie publique. L'alignement a pour objet de maintenir la largeur et la régularité des rues et chemins publics.

Nous allons faire connaître les règles qui sont relatives à l'ouverture, à l'alignement et au pavé.

L'art 52 de la loi du 16 septembre 1806 est ainsi conçu : « Dans les villes, les alignemens pour l'ouverture des » nouvelles rues, pour l'élargissement des anciennes qui » ne font pas partie d'une grande route, ou pour tout au- » tre objet d'utilité publique, seront donnés par les mai- » res, conformément au plan dont les projets auront été » dressés aux préfets, transmis avec leur avis au ministre » de l'intérieur et arrêtés en conseil d'Etat. En cas de

» réclamation de tiers intéressés, il sera de même statué
» en conseil d'Etat sur le rapport du ministre de l'in-
» térieur. »

Lorsqu'il s'agit de l'ouverture d'une rue, ou d'un chemin vicinal, elle ne peut avoir lieu qu'autant que préalablement l'utilité publique a été reconnue, et que l'expropriation en a été faite dans les formes prescrites par la loi
du 7 juillet 1833. Il faut encore remarquer aussi que ce
n'est pas seulement quant aux rues à ouvrir, mais encore quant aux rues déjà existantes, que le plan d'alignement doit être arrêté par le conseil d'Etat ; d'où il résulte
que les propriétaires riverains, même des rues qui ne
font pas partie de la grande route, sont assujettis dans les
villes à l'obligation de demander l'alignement, lorsqu'ils
veulent faire de nouvelles constructions ou rebâtir les anciennes. Et comme ils peuvent être tenus à reculer ou à
avancer, ils ne doivent faire aucune réparation à leurs
maisons sans en avoir obtenu l'autorisation de l'administration.

§ II.

Autorisation nécessaire pour construire, reconstruire et réparer.

L'administration doit toujours intervenir pour empêcher que l'on empiète sur la voie publique ; car si chacun
était libre de bâtir à sa volonté sans observer d'alignement,
bientôt on verrait des rues dans les villes et les bourgs
former des enfoncemens nuisibles à la sûreté et à la salubrité publique.

C'est pour obvier à cet inconvénient qu'il a été dressé
un plan d'alignement général pour toutes les routes
royales et départementales. 7

Tout particulier qui veut construire sur le bord d'une grande route, soit dans l'intérieur des villes, bourgs et villages, soit même en pleine campagne, doit obtenir un plan d'alignement qui lui est donné conformément au plan général, à peine, porte l'arrêt du conseil du 27 février 1768, de la démolition des ouvrages, de confiscation des matériaux, et de 300 livres d'amende ; et pour mieux assurer l'exécution de cette obligation, l'arrêt étend la condamnation de l'amende aux maçons, charpentiers et autres ouvriers employés à la construction.

Il est donc fort important de connaître quelle est l'autorité à laquelle on doit s'adresser pour demander l'alignement ; car s'il était donné par une autorité incompétente, il serait nul et n'empêcherait pas les condamnations.

L'alignement est donné par le préfet lorsqu'il s'agit des routes royales ou départementales, quand même elles traverseraient des villages et des villes.

Le particulier qui a construit dans une rue dépendant de la grande voirie, en vertu d'un alignement incompétemment donné par le maire, alors qu'il devait l'être par le préfet, est en contravention comme s'il avait construit sans alignement ; peu importe que sa nouvelle construction en ait remplacé une ancienne dont la démolision avait été ordonnée par le maire. (Ordonnance rendue en Conseil d'Etat, le 6 août 1840.)

Aux termes de l'ordonnance du bureau des finances de Paris, du 29 mars 1754 ; les alignemens en matière de grande voirie sont donnés sans frais.

L'arrêté du préfet peut être attaqué devant le ministre de l'intérieur et devant le conseil d'Etat. La répression des contraventions à ces arrêtés est soumise en première instance au conseil de préfecture , et en appel au conseil d'Etat.

Dans les villes, les alignemens sont donnés par les maires ; mais ceux-ci doivent se conformer ponctuellement au plan adopté à l'avance, s'il en existe un.

Les autorisations de construire qui rentrent dans les attributions des maires, doivent être données par écrit, et une autorisation verbale ne suffit pas. (Arrêts de Cassation des 20 octobre 1835 , 6 juillet 1837 , 13 mai 1841, et ordonnance rendue en conseil d'Etat , le 23 février 1839.)

Les arrêtés des maires peuvent être attaqués successivement devant le préfet, le ministre de l'intérieur et le conseil d'Etat.

Si l'alignement n'est pas suivi, le maire doit dresser un procès-verbal de la contravention , et le contrevenant est poursuivi devant le tribunal de simple police.

Le fait de construire sur la voie publique sans avoir préalablement demandé l'alignement, constitue une contravention punissable, encore que la construction se trouve conforme à l'alignement postérieurement donné. (Cassation, 30 avril 1840.)

Il y a plus encore, c'est que l'entrepreneur ou le maçon qui bâtit sur la voie publique sans qu'un alignement ait été préalablement obtenu; est passible, comme le propriétaire, lui même, de l'amende encourue. (Cour de cassation, 26 mars 1841. Ordonnance rendue en conseil d'Etat le 23 février 1839.)

Si l'Etat n'exécute pas les plans d'alignement aussitôt qu'ils sont arrêtés, c'est par un motif d'économie; car si

l'administration voulait exécuter sur-le-champ les plans
d'alignement, elle serait obligée d'exproprier les propriétaires, ce qui entraînerait des dépenses considérables :
on obtient le même résultat avec moins de frais, en attendant que la vétusté oblige les propriétaires à démolir
leurs édifices ; ils sont forcés alors à céder une partie de
leur terrain, moyennant une indemnité, qui ne représente
plus que la valeur du terrain devenu vacant, et l'endemnité est réglée aujourd'hui par la loi du 7 juillet 1833.

La loi exige que les propriétaires dont les maisons sont
en dehors de l'alignement, ne puissent faire aucune
construction jusqu'à ce qu'elle tombent de vésusté ; de là
l'obligation imposée à tous les propriétaires de n'opérer,
dans la façade des maisons qui sont sujettes au reculement, aucune réparation sans en avoir obtenu l'autorisation du préfet pour les constructions bordant la grande
route, sous les peines portées par l'arrêt du conseil de
1765. L'autorisation ne doit être accordée pour les bâtimens sujets à reculer ou à avancer, qu'autant que les réparations n'ajouteront rien à leur solidité. On doit par
conséquent toujours prohiber les réparations confortatives
des fondations et du rez-de-chaussée d'une maison ; tout
au plus peut-on autoriser les peintures et badigeonnages
qui n'augmentent en rien la solidité. Lorsque les fondations et le rez-de-chaussée sont en bon état, on doit
autoriser la reconstruction des étages supérieurs. (Arrêts
du conseil d'Etat du 22 février 1821, 2 août 1826, 4 juillet 1827, 26 octobre 1828, 14 juillet 1831.)

L'obligation de demander l'autorisation n'est imposée
aux propriétaires riverains que pour les constructions qui

bordent la route; ils sont parfaitement libres de faire dans l'intérieur toutes les constructions qu'ils jugent convenables, sans que le droit puisse être modifié par les projets de l'administration. La Cour de cassation a jugé le 25 juillet 1829, « qu'aucune autorisation préalable » n'a besoin d'être requise pour construire ou réparer, » dans l'*intérieur*, des portions qui n'auraient pas pour » objet de consolider le mur de face ou qui ne touche- » raient pas à la *voie publique actuelle*, lors même que » les propriétés seraient destinées, par des plans arrêtés » au conseil d'Etat, à faire dans un temps plus ou moins » long partie de la voie publique future. » Le conseil d'Etat, à l'instar de la cour suprême a décidé, le 1er sep- tembre 1832, « qu'aucune loi ne défend aux proprié- » taires des maisons sujettes à reculement de faire des » travaux dans l'*intérieur* desdites maisons, *même sur la* » *partie retranchable*, pourvu que les travaux n'aient » pas pour objet de reconforter le mur de face. »

Telle est la jurisprudence sur cette importante ques- tion; il en résulte que le principe général est qu'un pro- priétaire peut, sans autorisation, réparer les construc- tions déjà existantes, lors même que le terrain est désigné par un nouveau plan d'alignement pour faire partie de la route; mais à côté de ce principe se trouve l'obligation imposée par l'arrêt du conseil de 1765, de ne pouvoir ni construire ni réparer le mur de face sans autorisa- tion.

Enfin la Cour de cassation a décidé, le 12 juillet 1842, « qu'un arrêté d'alignement donné par l'autorité admi- » nistrative, ne peut, sans une indemnité préalable,

» priver les propriétaires voisins, des servitudes d'aspect
» ou autres qu'ils ont sur le terrain compris dans l'ali-
» gnement.

« En conséquence, ils appartient aux tribunaux, juges
» des questions de propriété, de reconnaître l'existence
» de ces servitudes, et d'ordonner la démolition des
» constructions qui auraient été élevées à leur préjudice,
» avant le réglement de l'indemnité.

ALLUVION.

L'alluvion est un amas de terre qui se forme par la
vase ou le sable que la mer ou les rivières apportent le
long des rivages. L'alluvion profite au propriétaire riverain, soit qu'il s'agisse d'un fleuve ou d'une rivière navigable, florissante ou non, à la charge, dans le premier
cas, de laisser le marche-pied ou chemin de halage, conformément aux réglemens.

L'alluvion n'a pas lieu à l'égard des lacs et étangs dont
le propriétaire conserve toujours le terrain que l'eau
couvre quand elle est à la hauteur de la décharge de
l'étang, encore que le volume de l'eau vienne à diminuer. Réciproquement le propriétaire de l'étang n'acquiert aucun droit sur les terres riveraines que son eau
vient à couvrir dans des crues extraordinaires.

Si un fleuve ou une rivière navigable ou non enlève
par une force subite une partie considérable et recon-
naissable d'un champ riverain, et la porte vers un champ
inférieur ou sur la rive opposée, le propriétaire de la

partie enlevée peut réclamer sa propriété ; mais il est tenu de former sa demande dans l'année. Après ce délai, il ne sera plus recevable, à moins que le propriétaire du champ auquel la partie enlevée a été unie n'eût pas encore pris possession de celle-ci. Les îles, îlots, atterrissemens, qui se forment dans le lit des fleuves ou des rivières navigables ou flottables, appartiennent à l'Etat, s'il n'y a titre ou prescription contraire.

Les îles et atterrissemens qui se forment dans les rivières non navigables et non flottables, appartiennent aux propriétaires riverains du côté où l'île est formée. « Les terrains d'alluvion qui se forment par le résultat » de travaux d'art exécutés par l'Etat dans une rivière » navigable et flottable appartiennent au propriétaire ri- » verain aussi bien que ceux qui se forment naturellement. » Mais il en est autrement, si les attérissemens occasi- » onnés par les travaux d'art se sont formés d'une ma- » nière perceptible et instantanée. Lorsque les attérisse- » mens ne sont pas adhérens au fonds riverain, et qu'ils » en sont séparés par un filet d'eau, ils ne peuvent être » réputés une alluvion profitable au propriétaire riverain. » (Cour de Bourges, 27 mai 1839. Cour de Paris, 17 juin de la même année, et cour d'Agen, 11 novembre 1841.) Si l'île n'est pas formée d'un seul côté, elle appartient aux propriétaires riverains des deux côtés à partir de la ligne qu'on suppose tracée au milieu de la rivière.

Si une rivière ou un fleuve se forme un nouveau lit, c'est au propriétaire dont l'héritage fournit le nouveau lit que la loi attribue l'ancien. Mais il faut que l'abandon se fasse d'une manière sensible et prompte ; car s'il était lent et successif, on pourrait le regarder comme une alluvion : l'alluvion profite à l'usufruitier ainsi qu'au fermier.

ANIMAUX.

On peut considérer les animaux sous trois point de vue :

1° *Sous le rapport de la propriété*. Les animaux peuvent être rangés en deux grandes catégories : 1° les animaux sauvages qui n'appartiennent à personne tant qu'ils ne sont pas renfermés quelque part sous le pouvoir d'un maître ; 2° les animaux domestiques qui nous servent pour la culture des terres, pour nos besoins ou pour nos plaisirs.

Bien que l'art. 528 du code civil considère les animaux comme meubles par leur nature, cependant l'art. 524 les considère comme immeubles par destination quand ils sont placés par le propriétaire sur un fonds, et pour le service et l'exploitation de celui-ci.

Un arrêt de la cour de Bourges du 21 février 1837, a « décidé que tous les animaux donnés à cheptel par le » propriétaire au fermier, même ceux qui ne sont pas » essentiellement attachés à la culture, mais qui servent » à l'engrais des terres, ou à la nourriture des colons, » doivent être indistinctement réputés immeubles par » destination. »

Comme tels ils ne peuvent devenir l'objet d'une saisie exécution.

Celui qui a perdu ou à qui il a été volé des animaux, peut les revendiquer pendant trois ans, à compter du jour de la perte ou du vol, entre les mains du détenteur. Mais si celui-ci les a achetés sur une foire, dans un marché, dans une vente publique, ou d'un marchand vendant des choses pareilles, le propriétaire primitif ne peut se les faire rendre qu'en remboursant au possesseur le prix qu'il lui ont coûté.

Celui qui vole des bestiaux dans les champs, comme celui qui empoisonne ou tue sans nécessité des animaux privés, placés sous la puissance de l'homme, encourt des peines correctionnelles. Celui qui même par imprudence, fait des blessures à ces animaux est passible de peines de simple police.

2° *Sous le rapport des préjudices que peuvent causer les animaux.* L'art. 1385 du code civil rend chacun responsable du dommage causé par les animaux qui lni appartiennent, soit qu'ils fussent gardés, soit qu'ils fussent égarés ou échappés, soit enfin que le dommage ait été causé par la pétulance, la frayeur ou la férocité de ces animaux.

Personne ne pouvant se faire justice à soi même, il est défendu de tuer ou de blesser les animaux trouvés en délit, sauf les poules qui peuvent être mises à mort sur le lieu du dégat.

Aux termes de la loi des 28 septembre et 6 octobre 1791, le propriétaire lésé peut saisir lui-même les animaux qu'il trouve en délit, sous l'obligation de les conduire dans les 24 heures au lieu du dépôt désigné par la municipalité. Ils sont vendus s'ils ne sont pas réclamés,

8

ou si le dommage n'est pas payé dans les huit jours qui suivent le délit.

L'art. 475 du code pénal punit de peine de simple police ; ceux qui auront fait ou laissé passer leurs bestiaux dans les taillis ou sur les terrains d'autrui ensemencés ou chargés de récoltes.

Enfin l'art. 199 du code forestier porte, que les propriétaires d'animaux trouvés de jour en délit dans les bois de dix ans et au dessus, seront condamnés à une amende de 1 fr. pour un cochon ; 2 fr. pour une bête à laine ; 3 fr. pour un cheval ou autre bête de somme ; 3 fr. pour une chèvre ; 5 fr. pour un bœuf, une vache ou un veau.

L'amende est double si les bois ont moins de 10 ans, et si le délit a été commis de nuit.

3° *Sous le rapport de la sûreté et de la police.* La loi du 24 août 1790 charge les municipalités d'obvier, de rémédier aux accidens que pourraient occasionner les animaux malfaisans et féroces.

Les art. 475 et 479 du code pénal prononcent des peines de police contre ceux qui auront laissé divaguer des animaux malfaisans, excité leurs chiens contre les passans, ou qui ne les auraient pas retenus, ainsi que contre ceux qui par l'effet de cette divagation auraient occasionné la mort ou des blessures aux animaux et aux bestiaux d'autrui.

Le même art. 475 prononce les mêmes peines contre ceux qui auront laissé courir des chevaux, bêtes de trait ou de monture, dans l'intérieur d'un lieu habité.

D'autre part, l'art. 13 de cette même loi de 1791 déjà citée, ordonne à tout propriétaire de bestiaux morts, de les enfouir dans la journée à 4 pieds de profondeur, et dans son terrain ou dans celui désigné par la municipalité. L'infraction à cette règle est punie de trois journées de travail, plus les frais de transport et d'enfouissement.

Enfin en cas d'épizootie ou de maladie épidémique ou contagieuse des animaux, l'administration municipale ou supérieure est en droit de prendre toutes les mesures nécessaires pour en prévenir ou en arrêter le cours.

Les art. 459, 460 et 461 du code pénal punissent de prison et d'amende les propriétaires dont les bestiaux sont soupçonnés d'être infectés, et qui n'en avertissent pas sur-le-champ le maire de la commune, ou qui, contrairement aux défenses de l'administration, laissent ces bestiaux communiquer avec d'autres.

Un arrêté du directoire en date du 27 messidor an V, et une ordonnance du 17 janvier 1815, contiennent des mesures d'ordre public pour le cas où des épizooties se déclarent.

APPEL.

L'appel est une voie de recours donnée aux parties devant un tribunal supérieur, contre un jugement d'un tribunal inférieur qui leur est préjudiciable. Le délai dans lequel on doit interjeter appel est, en matière civile et de commerce :

1° Pour les jugemens contradictoires de trois mois, à dater de leur signification.

2° Pour les jugemens par défaut de trois mois, à partir du jour où l'opposition n'est plus recevable.

3° **Pour** les jugemens interlocutoires et préparatoires, le délai est le même et court avec celui des jugemens définitifs, bien que l'appel des premiers et des jugemens de provision puisse être formé avant le jugement définitif.

4° Pour les ordonnances de référé, de 15 jours à dater de la signification.

Le délai général est abrégé quand il s'agit de *contributions, de matières de justice de paix, d'ordre, de récusation, de renvoi pour cause de parenté, de saisie immobilière.*

5° Aux termes de l'art. 13 de la loi sur les justices d. paix, l'appel des jugemens ne sera recevable ni avant les trois jours qui suivront la prononciation des jugemens, à moins qu'il n'y ait lieu à exécution provisoire, ni après les 30 jours qui suivront la signification à l'égard des personnes domiciliées dans le canton.

Les personnes domiciliées hors du canton ont, pour interjeter appel, outre le délai de 30 jours, le délai réglé par les art. 73 et 1033 du code de procédure civile.

6° En matière de simple police, le délai de l'appel est de 10 jours à dater de la signification du jugement.

7° En matière de police correctionelle, il est aussi de 10 jours, mais à dater de la condamnation, si elle est contradictoire, et de 10 jours après la signification, si elle est par défaut.

L'appelant d'un jugement de justice de paix qui succombe, est condamné à 5 fr. d'amende, et celui d'un jugement du tribunal civil à 10 fr.

ARBRES.

La loi s'occupe des arbres sous plusieurs points de vue différens, selon qu'ils sont placés sur les propriétés particulières, les grandes routes, et les bois de l'Etat : nous ne parlerons ici que de ceux plantés sur les propriétés particulières, et sur les grands chemins.

D'après les art. 553 et 554, les arbres sont censés la propriété de celui sur le terrain duquel ils sont plantés ; celui qui plante sur son terrain un arbre appartenant à autrui, ne peut être forcé à l'arracher, mais seulement à en payer la valeur.

Chacun est libre de faire sur sa propriété les plantations qu'il juge nécessaires ; mais si ces plantations sont contiguës à une autre propriété, la loi alors, pour empêcher le préjudice que ces plantations pourraient causer par leurs racines, ou par la projection de l'ombre, à prescrit une servitude de distance.

Il n'est permis de planter des arbres à haute tige, qu'à la distance prescrite par les réglemens particuliers, actuellemens existans, ou par les usages constans et reconnus; et, à défaut de réglemens et usages, qu'à la distance de deux mètres de la ligne séparative des deux héritages, pour les arbres à haute tige ; et à la distance d'un demi-mètre, pour les autres arbres et haies vives.

La Cour de cassation a décidé, le 25 mai 1842, « que » les arbres et haies plantés à une distance des voisins » moindre que la distance prescrite par un réglement » local, ne sont pas atteints par la prohibition de ce ré- » glement, ni par celle de l'art. 671 du code civil, si, à

» l'époque de la réclamation, les arbres se trouvent avoir
» 30 ans d'existence. Ils sont en ce cas protégés par la
» prescription trentenaire. »

Mais d'un autre côté la Cour de Bourges a jugé, le 8
décembre 1841, « que celui qui a acquis par prescription
» le droit de conserver des arbres à haute tige plantés à
» une distance du fonds voisin moindre que la distance
» légale, n'a pas acquis par là le droit de les remplacer
» par d'autres, sans observer la distance légale. »

On entend, en général, par arbres de haute tige,
ceux qui s'élèvent ordinairement à une hauteur assez
considérable, comme les chênes, les cerisiers, les noyers,
les saules, les peupliers, les mûriers, etc.

Le voisin peut exiger que les arbres et haies plantés à
une moindre distance soient arrachés. Celui sur la propriété duquel avancent les branches du voisin, peut contraindre celui-ci à les couper; mais il ne peut se faire
justice lui-même en les coupant. (Arrêt de la Cour de
cassation du 15 février 1811.)

Ce droit existe encore, quand le voisin serait dans
l'usage, depuis un temps immémorial, de s'introduire
sur le fonds du voisin, pour y ramasser les fruits qui
tombent de l'arbre qui avance sur ce fonds. (Arrêt de cassation, 15 novembre 1810.)

Ce droit appartient également au fermier, qui peut
l'exercer personnellement. (Arrêt de la Cour de cassation
du 9 décembre 1817.)

Les arbres qui se trouvent dans la haie mitoyenne,
sont mitoyens comme elle, et chacun des deux propriétaires a le droit de requérir qu'ils soient abattus : dans ce
cas, le produit des arbres doit être partagé.

Les arbres peuvent faire l'objet d'une action possessoire devant le juge de paix, lorsque le trouble ou l'usurpation ne remonte pas à plus d'un an. Passé ce délai, la demande doit être portée devant le tribunal de première instance.

La destruction ou mutilation des arbres, de manière à les faire périr, est punie d'une emprisonnement de six jours à six mois pour chaque arbre abattu ou mutilé, sans toutefois que cet emprisonnement puisse excéder 5 ans.

On a ensuite établi des règles spéciales pour les arbres plantés au compte de l'Etat, sur les grandes routes, et au compte des particuliers sur les bordures de ces routes. Les premiers sont la propriété de l'Etat, les seconds restent la propriété des particuliers; mais ceux-ci ne peuvent en disposer ni les abattre sans en avoir obtenu l'autorisation du préfet; ils peuvent cependant les élaguer sans son autorisation.

Une ordonnance rendue en conseil d'Etat, le 6 août 1840, a décidé « que le particulier qui, dans l'élagage » d'arbres lui appartenant sur le bord des routes, ne s'est » pas conformé aux époques et indications contenues dans » l'arrêté du préfet pour cet élagage, commet une con-» travention punissable aux termes de l'art. 43, titre 2 » de la loi des 28 septembre, 6 octobre 1791. » (C'est-à-dire par une amende du triple de la valeur des arbres et par une détention qui ne peut excéder six mois.)

Ce même décret prescrit en outre, dans l'intérêt de la conservation des routes, une distance d'un mètre au moins du bord extérieur des fossés pour les plantations nouvelles.

Les contraventions à ces dispositions, et les détériorations commises sur les arbres de grandes routes, sont jugées par les conseils de préfecture.

ARCHITECTE.

L'architecte est celui qui fait profession de l'art de bâtir, de donner des plans et devis pour les divers travaux, et d'en diriger l'exécution. Lorsqu'ils se chargent eux-mêmes de celle-ci, alors ils deviennent entrepreneurs. Si un édifice construit à prix fait, périt en tout ou en partie par le vice de la construction, même par le vice du sol, l'architecte et l'entrepreneur en sont solidairement responsables pendant 10 ans.

Suivant ces principes à la rigueur la Cour de cassation a décidé le 10 février 1835, « que l'architecte ne saurait » échapper à la responsabilité que la loi lui impose, même » en prévenant le propriétaire des vices existants, soit » dans la construction projetée, soit dans le sol, si sur » le refus d'obtempérer à cet avis et de changer son plan, » il continue ses travaux. »

Un autre arrêt, rendu le 13 août 1841, par la Cour de Bourges, a jugé « que l'architecte est responsable des » vices de construction du bâtiment par lui construit, » alors même qu'il n'a bâti que sur le plan et d'après les » indications données par le propriétaire. »

Quand un architecte ou un entrepreneur se sont chargés de la construction à forfait d'un bâtiment, d'après un plan arrêté et convenu entr'eux et le propriétaire, ils ne peuvent demander aucune augmentation de prix, ni sous le prétexte de l'augmentation de la main d'œuvre ou des matériaux, ni sous le prétexte de changemens ou augmentations faits sur ce plan, si ces changemens ou augmentations n'ont pas été autorisés par écrit, et le prix convenu avec le propriétaire.

Les architectes et entrepreneurs ont un privilége sur les constructions qu'ils ont faites, pourvu qu'ils aient eu soin : 1° de faire constater par un procès-verbal l'état des lieux, et les ouvrages que le propriétaire aura déclaré avoir dessein de faire ; 2° de faire recevoir les ouvrages dans les six mois de leur confection par un expert nommé par le tribunal.

L'action des architectes en paiement de leurs fournitures ou honoraires se prescrit par six mois.

ARMES.

Le droit de porter des armes appartient à tous les citoyens qui n'en ont pas été privés par la loi.

Aux termes d'un avis du conseil d'Etat, à la date du 10 mai 1841, toute personne excepté les vagabonds et gens sans aveu, a le droit de porter des armes autres que celles qui sont prohibées par les lois ou réglemens d'administration publique.

Pour savoir quels sont ces réglemens, il suffit de se rappeler qu'un décret du 12 mars 1806 a remis en vigueur un réglement du 23 mars 1728 qui porte :

9

« Ordonnons, qu'à l'avenir, toute fabrique, commerce,
» vente, débit, achat, port et usage de poignards, cou-
» teaux en forme de poignards, soit de poche, soit de
» fusil, des baïonnettes, pistolets de poche, épées en
» bâton, bâtons à ferremens, autres que ceux qui sont
» ferrés par le bout, et autres armes offensives cachées et
» secrètes, soient et demeurent pour toujours générale-
» ment abolis et défendus. »

Un arrêt de cassation du 24 août 1824, a décidé que
ce réglement était encore en vigueur, notamment en ce
qu'il prohibe les pistolets de poche.

Enfin la loi du 24 mai 1834, sur les détenteurs d'armes
et de munitions de guerre, porte :

ART. 1er. « Tout indinidu qui aura fabriqué, débité ou
» distribué des armes prohibées par la loi ou par des ré-
» glemens d'administration publique, sera puni d'un
» emprisonnement d'un mois à un an, et d'une amende
» de 16 fr. à 500 fr. Celui qui sera porteur desdites armes,
» sera puni d'un emprisonnement de 6 jours à 6 mois, et
» d'une amende de 16 fr. à 200 fr.

» ART. 2. Tout individu qui, sans y être légalement
» autorisé, aura fabriqué, débité ou distribué de la pou-
» dre, ou sera détenteur d'une quantité quelconque de
» poudre de guerre, ou de plus de deux kilogrammes de
» toute autre poudre, sera puni d'un emprisonnement
» d'un mois à deux ans, sans préjudice des autres peines
» portées par les lois.

» ART. 3. Tout individu qui, sans y être légalement
» autorisé, aura fabriqué ou confectionné, débité ou dis-
» tribué des armes de guerre, des cartouches ou autres

» munitions de guerre, ou d'un dépôt d'armes quel-
» conques, sera puni d'un emprisonnement d'un mois à
» deux ans et d'un amende de 16 fr. à 1000 fr. La pré-
» sente disposition n'est point applicable aux professions
» d'armuriers et de fabriquant d'armes de commerce,
» lesquelles resteront seulement assujetties aux lois et
» réglemens qui les concernent, etc. »

ARRHES.

Les arrhes sont ce qui est donné pour assurer la conclusion ou l'exécution d'une convention, d'un marché.

Il y a des arrhes qui se donnent avant que la convention proposée soit bien arrêtée et acceptée par les parties.

1° Dans le premier cas, chacun des contractans est
maître de se départir de la convention, celui qui les a
données en les perdant, et celui qui les a reçues en restituant le double.

Si c'est d'un consentement unanime que les parties
rompent la convention, celui qui a reçu les arrhes les
rend sans rien payer de plus.

2° Les arrhes données après la conclusion du marché,
sont données comme preuve du marché, de la convention.
Si elles sont données en argent, elles sont, en général,
regardées comme un à-compte sur le prix dû par l'acheteur. Dans ce dernier cas, il n'est plus permis aux parties
de rompre le contrat, soit en renonçant aux arrhes, soit
en restituant le double.

Lorsqu'il est difficile de savoir si les arrhes ont été
données pour une vente projetée ou arrêtée, les juges

doivent décider la question d'après leurs lumières et les connaissances de la cause. On est dans l'usage de donner des arrhes dans les contrats de vente ou de louage.

AUBERGISTE.

Les aubergistes, ainsi que les hôteliers, logueurs ou loueurs de maisons garnies, doivent sous peine d'une amende de 6 fr. à 10 fr. inclusivement, inscrire, de suite et sans aucun blanc, sur un registre tenu régulièrement, les noms, qualité, domicile habituel, dates d'entrée et de sortie de toute personne qui aura couché ou passé une nuit dans leur maison.

Faute par eux d'avoir rempli cette formalité, dans le cas où ils ont logé, plus de 24 heures, quelqu'un qui, pendant son séjour, aurait commis un crime ou un délit, ils sont civilement responsables des restitutions, des indemnités et des frais de ceux à qui ce crime aurait causé quelque dommage.

S'ils inscrivent, sous des noms faux ou supposés, les personnes logées chez eux, ils sont passibles d'un emprisonnement de six jours au moins et d'un mois au plus.

La non représentation de leurs registres, soit aux époques fixées par les réglemens, soit aux magistrats chargés de cette surveillance, rend les aubergistes passibles d'une amende de 6 à 10 fr.

Ils doivent fermer leur établissement aux heures fixées par les réglemens de police et un arrêt de la Cour de cassation du 24 décembre 1824 a jugé, « que quand un

» arrêté de l'autorité municipale a fixé l'heure à laquelle
» doivent être fermées les auberges de la commune, les
» aubergistes sont en contravention, même quand les
» personnes étrangères, trouvées à une heure prohibée,
» n'y auraient été reçues que par les pensionnaires de
» cette auberge et dans leurs chambres particulières. »

La même cour a décidé, le 10 juin 1842, « que le ré-
» glement municipal qui interdit aux aubergistes, caba-
» retiers, etc., de recevoir chez eux *aucun habitant de la*
» *ville*, après une certaine heure, comprend dans sa
» prohibition même les individus qui, résidant depuis
» moins de 6 mois dans la commune, ne sont pas censés
» y avoir leur domicile ou leur résidence. »

Les aubergistes sont responsables, comme dépositaires,
des effets apportés par le voyageur qui loge chez eux,
cette responsabilité s'applique aux cas de vol ou de dommage de ces effets, soit que ceux-ci aient été faits ou causés par les domestiques ou préposés de l'hôtellerie, ou
par des étrangers allant et venant dans celle-ci.

Mais ils ne sont responsables ni des vols faits avec force
armée ou force majeure, ni de la perte d'effets précieux
qui n'ont été ni montrés, ni vérifiés, surtout si le voyageur avait une armoire fermant à clé dont il n'a pas fait
usage. (Arrêt de la Cour de Paris du 2 avril 1811.)

Un arrêt de la Cour de Douai du 9 août 1842, a jugé
« que les aubergistes n'étaient pas responsables de la
» soustraction commise par leurs domestiques d'objets de
» prix laissés imprudemment sous les mains de ces mêmes
» domestiques par les voyageurs, surtout lorsque ceux-ci
» étaient invités à remettre au maître de l'hôtel les objets
» de valeur qu'ils pouvaient avoir avec eux. »

Un autre arrêt rendu le 13 décembre 1808 par la Cour de Paris, a décidé « que l'aubergiste qui reçoit habituel-
» lement les rouliers, et qui n'a pas de cour pour remi-
» ser leurs voitures, est responsable du vol commis sur
» une voiture laissée à l'extérieur de sa maison par un
» roulier logé chez lui. »

Enfin, aux termes d'un arrêt rendu le 26 janvier 1825 par la Cour de Lyon, l'aubergiste constitué gardien d'un cheval en litige, est responsable des accidens qui lui arrivent par trop de proximité d'un autre cheval placé dans la même écurie.

Les aubergistes ont un privilége, pour le paiement de leurs fournitures, sur les effets du voyageur transportés dans leur auberge.

D'autre part l'action qu'ils peuvent exercer contre leurs débiteurs, à raison du logement et de la nourriture qu'ils fournissent, se prescrit par six mois.

Il ne faut point oublier que la loi du 25 mai 1838 sur les juges de paix porte dans son article second, « que
» ces magistrats prononcent, sans appel, jusqu'à la va-
» leur de 100 francs, et, à charge d'appel, jusqu'au taux
» de la compétence en dernier ressort des tribunaux de
» première instance.

» Sur les contestations entre les hôteliers, aubergistes
» ou logeurs, et les voyageurs ou locataires en garni,
» pour dépenses d'hôtellerie et perte ou avarie d'effets
» déposés dans l'auberge ou dans l'hôtel. »

AUTORISATION DE LA FEMME MARIÉE.

Comme le mari est le tuteur naturel de la femme, il doit veiller à ce que les intérêts de celle-ci ne périclitent pas, comme il doit aussi diriger tous ses actes et toutes ses démarches. Si donc la femme a des droits à faire valoir devant la justice, ou si elle est appelée par un adversaire devant les tribunaux, si ses intérêts exigent qu'elle paraisse dans quelqu'acte que ce soit, qu'elle prenne une décision quelconque, elle ne peut paraître en justice qu'après avoir demandé l'autorisation à son mari.

Cependant en cas de refus de celui-ci, la femme peut s'adresser aux tribunaux qui ont le droit de donner cette autorisation.

Celle du mari peut être expresse ou tacite. Le premier cas est celui où il la donne formellement par écrit dans un acte quelconque; le second cas est celui où le mari concourt à un acte consenti par la femme. Si cette dernière fait publiquement le commerce au su du mari, et sans opposition de sa part, on la considère comme pourvue d'une autorisation suffisante, et elle peut s'obliger et faire tous les actes pour tout ce qui est nécessaire à son commerce. Si le mari assigne lui-même sa femme en justice, s'il paraît devant les tribunaux dans le même procès et conjointement avec elle, il est censé lui donner tacitement son autorisation.

Dans les circonstances où le mari est dans l'impossibilité de manifester sa volonté, si, par exemple, il est sous le poids d'une condamnation afflictive et infamante, s'il est mineur, interdit ou absent, la femme doit demander aux magistrats l'autorisation nécessaire.

Celle-ci n'est pas nécessaire : 1° Lorsque la femme est poursuivie en matière criminelle.

2° Quand elle est séparée de biens, elle peut disposer de son mobilier et l'aliéner comme bon lui semble.

5° Elle peut librement faire des dispositions testamentaires.

4° Si, comme on l'a dit, elle est marchande publique, et qu'elle ait été autorisée d'une manière générale à faire le commerce, elle peut faire, sans autorisation, tous les actes qui rentrent dans ce commerce, et elle oblige même son mari, s'il y a communauté entr'eux. Il est donc important pour ceux qui contractent avec une femme mariée, de s'assurer si elle est autorisée par son mari, et dans quels termes cette autorisation a été donnée. A défaut de cette précaution, on s'expose à voir prononcer plus tard la nullité des actes que la femme aurait souscrits sans qualité.

Celui qui contracte avec une femme mariée doit conserver avec soin l'autorisation qu'elle aura reçue, et s'en faire délivrer un double ou une expédition en bonne forme; car, aux termes d'un arrêt de la Cour de Paris, du 2 janvier 1808, c'est à celui qui a contracté à prouver que la femme a été valablement autorisée.

AVOUÉ.

Les avoués sont des officiers chargés de représenter et défendre les parties devant les tribunaux auxquels ils sont attachés.

D'après cette définition, on voit que les avoués ont deux fonctions principales : la première, ou la représentation des parties, comprend le droit de postuler et de conclure.

Postuler, c'est faire tout ce qui est nécessaire à l'instruction d'un procès. Conclure, c'est présenter au tribunal les diverses questions sur lesquelles il doit prononcer.

La seconde fonction des avoués est la défense des plaideurs. Cette défense résulte, ou des parties de l'instruction confiées à l'avoué, ou des plaidoiries et mémoires qui exposent spécialement les moyens de la cause.

Dans les tribunaux où le nombre des avocats inscrits au tableau est suffisant pour la plaidoirie et l'expédition des affaires, il est interdit aux avoués de plaider, si ce n'est les demandes incidentes de nature à être jugées sommairement.

Ils ne peuvent refuser leur ministère, à moins qu'il ne s'agisse de former des demandes contraires aux lois ou évidemment mal fondées ; et, en cas de refus mal motivé, il peut leur être enjoint par le tribunal de le prêter.

Tous les avoués sont tenus d'avoir un registre coté et paraphé par le président ou par un juge commis, sur lequel ils doivent inscrire eux-mêmes, par ordre de date et sans aucun blanc, toutes les sommes qu'ils reçoivent des parties.

Ils doivent représenter ce registre toutes les fois qu'ils en sont requis et qu'ils forment des demandes en condamnation de frais : faute de représentation ou de tenue régulière, ils doivent être déclarés non recevables.

10

Toutefois il a été décidé, par la Cour de Riom, le 28 janvier 1843, que le défaut de représentation par un avoué du registre tenu dans la forme prescripte par l'art. 151 du décret du 16 février 1807, n'emporte pas fin de non recevoir absolue contre son action en paiement de frais ; cette fin n'existerait qu'autant que, pour faire le compte de ce qui peut lui être dû, on ne pourrait avoir d'autres élémens et d'autres preuves que les mentions du registre.

Ils ne peuvent réclamer que ce qui leur est alloué par le tarif, et les tribunaux ne peuvent leur accorder des droits à titre d'endemnité, de vacations, de peines ou de soins extraordinaires. (Cour de cassation, 25 janvier 1813.)

Les parties qui trouveraient les réclamations d'honoraires de la part de l'avoué trop élevées, peuvent lui demander son mémoire, et le faire taxer par le président du tribunal civil, ou par un juge commis à cet effet.

L'action des avoués pour le paiement de leurs frais et salaires se prescrit par deux ans, à compter du jugement du procès, ou de la conciliation des parties, ou depuis la révocation de leurs pouvoirs à l'égard des affaires non terminées ; ils ne peuvent former des demandes pour leurs frais et salaires qui remonteraient à plus de cinq ans.

De leur côté, les avoués sont déchargés des pièces qui leur ont été confiées cinq ans après le jugement du procès.

AYANT-CAUSE.

On est ayant-cause lorsque l'on représente les droits d'une personne, soit à titre universel, soit à titre singulier. Ainsi, un héritier est un ayant-cause à titre universel, parce qu'il tient la place même de la personne dont il a hérité; tandis qu'un acquéreur, un donataire, un légataire, un créancier, ne sont que des ayans-cause à titre singulier, parce qu'ils ne représentent leurs actes que pour une partie seulement : cette distinction est fort importante, parce qu'elle sert à établir l'étendue des droits et des devoirs des ayans-cause.

Par exemple, les ayans-cause à titre universel sont tenus de toutes les obligations de leur auteur; il n'en est pas de même des ayans-cause à titre singulier.

BAILS.

DÉFINITION.

Le bail est un contrat par lequel une personne, qui s'appelle *bailleur* ou *locateur*, transfère à une autre, que l'on nomme *preneur* ou *locataire*, la jouissance d'une chose pour un temps convenu et moyennant un certain prix.

DIVISION.

§ I. Nature du contrat de bail. — § II. Quelles personnes peuvent louer. — § III. Forme des baux. — § IV. Durée des baux. — § V. Du bailleur; ses obligations, ses droits. — § VI. Du preneur; ses obligations, ses droits. — § VII. Cessation et résolution des baux. — § VIII. Droits d'enregistrement sur les baux. — § IX. Formules des différens baux.

§ 1ᵉʳ.

Nature du contrat de Bail.

Le bail diffère de la vente, en ce qu'il n'a rapport qu'à la jouissance; tandis que la vente, au contraire, transfère à l'acquéreur tous les droits de propriété sur la chose.

Comme dans le contrat de vente, le bail n'a lieu qu'avec le concours de trois circonstances substantielles : 1° l'existence d'une chose louée; un prix ou fermage; 3° le consentement mutuel.

On peut donner à bail toutes sortes de choses, soit meubles, soit immeubles. Quant aux choses fongibles qui se consomment par l'usage, la restitution doit avoir lieu en choses de même nature ou qualité, et en même quantité.

Le produit d'une carrière mise en cours d'exploitation, celui d'une forêt mise en coupes réglées, peuvent être affermés.

Il en est de même des droits de chasse et de pêche que louent soit l'Etat, soit les communes.

Un droit d'usufruit peut également être loué par l'usufruitier; il n'en est pas de même de celui qui jouit d'un droit d'usage ou d'habitation.

§ II.

Quelles personnes peuvent louer.

Pour pouvoir donner valablement, à titre de bail, il faut avoir la capacité de contracter ; celle qni est nécessaire pour aliéner n'est pas requise ; car le contrat de louage, renfermé dans certaines limites, se range au nombre des actes de simple administration.

Le mineur émancipé, le tuteur, la femme séparée de biens, ou simplement non commune, les envoyés en possession provisoire, à qui la loi ne permet que des actes d'administration, ont la faculté de louer et d'affermer leurs propres biens, ou ceux dont la gestion leur est confiée ; cependant la durée des baux faits par ces personnes ne peut excéder neuf ans.

La Cour de cassation a décidé, le 15 juin 1842, « qu'une femme mariée ne peut, à peine de nullité, » prendre à bail un appartement, sans autorisation de » son mari ou de justice, surtout pour plusieurs années.»

Les biens de l'interdit doivent être affermés par le curateur chargé de gérer sa fortune.

Celui dont la propriété a été saisie, ne pouvant plus en disposer librement et l'aliéner, ne pourrait non plus la louer au préjudice du saisissant. Pour qu'il pût avoir son exécution, le bail devrait avoir date certaine avant le commandement tendant à l'expropriation.

§ III.

Forme des Baux.

Le Code n'impose aucune forme particulière pour la rédaction des baux, comme il a fait à l'égard de certains contrats. On peut louer ou par écrit ou verbalement.

Toutefois, si le bail fait sans écrit n'a reçu aucune exécution, et que l'une des parties le nie, la preuve ne peut en être reçue par témoins, quelque modique qu'en soit le prix, et quoiqu'on allègue qu'il y a eu des arrhes données. Le serment peut seulement être déféré à celui qui nie le bail.

Quand l'existence du bail est admise, ou qu'il y a commencement d'exécution, on ne serait pas non plus recevable à faire la preuve par témoins, des clauses et conditions qui le constituent. Le propriétaire devrait alors être cru sur son serment, si mieux n'aime le locataire à recourir à une estimation par experts. Dans le cas où des quittances seraient représentées, elles feraient foi du prix convenu.

Comme tous les contrats synallagmatiques, le bail doit être fait en autant de doubles qu'il y a de parties ayant un intérêt direct.

§ IV.

Durée des Baux,

En général la durée des baux dépend entièrement de la convention et de la volonté des parties.

Un arrêt de la Cour de Paris, à la date du 20 juillet 1840, a décidé « que le bail fait avec cette clause *que le* » *preneur restera dans les lieux tant qu'il lui plaira* , est » valable. Cette clause doit s'interpréter en ce sens que » le bail devra se continuer jusqu'à la mort du preneur, » s'il n'use pas , pendant sa vie de la faculté qu'il s'est » réservée de le faire cesser à sa volonté. »

La durée est quelquefois incertaine , en ce sens qu'elle est laissée à la volonté du bailleur ou du preneur : si on stipule , par exemple , qu'il sera permis à chacune des parties de résoudre le bail après l'expiration des trois ou six premières années.

Si dans les conventions on n'a pas désigné l'époque à laquelle finirait le bail , il faut distinguer suivant la nature des objets affermés.

Le bail d'un fonds rural est censé fait pour le temps qui est nécessaire , afin que le preneur recueille tous les fruits de l'héritage affermé.

Ainsi le bail d'un pré, d'une vigne, et de tout autre fonds dont les fruits se recueillent en entier dans le cours de l'année, est censé fait pour un an.

Le bail des terres labourables , lorsqu'elles se divisent par soles ou saisons , est censé fait pour autant d'années qu'il y a de soles.

En ce qui touche les maisons , la loi renvoie aux usages locaux.

Si à l'expiration du bail écrit, le preneur reste ou est laissé en possession, il s'opère un nouveau bail dont la durée se règle comme pour le cas où il n'y a point d'écrit. Il résulte alors du consentement réciproque et tacite des parties un bail nouveau qui se trouve sans écrit ; on le nomme *tacide reconduction*. Mais il faut que le séjour du preneur, après l'expiration du bail, ait duré assez de temps pour faire présumer le consentement respectif des parties de continuer le bail : c'est aux tribunaux à apprécier ce point.

§ V.

Du Bailleur ; ses obligations, ses droits.

Par la nature du contrat, et sans qu'il soit besoin d'aucune stipulation particulière, le bailleur est obligé, 1° de délivrer au preneur la chose louée, et cela en bon état de réparations de toute espèce.

2° Il doit y faire, pendant la durée du bail, toutes les réparations qui peuvent devenir nécessaires, autres que les locatives.

3° D'en faire jouir paisiblement le preneur pendant la durée du bail, et de le garantir des troubles qu'il pourrait éprouver de la part des tiers, par suite d'une action concernant la propriété du fonds.

4° De garantir le preneur de tous les vices ou défauts de la chose louée, qui en empêchent l'usage ; quand il ne les aurait pas connus lors du bail.

5° De ne pas changer, pendant la durée du bail, la forme de la chose louée.

Un arrêt rendu le 20 février 1843 par la Cour de Paris, a décidé « qu'en cas de louage d'un appartement ayant » vue sur un jardin, le bailleur ne pouvait détruire le » jardin et élever des constructions à la place, quand

» même ces constructions n'oteraient ni l'air ni le jour
» aux locataires. »

6° L'obligation de délivrer la chose s'étend à ses accessoires. C'est aux frais du bailleur que la délivrance doit
avoir lieu, parce qu'ayant contracté l'obligation de livrer
la chose, il doit supporter les frais nécessaires pour remplir cette obligation.

7° Le bailleur est tenu de faire toutes les réparations
nécessaires pour que la chose louée remplisse sa destina-
nation ; si la chose louée a besoin de réparations le preneur doit mettre le bailleur en demeure de les faire. En
cas de refus ou de retard, il peut obtenir des dommages-
intérêts.

La Cour de Douai a même jugé, le 29 mai 1842,
« que le fermier qui a fait faire aux bâtimens loués des
» réparations nécessaires, a droit au remboursement des
» dépenses qu'elles lui ont causées, alors même qu'avant
» de faire ces réparations, il n'en a pas donné avis au
» bailleur.

» Et la valeur de ces dépences, même excédant 150 fr.,
» peut être établie par témoins, lorsque d'ailleurs l'exis-
» tence des réparations est légalement justifiée. »

Si les réparations durent plus de quarante jours, le
locataire est fondé à demander des dommages-intérêts,
ou même la résiliation du bail.

Droits du bailleur. — Il peut, dans certains cas, exercer la contrainte par corps contre le preneur, mais il a
de plus un privilége sur tous les objets mobiliers et les
fruits qui garnissent l'immeuble affermé.

Le bailleur est en droit d'exiger que les lieux soient
suffisamment garnis de meubles, bestiaux ou ustensiles.

11

§ VI.

Du Preneur ; ses obligations, ses droits.

Le preneur doit garn'r les lieux de meubles, bestiaux et ustensiles suffisants pour répondre des loyers et fermages.

N'user de la chose que suivant sa destination,

Jouir en bon père de famille,

Payer le prix du bail,

Supporter certaines charges :

Telles sont les obligations principales du preneur.

Jouir en bon père, c'est avoir le même soin pour conserver la chose louée, qu'un bon et soigneux père de famille aurait pour la sienne propre.

Quand on dit que le preneur doit jouir des lieux selon leur destination, cela s'entend par exemple qu'il ne pourrait fermer l'*auberge* ou la *boutique* qu'il aurait louée. (Cour de cassation, 28 avril 1810.)

Il ne pourrait pas non plus établir dans une maison bourgeoise un cabaret, une forge de maréchal ou de serrurier.

S'il s'agit de terres labourables, le fermier est tenu de les labourer, fumer, cultiver et ensemencer selon l'usage du pays.

Il lui est défendu d'employer les pailles, fumiers, à d'autres usages qu'à l'engrais des terres.

Il doit veiller à ce que, durant le cours du bail, on n'usurpe pas les terres qu'il doit cultiver : ainsi, dans le cas où un tiers acquerrait une possession d'un an et un jour, il serait tenu, à cet égard, de dommages-intérêts envers le bailleur : il est juste qu'il soit responsable du préjudice que sa négligence a occasionné.

Le preneur est responsable non seulement de ses propres faits, mais encore de ceux de sa femme et de ses enfans, de ses domestiques et de ses pensionnaires, de ses ouvriers et des sous-locataires, etc.

Lorsque la maison vient à être incendiée, le preneur en est responsable, s'il ne justifie que l'incendie est arrivé par cas fortuit, ou que le feu a été communiqué par un maison voisine.

S'il y a plusieurs locataires, tous sont responsables de l'incendie, jusqu'à ce qu'ils aient prouvé sur qui cette responsabilité doit peser exclusivement.

A défaut de conventions particulières, le prix du bail est exigible au terme où il est d'usage dans le pays de payer les fermages.

Il doit être payé au domicile du preneur, à moins que les parties n'aient fixé un autre lieu.

Après cinq années de silence de la part du propriétaire, le preneur peut opposer la prescription.

Les impositions foncières, à moins de conventions expresses, demeurent à la charge du bailleur.

Les contributions des portes et fenêtres, concernant la maison ou la partie de maison qu'occupe le preneur sont à sa charge (art. 12 de la loi du 4 frimaire an 7), et si le bailleur en fait les avances, il a trente ans pour les répéter.

Le preneur doit remettre les choses dans le même état qu'elles lui ont été remises; il est de son intérêt de faire signer par le propriétaire un état, pour justifier des choses qui manquent ou qui exigent des réparations : à défaut d'état des lieux, il serait présumé les avoir reçus en bon état de réparations locatives, et devrait les rendre tels, sauf la preuve contraire.

Toutes les contestations qui s'élèvent entre le propriétaire et le locataire, au sujet des réparations locatives, ou des dégradations alléguées par le bailleur, sont du ressort du juge de paix.

Droit du preneur. — Il a le droit de percevoir tous les produits et avantages de la chose louée.

Il a le droit de sous-louer, et même de céder son bail, si cette faculté ne lui a pas été formellement interdite. Elle peut l'être pour le tout ou partie, et cette clause est toujours de rigueur.

Si par suite de cette dernière disposition, le preneur, nonobstant la prohibition, sous-loue, le bailleur peut demander la résiliation du bail, et le juge doit la prononcer sans pouvoir accorder un délai.

Toutefois la Cour de cassation a décidé, les 29 mars 1837 et 21 août 1840 : « Que l'infraction par le preneur » à la clause qui lui défend de sous-louer, ne suffit pas » pour faire prononcer nécessairement la résiliation du » bail, à moins de stipulation à cet égard. La résiliation » du bail peut donc n'être pas prononcée, si le locataire » a déjà expulsé le sous-locataire. »

Lorsque les réparations nécessaires durent plus de quarante jours, le preneur a droit à une diminution du prix du bail, à proportion du temps et de la partie de la chose louée dont il a été privé, et cela à compter du jour où les réparations ont commencé.

Il est des cas où le preneur a le droit de demander la remise des fermages, en tout ou en partie :

1° Dans le cas où, par suite d'un accident imprévu, il a souffert dans sa jouissance une altération ou une diminution très considérable, il peut demander qu'on lui diminue proportionnellement les fermages.

La Conr de Nismes a jugé, le 1er juin 1839 : « que le » fermier d'un pont, dont les recettes ont éprouvé, dans » le cours d'une année, et par suite d'un cas forfuit, une » baisse considérable, n'a pas droit à une réduction du » prix de ferme ; qu'il ne peut invoquer l'art. 1769 du » code civil, relatif à la perte des récoltes, attendu que » cet article n'est applicable qu'en matière de bail de » biens ruraux, non plus que l'art. 1722 du même code, » relatif à la destruction de la chose louée. »

2° Si, pendant la durée du bail, la totalité ou la moitié d'une récolte au moins est enlevée par des cas forfuits, le preneur a aussi droit à une remise proportionelle de ces fermages.

Le fermier ne paie le prix du loyer que pour recueillir ses fruits ; il doit avoir le droit de demander une diminution dans le prix, si la plus grande partie des fruits lui est enlevée sans qu'il y ait de sa faute : par exemple, si un froid imprévu gèle les raisins et diminue la récolte de plus de moitié.

Pour fixer la quotité de l'endemnité, on doit attendre la fin du bail. Si la perte d'une année se trouve compensée en tout ou en partie par l'abondance des autres, ce qui se détermine en comparant le produit effectif de la chose louée, avec celui qu'il y avait lieu d'espérer vraisemblablement, le preneur n'a plus de recours à exercer, ou doit restreindre ses prétentions.

Le preneur peut être, par une stipulation expresse, chargé de cas forfuits, ce qui ne s'entend que des cas forfuits ordinaires, tels que grêle, feu du ciel, gelée, etc., et non des cas extraordinaires, tels que les ravages de la guerre ou une inondation ; à moins que le preneur n'ait été chargé de tous les cas forfuits, prévus ou imprévus.

§ VII.

Cessation et résolution des Baux.

Le bail fait sans écrit ne cesse qu'autant que l'une des parties a donné congé à l'autre, en observant les délais fixés par les usages des lieux.

Pour plus de régularité, le congé doit être signifié par huissier.

Lorsque le bail a été fait par écrit, il n'est pas nécessaire de donner congé ; la jouissance du preneur cesse de plein droit à l'expiration du terme fixé.

Le bail peut être résilié sur la demande de l'une des parties, lorsque l'autre ne remplit pas ses engagemens.

Le bailleur peut demander la résolution du bail, lorsque le locataire ou le fermier ne garnit pas les lieux de meubles et effets suffisants pour répondre des loyers et fermages.

Le bailleur peut encore faire résilier le bail, si le locataire emploie la chose louée à une autre usage que celui auquel elle a été destinée, ou dont il puisse résulter un dommage pour lui.

La résolution du bail peut surtout être demandée lorsque le preneur ne remplit pas la première de toutes ses obligations, celle de payer le prix du bail ; cependant un seul terme sans payement ne suffirait pas pour demander la résolution, il faut au moins deux termes. Cette règle, admise dans notre ancien droit, est toujours suivie depuis le Code civil.

La Cour royale de Paris a jugé, le 27 mars 1843, « que « quoiqu'il eut été dit dans un bail que la résolution au- » rait lieu de plein droit, faute de paiement d'un terme » après le commandement, les juges peuvent, à raison » des circonstances, accorder un délai au preneur pour » se libérer. »

La résolution du bail doit être demandée en justice, et les tribunaux ont la faculté d'accorder des délais, même quand ils jugent la cause suffisante pour la faire prononcer. Ils peuvent, en la prononçant, allouer des dommages-intérêts.

Si le bailleur se réserve la faculté d'expulser le preneur en cas d'aliénation de la chose louée, cette stipulation profite à l'acquéreur, quoiqu'il n'en ait point été fait mention dans l'acte de vente.

Le 10 mai 1843, la Cour de cassation a rendu un important arrêt en matière de bail, lorsqu'elle a décidé « que » le preneur expulsé, au cas de vente de la chose louée, » et par suite d'une réserve stipulée entre lui et le bail- » leur, a droit, s'il n'a rien été stipulé à cet égard, de » réclamer l'indemnité déterminée par l'art. 1746 du » code civil (le tiers du prix du bail pour les années res- » tant à courir), non seulement quand la réserve d'expul-

» sion a été convenue au moment même du bail, mais
» encore quand elle a fait l'objet d'une stipulation posté-
» rieure. Dans l'un et l'autre cas elle est réputée former
» une des clauses du bail. »

Quand l'acquéreur use de la faculté d'expulser le fermier ou locataiae, il doit préalablement donner congé à
ce dernier, en observant les délais et les usages des lieux;
il doit avertir le fermier des biens ruraux, au moins un
an d'avance, et cela lors même que le bail serait verbal.

A moins de stipulation contraire, il est tenu d'indemniser le preneur avant de pouvoir prendre possession.

Le preneur, en quittant, doit les rendre dans l'état où
il les a pris, si cet état a été constaté, sinon en bon état
de réparations, qui est celui dans lequel il est censé les
avoir reçus.

Le fermier sortant doit aussi laisser les pailles et engrais
de l'année, s'il les a reçus lors de son entrée en jouissance; et quand même il ne les aurait pas reçus, le propriétaire pourrait les retenir suivant l'estimation.

§ VIII.

Droits d'Enregistrement.

Les baux à ferme ou à loyer des *biens meubles* ou *immeubles*,
ne sont maintenant soumis qu'au droit de 20 centimes par 100 fr.,
sur le prix cumulé de toutes les années; le droit de cautionnement
de ces baux n'est que de moitié.

Les baux de *biens immeubles* dont la durée est illimitée, paient
un droit de 4 p. 100; ceux des *biens meubles* ne paient que 2
p. 100.

Les locations verbales ne sont pas assujetties au droit d'enregistrement. (Arrêt de cassation des 12, 17 et 24 juin 1811.)

Les baux à ferme ou à loyer, sous-beaux de *biens immeubles*, doivent être enregistrés dans les trois mois de leur date. Passé ce délai, il y aurait lieu au double droit. Quant aux beaux de *biens meubles*, ils peuvent toujours être présentés à l'enregistrement sans être soumis à cette peine.

§ IX.

FORMULE

DE BAIL A LOYER, OU LOUAGE DE MAISON.

Entre les soussignés,

M. Joseph Revol, propriétaire d'une maison située à Besançon, rue de   n°   y demeurant ;

Et M. François Brun, peintre, demeurant à Lyon ;

A été faite la convention suivante :

M. Revol donne à loyer pour trois, six ou neuf années consécutives, au choix des parties, et en s'avertissant réciproquement par écrit   mois d'avance avant l'expiration des trois ou six premières années, qui commenceront à courir le premier juillet mil huit cent quarante,

A M. Brun, qui accepte,

Une maison située à Besançon, constituant (indication) avec toutes ses dépendances,

Pour en jouir, par M. Brun, pendant ledit temps.

Ce bail est fait aux conditions suivantes, que M. Brun, preneur, s'oblige d'exécuter et d'accomplir, savoir :

1° De garnir ladite maison de meubles meublans, ou autres effets, en quantité et qualité suffisantes pour répondre en tout temps desdits loyers ;

12

2° De l'entretenir et de la rendre à la fin dudit bail en bon état de réparations locatives ;

3° De payer l'impôt des portes et fenêtres , et de satisfaire à toutes les charges de ville et de police dont les locataires sont ordinairement tenus;

4° De ne pouvoir céder son droit au présent bail , en tout ou en partie , ni même sous-louer, sans le consentement exprès et par écrit du bailleur (1);

5° En outre, ce bail est fait moyennant le prix et somme de   que M. Brun s'oblige de payer par chaque année à M. Revol, en sa demeure ci-dessus indiquée, en quatre paiemens égaux aux quatre termes ordinaires de l'année, dont le premier, de la somme de   sera fait le   le second, etc., pour ainsi continuer à être fait de trois mois en trois mois, jusqu'à l'expiration du présent bail.

M. Brun a présentement payé à M. Revol, qui le reconnaît, la somme de   pour six mois d'avance desdits loyers, imputables sur les six derniers mois de jouissance du présent bail, pour ne pas intervertir l'ordre des paiemens établi.

Fait double à Besançon, le quatre mai mil huit cent quarante.

(Signatures des Parties.)

Nota. Ce bail est susceptible de recevoir un très grand nombre de clauses ; les principales sont celles qui ont pour objet : 1° la résiliation à la volonté des deux parties ou d'une seule , en s'avertissant dans un temps d'avance que l'on détermine ; 2° à l'engagement que prend le preneur de faire obliger solidairement sa

(1) Si cette clause n'était pas insérée, le preneur aurait le droit de céder ou de sous-louer sans le consentement du propriétaire.

femme à l'exécution du bail, dans le cas où il se marierait ; 3° à la réserve, par le bailleur, de résilier le bail en cas de vente de la maison, en prévenant un temps d'avance ; 4° de faire un état des lieux lors de l'entrée en jouissance, etc.

Il arrive souvent que, pour l'exécution du bail, le propriétaire exige l'intervention d'une caution qui s'oblige pour le preneur.

EN VOICI LA FORMULE.

Est intervenu au présent contrat M. Louis Guy, pro-priétaire à Châlons-sur-Saône, lequel, après avoir pris communication du bail ci-dessus, a déclaré se porter caution de M. Brun envers M. Revol, qui accepte, pour paiemens des loyers et l'exécution des autres clauses du-dit bail,

(Il doit signer avec les autres Parties.)

FORMULE

DE BAIL A FERME.

Entre les soussignés,
M. Pierre Luc, propriétaire, domicilié à
Et Jacques Vigne, agriculteur, domicilié à
A été faite la convention suivante :
M. Luc donne à titre de bail à ferme, pour
années consécutives, pour la récolte entière et dépouillée de tous les fruits et produits qui pourraient être perçus et recueillis pendant lesdites   années qui commenceront au   au sieur Vigne, qui accepte,
Les biens ci-après désignés, savoir :
Un corps de ferme, situé à   quartier de   consis-tant en une maison d'habitation pour le fermier, étables,

remises, grenier à foin, prés, vignes, terres labourables, bois taillis et autres dépendances, le tout tenant de levant, à   du couchant, à   du nord, à   du midi, à   sans exception ni réserve, et tel que le bailleur en jouit et le possède actuellement.

Ce bail est fait aux charges, clauses et conditions suivantes :

1° De garnir et tenir garnie ladite ferme de meubles, grains et fourrages, chevaux, bestiaux, et autres effets exploitables et suffisans pour répondre des fermages ;

2° D'entretenir les bâtimens de toutes réparations locatives, et de les rendre, à l'expiration du bail, en bon état de réparations, conformément à l'état qui en sera dressé entre les soussignés, avant l'entrée en jouissance dudit preneur ;

3° De souffrir les grosses réparations qu'il conviendra de faire, et de fournir les voitures et chariots pour transporter les matériaux qui seront nécessaires pour faire ces grosses réparations ;

4° De cultiver les terres, vignes, prés, dans les saisons convenables, en bon père de famille, et suivant l'usage des lieux, pour tout ce qui ne sera point prévu aux présentes ;

5° De ne couper au pied aucun arbre vert ni sec ; il pourra seulement les émonder à l'époque habituelle ; il en sera de même des haies qui bordent les pièces ;

6° De convertir toutes les pailles en fumier pour l'engrais desdites terres, sans pouvoir en distraire ni vendre aucune partie, et de laisser, à la fin de son bail, toutes celles qui s'y trouveront ;

7° D'écheniller les arbres toutes les fois qu'il en sera besoin, et de replanter d'autres arbres à la place de ceux qui mourraient ;

8° De payer, sans aucune imputation sur le fermage, l'impôt foncier pendant la durée dudit bail ;

9° De ne pouvoir céder ni transporter son droit au présent bail, sans le consentement exprès et par écrit du bailleur.

En outre, ce bail est fait moyennant le prix de de fermage annuel, que le preneur s'oblige de payer par chaque année en espèces métalliques ayant cours, audit bailleur, en sa demeure, à   en   paiemens égaux aux époques ordinaires (indiquer les époques), dont le premier, de la somme de   sera fait à   prochain; le second, etc., pour ainsi continuer à être payé d'année en année aux mêmes époques.

Fait double, à   le

(Signatures des Parties.)

Nota. Ce bail, comme le premier, est susceptible d'un grand nombre de clauses, telles que caution, obligation solidaire de la femme, après le mariage du preneur, résiliation, etc.

FORMULE

DE CONTINUATION DE BAIL.

Entre les soussignés,
(Le préambule des formules précédentes.)
A été faite la convention suivante :
Le bail fait par M. Pierre Louis à M. Jules, pour années consécutives, qui ont commencé le   pour finir

le   à raison de   francs, par chacune desdites années,

D'une maison située à   suivant acte sous seing privé, en date à   du

Sera continué pour   années, qui commenceront à courir du   pour finir à pareil jour de l'année.

Cette continuation de bail est consentie moyennant pareille somme de   que le preneur s'oblige de payer au bailleur pour chacune desdites années continuées, aux lieux, époques, et de la manière convenue au bail susdit, et aux charges et conditions qui y sont portées.

Fait double, à   le   184.

(Signatures.)

BAIL A CHEPTEL.

Le bail à cheptel est un contrat par lequel l'une des parties donne à l'autre un fond de bétail pour le garder, le nourrir et le soigner, sous les conditions convenues entre elles.

Il y a plusieurs sortes de cheptel : le cheptel simple ou ordinaire, cheptel à moitié; le cheptel donné au fermier ou au colon partiaire.

On peut donner à cheptel toute espèce d'animaux susceptibles de croît ou de profit pour l'agriculture ou le commerce.

Du Cheptel simple.

Le bail à cheptel simple est un contrat par lequel on donne à un autre des bestiaux à garder, nourrir et soigner, à condition que le preneur profitera de la moitié du croît, et qu'il supportera aussi la moitié de la perte.

L'estimation donnée au cheptel, dans le bail, n'en transporte pas la propriété au preneur ; elle n'a d'autre objet que de fixer la perte ou le profit qui pourra se trouver à l'expiration du bail. Car l'on ne fixe pas le prix du troupeau dans le but de le vendre, mais seulement pour connaître, à la fin du bail, quel est le gain ou la perte que l'on a eus.

Le preneur doit les soins d'un père de famille à la conservation du cheptel. Si, par sa faute, il arrive quelques dommages à quelque bête, il devra des dommages-intérêts au bailleur.

Il n'est tenu du cas forfuit que lorsqu'il a été précédé de quelque faute de sa part, sans laquelle la perte ne serait pas arrivé. Si donc le troupeau vient à périr en totalité, par cas forfuit, il périt pour le propriétaire. Mais s'il y a faute, comme si le troupeau périt d'une maladie, et que le propriéiaire prouve que cette maladie ne l'aurait pas attaqué sans une faute commise par le preneur, il devra des dommages-intérêts au bailleur.

En cas de contestation, le preneur est tenu de prouver le cas forfuit, et le bailleur est tenu de prouver la faute qu'il impute.

On ne peut stipuler que le preneur supportera la perte totale du cheptel, quoique arrivée par cas forfuit et sans sa faute, ou qu'il supportera dans la perte une part plus grande que dans le profit.

Le preneur ne pourra tondre sans en prévenir le bailleur, parce que les laines doivent être partagées.

S'il n'y a pas de temps fixé par la convention pour la durée du cheptel, il est censé fait pour trois ans.

Le bailleur peut en demander plus tôt la résiliation, si le preneur ne remplit pas ses obligations.

A la fin du bail, ou lors de la résiliation, il se fait une nouvelle estimation du cheptel. Le bailleur peut prélever des bêtes de chaque espèce, jusqu'à concurrence de la première estimation. L'excédant se partage : s'il n'existe pas assez de bêtes pour remplir la première estimation, le bailleur prend ce qui reste, et les parties se font raison de la perte.

FORMULE

D'UN BAIL A CHEPTEL SIMPLE.

Entre les soussignés

M. Antoine Brote, propriétaire, demeurant à

Et le sieur Joseph Vernet, fermier, demeurant à

Ont été faites les conventions suivantes :

M. Brote donne, à titre de cheptel simple, pour trois années consécutives, à partir du premier octobre mil huit cent quarante, au sieur Vernet, qui accepte, le fonds de bétail ci-après désigné :

1° Trente quatre brebis, distinguées par la marque A. B ;

2° Trois vaches laitières, distinguées aussi par la marque A. B. ;

Pour en jouir par ledit sieur Vernet, qui reconnait que lesdits bestiaux lui ont été livrés, et sont en sa possession, à titre de preneur à cheptel pendant ledit temps sus-

énoncé ; profiter seul des laitages, du fumier, et partager par moitié avec le bailleur le croît qui en proviendra pendant le même temps.

Ce bail est fait aux charges, clauses et conditions suivantes :

1° Le preneur sera tenu de nourrir à ses frais tous lesdits bestiaux, de les garder, gouverner et héberger comme il convient, et de prendre pour leur conservation le soin qu'en prendrait un bon père de famille.

2° Le preneur ne pourra faire aucune tonte sans en prévenir le bailleur.

3° Il ne pourra disposer d'aucune bête du cheptel, soit du fonds, soit du croît, sans le consentement du bailleur, qui lui-même n'en pourra disposer sans le consentement du preneur.

4° Le fonds du cheptel est estimé par les parties valoir la somme de   sur laquelle sera réglé, à l'expiration du bail, le profit ou la perte à partager ou à supporter par moitié, entre le bailleur et le preneur.

5° Pour constater le profit ou la perte du fonds du cheptel, à la fin du bail, il en sera fait, à cette époque, une nouvelle estimation par experts, dont les parties conviendront.

6° Si quelques-unes des bêtes du cheptel venaient à périr sans qu'il y eut de la faute du preneur, elles seront d'abord remplacées par le croît ; le surplus sera partagé entre les parties.

7 Mais si quelques-uns périssent ou se perdent par la faute ou la négligence du preneur, il sera payé sur-le-champ par le preneur au bailleur, pour chaque brebis, la somme

13

de   *pour chaque vache, celle de*   *si c'est la totalité du bétail ; et enfin la somme de*   *pour dommages-intérêts.*

Fait double à   *le*   *mil...*

(Signatures des Parties.)

Nota. Les autres baux à cheptel sont dans une forme anologue.

FORMULE

D'UN BAIL A MOITIÉ FRUIT.

Entre les soussignés ,

M. Louis Bonnet , propriétaire, domicilié à Vienne , d'une part ;

Et François Bon , cultivateur , domicilié à Bourgoin, d'autre part ;

Ont été faites les conventions suivantes :

Ledit M. Bonnet donne à ferme , à moitié fruit, pour six années entières et consécutives , qui commenceront au premier novembre mil huit cent quarante ,

Audit Bon , acceptant :

1° *Le domaine du Mas , situé dans la commune de la Tour-du-Pin , quartier de*   *consistant en une maison d'habitation pour le colon, écurie, remise, grenier à foin et hangar ;*

2° *Vingt-sept hectares de terres labourables ;*

3° *Cinq hectares trois centiares de prés ;*

4° *Trois hectares de vignes ; le tout contigu, ayant pour confins, au levant ,*   *etc.*

Le présent bail est fait aux conditions suivantes :

1° *Le colon sera tenu de demeurer dans le domaine, de labourer les terres qui en dépendent, de les ensemencer,* de faire tous les travaux de moisson et de récolte, pour le tout être partagé, comme il sera dit plus bas.

2° Le colon sera tenu de travailler les vignes et les provigner selon l'usage du pays ; la vendange sera ramassée à frais commun, pour être ensuite partagée par moitié.

3° Les fourrages ainsi que les pailles seront exclusivement employés pour la nourriture des bestiaux ; et, dans le cas d'insuffisance, le supplément sera fourni à frais communs.

4° Tout le fumier qui sera fait servira à l'engrais des terres, sans que le preneur puisse lui donner une autre destination.

Il laissera dans le domaine, à la fin du bail, tous les fumiers qui s'y trouveront.

5° Le preneur ne pourra couper au pied aucun arbre vert ni sec, sans le consentement du bailleur, mais il devra tailler tous les ans ceux qui ont coutume de l'être ; les fagots ne seront point partagés.

6° Il curera les fossés et entretiendra les rigoles pour l'écoulement des eaux.

7° Il ne pourra faire aucune journée de labour pour autrui sans la permission du bailleur.

8° La semence en blé et en seigle sera fournie par moitié.

9° Les blés, seigles et autres grains, ainsi que les pommes-de-terre, seront partagés par moitié (prélèvement fait de la semence fournie) ; la portion du bailleur sera portée par le colon dans les lieux qu'il désignera.

10° Il sera tenu de bien nourrir les troupeaux ; les laines et les croîts seront partagés par moitié ; les pertes seront *également supportées par moitié entre les parties, à moins qu'elles ne proviennent de la faute du preneur.*

11° Le bétail sera estimé lors de l'entrée en jouissance; le preneur remboursera au bailleur la moitié de cette estimation; moyennant ce, il acquerra la propriété de la moitié des bestiaux.

Fait double, à   le   mil....

(Signatures des Parties.)

BÉNÉFICE D'INVENTAIRE.

On appelle ainsi le droit qu'a tout héritier de faire dresser un état de l'actif et du passif d'une succession, pour savoir s'il est plus avantageux pour lui de l'accepter ou d'y renoncer.

La déclaration d'un héritier qu'il entend ne prendre cette qualité que sous bénéfice d'inventaire, doit être faite au greffe du tribunal de première instance, dans l'arrondissement duquel la succession est ouverte ; elle doit être inscrite sur le registre destiné à recevoir les actes de renonciation.

Il est nécessaire que l'acceptation sous bénéfice d'inventaire soit faite publiquement, de même que la renonciation, afin que les créanciers soient avertis qu'on ne s'engage à payer les dettes que jusqu'à concurrence des biens de la succession.

Cette déclaration n'a d'effet qu'autant qu'elle est précédée ou suivie d'un inventaire fidèle et exact des biens de la succession. Des inexactitudes, des omissions dans l'inventaire, feraient déclarer l'héritier responsable de toutes les dettes, à moins cependant que les inexactitudes ne fussent pas de son fait ; par exemple, le fait du notaire qui a inventorié.

L'inventaire est fait par un ou deux notaires., assisté d'un ou deux experts.

L'héritier a trois mois pour faire inventaire., à compter du jour de l'ouverture de la succession. Il a de plus, pour délibérer sur son acceptation ou sur la renonciation, un délai de quarante jours, qui commenceront à courir du jour de l'expiration des trois mois donnés par l'inventaire, s'il a été terminé dans les trois mois.

Pendant la durée des délais, pour faire inventaire et pour délibérer, l'héritier ne peut être contraint à prendre qualité, et il ne peut être obtenu contre lui de condamnation ; s'il renonce lorsque les délais sont expirés ou avant, les frais faits légitimement jusqu'à cette époque sont à la charge de la succession. Ce n'est pas cependant que les créanciers ne puissent, pendant ce temps, exercer leurs droits contre la succession ; ils le peuvent, et il est de leur intérêt de le faire ; mais l'habile à succéder ne sera pas tenu de prendre qualité et défendre à leurs poursuites ; il les fera suspendre, en présentant une exception dilatoire, c'est-à-dire une exception qui a pour but de demander un délai.

L'héritier qui s'est rendu coupable de recélé, ou qui a omis sciemment et de mauvaise foi de comprendre dans l'inventaire des effets de la succession, est déchu du bénéfice d'inventaire.

L'effet du bénéfice d'inventaire est de donner à l'héritier l'avantage, 1° de n'être tenu du paiement des dettes de la succession que jusqu'à concurrence de la valeur des biens qu'il a recueillis, même de pouvoir se décharger du paiement des dettes, en abandonnant tous les biens de la sucsession aux créanciers et aux légataires ; 2° de ne pas confondre ses biens personnels avec ceux de la succession, et de conserver contre elle le droit de réclamer le paiement de ses créanciers.

BILAN.

C'est l'état de l'actif et du passif d'un commerçant en faillite, dressé par lui-même ou par des syndics.

L'intérêt du failli exige qu'il rédige lui-même son bilan, qui devra être certifié véritable, daté et signé par lui.

S'il ne savait pas signer, il pourrait le faire rédiger par un notaire ou par un tiers.

Le bilan est un tableau qui doit contenir, depuis le jour où le débiteur a commencé le commerce, l'énumération et l'évaluation de tous ses effets mobiliers et immobiliers, l'état de ses dettes actives et passives, le tableau de ses profits et pertes et celui des dépenses.

On y doit mentionner la cause des dettes, le nom des créanciers, si quelque propriété est douteuse, si quelque créance est difficile à recouvrer, enfin tout ce qui peut éclairer sur les causes et les circonstances de la faillite.

Si le failli a fait lui-même son bilan avant la déclaration de sa faillite ou la nomination des agens, il doit le remettre lui-même à ceux-ci dans les vingt-quatre heures de leur entrée en fonctions.

Lorsque le bilan n'a été rédigé ni par le failli , ni par un fondé de pouvoirs, il doit l'être par les agens de la faillitte , qui , dans tous les cas , doivent le remettre au juge-commissaire , lequel doit lui-même ensuite faire la liste des créanciers et les convoquer.

Enregistrement du bilan.

Il est soumis au droit fixe d'un franc. Il doit être rédigé sur papier timbré.

BILLET A ORDRE.

Le billet à ordre est un engagement par lequel une personne s'engage à payer une somme déterminée au créancier dénommé , ou a quiconque en sera porteur légitime par l'effet de l'endossement.

Il se fait ordinairement sous seing privé ; mais il peut avoir lieu devant notaire. (Arrêt de cassation du 17 janvier 1812.)

Ce billet doit être daté ; il doit énoncer la somme à payer, le nom de celui à l'ordre de qui il est souscrit , l'époque à laquelle et le lieu où le paiement doit s'effectuer ; la valeur qui a été fournie en espèces, en marchandises , en compte, ou de toute autre manière.

Le billet qui ne réunit pas ces dispositions, doit être assimilé à une simple promesse.

Il doit être écrit en entier de la main du souscripteur, ou exprimer l'approbation de la somme en toutes lettres. (Arrêt de cassation du 27 janvier 1812.)

La prescription de 5 ans éteint les actions relatives aux billets à ordre souscrits par des commerçans, et à ceux qui, étant souscrits par des non-commerçans, ont pour objets des dettes de commerce.

Timbre et Enregistrement.

Depuis le 1er janvier 1835, le timbre est gradué à raison de 50 cent. par 1,000 fr.

Les billets de 500 fr. et au dessous sont assujettis au timbre de 25 cent. Ceux de 500 fr. à 1,000 fr., à celui de 50 cent. L'amende de contravention a été portée à six pour cent du montant des sommes exprimées dans les billets.

Les simples billets pour prêts d'espèces sont passibles d'un droit de un pour cent.

Les droits sur les transports ou cessions sont les mêmes ; il n'y a pas de délai de rigueur pour remplir la formalité de l'enregistrement, et par conséquent pas de double droit à encourir.

FORMULE.

(Droit d'enregistrement : 50 pour 100.)

A six mois de date, je paierai à M. Bouvier, ou à son ordre , la somme de mille francs, *valeur reçue comptant dudit.*

A Lyon , le quatre mai mil...

B. P. 1,000 fr.

BILLET DE BANQUE.

Les billets de Banque de France ont été créés par la loi du 12-24 avril 1803 ; leur moindre coupure est de 500 fr. Ces billets sont payables au porteur.

L'art. 139 du Code pénal punit de la peine des travaux forcés à perpétuité la contrefaçon ou l'usage fait sciemment des billets de banque contrefaits.

BILLET SIMPLE.

Le billet simple est une promesse ou reconnaissance, un écrit par lequel quelqu'un reconnaît devoir telle somme, et promet la payer.

On le nomme sous seing privé, parce qu'il n'est signé que du débiteur et fait sans notaire.

Il doit être écrit en entier de la main de celui qui l'a souscrit, ou du moins il faut qu'outre sa signature il ait écrit de sa main un *bon* ou *approuvé*, portant en toutes lettres la somme ou la quantité de la chose.

Les marchands, artisans, laboureurs, vignerons, gens de journées et de service, sont exceptés de cette disposition.

Lorsque la somme exprimée au corps de l'acte est différente de celle exprimée au *bon* ou *approuvé*, l'obligation n'est présumée que de la somme moindre.

La forme de ces billets est très simple, en voici le modèle :

FORMULE

DU BILLET SIMPLE.

Je reconnais devoir à M. Antoine la somme de quatre cents francs, *que je promets lui payer le premier juille prochain, pour telle chose* (expliquer la cause du billet, si c'est en argent prêté, marchandises ou valeur reçue comptant ou en compte.)

Fait à   le   mil...

Le billet simple est passible d'un droit de 1 fr. pour 100.

BILLET

SOUSCRIT PAR LE MARI ET SA FEMME SOLIDAIREMENT.

Le billet souscrit solidairement par un mari et sa femme, est nul à l'égard de cette dernière, s'il ne contient pas de sa part un *bon* ou *approuvé* en toutes lettres de la somme. (Cour royale de Paris, arrêt du 16 mai 1812 et 21 février 1815.)

L'enregistrement de ce billet est le même que le précédent.

FORMULE

DU BILLET SOLIDAIRE.

Nous Paul, et Agathe, mon épouse, propriétaires, demeurant à   cette dernière procédant de mon autorité, et de moi autorisée, reconnaissons devoir à M. Martin la somme de   pour telle chose, que nous nous obligeons solidairement à payer le

Fait à   le   mil...

BILLETS

SOUSCRIPTS PAR DES MINEURS ÉMANCIPÉS.

Les billets faits par des mineurs émancipés sont bons, s'ils n'excèdent pas les revenus dont ils peuvent disposer.

BILLETS AU PORTEUR.

Les billets au porteur qui avaient été proscrits, ensuite autorisés, même par l'art. 1er, titre VII de l'ordonnance de 1673, ne sont point prohibés par le Code de commerce ; ils ne sont assujettis à aucune règle spéciale.

La Cour de cassation a décidé, le 10 novembre 1829, que les billets au porteur étaient valables aujourd'hui comme autrefois, et la Cour de Bordeaux l'a jugé de même par arrêt du 22 mai 1840.

BILLON.

Le billon est une monnaie de cuivre pur, ou de cuivre mêlé à un peu d'argent.

Dans les paiemens il est permis de faire emploi de la monnaie de billon pour un quarantième et les appoints. Il n'est pas permis d'en donner davantage contre le gré du créancier quelque soit l'usage local. (Loi du 18 vendémiaire an 6.)

BOIS ET FORÊTS.

Les bois sont régis en France par le code forestier, promulgué le 31 juillet 1827 et par l'ordonnance d'exécution du premier août de la même année.

Sont soumis au régime forestier :

1° Les bois et forêts qui font partie du domaine de l'Etat ;

2° Ceux qui font partie du domaine de la couronne ;

3° Ceux qui sont possédés à titre d'apanages et de majorats et reversibles à l'Etat ;

4° Les bois et forêts des communes et des sections de communes ;

5° Ceux des établissemens publics ;

6° Les bois et forêts dans lesquels l'état, la couronne, les communes ou les établissemens publics ont des droits indivis avec les particuliers.

On entend par régime forestier le droit de surveillance qu'exerce sur ces bois l'administration forestière.

Ainsi, elle seule règle exclusivement les coupes, ainsi que les modes de jouissance et d'exploitation. Elle fixe les ventes et en détermine les conditions. En cas d'indivision entre l'état, les communes ou les établissemens publics et les propriétaires, c'est elle seule qui nomme et qui révoque les gardes communs.

Mais les particuliers qui ont des forêts isolées et qui leur appartiennent exclusivement, peuvent y exercer tous les droits qui dépendent de la propriété, sauf certaines restrictions qui seront brièvement indiquées dans cet article.

Ceux qui veulent avoir pour la conservation de leurs bois des gardes particuliers, doivent les faire agréer par le sous-préfet de l'arrondissement et leur faire prêter serment devant le tribunal de première instance. Ces gardes doivent être âgés de 25 ans.

Les bois sur pied sont *immeubles*, mais ils sont considérés comme *meubles*, quand la coupe en est vendue séparément du sol.

Jusqu'en 1847, il est interdit de défricher les bois non clos, d'une étendue au-dessous de 4 hectares, avant d'en avoir préalablement fait la déclaration à la sous-préfecture, au moins 6 mois d'avance, durant lesquels l'administration peut faire signifier son opposition au défrichement dans les six mois.

Un arrêt de la Cour de cassation, à la date du 28 novembre 1842, a décidé « que les autorisations de défri-
» chement délivrées sous la loi du 9 floréal an 11, avant
» le code forestier, conservent leur effet sous l'empire
» de ce code, et qu'une autorisation de défricher est va-
» lable, bien qu'elle ne détermine pas la portion de bois
» à laquelle elle s'applique. »

C'est du reste le préfet qui statue, sauf recours au ministre des finances, sur les oppositions au défrichement
formées par l'administration forestière.

Les peines pour délits commis dans les forêts se rédui-
sent à des amendes, sauf deux cas, et les confiscations
ne sont que celles des objets qui ont servi à ces mêmes
délits.

Les actions et réparations auxquelles ceux-ci donnent
lieu se prescrivent par 3 mois à compter du jour où ils
ont été constatés, et lorsque les prévenus sont désignés
dans les procès-verbaux ; dans le cas contraire le délai de
prescription est de 6 mois à compter de ce même jour.

S'il n'y a pas eu de procès-verbaux la prescription est
de trois ans pour les délits, à dater du jour où ils ont
été commis, et pour les contravention d'un an.

Quand il existe des droits d'usage sur les bois, les
propriétaires seuls ont le droit de les éteindre au moyen
du cantonnement.

Les droits de pâturage, parcours et glandée ne peuvent
être exercés que dans les parties déclarés défensables par
l'administration forestière.

BOISSONS.

(Droits dus à la Régie.)

On comprend sous ce nom le vin, l'eau-devie, le cidre, la bière, le poiré, l'hydromel, et généralement tous les esprits et liqueurs classés dans les attributions de la régie des contributions indirectes, et, comme tels, asjettis à des droits soit à la fabrication, soit à la vente.

Toutefois une loi des 24-26 juillet 1843 a décidé :

Art. 1er. Sont affranchis de tous droits d'entrée, de consommation ou détail, les eaux-de-vie et esprits dénaturés de manière à ne pouvoir être consommés comme boissons.

Art. 2. Des réglements d'administration publique détermineront les conditions nécessaires, pour opérer la dénaturation et les formalités qui devront la constater, etc.

Art. 3. Les alcools dénaturés suivant les procédés déterminés par les réglemens, ainsi que ceux qui auront été soumis au droit de dénaturation, ne pourront comme l'alcool pur circuler qu'avec des expéditions de la régie, etc. etc.

Du mode de perception des droits, et des formalités à remplir par les propriétaires, les expéditeurs, les conducteurs, les marchands en gros, les débitans, les consommateurs.

Art. 1er. *Droit de Circulation.*

La perception de ce droit s'opère, soit lors du départ de la marchandise, soit au lieu de destination suivant ce qui est indiqué ci-dessous. Pour en garantir et en constater l'acquittement, la loi du 28 avril 1816 oblige l'expéditeur ou l'acheteur à faire précéder l'enlèvement et le transport des boissons d'une déclaration préalable au bureau de la régie, et le conducteur à se munir d'une expédition qui contaste l'accomplissement des formalités exigées par la loi. Cette obligation lui est imposée, quelque petite que soit d'ailleurs la quantité de boisson transportée. (Cour de cassation, 14 août 1820.)

Néanmoins il est loisible aux voyageurs de porter trois bouteilles pour leur usage, sans expédition. Le citadin qui revient de sa maison de campagne ne jouit pas de l'exemption. (Arrêt de cassation du 18 novembre 1825.)

Le mot *congé* s'applique spécialement à l'expédition qui accompagne les vins, cidres et poirés, dont les droits sont payés au moment même de la mise en circulation. — *L'acquit-à-caution* ou de précaution se délivre à l'expéditeur d'esprits, liqueurs ou eaux-de-vie, qui ne doit acquitter les droits qu'au lieu de destination. — La dénomination *passavant* indique l'expédition dont tout propriétaire doit se munir, pour transporter ses boissons d'une cave dans une autre.

A défaut de bureau de régie dans le lieu même de leur résidence, les propriétaires récoltans et les marchands en gros sont autorisés à se délivrer à eux-mêmes, au moyen de papiers imprimés dont ils sont tenus de justifier l'emploi des *laissez-passer*, valables seulement jusqu'au premier bureau de passage.

Les conducteurs doivent, sous peine de saisie, exhiber à toute requisition des employés des contributions indirectes, des douanes et des octrois, les *passavans, congés, acquits-à-caution, laissez-passer.*

« L'obligation imposée aux voituriers qui transportent
» des boissons, d'exhiber aux employés des contributions
» indirectes les congés, passavans, etc., *à l'instant* même
» de la réquisition, est tellement absolue, que la repré-
» sentation qui en est faite après un premier refus, et
» après que les employés ont en conséquence déclaré
» procès-verbal, est tardive, quelque court que soit l'in-
» tervalle existant entre le refus et l'exhibition. » (Cour
de cassation, 6 novembre 1842.)

Art. 2. — *Droit d'entrée.*

La perception de ce droit s'opère pour les boissons *introduites* dans l'intérieur, soit à la frontière du lieu soumis comme aux barrières d'une ville, soit à un bureau central.

Les conducteurs doivent, sous peine de saisie des boissons, faire leur déclaration avant tout déchargement, produire les congés, acquits-à-caution ou passavans dont ils sont porteurs, et acquitter les droits ou en consigner le montant suivant la destination des boissons.

Ils doivent également se munir d'un *passe-de-bout*, ou déclarer le *transit* quand ils conduisent des boissons non-destinées à la consommation du lieu et qui y séjournent quelque temps.

Les déclarations d'*entrepôt* doivent être faites avant l'introduction des chargemens, et indiquer le lieu où les boissons doivent être déposées. Pour l'acquittement du droit sur les boissons fabriquées à l'intérieur et destinées

à la consommation du lieu, et aussi dans les villes ouvertes où la perception du droit d'entrée sur les ven-
danges, pommes ou poires, ne peut pas être opérée au
moment de l'introduction, la régie est autorisée à faire
faire, après la récolte, chez tous les propriétaires récoltans, l'inventaire des vins ou cidres fabriqués.

Si ces propriétaires ne veulent pas jouir de l'entrepôt,
ils sont admis à se libérer des droits par douzièmes, de
mois en mois.

S'ils veulent jouir de l'entrepôt pour les produits de
leur récolte seulement, ils ne sont soumis, outre
l'inventaire, qu'à un recensement avant la récolte suivante; toutefois ils paient le droit d'entrée au fur et à
mesure de leurs ventes à l'intérieur.

ART. 3. — *Droit de vente en détail.*

La perception de ce droit s'opère après la vente, sauf
le cas d'abonnement. La vérification que font les employés
de la régie pour s'assurer des quantités existantes et cal-
culer celles qui ont été vendues, s'appelle *exercice.*

Les vendeurs en détail sont tenus de déclarer aux commis le prix de vente de leurs boissons lorsqu'ils en sont
requis; ces prix sont inscrits sur les portatifs et registres
des commis et sur une affiche apposée par le débitant
dans le lieu le plus apparent de son domicile.

En cas de contestation sur l'exactitude de la déclaration,
il en est référé au maire de la commune qui prononce,
sauf le recours au préfet; le droit est perçu provisoirement d'après la décision du maire, sauf rappel ou restitution.

Art. 4. — *Des débitans.*

Pour être débitant, il faut être pourvu d'une *licence.*

Les *cabaretiers, aubergistes, traiteurs, restaurateurs, maîtres d'hôtels garnis, cafetiers, liquoristes, buvetiers, marchans d'eaux-de-vie,* et autres, donnant à manger au jour, au mois ou à l'année, ainsi que tous autres qui veulent se livrer à la vente en détail des boissons, sont tenus de faire leur déclaration au bureau de la régie avant de commencer leur débit, et de désigner les espèces et quantités de boissons qu'ils ont en leur possession, dans les caves ou celliers de leur demeure ou ailleurs, ainsi qu'au lieu de la vente, comme aussi d'indiquer, par un enseigne ou bouchon, leur qualité de débitant.

« Le concierge d'un cercle ou établissement public où » il se fait une consommation habituelle de boissons, est » tenu de faire la déclaration préalable prescrite par l'art. » 50 de la loi du 28 avril 1816, et de se munir d'une li- » cence conformément à l'art. 144 de la même loi. » (Cour de cassation, 22 février 1840 et 22 janvier 1841.)

Une décision du conseil d'Etat du 26 décembre 1840, déclare le concierge d'un cercle où il se débite des boissons, obligé à prendre une patente de 3ᵐᵉ classe.

Un particulier qui reçoit à sa table des pensionnaires à tant par mois, sans en faire profession, n'est pas assimilable aux cabaretiers, aubergistes, etc., ni comme tel assujetti aux déclarations, droit de licence, etc. (Arrêt de la cour d'Orléans du 1ᵉʳ décembre 1821.)

Toute personne qui vend en détail des boissons de quelque espèce que ce soit, est sujette aux visites et exercices des employés de la régie ; elle doit ouvrir ses caves, celliers et autres parties de sa maison aux employés pour y faire leurs visites, même les jours de fêtes et dimanches, hors les heures où, à raison du service divin, lesdits lieux sont fermés.

Les débitants peuvent s'affranchir de cet exercice pour les eaux-de-vie, esprits et liqueurs, en payant comme les consommateurs le même droit à l'entrée.

« Les eaux-de-vie et liqueurs pour lesquelles un débi-
» tant a, en vertu de la loi du 28 avril 1832, payé, à
» leur entrée dans ses magasins, le droit général de con-
» sommation, afin de se rédimer de l'exercice, sont encore
» soumises à ce droit de consommation, aux termes de
» l'art. 87 de la loi du 28 avril 1816, quand elles sont
» vendues par le débitant, non pour être consommées
» dans son débit, mais pour être expédiées et livrées au
» consommateur hors de son débit. » (Cour de cassation
du 25 janvier 1842.)

« Un seul fait de vente en détail de la part d'un mar-
» chand de boissons en gros constitue la contravention
» punie par l'art. 106 de la loi du 28 avril 1816, 500 fr.
» à 2,000 fr. d'amende et la confiscation des boissons. »
(Cour de cassation, 24 mai 1843.)

Les *cafetiers*, même lorsqu'ils déclarent ne pas vouloir vendre du vin, même lorsqu'ils ont payé antérieurement un droit de circulation, et les teneurs de billards publics, sont assujettis aux visites et exercices des employés. (Arrêt de la Cour de cassation des 5 mai 1821 et 18 février 1826.)

Art. 5. — *Du droit de licence.*

La loi du 28 avril 1816 disposait que ce droit serait toujours payé pour l'année entière, à quelque époque de l'année que fût faite la déclaration; la loi du 21 avril 1852, art. 44, a décidé que les licences pour les boissons ne seraient plus payées que par trimestre, sans fractionnement possible.

Art. 6. — *Des abonnémens.*

L'exercice du commis peut être remplacé par un *abonnement*, quand un débitant ou une commune consentent, pour se soustraire aux visites, à payer dès avant la vente l'équivalent du droit de détail dont ils sont estimés passibles.

Cet abonnement est de trois sortes : abonnement individuel, abonnement par commune, abonnement par corporation.

1° L'abonnement individuel est l'équivalent du droit de détail dont on est passible. Lorsqu'un débitant veut s'acquitter de ce droit par abonnement, il faut qu'il y soit admis par la régie ; pour fixer cet abonnement, il faut avoir égard à la consommation des années précédentes et aux circonstances présentes qui influent sur le débit de l'année. En cas de contestation sur l'abonnement entre la régie et le débitant, le préfet en conseil de préfecture décidera, sauf recours au conseil d'Etat. Les abonnemens doivent être faits par écrit, et ne sont définitifs qu'après l'approbation de la régie : leur durée ne peut excéder un an.

Il y a en outre une autre sorte d'abonnement, qui a pour objet de remplacer, par une taxe unique aux entrées, les droits de circulation, d'entrée et de détail sur les vins, cidres, poirés et hydromels, ainsi que celui de licence des débitans. C'est la loi du 21 avril 1832, art. 35 et suivans, qui a accordé cette faculté.

Des contraventions et des peines.

ART. 1. — Des contraventions en général.

On appelle *fraude*, en matière de contributions indi-rectes, l'action de celui qui soustrait des denrées ou marchandises aux droits auxquels elles sont assujetties.

ART. 2. — Visites des employés. — Refus d'exercice.

Les débitans sont obligés de se soumettre aux visites des employés ; les particuliers peuvent même, dans certains cas, être soumis aux mêmes visites, pourvu que l'em-ployé soit autorisé par le préfet et accompagné d'un officier de police.

Ces visites ne peuvent être faites que de jour.

Les rébellions et voies de fait contre les employés sont poursuivies devant les tribunaux qui ordonnent l'applica-tion des peines prononcées par le Code pénal, indépen-damment des amendes et confiscations. Quand il s'agit d'un débitant de boissons, le tribunal doit ordonner en outre la clôture du débit pendant un délai de trois mois au moins, et de six mois au plus.

Les injures ou les simples menaces constituent la ré-sistance et donnent lieu aux peines d'amende et de confi-scation. (Arrêt de la Cour de cassation du 17 mai 1813.)

Art. 3. — *Des peines.*

Droit de circulation. — Toutes boissons circulant avec un *laissez-passer* au delà du bureau où il doit être échangé, sont considérées comme n'étant accompagnées d'aucune expédition, et passibles de saisie.

En cas de refus par les conducteurs de boissons d'exhiber à toute réquisition des employés des contributions indirectes, des douanes et des octrois, les congés, passavans, acquits-à-caution ou laissez-passer, ou en cas de fraude ou contravention, le chargement est saisi.

Droits d'entrée. — Toute boisson introduite sans déclaration dans un lieu sujet aux droits d'entrée, est saisie par les employés; il en est de même des voitures, chevaux et autres objets servant de transport, à défaut de consignation du maximum de l'amende, ou de donner caution solvable.

Les contraventions aux dispositions qui prescrivent l'acquittement des droits d'entrée, sont punies de la confiscation des boissons saisies et d'une amende de 100 à 200 fr., sauf le cas de fraude en voitures suspendues qui entraîne toujours une amende de 1,000 fr.

La fraude par escalade, par souterrain ou à main armée, est punie de six mois de prison, outre l'amende ou la confiscation.

Droit d'octroi. — Toute boisson sujette à l'octroi, qui, nonobstant l'interpellation faite par les préposés, sera introduite sans avoir été déclarée, ou sur une déclaration fausse ou inexacte, sera saisie, sans préjudice de l'application des peines pour rébellion, s'il y a lieu.

L'individu qui répond faussement à un employé d'octroi qu'il n'introduit rien de sujet aux droits, ne se justifie pas en se rétractant par une déclaration exacte, sauf le cas de bonne foi. (Cour de cassation, 21 novembre 1840.)

Les objets introduits en fraude des droits d'octroi peuvent être saisis plusieurs heures après leur introduction, encore qu'elle ait eu lieu sous les yeux des préposés, sur une déclaration incomplète et sans leur visite.

En pareille contravention le maître est civilement responsable de son domestique. (Cour de cassation, 29 avril 1843.)

L'application du tarif de l'octroi rentre dans la compétence des tribunaux, encore qu'il s'agisse d'interpréter des dispositions applicatives de ce tarif. (Ordonnance rendue en conseil d'Etat le 10 mars 1843.)

L'établissement des taxes d'octroi, leur modification et les réglemens relatifs à leur perception doivent être autorisés par ordonnances royales dans la forme des réglemens d'administration publique. (Loi des finances des 11-20 juin 1842, art. 8.)

BOISSONS. (FALSIFICATION.)

En attendant la nouvelle loi qui se prépare aux chambres législatives sur la falsification des boissons et la vente des boissons falsifiées, nous sommes régis en cette matière par les art. 475 n° 5, 476 et 478 n° 2 du code pénal qui, dans leur combinaison prononcent une amende de 6 à 10 fr., un emprisonnement de 5 jours suivant les circonstances et la saisie et profusion des boissons falsifiées ; et en outre par l'art. 318 du même code qui inflige une peine d'emprisonnement de 6 jours à 2 ans et une amende de 16 fr. à 500 fr. si les boissons falsifiées contiennent des mixtions nuisibles à la santé.

L'acheteur en ce dernier cas est punissable, encore que la boisson n'ait pas été agréée par lui et que la vente n'ait pas eu lieu. (Cour de cassation, 21 février 1840.)

La seule exposition en vente de la boisson falsifiée constitue la contravention punie par l'art. 475 n° 6, indépendamment de toute vente. (Cour de cassation, 14 octobre 1843.)

Le seul fait par un négociant ou marchand en gros d'avoir dénaturé les vins, encore que les substances dénaturantes ne soient pas nuisibles à la santé, le rend passible de 3 mois à un de prison, et de l'amende prononcée par l'art. 423 du code pénal. (Cour de cassation, 3 juin 1843.)

BORNAGE. — BORNES.

Le bornage est l'opération par laquelle les propriétaires contigus marquent, au moyen de bornes, les limites de leurs héritages ruraux ou forestiers et à laquelle ils peuvent toujours se contraindre réciproquement.

On entend par bornes, des pierres emplantées et enfoncées en terre, aux confins de deux héritages. Quelquefois on plante, à chaque extrémité des confins, des pierres réunies pour leur donner le caractère de bornes;

d'autres fois on n'en plante qu'une seule, et, pour la mieux caractériser, on brise une brique, ou l'on fend une pierre en deux morceaux que l'on place, d'un côté de l'autre de la borne, ou bien encore que l'on dépose au-dessous de celles-ci après les avoir réunis ; c'est ce que l'on nomme des *témoins* ou des *garants*.

Il est d'usage de faire mention des témoins dans le procès-verbal de bornage, ou d'indiquer la configuration, la nature et les dimensions de la pierre bornale.

La destruction ou le déplacement des bornes est puni d'un emprisonnement d'un mois à un an et d'une amende qui ne peut être moindre de 50 fr. Ce fait peut aussi donner lieu à une action possessoire devant le juge-de-paix, pourvu que l'action soit dirigée dans l'année.

Si les propriétaires ne peuvent faire un bornage à l'amiable, une demande doit être portée, aux termes de l'art. 6 de la loi sur les juges-de-paix, devant le juge de la situation des biens qui nomme les experts et arpenteurs chargés de faire l'application des titres respectifs, et, à défaut de titres capables de déterminer l'étendue des deux propriétés, de planter les bornes, conformément à la possession annale. Quand les parties ne se trouvent pas d'accord sur les bases du bornage, les opérations des experts doivent être suspendues jusqu'à ce qu'il ait été statué par le tribunal.

Il ne faut pas perdre de vue qu'aux termes d'un arrêt de cassation du 1er février 1842, l'action en bornage cesse d'être de la compétence du juge-de-paix, encore bien que les parties soient d'accord sur leurs titres respectifs de propriété, si d'ailleurs il y a contestation sur

16

l'étendue de cette propriété et la ligne divisoire des deux héritages. Un arrêt semblable a été rendu par la même Cour, le 12 avril 1843.

En matière de mesurage et bornage, l'opération devant s'étendre jusqu'à des bornes certaines, on peut appeler en cause les propriétaires de fonds non contigus à celui du demandeur. (Cour de Douai, 11 novembre 1842.)

Au surplus, les erreurs commises ne sont pas irréparables ; si les bornes ont été placées en vertu d'un titre commun et non contesté, et si l'une des parties a moins de terrain que le titre ne lui en attribue, l'erreur doit être rectifiée, à moins qu'il n'y ait prescription.

En général, les bornes plantées aux extrémités des héritages indiquent que, pour former la limite, il faut tirer une ligne droite d'une borne à l'autre.

Le bornage se fait à frais communs.

Bien que, pour intenter l'action, il soit nécessaire d'être propriétaire du terrain, un arrêt de la Cour de Montpellier du 14 janvier 1842 a décidé qu'elle était recevable, quoique le demandeur ne justifie pas actuellement de sa propriété.

L'usufruitier peut intenter cette action, tandis que le fermier ne le peut pas.

Comme elle ne constitue qu'un acte d'administration, elle n'excède pas les capacités du tuteur, qui n'est tenu de consulter le conseil de famille, en pareil cas, que sur les incidens qui feraient naître une question de propriété.

L'existence de haies vives, de lisières, d'arbres ou de fossés qui indiquent les limites de propriétés contigues, mais ne les fixent pas d'une manière immuable n'autorise pas un voisin à se refuser au bornage. (Cour de cassation, 30 décembre 1818.) Il en serait autrement s'il existait un mur sur la ligne séparative des deux héritages.

Les art. 8 et suivants du code forestier établissent quelques règles qui sont spéciales au bornage entre les bois de l'Etat et les propriétés riveraines.

Enregistrement.

Les compromis ou nominations d'arbitres chargés d'opérer le bornage sont assujétis au droit fixe de 3 fr.; leurs procès-verbaux à un droit fixe de 2 fr.

BREVET D'APPRENTISSAGE.

Le brevet d'apprentissage est un acte par lequel un individu, pour apprendre un métier, art ou négoce, s'oblige à demeurer chez un maître, pendant quelque temps, aux conditions convenues entre eux.

Si l'apprenti est mineur, le contrat doit, pour sa validité, devant les lois civiles, être consenti par lui avec le concours de ses père et mère, ou de son tuteur. Cependant il est de règle que lorsque la chose a tourné au profit du mineur, celui-ci est obligé, surtout en fait de paiement, comme s'il était majeur (Art. 1241 du code civil.) : par suite de la maxime qu'on ne peut s'enrichir aux dépens d'autrui.

Le contrat d'apprentissage ne peut être résilié qu'en cas 1° d'inexécution des engagemens de part et d'autre ; 2° des mauvais traitemens de la part du maître ; 3° inconduite de la part de l'apprenti ; 4° si l'apprenti s'est obligé à donner, pour tenir lieu de rétribution pécuniaire, un temps de travail dont la valeur serait jugée excéder le prix ordinaire des apprentissages.

Le maître doit instruire l'apprenti, en lui donnant de bonne foi la connaissance de l'art qu'il exerce, mais non des procédés particuliers qu'il emploie et qui sont sa propriété exclusive, à moins qu'il ne s'y fût soumis formellement.

Il doit veiller sur sa conduite, car il est responsable de ses faits.

De son côté, l'apprenti lui doit obéissance ; il ne peut le quitter avant le temps stipulé.

La mort du maître ou de l'apprenti rompt la convention.

« Les contestations qui s'élèvent entre un fabricant et » le père d'un apprenti sur l'exécution du contrat d'ap- » prentissage sont de la compétence, non des conseils de » prud'hommes, mais des tribunaux ordinaires, et spé- » cialement du juge-de-paix, si la demande n'excède pas » le taux de sa compétence » Cour de cassation, 11 mai 1841.

Toutefois la Cour de Nancy a décidé, le 13 mai de la même année, « que les difficultés relatives à l'engage- » ment pris par un commerçant, moyennant un prix » convenu, d'apprendre ou d'enseigner l'exercice de sa » profession à son commis, sont de la compétence du » tribunal civil, et non de celle du juge-de-paix : la dispo- » sition du § 3 de l'art. 5 de la loi du 25 mai 1838, » devant être restreinte aux *apprentis-ouvriers*.

La contestation relative à l'apprentissage d'un mineur

autorisé par son père ou tuteur, élevée par le maître, doit être portée devant le juge-de-paix du lieu du domicile du père ou tuteur, et non devant celui du maître. (Cour de cassation, arrêt du 22 décembre 1835.)

A la fin de son apprentissage, l'apprenti doit se munir d'un *Congé d'acquit*, lequel ne peut lui être refusé, et dont il a besoin pour être reçu chez un autre maître.

Enregistrement.

Les brevets d'apprentissage qui ne contiennent ni obligation de sommes, ni valeurs mobilières, ni quittance, sont sujets à un droit fixe de 1 fr.

Ils paient 50 cent. par 100 fr. lorsqu'ils contiennent stipulation de sommes ou valeurs mobilières, payées ou non.

FORMULE

D'UN BREVET D'APPRENTISSAGE.

Entre les soussignés, A........, profession de ...., demeurant à ....

Et le sieur N......, propriétaire, demeurant à ......,

A été faite la convention suivante :

Le sieur N......, voulant faire apprendre un métier à Louis N........, son fils, âgé de quinze ans, ici présent, l'a mis, de son consentement, en apprentissage pour trois années entières et consécutives, à compter de ce jour, auprès de M. A........, lequel reçoit en conséquence ledit sieur N........ fils, pour son apprenti, et promet de lui enseigner, durant ce temps, son métier de ...., et en outre de le nourrir, loger et coucher; mais ledit sieur

N........ entretiendra son fils d'habits , chaussure et autres vêtemens, suivant son état, et le blanchira.

Ledit apprenti ne pourra s'absenter , aller ni demeurer ailleurs pendant lesdites trois années. S'il vient à s'absenter , son père s'oblige à faire tout ce qui dépendra de lui pour le retrouver ; et , s'il y parvient, à le ramener au sieur A........, pour achever le temps qui pourrait alors rester à expirer du présent traité ; lequel est fait moyennant la somme de ...., que ledit sieur A.......... reconnaît avoir reçue du sieur N......... (en argent ou en valeurs par billet) , dont quittance.

Fait double , à   le   mil

(Signatures des Parties.)

CADASTRE.

On appelle ainsi la levée du plan d'un territoire par nature , quantité et qualité des biens fonds , pour servir de base à l'assiette des impositions directes.

Les principes relatifs au cadastre , se trouvent consignés : 1° Dans la loi des finances du 31 juillet 1821 ; 2° dans l'ordonnance royale du 3 octobre suivant ; 3° dans un réglement du 10 du même mois , prescrit par le ministre des finances et annexé à cette ordonnance ; 4° enfin dans les lois antérieures, dont les dispositions n'ont pas été abrogées, ou qui ne sont pas contraires à la loi du 31 juillet 1821.

Les opérations cadastrales ont pour objet :

1° La partie d'art ; 2° l'expertise ; 3° la répartition individuelle ; 4° la mutation.

1° La partie d'art consiste dans la levée des plans parcellaires des diverses propriétés. Elle est confiée, dans chaque département, à un géomètre nommé par le préfet, et qui peut s'adjoindre des collaborateurs dont il est responsable.

Les géomètres sont incompétents pour prononcer sur les sections de limites entre deux départemens, deux communes ou deux particuliers. Le préfet ou le Gouvernement prononce dans les deux premiers cas, et les tribunaux dans le dernier.

Avant de clore leurs travaux, les géomètres doivent les communiquer aux propriétaires intéressés et à leurs fermiers.

Celui qui veut se faire délivrer le plan parcellaire de ses fonds, doit s'adresser au géomètre en chef, chez lequel se trouve une copie du plan cadastral.

2° L'expertise consiste dans le classement et l'évaluation des fonds.

Pour la faire, le conseil municipal s'adjoint, pour concourir à l'expertise, les plus fort imposés de la commune, en nombre égal à celui du conseil. Il les choisit de manière à ce que toutes les propriétés soient représentées.

Le conseil municipal ainsi composé nomme d'abord les propriétaires chargés du classement des fonds; il en choisit cinq parmi les propriétaires de différentes natures de terrains.

Ensuite il détermine en combien de classes le territoire de la commune sera divisé; cette classification est faite après une reconnaissance préalable du territoire par les propriétaires classificateurs et l'inspecteur des contributions.

La classification arrêtée, le conseil s'occupe des évaluations et fixe les prix des différentes classes de culture; il adopte telle échelle d'évaluation que bon lui semble, pourvu qu'elle puisse exprimer la valeur comparative des deux extrêmes.

Les bases ainsi fixées ne sont que des propositions que le préfet approuve ou modifie, d'après l'avis du conseil de préfecture. En cas de modification, le préfet renvoie le tarif au conseil municipal pour avoir ses observations; puis, le tarif définitivement arrêté, l'expédie au directeur des contributions pour être appliqué au classement.

Le classement consiste à distribuer, entre les diverses classes établies, tous les terrains appartenant à chaque propriétaire, et il se fait par les propriétaires classificateurs, en présence du contrôleur des contributions directes, qui enregistre sur un tableau spécial la classe assignée à chaque parcelle.

Les propriétaires, régisseurs ou fermiers, peuvent assister au classement et proposer leurs observations, comme aussi les classificateurs ont le droit de s'adjoindre toutes les personnes qui peuvent leur fournir des éclaircissemens utiles.

3° La répartition individuelle s'opère comme suit :

Le directeur des contributions directes est chargé de la rédaction des états de sections, des matrices des rôles, du rôle cadastral et de tous les travaux d'expédition et de calcul relatifs à la répartition individuelle.

Le travail du directeur arrêté par le préfet est ensuite envoyé à chaque maire. Les propriétaires en sont prévenus par un avertissement particulier, afin qu'ils puissent le vérifier et réclamer contre les erreurs qui s'y seraient glissées. Les réclamations doivent être faites, à peine de déchéance, dans les six mois qui suivront la mise en recouvrement du rôle cadastral.

Les réclamations sont remises sur papier timbré au maire, et instruites par le contrôleur qui convoque de nouveau les classificateurs pour avoir leur avis. Si le réclamant n'est pas satisfait de cette nouvelle décision, il peut demander au préfet une *contre-expertise*.

Les procès-verbaux de cette nouvelle expertise sont adressés au sous-préfet, puis par celui-ci au préfet qui, après avoir pris l'avis du directeur des contributions directes, envoie toutes les pièces au conseil de préfecture qui prononce.

4° Tout nouveau propriétaire, à quelque titre que ce soit, doit déclarer les biens qu'il a acquis, à la mairie de la commune où ces biens sont situés.

Les contrôleurs des contributions directes, de concert avec les répartiteurs et assistés du percepteur, recueillent ces déclarations et constatent les mutations.

Les frais auxquels donnent lieu ces déclarations sont à la charge des déclarans.

La tenue des livres destinés à recevoir ces déclarations est une dépense mise à la charge des communes.

Bien que les énonciations portées au cadastre, non plus que les plans relatifs à celui-ci, ne puissent servir de titre, la Cour de cassation n'en a pas moins décidé, le

17.

13 juin 1838 : « Qu'en l'absence de tout titre ou posses-
» sion utile, attributif de la propriété d'un terrain litigieux
» entre deux parties, les juges *peuvent admettre comme*
» *preuve de propriété* en faveur de l'une d'elles, les
» énonciations du cadastre et le paiement de l'impôt fon-
» cier par cette partie pendant plusieurs années. »

CAISSE D'ÉPARGNES ET PRÉVOYANCE.

Ces caisses sont un lieu de dépôt et de placement pour
les petites sommes, qui y sont reçues chaque semaine,
depuis le minimum de un franc, jusqu'à un maximum
déterminé par la loi. C'est la banque des ouvriers.

Multipltées à l'infini sur le sol de la France, elles présentent à ceux qui y placent leurs économies, toutes les
garanties de sécurité et de convenance. Elles sont régies
comme établissemens publics, par les dispositions générales qui s'appliquent aux caisses publiques. Comme
sociétés anonymes, elles sont autorisées par ordonnances
royales, et ont des réglemens particuliers qui varient
suivant les localités.

D'après les lois et ordonnances qui régissent la matière,
aucun déposant ne peut verser aux caisses d'épargnes plus
de 300 fr. par semaine.

Toutes les fois qu'un déposant sera créancier d'une
caisse d'épargnes, en capital et intérêts composés, d'une
somme de 3,000 fr., il ne lui sera bonifié, sur les sommes
qui excéderaient ce maximum, aucun intérêt provenant
de l'accumulation des intérêts.

Si, pour verser au-delà de 3,000 fr., le même individu déposait dans plusieurs caisses d'épargnes sans avertissement préalable à chacune de ses caisses, il perdrait l'intérêt de tous ces versemens.

Il est délivré à chaque déposant un livret en son nom, sur lequel sont enregistrés tous les versemens et remboursemens.

Tout déposant, pour faire transférer ses fonds d'une caisse à une autre, en sorte que les changements de domicile auxquels sont sujets les ouvriers ne peuvent les empêcher de se procurer des ressources pour l'avenir, ou de faire toucher à leurs familles le produit de leurs économies, lorsque ces familles sont éloignées.

CANTONNEMENT.

On donne ce nom à une partie de terrain qu'un propriétaire abandonne entièrement aux usagers pour remplacer leurs droits d'usage.

Le cantonnement ne peut être provoqué que par le propriétaire, l'état ou les établissements publics qui sont eux-mêmes propriétaires. (Code forestier, art. 63, 111 et 118.)

Les parties qui demandent le cantonnement doivent avoir la capacité de contracter. Ainsi, on ne pourrait le demander au nom d'un mineur, qu'en remplissant les formalités prescrites par la loi pour les transactions, en cas de minorité. De même aussi, les établissemens publics, l'état, les communes ne peuvent cantonner leurs usagers qu'après avoir obtenu la sanction du roi.

Si le propriétaire peut s'affranchir du droit d'usage qui frappe sa propriété, le cantonnement qu'il offre, en compensation aux usagers, doit être pris dans un lieu propre et commode et le plus prochain d'eux. « Lorsque » par le fait du propriétaire de forêts soumises à l'usage, » l'étendue de ces forêts a été diminuée, les juges doivent, » pour parvenir au cantonnement et déterminer l'étendue » des droits de l'usager, ajouter fictivement à la masse » actuelle des forêts une quantité égale à celle qui en a » été distraite. » (Cour de cassation, 11 juillet 1839.)

La même Cour a décidé le 4 avril 1842 : « Que le » propriétaire d'une forêt qui a demandé ou offert le » cantonnement à l'usager, est recevable à rétracter son » offre tant qu'elle n'a pas été acceptée, sans qu'il soit » nécessaire, pour la validité de cette rétractation, qu'elle » soit elle même acceptée par l'usager. »

L'action en cantonnement ne peut être admise que pour affranchir la forêt de l'usage *en bois*, mais non de ceux de *pâturage, panage ou tous autres droits quelconques*. Le rachat à prix d'argent est le seul moyen de s'en affranchir. Le cantonnement se détermine d'après une estimation d'experts qui doit porter 1° sur la valeur des usages qu'il s'agit de racheter et sur les avantages qu'en retirent les usagers.

« Ainsi on doit prendre pour base du cantonnement » demandé par une commune usagère la population de » la commune au moment de la demande introductive » d'instance. » (Cour de cassation, 11 juillet 1839.)

2° Sur l'évaluation parcellaire de la superficie, en distinguant le taillis des futaies et les diverses essences de bois.

On ne peut établir de règles fixes pour la détermination du cantonnement et celui-ci doit être mesuré sur les droits et les besoins des usagers.

On ne peut racheter à prix d'argent un droit d'usage, puisque celui-ci constitue une propriété spéciale, que les usagers ne peuvent être contraints de céder malgré eux, si ce n'est pour cause d'utilité publique. Le cantonnement peut du reste être demandé en matière de pâturage ou de vaine pâture, comme en matière forestière.

L'enregistrement des actes de cantonnement est de 5 fr. de droit fixe, à moins qu'il y ait des soultes qui donnent lieu au droit proportionnel.

CARRIÈRES.

On comprend sous ce mot : les terrains qui renferment les ardoises et les grès, les pierres à bâtir et autres, les marbres, granits, pierres à chaux, pierres à plâtre, les pouzzolanes, le stras, les basaltes, les marnes, craies, sables, pierres à fusil, argiles kaolin, terres à foulon, terres à poterie, les substances terreuses et les cailloux de toute nature, les terres pyriteuses regardées comme engrais, le tout exploité à ciel ouvert ou avec des galeries souterraines. (Art. 4 de la loi concernant les mines, les minières et les carrières du 21 avril 1810.)

L'usufruitier jouit, comme le propriétaire, des carrières qui sont en exploitation à l'ouverture de l'usufruit, mais il n'a aucun droit sur celles qui ne sont pas ouvertes à cette époque.

Le produit des carrières ouvertes avant le mariage tombe dans la communauté, tandis que si elles ne s'ouvrent que pendant la durée de l'union conjugale, l'époux auquel appartiennent ces carrières aura droit à une récompense ou indemnité.

L'exploitation des carrières à *ciel ouvert* peut avoir lieu sans la permission de l'autorité, sous la surveillance de la police. Mais l'autorisation devient nécessaire si l'exploitation se fait au moyen de galeries souterraines, et dans ce cas elle est soumise à la surveillance de l'administration des mines.

En général, l'exploitation des carrières ne peut pas être faite trop près des édifices publics et des chemins ; des réglements particuliers prescrivent à cet égard les précautions à prendre et quiconque veut ouvrir une carrière fera bien de consulter préalablement l'ingénieur des ponts-et-chaussées.

Les entrepreneurs de travaux publics ont droit de prendre dans les carrières les matériaux qui leur sont nécessaires, mais *sauf indemnité.*

« Les terrains occupés pour prendre des matériaux
» nécessaires aux routes et aux constructions publiques
» pourront être payés aux propriétaires comme s'ils eus-
» sent été pris pour la route même. Il n'y aura lieu à
» faire entrer dans l'estimation la valeur des maté-
» riaux à extraire, que dans le cas où l'on s'emparerait
» d'une carrière *déjà en exploitation.* Alors lesdits ma-
» tériaux seront évalués d'après leur prix courant, ab-
» straction faite de l'existence ou des besoins de la route
» pour laquelle ils seraient pris ou des constructions

» auxquelles on les destine. » (Art. 55 de la loi du 16 septembre 1807.)

On ne doit réputer comme carrière en exploitation, que celle qui offre au propriétaire un revenu assuré, soit qu'il l'exploite pour ses besoins, soit qu'il en fasse un commerce.

Plusieurs décisions du conseil d'Etat des 6 septembre 1823, 7 juin 1836 et 27 avril 1838, ont décidé que l'art. 55 cité plus haut, qui veut que la valeur des matériaux nécessaires aux travaux publics, extraits de carrières particulières déjà en exploitation soit payée aux propriétaires, soit applicable alors même que l'exploitation ne serait pas régulière et actuelle.

Le vol de pierres dans les carrières est puni d'un emprisonnement d'un an au moins et de cinq ans au plus, et d'une amende de 16 fr. à 500 fr. (Art. 388 du code pénal.)

Les difficultés auxquelles donne lieu l'exploitation des carrières sont jugées par les conseils de préfecture, sauf recours au conseil d'Etat.

Néanmoins les contraventions des propriétaires non concessionnaires ou autres, sont poursuivies devant les tribunaux et punies d'une amende de 500 fr. à 1,000 fr., double en cas de récidive et d'une détention de 6 jours au moins et de 5 ans au plus. (Loi du 21 avril 1810, art. 93 et art. 40 du code pénal.

CARTES A JOUER.

Les cartes à jouer font partie des objets soumis à l'impôt. La fabrication et la vente en sont surveillées par la régie des contributions indirectes.

« Tout individu qui fabriquera des cartes à jouer ou
» qui en introduira dans le royaume, ou qui en vendra,
» distribuera ou colportera, sans y être autorisé par la
» régie, sera puni de la confiscation des objets de fraude,
» d'une amende de 1,000 à 3,000 fr. et d'un mois d'em-
» prisonnement. En cas de récidive l'amende sera tou-
» jours de 3,000 fr.

» Les mêmes peines seront appliquées à ceux qui tien-
» nent des cafés, des auberges, des débits de boissons
» et en général des établissemens où le public est admis,
» s'ils permettent que l'on se serve chez eux de cartes
» prohibées, lors même qu'elles auraient été apportées
» par des joueurs. Les personnes désignées au présent
» article seront tenues de souffrir les visites des préposés
» de la régie, etc. » (Art. 166 et suiv. de la loi du
28 avril 1816.).

CAUTION, CAUTIONNEMENT.

Le cautionnement est un contrat par lequel une ou plusieurs personnes s'obligent à satisfaire à l'obligation d'un tiers, dans le cas où ce tiers ne l'accomplirait pas.

On donne le nom de *caution* à celui qui se soumet envers le créancier à satisfaire à cette obligation. On appelle cautionnement *conventionnel* celui qui résulte des conventions des parties ; *légal*, quand il est ordonné par la loi ; enfin *judiciaire*, lorsqu'il est fourni par ordre du juge.

Le cautionnement ne se présume point ; il doit être exprès et restreint dans les termes où il a été consenti. (Code civil, art. 2015.)

Il faut, pour la solvabilité du cautionnement, que l'obligation principale soit valable. On peut cependant cautionner une obligation, bien que celle-ci pût être annulée par une exception personnelle au débiteur, par exemple, dans le cas de minorité.

Le cautionnement ne peut excéder ce qui est dû par le débiteur, ni être contracté sous des conditions plus onéreuses, mais il peut être contracté pour une partie de la dette seulement, et sous des conditions moins oné-reuses. Dans le premier cas il n'est pas nul, mais seulement réductible à la mesure de l'obligation principale.

On peut se rendre caution sans ordre de celui pour lequel on s'oblige et même à son insu. On peut aussi se rendre caution, non-seulement du débiteur principal, mais de celui qui l'a cautionné. (Code civil, art. 2014.) C'est ce que l'on nomme certification de caution.

Un autre condition du cautionnement, c'est que la caution s'engage formellement à payer, dans le cas où le débiteur principal ne paierait pas.

Celui qui est obligé de donner caution, soit en vertu de la loi, soit en vertu d'un jugement, et qui ne peut pas en trouver une, est reçu à donner à sa place un gage ou nantissement suffisant. (Art. 2041.)

18

Le débiteur obligé à fournir caution doit en présenter une qui ait la faculté de contracter, qui ait un bien suffisant pour répondre de l'objet de l'obligation et dont le domicile soit dans le ressort de la Cour royale où elle doit être donnée.

La solvabilité d'une caution ne s'estime qu'eu égard à ses propriétés foncières, excepté en matière de commerce ou lorsque la dette est modique. On n'a point égard aux immeubles litigieux ou dont la discussion deviendrait trop difficile à raison de leur éloignement.

Quand il s'agit d'un cautionnement judiciaire, la caution doit être susceptible de contrainte par corps. Si la caution reçue par le créancier, volontairement ou en justice, devient insolvable, il doit en être donné une autre, sauf le cas où le créancier lui-même a exigé une telle personne pour caution. (Art. 2020.)

Le cautionnement n'est soumis à aucune forme, mais le cautionnement indéfini d'une obligation principale s'étend à tous les accessoires de la dette, même aux frais de la première et à tous ceux postérieurs à la dénonciation qui en est faite à la caution.

Aussi la Cour de Caen a-t-elle jugé, le 7 août 1840, « que l'action en répétition de la part de la caution soli- » daire, qui paie des intérêts ou arrérages non prescrits » dure 30 ans ; elle n'est pas soumise à la prescription » quinquennale. — Toutes les sommes payées par la » caution au créancier produisent intérêts, à partir du » paiement, sans distinction entre les sommes payées » pour intérêts ou arrérages, et les sommes payées pour » capital. »

CAUTIONNEMENT DES OFFICIERS PUBLICS ET DES EMPLOYÉS DU GOUVERNEMENT.

Sont soumis à ce cautionnement, qui doit être versé au trésor comme garantie de leur probité dans l'exercice de leurs fonctions :

1° Les notaires ; 2° les avoués ; 3° les greffiers des tribunaux ; 4° les huissiers ; 5° les commissaires-priseurs ; 6° les gardes du commerce ; 7° les agens de change et courtiers ; 8° les secrétaires des écoles de droit; 9° les receveurs généraux ; 10° les payeurs du trésor ; 11° les receveurs particuliers ; 12° les percepteurs ; 13° les receveurs communaux ; 14° les préposés de l'enregistrement; 15° les conservateurs des hypothèques; 16° les administrateurs des douanes et des postes ; 17° les préposés aux contributions indirectes, aux octrois et aux tabacs ; 18° les garde-magasins du campement et de l'habillement de l'administration de la guerre ; 19° les agens de la direction et les entrepreneurs des poudres et salpêtres; 20° les préposés de l'administration des monnaies.

Les cautionnements fournis par les agens de change, avoués, greffiers, huissiers et commissaires-priseurs sont affectés dans l'ordre qui suit : 1° à la garantie des malversations que ces personnes pourraient commettre dans l'exercice de leurs fonctions ; 2° au remboursement des fonds prêtés pour tout ou partie des cautionnements ; 3° enfin, au paiement dans l'ordre ordinaire de tous autres créanciers.

« Ce n'est pas seulement l'intérêt, c'est le capital des » cautionnements, qui est affecté au paiement des

» amendes encourues par les officiers ministériels ainsi
» que des frais. (Cour de cassation , 1ᵉʳ juin 1814.)
» Le cautionnement des officiers ministériels est sus-
» ceptible de saisie arrêt , pour le paiement des amendes
» qu'ils ont encourues ; il n'est pas nécessaire de procéder
» par voie de saisie exécution. (Cour de cassation , 11
» juin 1811.)

    » Le privilége établi par la loi du 25 nivôse an 13, sur
» le cautionnement des titulaires d'offices pour garantie
» *des condamnations* qui auraient été prononcées contre
» eux par suite de l'exercice de leurs fonctions , peut
» être réclamé pour une créance résultant de faits de
» charge , même avant toute condamnation obtenue
» contre le titulaire.

    » Le créancier du titulaire d'un office, par suite de
» fait de charge, qui n'a pas formé opposition sur le
» cautionnement de celui-ci , dans les trois mois à partir
» de la déclaration de cessation de ses fonctions, n'est
» pas pour cela déchu du privilége établi par la loi ; il
» peut faire utilement opposition , tant que le caution-
» nement est encore entre les mains du trésor. » (Cour
de Limoges , 19 novembre 1842.)

Une ordonnance royale du 24 août 1841 , exécutoire
depuis le premier janvier suivant, a décidé que les intérêts de capitaux de cautionnement seraient exclusivement payés par la caisse du département dans lequel les
titulaires exercent leurs fonctions.

Elle décide encore que les remboursements de capitaux de cautionnement ne pourront être autorisés que
dans le département où les titulaires auront exercé en
dernier lieu.

La lôi du 28 avril 1816 avait fixé le taux des intérêts de cautionnement à 4 p. 100 sans retenue, mais une loi de finances de 1844 a réduit ce taux à 3 p. 100.

Ces intérêts se prescrivent par 5 ans, aux termes d'un avis du conseil d'Etat du 24 mars 1808, et une ordonnance rendue aussi en conseil d'Etat, le 28 novembre 1839, a prononcé que l'opposition pratiquée au trésor sur l'intérêt d'un cautionnement, et l'instance en main-levée qui en est la suite, n'ont pas pour effet de suspendre la prescription quinquennale des intérêts qui courent au profit de l'Etat.

Enregistrement.

Le reçu donné à l'officier public qui a versé son cautionnement est exempt de l'enregistrement.

Les cautionnements de sommes et valeurs sont soumis au droit de 50 cent. par 100 fr. Ceux des comptables envers l'Etat son soumis au droit de 25 cent. pour 100 fr. Cette loi, qui assujétit à un demi droit les cautionnements des comptables envers l'Etat, s'applique aux cautionnements immobiliers que les comptables fournissent eux-mêmes, comme aux cautionnements de cette espèce fournis par des tiers.

Le cautionnement des conservateurs des hypothèques est soumis à un droit fixe de 1 fr.

CERTIFICAT DE VIE.

Les certificats de vie servent à attester l'existence de quelqu'un. Ainsi, aux termes de l'art. 1983 du Code civil, le propriétaire d'une rente viagère n'en peut demander les arrérages qu'en justifiant de son existence ou

19

de celle de la personne sur la tête de laquelle elle a été constituée.

En général, les certificats de vie se font dans la forme des actes notariés, et, dans ce cas, ils sont soumis au droit fixe d'un franc.

A Paris et dans tous les cantons ruraux du département de la Seine, tous les notaires peuvent délivrer des certificats de vie aux rentiers et pensionnaires de l'Etat. Dans tout le reste de la France, il y a en chaque sous-préfecture, un ou plusieurs notaires certificateurs nommés par le Roi et auxquels doivent s'adresser les rentiers et pensionnaires domiciliés dans l'arrondissement.

Ces notaires certificateurs doivent tenir registre des têtes viagères et des pensionnaires auxquels ils ont délivré des certificats de vie. Ce registre énonce les noms, prénoms et date de naissance des pensionnaires, ainsi que le montant de la rente ou de la pension. Tous les notaires certificateurs doivent donner connaissance au ministre des finances des décès qui surviennent parmi les rentiers et pensionnaires inscrits sur leurs registres. Ils adressent en outre, au même ministre, le 1er mars de chaque année, la liste des rentiers et pensionnaires qui, dans le cours de l'année qui aura précédé, n'ont pas réclamé un certificat de vie.

Aux termes de l'art. 9 d'un décret du 21 août 1806, les notaires certificateurs sont garants et responsables envers le trésor public de la vérité des certificats de vie par eux délivrés, soit qu'ils aient ou non exigé des parties requérantes l'intervention de témoins pour attester l'individualité sauf, dans tous les cas, leurs recours contre qui de droit.

La Cour de Paris, en faisant l'application du décret précité, a décidé de plus, dans un arrêt du 2 février 1838, que les notaires n'ont d'ailleurs pas de recours à exercer contre les témoins produits pour attester l'individualité, si ceux-ci ne sont intervenus dans l'acte même et ne l'ont pas signé, mais ont seulement apposé leur signature sur le registre tenu par le notaire pour les certificats de cette nature.

La rétribution des notaires est, outre la valeur du papier de 50 cent., pour les rentes et pensions de 100 fr. et au-dessous de 75 cent ; pour celles de 101 fr. à 300 fr. ; de 1 fr. pour celles pour celles de 301 fr. à 600 fr., et de 2 fr. pour celles au-dessus.

Les certificats de vie qui servent à faire payer les pensions de militaires, de femmes veuves, chevalier de St.-Louis, sont exempts de timbre et d'enregistrement, et sont délivrés par un seul notaire. (Art. 12 de l'ordonnance du 20 juin 1817.)

Les certificats des membres de la légion d'honneur sont aussi exempts de timbre et d'enregistrement.

Les honoraires du notaire, pour les certificats de vie, délivrés conformément à l'ordonnance du 20 juin 1817, sont de 1 fr. pour les pensions de 601 fr. et au-dessus ; de 50 cent. pour celles de 301 fr. Il n'est rien dû pour celles au-dessous de 50 fr.

Les certificats de vie doivent mentionner que l'acte de naissance a été représenté et énoncer la date de cette naissance.

CESSION DE BIENS.

C'est l'abandon qu'un débiteur fait de tous ses biens à ses créanciers, lorsqu'il se trouve hors d'état de payer ses dettes. (Code civil, art. 1265.)

La cession de biens est volontaire ou judiciaire.

La première est celle que les créanciers acceptent volontairement. C'est alors un véritable contrat dont les clauses peuvent varier selon les intérêts des parties et dont les effets sont réglés par la convention elle-même.

La cession volontaire ne transfère pas aux créanciers la propriété des biens de leur débiteur, et ne les substitue pas complètement aux droits de celui-ci. Elle leur donne seulement le droit de vendre ces mêmes biens et d'en percevoir les revenus jusqu'à la vente.

S'il y a plusieurs créanciers, la cession doit être acceptée par tous, et celui qui ne l'aurait pas consentie peut faire valoir certains droits, car les conventions n'ont d'effet qu'entre ceux qui les ont faites.

En matière commerciale cependant la minorité est obligée de céder à la majorité des créanciers. Les non commerçants ne peuvent en réclamer le bénéfice.

Aux termes de l'art. 1268 du Code civil, la cession judiciaire est un bénéfice que la loi accorde au débiteur malheureux et de bonne foi, auquel il est permis, pour avoir la liberté de sa personne, de faire, en justice, l'abandon de tous ses biens à ses créanciers, nonobstant toutes stipulations contraires. Il faut donc que le *débiteur soit malheureux* et on ne doit considérer comme tel que celui que des circonstances fatales ont accablé. Ainsi celui qui serait tombé dans le malheur, par suite de condamnations correctionnelles ou criminelles, ne pourrait être admis au bénéfice de cession.

La bonne foi est encore une condition du bénéfice de cession; mais elle ne se présume pas, et c'est au débiteur qui l'invoque à la prouver.

La loi présume en état flagrant de mauvaise foi et exclur du bénéfice de cession les stellionataires, les banqueroutiers frauduleux et les personnes condamnées pour vol et escroquerie.

« Toutefois cette énumération n'est pas limitative, et » les tribunaux peuvent refuser le bénéfice de cession à » tout débiteur qui ne justifie pes de ses malheurs ou de » sa bonne foi, encore qu'il ne soit pas compris dans » cette énumération. (Cour de Bordeaux, 30 août 1821.)

Les tuteurs, administrateurs ou dépositaires, ainsi que les personnes comptables, sont privés du bénéfice de cession.

Mais, comme ces incapacités ne sont que relatives, ceux qui en sont frappés pourraient être admis à ce bénéfice, à l'égard de toutes les personnes qui n'auraient pas avec eux les mêmes rapports.

Les étrangers sont exclus du bénéfice de cession, tandis que le français peut en jouir vis-à-vis de l'étranger.

Les débiteurs qui sont dans le cas de réclamer la cession judiciaire doivent se pourvoir devant le tribunal de première instance de leur domicile, et déposer au greffe leur bilan, leurs livres et leurs titres actifs.

Cette demande doit être insérée dans les papiers publics. Cependant le dépôt des livres et le bilan ne sont pas une condition absolue de la cession de biens; il a été jugé au contraire, le 15 mai 1815, par la Cour de cassation et le 30 avril 1821 par la Cour de Toulouse, que celui qui n'a pas tenu de livres, ou dont le bilan n'est pas exact, peut y être admis, s'il prouve d'ailleurs qu'il est malheureux et de bonne foi.

La demande doit être communiquée au ministère public, et elle ne suspend l'effet d'aucune poursuite.

Le débiteur admis à la cession de biens est tenu de la réitérer en personne, ses créanciers appelés à l'audience du tribunal de commerce de son domicile, et, s'il n'y en a pas, à la maison commune, un jour de séance; la déclaration du débiteur est constatée dans ce dernier cas, par un procès-verbal d'huissier qui est signé par le maire.

Si le débiteur est détenu, le tribunal ordonne son extraction, et prescrit les mesures de précaution nécessaires.

Les noms, prénoms etc. du débiteur, doivent être insérés dans un tableau public placé dans l'auditoire du tribunal de commerce ou de la maison commune, et à la bourse, si le débiteur est commerçant.

La cession judiciaire ne confère pas la propriété des biens du débiteur aux créanciers. Le vente de ces biens se fait avec les formalités prescrites pour les héritiers bénéficiaires.

La cession judiciaire n'a d'autre effet que de soustraire le débiteur à la contrainte par corps, car elle ne libère que jusqu'à concurrence des biens abandonnés, et s'il lui en survient d'autres par la suite, il est obligé de les abandonner jusqu'à parfait paiement.

S'il y a, au contraire, cession volontaire, les créanciers peuvent complétement libérer leur débiteur, à raison de l'abandon qu'il leur fait. En ce cas, tout est réglé par la convention et la volonté des parties.

Enfin, la cession judiciaire a pour effet de priver le débiteur de l'exercice de ses droits politiques, suivant l'art. 5 de la constitution de l'an 8.

2° Elle rend exigible les créances dont le terme n'est pas encore échu;

3° Si le débiteur est commerçant, il ne peut se présenter à la bourse avant d'avoir obtenu sa réhabilitation;

4° Il en est de même de l'exercice des professions d'argent de change ou de courtier.

Enregistrement.

Les cessions de biens sont soumises au droit fixe de 5 fr. Il est dû un supplément de droit de 4 fr. quand par l'acte même d'abandonnement il y a union entre les créanciers.

CHAPELLE.

Aux termes de la loi du 18 germinal an 10, et d'un décret du 22 décembre 1812, aucune chapelle ou oratoire particulier. soit à la ville, soit à la campagne, ne peuvent être établis sans une autorisation expresse du gouvernement, délivrée sur l'avis des maires et des préfets.

» Les chapelles qui forment une dépendance inhérente
» à une église, ne peuvent, comme l'église elle-même,
» de prescrire par la possession.

» Le droit que, dans l'ancienne législation, on accor-
» dait aux fondateurs ou patrons des églises, sur une
» chapelle particulière dépendant de celles-ci, ne con-
» stituaient pas à leur profit un droit de propriété : ils
» ne leur conféraient que la jouissance de la chapelle
» avec les honneurs attachés à la qualité de patron.

» Les droits attachés anciennement à la qualité de fon-
» dateur ou patron d'une église, ont été abolis par les
» lois des 12 juillet 1790 et 20 avril 1791. Ils n'ont pas
» été rétablis par le décret du 30 décembre 1809, qui
» n'a disposé que pour l'avenir. » Cour de cassation, 18
juillet 1828.

CHARIVARI.

Le bruit tumultueux de poêles, poêlons et autres instruments sonores, accompagné de cris et de huées, rentre dans la qualifiaation de bruits et tapages dont l'art.
479, § 8 du Code pénal, et les auteurs ou complices
sont punis d'une amende de 11 fr. Cour de cassation, 5
juillet 1822.

CHARTE CONSTITUTIONNELLE.

C'est l'acte qui contient les bases du droit public français
et détermine les formes du gouvernement. La charte
donnée par Louis XVIII en 1814, a été révisée en 1830
et modifiée dans plusieurs de ses dispositions. Elle
a été révisée et promulguée le 7 août 1830. Comme

elle se trouve en tête de presque tous les codes qui se publient, nous croyons inutile d'en reproduire ici le texte.

CHASSE.

La loi du 30 avril 1790 sur la chasse, et les décrets du 11 juillet 1810 et 4 mai 1812 sur les ports d'armes de chasse ont été remplacés par une loi dont nous croyons devoir donner ici le texte même :

SECTION Ire. — *De l'exercice du droit de chasse.*

ART. 1er. Nul ne pourra chasser, sauf les exceptions ci-après, si la chasse n'est pas ouverte, et s'il ne lui a pas été délivré un permis de chasse par l'autorité compétente.

Nul n'aura la faculté de chasser sur la propriété d'autrui sans le consentement du propriétaire ou de ses ayant droit.

2. Le propriétaire ou possesseur peut chasser ou faire chasser en tout temps, sans permis de chasse, dans ses possessions attenant à une habitation et entourées d'une clôture continue faisant obstacle à toute communication avec les héritages voisins.

3. Les préfets détermineront, par des arrêtés publiés au moins dix jours à l'avance, l'époque de l'ouverture et celle de la clôture de la chasse, dans chaque département.

4. Dans chaque département il est interdit de mettre en vente, de vendre, d'acheter, de transporter et de colporter du gibier pendant le temps où la chasse n'y est

20

pas permise. (Le Ministre de l'intérieur a décidé que la chasse seule est prohibée et non le colportage du gibier en temps de neige.)

En cas d'infraction à cette disposition, le gibier sera saisi, et immédiatement livré à l'établissement de bienfaisance le plus voisin, en vertu soit d'une ordonnance du juge de paix, si la saisie a eu lieu au chef-lieu de canton, soit d'une autorisation du maire, si le juge de paix est absent, ou si la saisie a été faite dans une commune autre que celle du chef-lieu. Cette ordonnance ou cette autorisation sera délivrée sur la requête des agens ou gardes qui auront opéré la saisie, et sur la présentation du procès-verbal régulièrement dressé.

La recherche du gibier ne pourra être faite à domicile que chez les aubergistes, chez les marchands de comestibles et dans les lieux ouverts au public.

Il est interdit de prendre ou de détruire, sur le terrain d'autrui, des œufs et des couvées de faisans, de perdrix et de cailles.

5. Les permis de chasse seront délivrés, sur l'avis du maire et du sous-préfet, par le préfet du département dans lequel celui qui en fera la demande aura sa résidence ou son domicile.

La délivrance des permis de chasse donnera lieu au paiement d'un droit de 15 fr. au profit de l'Etat, et de 10 fr. au profit de la commune dont le maire aura donné l'avis énoncé au paragraphe précédent.

Les permis de chasse seront personnels; ils seront valables pour tout le royaume, et pour un an seulement.

6. Le préfet pourra refuser le permis de chasse,

1° A tout individu majeur qui ne sera point personnellement inscrit, ou dont le père ou la mère ne serait pas inscrit au rôle des contributions ;

2° A tout individu qui, par une condamnation judiciaire, a été privé de l'un ou de plusieurs des droits énumérés dans l'art. 42 du Code pénal, autres que le droit de port d'armes ;

3° A tout condamné à un emprisonnement de plus de six mois pour rébellion ou violence envers les agens de l'autorité publique ;

4° A tout condamné pour délit d'association illicite, de fabrication, débit, distribution de poudre, armes ou autres munitions de guerre; de menaces écrites ou de menaces verbales avec ordre ou sous condition ; d'entraves à la circulation des grains ; de dévastation d'arbres ou de récoltes sur pied, de plants venu naturellement ou faits de main d'homme ;

5° A ceux qui auront été condamnés pour vagabondage, mendicité, vol, escroquerie ou abus de confiance.

La faculté de refuser le permis de chasse aux condamnés dont il est question dans les paragraphes 3, 4 et 5 cessera cinq ans après l'expiration de la peine.

7. Le permis de chasse ne sera pas délivré,

1° Aux mineurs qui n'auront pas seize ans accomplis ;

2° Aux mineurs de 16 à 21 ans, à moins que le permis ne soit demandé pour eux par leur père, mère, tuteur ou curateur, porté au rôle des contributions ;

3° Aux interdits ;

4° Aux gardes champêtres ou forestiers des communes et établissements publics, ainsi qu'aux gardes forestiers de l'Etat et aux gardes-pêche.

8. Le permis de chasse ne sera pas accordé,

1° A ceux qui, par suite de condamnations, sont privés du droit de port d'armes ;

2° A ceux qui n'auront pas exécuté les condamnations prononcées contre eux pour l'un des délits prévus par la présente loi ;

5° A tout condamné placé sous la surveillance de la haute police.

9. Dans le temps où la chasse est ouverte, le permis donne, à celui qui l'a obtenu, le droit de chasser de jour, à tir et à courre, sur ses propres terres, et sur les terres d'autrui avec le consentement de celui à qui le droit de chasse appartient.

Tous autres moyens de chasse, à l'exception des furets et des bourses destinés à prendre le lapin, sont formellement prohibés.

Néanmoins les préfets des départements, sur l'avis des conseils généraux, prendront des arrêtés pour déterminer,

1° L'époque de la chasse des oiseaux de passage, autres que la caille, et les modes et procédés de cette chasse ;

2° Le temps pendant lequel il sera permis de chasser le gibier d'eau, dans les marais, sur les étangs, fleuves et rivières ;

5° Les espèces d'animaux malfaisans ou nuisibles que le propriétaire, possesseur ou fermier, pourra en tout temps détruire sur ses terres, et les conditions de l'exercice de ce droit, sans préjudice du droit appartenant au propriétaire ou au fermier de repousser ou de détruire, même avec des armes à feu, les bêtes fauves qui porteraient dommages à ses propriétés.

Ils pourront prendre également des arrêtés,

1° Pour prévenir la destruction des oiseaux ;

2° Pour autoriser l'emploi des chiens lévriers pour la destruction des animaux malfaisans ou nuisibles ;

3° Pour interdire la chasse pendant les temps de neige.

10. Des ordonnances royales détermineront la gratification qui sera accordée aux gardes et gendarmes rédacteurs des procès-verbaux ayant pour objet de constater les délits.

SECTION II. — *Des peines.*

11. Seront punis d'une amende de 16 à 100 fr.,

1° Ceux qui auront chassé sans permis de chasse ;

2° Ceux qui auront chassé sur le terrain d'autrui sans le consentement du propriétaire.

L'amende pourra être portée au double si le délit a été commis sur des terres non dépouillées de leurs fruits, ou s'il a été commis sur un terrain entouré d'une clôture continue faisant obstacle à toute communication avec les héritages voisins, mais non attenant à une habitation.

Pourra ne pas être considéré comme délit de chasse le fait du passage des chiens courants sur l'héritage d'autrui, lorsque ces chiens seront à la suite d'un gibier lancé sur la propriété de leurs maîtres, sauf l'action civile, s'il y a lieu, en cas de dommage ; .

3° Ceux qui auront contrevenu aux arrêtés des préfets concernant les oiseaux de passage, le gibier d'eau, la chasse en temps de neige, l'emploi des chiens lévriers, ou aux arrêtés concernant la destruction des oiseaux et celle des animaux nuisibles ou malfaisans ;

4° Ceux qui auront pris ou détruit, sur le terrain d'autrui, des œufs ou couvées de faisans, de perdrix ou de cailles ;

5° Les fermiers de la chasse , soit dans les bois soumis au régime forestier, soit sur les propriétés dont la chasse est louée au profit des communes ou établissements publics , qui auront contrevenu aux clauses et conditions de leurs cahiers des charges relatives à la chasse.

12. Seront punis d'une amende de 50 à 200 fr., et pourront en outre l'être d'un emprisonnement de 6 jours à 2 mois,

1° Ceux qui auront chassé en temps prohibé;

2° Ceux qui auront chassé pendant la nuit ou à l'aide d'engins et instruments prohibés, ou par d'autres moyens que ceux qui sont autorisés par l'art. 9 ;

3° Ceux qui seront détenteurs ou ceux qui seront trouvés munis ou porteurs, hors de leur domicile, de filets, engins ou autres instruments de chasse prohibés;

4° Ceux qui, en temps où la chasse est prohibée, auront mis en vente, vendu, acheté, transporté ou colporté du gibier.

5° Ceux qui auront employé des drogues ou appâts qui sont de nature à enivrer le gibier ou à le détruire ;

6° Ceux qui auront chassé avec appeaux, appelans ou chanterelles.

Les peines déterminées par le présent article pourront être portées au double contre ceux qui auront chassé pendant la nuit sur le terrain d'autrui et par l'un des moyens spécifiés au paragraphe 2, si les chasseurs étaient munis d'une arme apparente ou cachée.

Les peines déterminées par l'art. 11 et par le présent article seront toujours portées au maximum lorsque les délits aur ont été commis par les gardes champêtres ou forestiers des communes, ainsi que par les gardes forestiers de l'Etat et des établissements publics.

13. Celui qui aura chassé sur le terrain d'autrui sans son consentement, si ce terrain est attenant à une maison habitée ou servant à l'habitation, et s'il est entouré d'une clôture continue faisant obstacle à toute communication avec les héritages voisins, sera puni d'une amende de 50 à 300 fr., et pourra l'être d'un emprisonnement de 6 jours à 3 mois.

Si le délit a été commis pendant la nuit, le délinquant sera puni d'une amende de 100 fr. à 1,000 fr., et pourra l'être d'un emprisonnement de 3 mois à 2 ans, sans préjudice, dans l'un et l'autre cas, s'il y a lieu, de plus fortes peines prononcées par le Code pénal.

14. Les peines déterminées par les trois art. qui précèdent pourront être portées au double si le délinquant était en état de récidive, s'il était déguisé ou masqué, s'il a pris un faux nom, s'il a usé de violence envers les personnes, ou s'il a fait des menaces, sans préjudice, s'il y a lieu, de plus fortes peines prononcées par la loi.

Lorsqu'il y aura récidive, dans les cas prévus en l'art. 11, la peine de l'emprisonnement de 6 jours à 3 mois pourra être appliquée si le délinquant n'a pas satisfait aux condamnations précédentes.

15. Il y a récidive lorsque, dans les 12 mois qui ont précédé l'infraction, le délinquant a été condamné en vertu de la présente loi.

16. Tout jugement de condamnation prononcera la confiscation des filets, engins et autres instruments de chasse. Il ordonnera, en outre, la destruction des instruments de chasse prohibés.

Il prononcera également la confiscation des armes , excepté dans le cas où le délit aura été commis par un individu muni d'un permis de chasse, dans le temps où la chasse est autorisée.

Si les armes, filets, engins ou autres instruments de chasse n'ont pas été saisis , le délinquant sera condamné à les représenter ou à en payer la valeur, suivant la fixation qui en sera faite par le jugement, sans qu'elle puisse être au-dessous de 5o fr.

Les armes, engins ou autres instruments de chasse, abandonnés par les délinquants restés inconnus, seront saisis et déposés au greffe du tribunal compétent. La confiscation et, s'il y a lieu, la destruction en seront ordonnées sur le vu du procès-verbal.

Dans tous les cas, la quotité des dommages-intérêts est laissée à l'appréciation des tribunaux.

17. En cas de conviction de plusieurs délits prévus par la présente loi , par le Code pénal ordinaire ou par les lois spéciales, la peine la plus forte sera seule prononcée.

Les peines encourues pour des faits postérieurs à la déclaration du procès-verbal de contravention pourront être cumulées, s'il y a lieu, sans préjudice des peines de la récidive.

18. En cas de condamnation pour délits prévus par la présente loi, les tribunaux pourront priver le délinquant du droit d'obtenir un permis de chasse pour un temps qui n'excédera pas 5 ans.

19. La gratification mentionnée en l'art. 10 sera prélevée sur le produit des amendes.

Le surplus desdites amendes sera attribué aux communes

sur le territoire desquelles les infractions auront été commises.

20. L'art. 463 du Code pénal ne sera pas applicable aux délits prévus par la présente loi.

SECTION III. — *De la poursuite et du jugement.*

21. Les délits prévus par la présente loi seront prouvés, soit par procès-verbaux ou rapports, soit par témoins, à défaut de rapports et procès-verbaux à leur appui.

22. Les procès-verbaux des maires et adjoints, commissaires de police, officier, maréchal-des-logis ou brigadier de gendarmerie, gendarmes, gardes forestiers, gardes-pêche, gardes champêtres, ou gardes assermentés des particuliers, feront foi jusqu'à preuve contraire.

23. Les procès-verbaux des employés des contributions indirectes et des octrois feront également foi jusqu'à preuve contraire, lorsque, dans la limite de leurs attributions respectives, ces agens rechercheront et constateront les délits prévus par le paragraphe 1er de l'art. 4.

24. Dans les 24 heures du délit, les procès-verbaux des gardes seront, à peine de nullité, affirmés par les rédacteurs devant le juge de paix ou l'un de ses suppléants, ou devant le maire ou l'adjoint, soit de la commune de leur résidence, soit de celle où le délit aura été commis.

25. Les délinquants ne pourront être saisis ni désarmés; néanmoins, s'ils sont déguisés ou masqués, s'ils refusent de faire connaître leurs noms, ou s'ils n'ont pas de domicile connu, ils seront conduits immédiatement

21

devant le maire ou le juge de paix, lequel s'assurera de leur individualité.

26. Tous les délits prévus par la présente loi seront poursuivis d'office par le ministère public, sans préjudice du droit conféré aux parties lésées par l'art. 182 du Code d'instruction criminelle.

Néanmoins, dans le cas de chasse sur le terrain d'autrui sans le consentement du propriétaire, la poursuite d'office ne pourra être exercée par le ministère public, sans une plainte de la partie intéressée, qu'autant que le délit aura été commis dans un terrain clos, suivant les termes de l'art. 2, et attenant à une habitation, ou sur des terres non encore dépouillées de leurs fruits.

27. Ceux qui auront commis conjointement les délits de chasse seront condamnés solidairement aux amendes, dommages-intérêts et frais.

28. Le père, la mère, le tuteur, les maîtres et commettants, sont civilement responsables des délits de chasse commis par leurs enfants mineurs non mariés, pupilles demeurant avec eux, domestiques ou préposés, sauf tout recours de droit.

Cette responsabilité sera réglée conformément à l'art. 1384 du Code civil, et ne s'appliquera qu'aux dommages-intérêts et frais, sans pouvoir toutefois donner lieu à la contrainte par corps.

29. Toute action relative aux délits prévus par la présente loi sera prescrite par le laps de 3 mois, à compter du jour du délit.

SECTION IV. — *Dispositions générales.*

30. Les dispositions de la présente loi relatives à l'exercice du droit de chasse ne sont pas applicables aux propriétés de la couronne. Ceux qui commettraient des délits de chasse dans ces propriétés seront poursuivis et punis conformément aux sections 2 et 3.

31. Le décret du 4 mai 1812 et la loi du 30 avril 1790 sont abrogés.

Sont et demeurent également abrogés les lois, arrêtés, décrets et ordonnances intervenus sur les matières réglées par la présente loi , en tout ce qui est contraire à ses dispositions.

Du 3 mai 1844. — Loi (promulg. le 4.)

CHEMIN.

On appelle ainsi un espace de terrain servant de communication d'un lieu à un autre.

On distingue plusieurs sortes de chemins :

1° Les routes royales et départementales;

2° Les chemins publics et vicinaux ;

3° Les chemins privés.

Nous parlerons des premières au mot *routes*. Ce qui concerne les chemins vicinaux a été réglé par la loi des 21-25 mai 1836, dont nous allons mettre le texte sous les yeux de nos lecteurs, puisqu'elle intéresse à un haut degré les propriétés et l'agriculture.

SECTION Ire. — *Chemins vicinaux.*

ART. 1er. Les chemins vicinaux légalement reconnus sont à la charge des communes, sauf les dispositions de l'art. 7 ci-après.

2. En cas d'insuffisance des ressources ordinaires des communes, il sera pourvu à l'entretien des chemins vicinaux à l'aide, soit de prestations en nature, dont le maximum est fixé à 3 journées de travail, soit de centimes spéciaux en addition au principal des quatre contributions directes, et dont le maximum est fixé à cinq.

Le conseil municipal pourra voter l'une ou l'autre de ces ressources, ou toutes les deux concurremment.

Le concours des plus imposés ne sera pas nécessaire dans les délibérations prises pour l'exécution du présent article.

3. Tout habitant, chef de famille ou d'établissement, à titre de propriétaire, de régisseur, de fermier ou de colon partiaire, porté au rôle des contributions directes, pourra être appelé à fournir, chaque année, une prestation de 3 jours :

1° Pour sa personne et pour chaque individu mâle, valide, âgé de 18 ans au moins et de 60 ans au plus, membre ou serviteur de la famille et résidant dans la commune ;

2° Pour chacune des charrettes ou voitures attelées, et, en outre, pour chacune des bêtes de somme, de trait, de selle, au service de la famille ou de l'établissement dans la commune.

4. La prestation sera appréciée en argent, conformément à la valeur qui aura été attribuée annuellement pour

la commune à chaque espèce de journée par le conseil général, sur les propositions des conseils d'arrondissement.

La prestation pourra être acquittée en nature ou en argent, au gré du contribuable. Toutes les fois que le contribuable n'aura pas opté dans les délais prescrits, la prestation sera de droit exigible en argent.

La prestation non rachetée en argent pourra être convertie en tâches, d'après les bases et évaluations de travaux préalablement fixées par le conseil municipal.

5. Si le conseil municipal, mis en demeure, n'a pas voté, dans la session désignée à cet effet, les prestations et centimes nécessaires, ou si la commune n'en a pas fait emploi dans les délais prescrits, le préfet pourra, d'office, soit imposer la commune dans les limites du maximum, soit faire exécuter les travaux.

Chaque année, le préfet communiquera au conseil général l'état des impositions établies d'office en vertu du présent article.

6. Lorsqu'un chemin vicinal intéressera plusieurs communes, le préfet, sur l'avis des conseils municipaux, désignera les communes qui devront concourir à sa construction ou à son entretien, et fixera la proportion dans laquelle chacune d'elles y contribuera.

SECTION II. *Chemins vicinaux de grande communication*

7. Les chemins vicinaux peuvent, selon leur importance, être déclarés chemins vicinaux de grande communication par le conseil général, sur l'avis des conseils

municipaux, des conseils d'arrondissement, et sur la proposition du préfet.

Sur les mêmes avis et proposition, le conseil général détermine la direction de chaque chemin vicinal de grande communication, et désigne les communes qui doivent contribuer à sa construction ou à son entretien.

Le préfet fixe la largeur et les limites du chemin, et détermine annuellement la proportion dans laquelle chaque commune doit concourir à l'entretien de la ligne vicinale dont elle dépend; il statue sur les offres faites par les particuliers, associations de particuliers ou de communes.

8. Les chemins vicinaux de grande communication, et, dans des cas extraordinaires, les autres chemins vicinaux, pourront recevoir des subventions sur les fonds départementaux.

Il sera pourvu à ces subventions au moyen des centimes facultatifs ordinaires du département, et de centimes spéciaux votés annuellement par le conseil général.

La distribution des subventions sera faite, en ayant égard aux ressources, aux sacrifices et aux besoins de communes, par le préfet, qui en rendra compte, chaque année, au conseil général.

Les communes acquitteront la portion des dépenses mises à leur charge au moyen de leurs revenus ordinaires, et, en cas d'insuffisance, au moyen de deux journées de prestations sur les trois journées autorisées par l'art. 2, et les deux tiers des centimes votés par le conseil municipal en vertu du même article.

9. Les chemins vicinaux de grande communication

sont placés sous l'autoi ité du préfet. Les dispositions des art. 4 et 5 de la présente loi leur sont applicables.

Dispositions générales.

10. Les chemins vicinaux reconnus et maintenus comme tels sont imprescriptibles.

11. Le préfet pourra nommer des agents-voyers.

Leur traitement sera fixé par le conseil général.

Ce traitement sera prélevé sur les fonds affectés aux travaux.

Les agents-voyers prêteront serment; ils auront le droit de constater les contraventions et délits, et d'en dresser des procès-verbaux.

12. Le maximum des centimes spéciaux qui pourront être votés par les conseils généraux, en vertu de la présente loi, sera déterminé annuellement par la loi de finances.

13. Les propriétés de l'Etat, productives de revenus, contribueront aux dépenses des chemins vicinaux dans les mêmes proportions que les propriétés privées, et d'après un rôle spécial dressé par le préfet.

Les propriétés de la Couronne contribueront aux mêmes dépenses, conformément à l'art. 13 de la loi du 2 mars 1832.

14. Toutes les fois qu'un chemin vicinal, entretenu à l'état de viabilité par une commune, sera habituellement ou temporairement dégradé par des exploitations de mines, de carrières, de forêts ou de toute entreprise industrielle appartenant à des particuliers, à des établissements publics, à la Couronne ou à l'Etat, il pourra y

avoir lieu à imposer aux entrepreneurs ou propriétaires, suivant que l'exploitation ou les transports auront lieu pour les uns ou les autres, des subventions spéciales , dont la quotité sera proportionnée à la dégradation extraordinaire qui devra être attribuée aux exploitations.

Ces subventions pourront, au choix des subventionnaires, être acquittées en argent ou en prestations en nature, et seront exclusivement affectées à ceux des chemins qui y auront donné lieu.

Elles seront réglées annuellement, sur la demande des communes, par les conseils de préfecture, après des expertises contradictoires, et recouvrées comme en matière de contributions directes.

Les experts seront nommés suivant le mode déterminé par l'art. 17 ci-après.

Ces subventions pourront aussi être déterminées par abonnement : elles seront réglées, dans ce cas, par le préfet en conseil de préfecture.

15. Les arrêtés du préfet portant reconnaissance et fixation de la largeur d'un chemin vicinal attribuent définitivement au chemin le sol compris dans les limites qu'ils déterminent.

Le droit des propriétaires riverains se résout en une indemnité, qui sera réglée à l'amiable ou par le juge de paix du canton, sur le rapport d'experts nommés conformément à l'art. 17.

16. Les travaux d'ouverture et de redressement des chemins vicinaux seront autorisés par arrêté du préfet.

Lorsque, pour l'exécution du présent article, il y aura lieu de recourir à l'expropriation, le jury spécial chargé

de régler les indemnités ne sera composé que de 4 jurés.
Le tribunal d'arrondissement, en prononçant l'expropriation, désignera, pour présider et diriger le jury,
l'un de ses membres ou le juge de paix du canton. Ce
magistrat aura voix délibérative en cas de partage.

Le tribunal choisira, sur la liste générale prescrite par
l'art. 29 de la loi du 7 juillet 1833, quatre personnes
pour former le jury spécial, et trois jurés supplémentaires.
L'administration et la partie intéressée auront respectivement le droit d'exercer une récusation péremptoire.

Le juge recevra les acquiescements des parties.

Son procès-verbal emportera translation définitive de
propriété.

Le recours en cassation, soit contre le jugement qui
prononcera l'expropriation, soit contre la déclaration du
jury qui réglera l'indemnité, n'aura lieu que dans les cas
prévus et selon les formes déterminées par la loi du 7
juillet 1833.

17. Les extractions de matériaux, les dépôts ou enlève-
ments de terre, les occupations temporaires de terrains,
seront autorisés par arrêté du préfet, lequel désignera
les lieux ; cet arrêté sera notifié aux parties intéressées
au moins 10 jours avant que son exécution puisse être
commencée.

Si l'indemnité ne peut être fixée à l'amiable, elle sera
réglée par le conseil de préfecture, sur le rapport d'experts nommés, l'un par le sous-préfet, et l'autre par le
propriétaire.

En cas de discord, le tiers-expert sera nommé par le
conseil de préfecture.

18. L'action en indemnité des propriétaires pour les terrains qui auront servi à la confection des chemins vicinaux, et pour extraction de matériaux, sera prescrite par le laps de 2 ans.

19. En cas de changement de direction ou d'abandon d'un chemin vicinal, en tout ou partie, les propriétaires riverains de la partie de ce chemin qui cessera de servir de voie de communication pourront faire leur soumission de s'en rendre acquéreurs, et d'en payer la valeur, qui sera fixée par des experts nommés dans la forme déterminée par l'art. 17.

20. Les plans, procès-verbaux, certificats, significations, jugements, contrats, marchés, adjudications de travaux, quittances et autres actes ayant pour objet exclusif la construction, l'entretien et la réparation des chemins vicinaux, seront enregistrés moyennant le droit fixe de un franc.

Les actions civiles intentées par les communes ou dirigées contre elles, relativement à leurs chemins, seront jugées comme affaires sommaires et urgentes, conformément à l'art. 405 du Code de procédure civile.

21. Dans l'année qui suivra la promulgation de la présente loi, chaque préfet fera, pour en assurer l'exécution, un réglement qui sera communiqué au conseil général, et transmis, avec ses observations, au ministre de l'intérieur, pour être approuvé, s'il y a lieu.

Ce réglement fixera, dans chaque département, le maximum de la largeur des chemins vicinaux; il fixera, en outre, les délais nécessaires à l'exécution de chaque mesure, les époques auxquelles les prestations en nature devront être faites, le mode de leur emploi ou de leur conversion en tâches, et statuera, en même temps, sur tout ce qui est relatif à la confection des rôles, à la comptabilité, aux adjudications et à leur forme, aux alignements, aux autorisations de construire le long des chemins, à l'écoulement des eaux, aux plantations, à l'élagage, aux fossés, à leur curage, et à tous autres détails de surveillance et de conservation.

22. Toutes les dispositions de lois antérieures demeurent abrogées en ce qu'elles auraient de contraire à la présente loi.

M. Dumay, avocat à la Cour royale de Dijon, a publié un excellent commentaire de cette loi, qui a été du reste interprétée par une foule de décisions judiciaires et administratives qu'il serait trop long de rapporter ici.

Quant aux chemins privés, il n'existe pas de législation spéciale à leur égard, et ils sont soumis aux mêmes règles que les autres propriétés.

Un arrêt de la Cour de Bourges du 30 janvier 1826, a décidé qu'un chemin *privé* dans l'origine peut devenir *public* par prescription. La Cour de cassation s'est prononcée dans le même sens, par un arrêt du 14 février 1842. Elle a consacré la même jurisprudence par deux arrêts, l'un du 2 juin 1830 et l'autre du 7 juin 1832.

Il ne faut point oublier que dans un grand nombre de pays, il existe des enclos, de vastes étendues de terres, prés, bois, etc., qui, probablement dans l'origine, formaient une seule propriété, mais qui maintenant et depuis longtemps appartiennent à divers particuliers. Ces enclos, et mêmes ces terres, sont coupés de sentiers servant à l'exploitation des diverses portions ; ces sentiers qui ne sont pas des voies publiques, sont communs, en sorte que celui qui aurait des terres ou des vignes des deux côtés d'un sentier semblable, ne pourrait pas en défendre le passage aux autres, sous prétexte qu'il n'en rapporterait pas de titre.

Les questions qui s'élèvent sur la qualité de ces sortes de passages sont jugées par les tribunaux. (Pardessus. Traité des servitudes, n° 217. Garnier. Traité des chemins, page 475.)

Aussi la Cour de cassation a décidé, le 27 décembre 1830 : « au cas d'héritages contigus, originairement de » même nature, divisés entre plusieurs propriétaires, on » doit supposer qu'il y a eu de la part de ces propriétaires » convention de se livrer réciproquement passage pour » l'exploitation de leurs héritages. — La possession de » sentiers d'exploitation établis sur l'un des héritages est » donc toujours réputée avec titre, et suffisante pour » l'acquisition de la servitude. —A ce cas ne s'appliquent » pas les règles sur le droit de passage considérée comme » servitude discontinue. »

La même cour a jugé le 9 janvier 1838 : « Qu'un chemin d'exploitation est présumé appartenir à tous les » propriétaires des fonds riverains. Mais que l'usage de » ce chemin ne pourrait être étendu aux fonds riverains » acquis postérieurement par l'un des propriétaires, » sinon à la charge par lui de payer une indemnité à ses » communistes. »

CLOCHE.

L'art. 48 de la loi du 18 germinal an 10, porte que l'évêque se concertera avec le préfet, pour la manière d'appeler les fidèles au service divin, par le son des cloches, et qu'on ne pourra les sonner pour toute autre cause sans la permission de la police locale.

Un arrêt de réglement du parlement de Paris, du 24 juillet 1784, défend à toute personne de sonner ou de faire sonner les cloches dans les temps d'orage, à peine de 10 fr. d'amende contre chaque contrevenant, et de 50 fr. en cas de récidive.

On peut soutenir que cet arrêt est du nombre des réglements, que l'art. 484 du code pénal déclare encore en vigueur. Il appartient d'ailleurs à l'autorité municipale, chargée de veiller à tout ce qui intéresse la sûreté publique, de prendre des arrêtés sur cette matière.

CLOTURE.

Tout propriétaire peut clore son héritage. Cependant le propriétaire dont les fonds sont enclavés, et qui n'a aucune issue sur la voie publique, peut réclamer un passage sur les fonds voisins pour l'exploitation de son héritage, à charge d'indemnité.

Le propriétaire dont les fonds sont clos n'est assujéti ni au droit de parcours, ni au simple droit de vaine pâture. Mais d'un autre côté, il perd son droit au parcours et à la vaine pâture dans la proportion des terrains qu'il y soustrait.

Aux termes de l'art. 6 de la loi du 6 octobre 1791 sur la police rurale, un héritage est réputé clos lorsqu'il est entouré d'un mur de 4 pieds de hauteur avec barrière ou porte; lorsqu'il est entouré de palissades ou de treillage, d'une haie vive ou d'une haie sèche, faite selon l'usage de chaque localité, ou d'un fossé de 4 pieds de large au moins à l'ouverture et de 2 pieds de profondeur.

Les constructions de clôture entre deux voisins se font à frais communs dans les villes et faubourgs.

Un arrêt de la Cour de Bordeaux du 7 décembre 1827, a même décidé que la faculté accordée à tout propriétaire de se dispenser de contribuer aux réparations et reconstructions du mur mitoyen, en abandonnant le droit de mitoyenneté, est une exception qu'il faut restreindre au cas où il s'agit de *réédification* d'un mur *déjà existant*, et qu'elle ne s'étend pas à la construction d'un mur qui n'a jamais existé.

D'après une loi du 16 nivôse an 13, s'il existe dans l'enceinte des villes, ou à un myriamètre de distance, un bâtiment en démolition et sans clôture, qui peut servir de retraite aux malveillans, le magistrat de police a le droit de contraindre le propriétaire à le clore; et en cas de refus, de le faire clore à ses frais.

L'art. 456 du Code pénal punit d'un emprisonnement d'un mois à un an, et d'une amende égale au quart des restitutions et dommages-intérêts, mais ne pouvant être moindre de 50 fr., quiconque aura en tout ou en partie comblé des fossés, *détruit des clôtures*, etc.

« Le fait d'avoir forcé des barreaux de fer garnissant » une fenêtre d'une maison habitée, constitue le délit de

» *bris de clôture*, prévu par l'art. 456 du Code pénal.
» Le mot *clôture*, dans le sens de cet article, s'entend,
» aussi bien des ouvrages destinés à défendre l'entrée des
» maisons habitées, que de ceux faits pour défendre
» l'entrée des propriétés rurales. » (Cour de cassation,
31 janvier 1822.)

La même Cour a décidé de la même manière en plusieurs occasions, et notamment le 9 juillet 1841, où elle
a jugé de plus que le bris d'une fenêtre à coups de
pierres, lancées contre une maison de ville, est une destruction de clôture, punissable correctionnellement, et
qu'il ne suffirait pas d'y appliquer une peine de police.
Le même arrêt porte : Que l'art. 456 du Code pénal qui
punit le fait de destruction de clôtures, est applicable
aussi bien au cas où la destruction a eu lieu de l'intérieur
à l'extérieur, qu'à celui où elle aurait eu lieu de l'extérieur à l'intérieur; il est de même applicable au cas de
bris de carreaux, de vitres aux fenêtres d'un bâtiment
donnant dans l'intérieur d'une cour. Ainsi, doivent être
punis des peines portées en cet article, des détenus qui
ont brisé volontairement les vitres des croisées intérieures
de la maison de justice dans laquelle ils étaient renfermés.

Cependant la Cour de cassation a également décidé le
20 novembre 1840, que le fait de destruction de clôture,
comblement de fossés, etc., prévus par l'art. 456, n'est
pas punissable si le prévenu a agi sans méchanceté ni
intention de nuire.

Enfin l'art. 17 de la loi de 1791, punit la simple *dégradation de clôture* d'un mois au plus de prison et d'une
amende de 3 journées de travail.

COMMERÇANT.

Ce nom générique comprend les négociants, marchands, fabricans, enfin tous ceux qui font *habituellement* des actes de commerce.

Tout mineur émancipé, de l'un ou de l'autre sexe, âgé de 15 ans accomplis, qui voudra profiter de l'art. 487 du Code de commerce, ne pourra commencer les opérations de commerce, ni être réputé majeur, quant aux engagements pour faits de commerce : 1° s'il n'a été préalablement autorisé par son père ou sa mère; en cas de décès, interdiction ou absence du père, ou à défaut du père et de la mère, par une délibération du conseil de famille, homologuée par le tribunal civil; 2° si, en outre, l'acte d'autorisation n'a été enregistré et affiché au tribunal de commerce du lieu où le mineur veut établir son domicile.

La femme ne peut être marchande publique sans le consentement de son mari.

La femme, si elle est marchande publique, peut, sans l'autorisation de son mari, s'obliger pour ce qui concerne son négoce, et dans ce cas elle oblige son mari, s'il y a communauté entre eux.

Elle n'est pas réputée marchande publique, si elle ne fait que détailler les marchandises du commerce de son mari; elle n'est réputée telle que lorsqu'elle fait un commerce séparé.

Les mineurs marchands, autorisés comme il est dit ci-dessus, peuvent engager et hypothéquer leurs immeubles, ils peuvent même les aliéner, mais en suivant les qualités prescrites par les articles 458 et suivants du Code civil.

Les femmes marchandes publiques peuvent également engager, hypothéquer et aliéner leurs immeubles. Toutefois, leurs biens stipulés dotaux, quand elles sont mariées sous le régime dotal, ne peuvent être hypothéqués ni aliénés que dans les cas déterminés et avec les formes réglées par le Code civil.

La Cour de cassation a décidé le 12 juin 1836 : « Que
» dans le cas de contestation relative à un acte qui n'est
» commercial qu'à l'égard de l'une des parties, celle qui
» n'a pas fait acte de commerce peut assigner l'autre, à
» son choix, devant le tribunal civil ou devant le tribunal
» de commerce.

» Ainsi, et spécialement, un ouvrier qui, en traitant
» avec le commerçant qui l'emploie, n'a pas fait person-
» nellement un acte de commerce, peut traduire le com-
» merçant devant le tribunal civil, bien qu'aux termes
» de l'art. 634 du Code de commerce, le commerçant,
» s'il était demandeur, pût assigner l'ouvrier devant le
» tribunal de commerce. »

Des livres de commerce.

Tout commerçant est tenu d'avoir un livre-journal qui présente, jour par jour, ses dettes actives et passives, les opérations de son commerce, ses négociations, acceptations ou endossements d'effets, et généralement tout ce qu'il reçoit et paie, à quelque titre que ce soit, et qui énonce, mois par mois, les sommes employées à la dépense de sa maison ; le tout indépendamment des

23

autres livres usités dans le commerce, mais qui ne sont pas indispensables. Il est tenu de mettre en liasse les lettres missives qu'il reçoit, et de copier sur un registre celles qu'il envoie.

Il est encore tenu de faire tous les ans, sous seing privé, un inventaire de ses effets mobiliers et immobiliers, et de ses dettes actives et passives, et de le copier, année par année, sur un registre spécial à ce destiné.

Le livre-journal et le livre des inventaires seront paraphés et visés une fois par année. Le livre de copie de lettres ne sera pas soumis à cette formalité. Tous seront tenus par ordre de dates, sans blancs, lacunes ni transports en marge.

Les commerçants seront tenus de conserver ces livres pendant dix ans.

Les livres de commerce, régulièrement tenus, peuvent être admis par les juges, pour faire preuve entre commerçants pour faits de commerce.

Les livres irrégulièrement tenus ne pourront être représentés ni faire foi en justice, au profit de ceux qui les auront tenus.

Pourra être poursuivi comme banqueroutier simple, et être déclaré tel, celui qui présentera des livres irrégulièrement tenus, sans néanmoins que les irrégularités indiquent des fraudes, ou qui ne les présentera pas du tout.

Pourra être poursuivi comme banqueroutier frauduleux, et être déclaré tel, le failli qui n'a pas tenu de livres, ou dont les livres ne présenteront pas sa véritable situation active et passive.

Les commerçants ne sont justifiables pour leurs act— de commerce, que des tribunaux de commerce.

« L'irrégularité des livres de commerce d'une société, » en ce qu'ils manquent des formalités prescrites par le » Code de commerce, ne peut être opposée par les asso- » ciés eux-mêmes ; elle ne peut l'être que par les tiers. » (Cour de cassation, 7 mars 1837.)

La même Cour a décidé plusieurs fois et notamment les 18 décembre 1827, 4 février et 13 août 1833, que la représentation des livres d'un commerçant (à la diffé- rence de la communication) peut avoir lieu, toutes les fois que les tribunaux qui ont un pouvoir discrétionnaire à cet égard, le jugent nécessaire.

Elle a aussi jugé le 25 janvier 1843, que le dépôt des livres d'un commerçant au greffe, pour être mis seule- ment sous les yeux des juges, constitue une représen- tation de ces livres, autorisée dans tous les cas par l'art. 15 du Code de commerce, et non la communication de ces mêmes livres, qui ne peut avoir lieu que dans les cas prévus par l'art. 14 du même code.

Les livres de commerce qui devoient être timbrés, ont été affranchis de cette formalité par la loi des finances des 20-27 juillet 1837.

COMMIS VOYAGEUR.

On nomme ainsi une personne qui voyage pour le compte d'un commerçant par lequel elle est commis- sionnée, ou bien qui, sans être spécialement préposée par

... ou telle maison, voyage pour son propre compte et se c... des commissions qui peuvent lui être données. Un commis voyageur peut donc agir, soit en vertu d'un mandat exprès d'une maison spéciale, ou comme entre-preneur de commissions d'une certaine nature.

Quand il agit en vertu d'un mandat exprès, lorsqu'il est bien reconnu pour être l'envoyé spécial de telle ou telle maison, il engage son commettant qui ne peut se refuser à exécuter les ventes faites par lui, alors même que le mandat de celui-ci se trouverait restreint par des conventions particulières, en sorte que le commettant n'a de recours que contre son commis qui a outre passé son mandat.

Ainsi il a été jugé le 8 novembre 1843, par la Cour de cassation : « Qu'un commerçant, tel par exemple » qu'un libraire éditeur, était responsable des fautes com- » mises ou du dol employé par son commis voyageur » chargé de vendre ; le commettant ne peut se soustraire » aux conséquences légales des faits de son commis, » sous prétexte que ce dernier a outre passé les termes » de son mandat. »

S'il n'y a pas de mandat exprès de donné au commis voyageur, celui-ci n'est alors présumé n'être chargé que de recevoir des ordres ou commissions et de les transmettre à sa maison dont l'acceptation devient alors nécessaire pour la perfection des marchés. (Cour de cassation, 10 décembre 1821. Cour de Montpellier; 24 décembre 1841.)

Ce dernier arrêt décide de plus que le lieu où le com-mis voyageur, non pourvu de mandat spécial, ce traité ne peut être considéré comme le lieu de la promesse, devant le tribunal duquel, en cas de contestation sur l'exécution du marché, le demandeur aurait la faculté d'assigner le défendeur.

Cependant la Cour de cassation a jugé, le 21 avril 1830, que les paiements doivent être faits au lieu où le contrat a été passé, s'il n'y a stipulation contraire.

COMMISSAIRE DE POLICE.

C'est un officier de police chargé de faire observer les lois de police et de sûreté.

Les officiers sont nommés par le Roi sur la présentation du ministre de l'intérieur et la proposition du préfet.

L'art. 10 du Code d'instruction criminelle les met au nombre des officiers de police judiciaire. Il y en a un dans toutes les villes de 5,000 à 10,000 habitants, et un plus grand nombre selon la population.

Leur mission est de rechercher les contraventions de police, mêmes celles qui sont sous la surveillance spéciale des gardes forestiers et champêtres. Ils reçoivent les rapports, dénonciations et plaintes qui sont relatifs aux contraventions de police. Ils consignent dans les procès-verbaux qu'ils rédigent à cet effet, la nature et les circonstances de ces contraventions, le temps et le lieu où elles ont été commises, les charges ou indices à la charge de ceux qui en sont présumés coupables.

Dans les communes où il n'y a qu'un commissaire de police, s'il se trouve légitimement empêché, le maire, ou au défaut de celui-ci l'adjoint au maire le remplace , tant que dure l'empêchement.

Les procès-verbaux dressés par les commissaires de police , en matière de contravention aux réglements de police , font foi en justice , jusqu'à preuve contraire , encore que ces commissaires n'aient pas été revêtu du costume ou des marques distinctives de leur qualité. Au surplus ces derniers consistent dans l'habit noir avec une écharpe.

Les commissaires de police ont le droit de requérir la force armée. Leurs actes et procès-verbaux sont soumis à la formalité de l'enregistrement qui se fait en débet ou gratis.

Indépendamment des fonctions de surveillance que les lois leur attribuent , ils sont chargés des fonctions du ministère public près les tribunaux de simple police.

« L'insulte faite à un commissaire de police , dans » l'exercice de ses fonctions , est punissable correction-» nellement , encore que le commissaire ne fut pas revêtu » de son costume, si d'ailleurs sa qualité était bien connue » de celui qui est auteur de l'insulte. » (Cour de cassation, 26 mars 1813.)

Un autre arrêt de la même Cour a décidé , le 9 mars 1837 , que les commissaires de police devant être considérés comme des magistrats , l'outrage commis envers eux devait être puni d'un emprisonnement de 1 mois à 2 ans

COMMISSIONNAIRE.

Le commissionnaire est celui qui agit en son nom propre, ou sous un nom social, pour le compte d'un commettant.

Les devoirs et les droits du commissionnaire, qui agit au nom d'un commettant, sont ceux du mandataire à l'égard du mandant.

Tout commissionnaire qui a fait des avances sur des marchandises à lui expédiées d'une place, pour être vendues pour le compte d'un commettant, a un privilége pour le remboursement de ses avances, intérêts et frais, sur la valeur des marchandises, si elles sont à sa disposition, dans ses magasins ou dans un dépôt public ; ou si avant qu'elles soient arrivées il peut constater, par un connaissement ou par une lettre de voiture, l'expédition qui lui a été faite.

Le 7 décembre 1826 la Cour de cassation a jugé que le commissionnaire avait un privilége sur les marchandises qui lui étaient adressées d'une place autre que celle de sa résidence, pour le paiement des avances qu'il a faites à raison de ces marchandises, alors même qu'il résidait dans le même lieu que le commettant.

Elle a de plus décidé, le 1er juillet 1841, « que le » commissionnaire qui a fait des avances sur les marchan- » dises qu'il est chargé de vendre, a privilége sur ces » marchandises, encore qu'il réside dans le même lieu » que le commettant, si les marchandises sont expédiées » par celui-ci dans un autre lieu à un tiers qui les a reçues » et vendues au nom du commissionnaire.

» Le commissionnaire qui a acheté et payé des mar- » chandises pour le compte de son commettant, est en » droit, si celui-ci vient à tomber en faillite avant d'en » avoir payé le prix, de les retenir, alors même qu'elles » seraient déjà en route à destination du failli, si les con-

» naissements étant fait au nom et à l'ordre du commis-
» sionnaire, la livraison des marchandises ne peut encore
» être réputée avoir été faite au failli. » (Cour de cassation, 18 avril 1843.)

Si les marchandises ont été livrées ou vendues pour le
compte du commettant, le commissionnaire se rem-
bourse, sur le produit de la vente, du montant de ses
avances, intérêts, frais, par préférence aux créanciers du
commettant.

Le commissionnaire répond des fautes qu'il commet
comme mandataire ; et, comme son mandat est salarié, sa
responsabilité est appliquée rigoureusement.

Dans la commission d'achats et ventes, le commissionnaire doit surtout éviter la fraude à l'égard de ses
correspondants et se conformer aux prix qui lui sont
fixés. S'il ne le fait pas, il est tenu de la différence.

Le commissionnaire qui se charge d'un transport
par terre ou par eau, est tenu d'écrire sur son livre-
journal la déclaration de la nature et de la quantité des
marchandises, et, s'il en est requis, de leur valeur.

Il est garant, 1° de l'arrivée des marchandises et effets
dans le délai déterminé par sa lettre de voiture, hors les
cas de force majeure légalement constatés.

2° Des avaries ou pertes des marchandises et effets,
s'il n'y a stipulation contraire dans sa lettre de voiture,
ou force majeure.

« Le commissionnaire de transports est responsable
» des objets qui lui sont confiés, alors même que l'insuf-
» fisance de l'adresse l'aurait mis dans l'impossibilité de
» découvrir le destinataire. — S'il ne trouve pas le des-

» tinataire des objets qu'il est chargé de transporter ; il doit,
» s'il veut mettre sa responsabilité à couvert, consigner
» ces objets dans un dépôt public, en la forme déter-
» minée par l'art. 106 du Code de commerce, pour le cas
» où il y à contestation pour la réception des objets tran_
» sportés. (Cour de cassation, 23 avril 1837.)

La même Cour a jugé, le 20 mai 1818, « que le
» commissionnaire de roulage est tenu, à peine de respon-
» sabilité, de vérifier si les effets dont il entreprend le
» transport, sont de la quantité et de la qualité indiquées
» dans la lettre de voiture ; et qu'il ne lui suffirait pas de
» prouver qu'il a fidèlement transporté tout ce qu'il avait
» reçu.

» La lettre de voiture le constitue dans l'obligation de
» remettre tout ce qui y est énoncé, sans qu'il lui soit per-
» mis d'exciper d'erreur commise dans les magasins du
» lieu du dépôt.

Aux termes de l'art. 99 du Code de commerce, le
commissionnaire originairement chargé du transport, est
garant du fait des commissionnaires intermédiaires auxquels il adresse les marchandises.

D'après l'art. 100 du même Code, la marchandise
sortie du magasin du vendeur ou de l'expéditeur voyage,
s'il n'y a convention contraire, aux risques et périls de
celui auquel elle appartient, sauf son recours contre le
commissionnaire et le voiturier chargé du transport.

« Le commissionnaire acheteur de marchandises, ne
» peut être traduit par son commettant, à raison de
» l'exécution du mandat, que devant les juges de son
» domicile. » (Cour de Lyon, 29 décembre 1842.)

24

COMMUNAUTÉ CONJUGALE.

C'est une société de biens qui se forme entr'époux par le fait seul du mariage, et qui est l'état légal de tous ceux qui se marient sans régler leurs conventions matrimoniales par écrit.

La communauté conjugale est réglée par les art. 1399 et suivants du Code civil, et il ne peut entrer dans le cadre d'un ouvrage tel que celui-ci de donner les développements qu'exigerait une pareille matière pour être traitée convenablement. Il nous suffira donc de dire :

1° Que tous ceux qui se marient, sans avoir manifesté d'autres intentions, sont soumis au régime de la communauté ;

2° Que celle-ci se compose *activement* de tout le mobilier que les époux possédaient au jour du mariage, de tout celui qui leur écheoit pendant le mariage, à titre de succession ou même de donation, si le donateur n'a exprimé le contraire ; de tous les fruits, revenus, intérêts et arrérages, échus ou perçus pendant le mariage, et provenant des biens qui appartenaient aux époux lors de sa célébration, ou de ceux qui leur sont échus depuis, à quelque titre que ce soit, enfin de tous les immeubles acquis pendant la durée de l'union conjugale.

3° Que le passif de la communauté comprend toutes les dettes mobilières dont les époux étaient grevés au jour de la célébration du mariage, ou dont se trouvent chargées les successions qui leur arrivent pendant le mariage ; des dettes en capitaux, arrérages ou intérêts, contractées par le mari pendant la communauté, ou par la femme du consentement de son mari ; des arrérages et intérêts seulement des rentes ou dettes passives qui sont personnelles aux deux époux ; des aliments de ceux-ci, de l'éducation des enfants ainsi que de leur entretien, et de toute autre charge du mariage ; des réparations usufructuaires des immeubles qui n'entrent point en communauté.

4° Que celle-ci ne comprend pas : 1° les immeubles qu'avaient les conjoints au moment de leur mariage, non plus que ceux qui leur adviennent pendant sa durée par succession ou donation ; 2° l'immeuble abandonné à l'un des époux par ses père, mère ou autres ascendants, soit pour le remplir de ce qu'ils lui doivent, soit à la charge de payer leurs dettes ; 3° l'immeuble acquis par l'un des conjoints, en échange de ses immeubles personnels ; 4° l'acquisition faite pendant le mariage, à titre de licitation ou autrement, de portion d'un immeuble dont l'un des époux était propriétaire par indivis ; le tout sauf toutes les récompenses qui peuvent être dues à la communauté quand elle a payé quelque chose pour un des époux personnellement.

5° Que le mari est chef de cette même communauté, qu'il l'administre et qu'il peut vendre, aliéner et hypothéquer les biens qui la composent sans le concours de sa femme, sauf les restrictions spécifiées par la loi.

6° Qu'enfin la communauté se dissout par la mort naturelle ou civile, par la séparation de corps et par la séparation de biens.

7° Que le cas de dissolution arrivant, chacun des époux, ou l'époux survivant et les héritiers de celui qui est mort, prennent la moitié de l'actif en restant chargés de la moitié des dettes, toujours sauf les récompenses qu'il peut devoir ou qui peuvent lui être dûes.

* * *

COMMUNE.

Ce qui concerne l'administration des aggrégations de citoyens sur un point quelconque du territoire français, et auxquelles on donne le nom de *communes*, a été réglé par la loi des 18-22 juillet 1837, sur l'administration municipale, dont nous allons rapporter le texte, car il en est bien peu qui soient d'un intérêt aussi général.

TITRE Ier. — *Des réunions, divisions ou formations de communes.*

ART. 1er. Aucune réunion, division ou formation de commune ne pourra avoir lieu que conformément aux règles ci-après.

2. Toutes les fois qu'il s'agira de réunir plusieurs communes en une seule, ou de distraire une section d'une commune, soit pour la réunir à une autre, soit pour l'ériger en commune séparée, le préfet prescrira préalablement, dans les communes intéressées, une enquête, tant sur le projet en lui-même que sur ces conditions.

Les conseils municipaux, assistés des plus imposés en nombre égal à celui de leurs membres, les conseils d'arrondissement et le conseil général, donneront leur avis.

Si le projet concerne une section de commune, il sera créé, pour cette section, une commission syndicale. Un arrêté du préfet déterminera le nombre des membres de la commission.

Ils seront élus par les électeurs municipaux domiciliés dans la section ; et si le nombre des électeurs n'est pas double de celui des membres à élire, la commission sera composée des plus imposés de la section.

La commission nommera son président. Elle sera chargée de donner son avis sur le projet.

Les réunions et distractions de communes qui modifieront la composition d'un département, d'un arrondissement ou d'un canton, ne pourront être prononcées que par une loi.

Toutes autres réunions et distractions de communes pourront être prononcées par ordonnances du Roi, en cas de consentement des conseils municipaux délibérant avec les plus imposés, conformément à l'art. 2 ci dessus, et, à défaut de ce consentement pour les communes qui n'ont pas 300 habitants, sur l'avis affirmatif du conseil général du département.

Dans tous les autres cas, il ne pourra être statué que par une loi.

5. Les habitants de la commune réunie à une autre commune conserveront la jouissance exclusive des biens dont les fruits étaient perçus en nature.

Les édifices et autres immeubles servant à usage public deviendront propriété de la commune à laquelle sera faite la réunion.

6. La section de commune érigée en commune séparée ou réunie à une autre commune emportera la propriété des biens qui lui appartenaient exclusivement.

Les édifices et autres immeubles servant à usage public, et situés sur son territoire, deviendront propriété de la nouvelle commune ou de la commune à laquelle sera faite la réunion.

7. Les autres conditions de la réunion ou de la distraction seront fixées par l'acte qui la prononcera. Lorsqu'elle sera prononcée par une loi, cette fixation pourra être renvoyée à une ordonnance royale ultérieure, sauf réserve, dans tous les cas, de toutes les questions de propriété.

Dans tous les cas de réunion ou fractionnement de communes, les conseils municipaux seront dissous. Il sera prononcé immédiatement à des élections nouvelles.

TITRE II.—DES ATTRIBUTIONS DES MAIRES ET DES CONSEILS MUNICIPAUX.

CHAPITRE Ier. — *Des attributions des maires.*

9. Le maire est chargé, sous l'autorité de l'administration supérieure.

1° De la publication et de l'exécution des lois et réglements ;

2° Des fonctions spéciales qui lui sont attribuées par les lois ;

3° De l'exécution des mesures de sûreté générale.

10. Le maire est chargé, sous la surveillance de l'administration supérieure,

1° De la police municipale, de la police rurale et de la voirie municipale, et de pourvoir à l'exécution des actes de l'autorité supérieure qui y sont relatifs ;

2° De la conservation et de l'administration des propriétés de la commune, et de faire en conséquence tous actes conservatoires de ses droits ;

3º De la gestion des revenus, de la surveillance des établissements communaux et de la comptabilité communale ;

4º De la proposition du budget et de l'ordonnancement des dépenses ;

5º De la direction des travaux communaux ;

6º De souscrire les marchés, de passer les baux des biens et les adjudications des travaux communaux, dans les formes établies par les lois et réglements;

7º De souscrire, dans les mêmes formes, les actes de vente, échange, partage, acceptation de dons et legs, acquisition, transaction, lorsque ces actes ont été autorisés conformément à la présente loi;

8º De représenter la commune en justice, soit en demandant, soit en défendant.

11 Le maire prend des arrêtés à l'effet,

1º D'ordonner les mesures locales sur les objets confiés par les lois à sa vigilance et à son autorité;

2º De publier de nouveau les lois et réglements de police, et de rappeler les citoyens à leur observation.

Les arrêtés pris par le maire sont immédiatement adressés au sous-préfet. Le préfet peut les annuler ou en suspendre l'exécution.

Ceux de ces arrêtés qui portent réglement permanent ne seront exécutoires qu'un mois après la remise de l'ampliation constatée par les récépissés donnés par le sous-préfet.

12. Le maire nomme à tous les emplois communaux pour lesquels la loi ne prescrit pas un mode spécial de nomination. Il suspend et révoque les titulaires de ces emplois.

13. Le maire nomme les gardes champêtres, sauf l'approbation du conseil municipal. Ils doivent être agréés et commissionnés par le sous-préfet ; ils peuvent être suspendus par le maire, mais le préfet peut seul les révoquer.

Le maire nomme également les pâtres communs, sauf l'approbation du conseils municipal. Il peut prononcer leur révocation.

14. Le maire est chargé seul de l'administration ; mais il peut déléguer une partie de ses fonctions à un ou plusieurs de ses adjoints, et, en l'absence de ses adjoints, à ceux des conseillers municipaux qui sont appelés à en faire les fonctions.

15. Dans le cas où le maire refuserait ou négligerait de faire un des actes qui lui sont prescrits par la loi, le préfet, après l'en avoir requis, pourra y procéder d'office par lui-même ou par un délégué spécial.

16. Lorsque le maire procède à une adjudication publique pour le compte de la commune, il est assisté de deux membres du conseil municipal, désignés d'avance par le conseil, ou, à défaut, appelés dans l'ordre du tableau.

Le receveur municipal est appelé à toutes les adjudications.

Toutes les difficultés qui peuvent s'élever sur les opérations préparatoires de l'adjudication sont résolues, séance tenante, par le maire et les deux conseillers assistants, à la majorité des voix, sauf le recours de droit.

CHAPITRE II. — *Des attributions des conseils munici-paux.*

17. Les conseils municipaux règlent par leurs délibérations les objets suivants :

1° Le mode d'administration des biens communaux ;

2° Les conditions des baux à ferme ou à loyer dont la durée n'excède pas 18 ans pour les biens ruraux, et 9 ans pour les autres biens.

3° Le mode de jouissance et la répartition des pâturages et fruits communaux, autres que les bois, ainsi que les conditions à imposer aux parties prenantes ;

4° Les affouages, en se conformant aux lois forestières.

18. Expédition de toute délibération sur un des objets énoncés en l'art. précédent est immédiatement adressée par le maire au sous-préfet, qui en délivre ou fait délivrer récépissé. La délibération est exécutoire si, dans les 30 jours qui suivent la date du récépissé, le préfet ne l'a pas annulée, soit d'office, pour violation d'une disposition de loi ou d'un réglement d'administration publique, soit sur la réclamation de toute partie intéressée.

Toutefois le préfet peut suspendre l'exécution de la délibération pendant un autre délai de 30 jours.

19. Le conseil municipal délibère sur les objets suivants :

1° Le budget de la commune, et en général toutes les recettes et dépenses, soit ordinaires, soit extraordinaires ;

2° Les tarifs et réglements de perception de tous les revenus communaux ;

3° Les acquisitions, aliénations et échanges des propriétés communales, leur affectation aux différents ser-

25

vices publics, et en général tout ce qui intéresse leur conservation et leur amélioration ;

4° La délimitation ou le partage des biens indivis entre deux ou plusieurs communes ou sections de commune ;

5° Les conditions des baux à ferme ou à loyer dont la durée excède 18 ans pour les biens ruraux, et 9 ans pour les autres biens, ainsi que celles des baux des biens pris à loyer par la commune, quelle qu'en soit la durée ;

6° Les projets de constructions, de grosses réparations et de démolitions, et en général tous les travaux à entreprendre ;

7° L'ouverture des rues et places publiques et les projets d'olignement de voirie municipale ;

8° Le parcours et la vaine pâture ;

9° L'acceptation des dons et legs faits à la commune et aux établissements communaux ;

10° Les actions judiciaires et transactions ;

Et tous les autres objets sur lesquels les lois et réglements appellent les conseils municipaux à délibérer.

20° Les délibérations des conseils municipaux sur les objets énoncés à l'art. précédent sont adressées au sous-préfet.

Elles sont exécutoires sur l'approbation du préfet, sauf les cas où l'approbation par le ministre compétent, ou par ordonnance royale, est prescrite par les lois ou par les réglements d'administration publique.

21. Le conseil municipal est toujours appelé à donner son avis sur les objets suivants :

1° Les circonscriptions relatives au culte ;

Les circonscriptions relatives à la distribution des secours publics ;

3° Les projets d'alignements de grande voirie dans l'intérieur des villes, bourgs et villages ;

4° L'acceptation des dons et legs faits aux établissements de charité et de bienfaisance;

5° Les autorisations d'emprunter, d'acquérir, d'échanger, d'aliéner, de plaider ou de transiger, demandées par les mêmes établissements, et par les fabriques des églises et autres administrations préposées à l'entretien des cultes dont les ministres sont salariés par l'Etat ;

6° Les budjets et les comptes des établissements de charité et de bienfaisance ;

7° Les budjets et les comptes des fabriques et autres administrations préposées à l'entretien des cultes dont les ministres sont salariés par l'Etat, lorsqu'elles reçoivent des secours sur les fonds communaux ;

8° Enfin tous les objets sur lesquels les conseils municipaux sont appelés par les lois et réglements à donner leur avis ou seront consultés par le préfet.

22. Le conseil municipal réclame, s'il y a lieu, contre le contigent assigné à la commune dans l'établissement des impôts de répartition.

23. Le conseil municipal délibère sur les comptes présentés annuellement par le maire.

Il entend, débat et arrête les comptes de deniers des receveurs, sauf réglement définitif, conformément à l'art. 66 de la présente loi.

24. Le conseil municipal peut exprimer son vœu sur tous les objets d'intérêt local.

Il ne peut faire ni publier aucune protestation, proclamation ou adresse.

25. Dans les séances où les comptes d'administration du maire sont débattus, le conseil municipal désigne au scrutin celui de ses membres qui exerce la présidence.

Le maire peut assister à la délibération; il doit se retirer au moment où le conseil municipal va émettre son vote. Le président adresse directement la délibération au sous-préfet.

26. Lorsque, après deux convocations successives faites par le maire, à 8 jours d'intervalle et dûment constatées, les membres du conseil municipal ne se sont pas réunis en nombre suffisant, la délibération prise après la troisième convocation est valable, quelque soit le nombre des membres présents.

27. Les délibérations des conseils municipaux se prennent à la majorité des voix. En cas de partage, la voix du président est prépondérante.

28. Les délibérations seront inscrites, par ordre de date, sur un registre coté et paraphé par le sous-préfet. Elles seront signées par tous les membres présents à la séance, ou mention sera faite de la cause qui les aura empêchés de signer.

29. Les séances des conseils municipaux ne sont pas publiques; leurs débats ne peuvent être publiés officiellement qu'avec l'approbation de l'autorité supérieure.

Il est voté au scrutin secret toutes les fois que trois des membres présents le réclament.

TITRE III. — *Des dépenses et recettes, et des budjets des communes.*

30. Les dépenses des communes sont obligatoires ou facultatives.

Sont obligatoires les dépenses suivantes :

1° L'entretien, s'il y a lieu, de l'Hôtel-de-Ville ou du local affecté à la mairie ;

2° Les frais de bureau et d'impression pour le service de la commune ;

3° L'abonnement au Bulletin des lois ;

4° Les frais de recensement de la population ;

5° Les frais des registres de l'état civil, et la portion des tables décennales à la charge des communes ;

6° Le traitement du receveur municipal, du préposé en chef de l'octroi, et les frais de perception ;

7° Le traitement des gardes des bois de la commune et des gardes champêtres ;

8° Le traitement et les frais de bureau des commissaires de police, tels qu'ils sont déterminés par les lois ;

9° Les pensions des employés municipaux et de commissaires de police, régulièrement liquidées et approuvées ;

10° Les frais de loyer et de réparation du local de la justice de paix, ainsi que ceux d'achat et d'entretien de son mobilier, dans les communes chef-lieu de canton ;

11° Les dépenses de la garde nationale, telles qu'elles sont déterminées par les lois ;

12° Les dépenses relatives à l'instruction publique, conformément aux lois ;

13° L'indemnité de logement aux curés et desservants, et autres ministres des cultes salariés par l'Etat, lorsqu'il n'existe pas de bâtiment affecté à leur logement ;

14° Les secours aux fabriques des églises et autres administrations préposées aux cultes dont les ministres sont salariés par l'Etat, en cas d'insuffisance de leurs revenus, justifiée par leurs comptes et budjets ;

15° Le contingent assigné à la commune, conformément aux lois, dans la dépense des enfants trouvés et abandonnés ;

16° Les grosses réparations aux édifices communaux, sauf l'exécution des lois spéciales concernant les bâtiments militaires et les édifices consacrés au culte ;

17° La clôture des cimetières, leur entretien et leur translation dans les cas déterminés par les lois et réglements d'administration publique ;

18° Les frais des plans d'alignements ;

19° Les frais et dépenses des conseils des prud'hommes, pour les communes où ils siégent ; les menus frais des chambres consultatives des arts et manufactures , pour les communes où elles existent ;

20° Les contributions et prélèvements établis par les lois sur les biens et revenus communaux ;

21° L'acquittement des dettes exigibles ;

Et généralement toutes les autres dépenses mises à la charge des communes par une disposition des lois.

Toutes dépenses autres que les précédentes sont facultatives.

31. Les recettes des communes sont ordinaires ou extraordinaires.

Les recettes ordinaires des communes se composent ,

1° Des revenus de tous les biens dont les habitants n'ont pas la jouissance en nature ;

2° Des cotisations imposées annuellement sur les ayant-droit aux fruits qui se perçoivent en nature ;

5° Du produit des centimes ordinaires affectés aux communes par les lois des finances ;

4° Du produit de la portion accordée aux communes dans l'impôt des patentes ;

5° Du produit des octrois municipaux ;

6° Du produit des droits de place perçus dans les halles, foires, marchés, abattoirs, d'après les tarifs dûment autorisés ;

7° Du produit des permis de stationnement et des locations sur la voie publique, sur les ports et rivières et autres lieux publics ;

8° Du produit des péages communaux, des droits de pesage, mesurage et jaugeage, des droits de voirie et autres droits légalement établis ;

9° Du prix des concessions dans les cimetières ;

10° Du produit des concessions d'eau, de l'enlèvement des boues et immondices de la voie publique, et autres concessions autorisées pour les services communaux ;

11° Du produit des expéditions des actes administratifs, et des actes de l'état civil ;

12° De la portion que les lois accordent aux communes dans le produit des amendes prononcées par les tribunaux de simple police, par ceux de police correctionnelle et par les conseils de discipline de la garde nationale,

Et généralement du produit de toutes les taxes de ville et de police dont la perception est autorisée par la loi.

32. Les recettes extraordinaires se composent,

1° Des contributions extraordinaires dûment autorisées ;

2° Du prix des biens aliénés ;

3° Des dons et legs ;

4° Du remboursement des capitaux exigibles et des rentes rachetées ;

5° Du produit des coupes extraordinaires de bois ;

6° Du produit des emprunts,

Et de toutes autres recettes accidentelles.

33. Le budjet de chaque commune, proposé par le maire, et voté par le conseil municipal, est définitivement réglé par arrêté du préfet.

Toutefois, le budjet des villes dont le revenu est de 100,000 fr., ou plus, est réglé par une ordonnance du Roi.

Le revenu d'une commune est réputé atteindre 100,000 fr. lorsque les recettes ordinaires, constatées dans les comptes, se sont élevées à cette somme pendant les trois dernières années.

Il n'est réputé être descendu au-dessous de 100,000 fr. que lorsque, pendant les trois dernières anuées, les recettes ordinaires sont restées inférieures à cette somme.

34. Les crédits qui pourraient être reconnus nécessaires après le réglement du budjet sont délibérés conformément aux art. précédents, et autorisés par le préfet, dans les communes dont il est appelé à régler le budjet, et par le ministre, dans les autres communes.

Toutefois, dans ces dernières communes, les crédits supplémentaires pour dépenses urgentes, pourront être approuvés par le préfet.

35. Dans le cas où, par une cause quelconque, le budget d'une commune n'aurait pas été approuvé avant le commencement de l'exercice, les recettes et dépenses ordinaires continueront, jusqu'à l'approbation de ce budjet, à être faites conformément à celui de l'année précédente.

36. Les dépenses proposées au budget d'une commune peuvent être rejetées ou réduites par l'ordonnance du Roi, ou par l'arrêté du préfet, qui règle ce budget.

37. Les conseils municipaux peuvent porter au budget un crédit pour dépenses imprévues.

La somme inscrite pour ce crédit ne pourra être réduite ou rejetée qu'autant que les revenus ordinaires, après avoir satisfait à toutes les dépenses obligatoires, ne permettraient pas d'y faire face, ou qu'elle excéderait le dixième des recettes ordinaires.

Le crédit pour dépenses imprévues sera employé par le maire, avec l'approbation du préfet et du sous-préfet.

Dans les communes autres que les chefs-lieux de département ou d'arrondissement, le maire pourra employer le montant de ce crédit aux dépenses urgentes, sans approbation préalable, à la charge d'en informer immédiatement le sous-préfet, et d'en rendre compte au conseil municipal dans la première session ordinaire qui suivra la dépense effectuée.

38. Les dépenses proposées au budget ne peuvent être augmentées, et il ne peut y en être introduit de nouvelles par l'arrêté du préfet, ou l'ordonnance du Roi, qu'autant qu'elles sont obligatoires.

39. Si un conseil municipal n'allouait pas les fonds exigés pour une dépense obligatoire, ou n'allouait qu'une somme insuffisante, l'allocation nécessaire serait inscrite au budget par ordonnance du Roi, pour les communes dont le revenu est de 100,000 fr. au-dessus, et par arrêté du préfet, en conseil de préfecture, pour celles dont le revenu est inférieur.

Dans tous les cas, le conseil municipal sera préalablement appelé à en délibérer.

S'il s'agit d'uue dépense annuelle et variable, elle sera inscrite pour sa quotité moyenne pendant les trois dernières années. S'il s'agit d'une dépense annuelle et fixe de sa nature, ou d'une dépense extraordinaire, elle sera inscrite pour sa quotité réelle.

Si les ressources de la commune sont insuffisantes pour subvenir aux dépenses obligatoires inscrites d'office en vertu du présent article, il y sera pourvu par le conseil municipal, ou, en cas de refus de sa part, au moyen d'une contribution extraordinaire établie par une ordonnance du Roi, dans les limites du maximum qui sera fixé annuellement par la loi de finances, et par une loi spéciale si la contribution doit excéder ce maximum.

40. Les délibérations du conseil municipal concernant une contribution extraordinaire destinée à subvenir aux dépenses obligatoires ne seront exécutoires qu'en vertu d'un arrêté du préfet, s'il s'agit d'une commune ayant moins de 100,000 fr. de revenu, et d'une ordonnance du Roi, s'il s'agit d'une commune ayant un revenu supérieur.

Dans le cas où la contribution extraordinaire aurait pour but de subvenir à d'autres dépenses que les dépenses obligatoires, elle ne pourra être autorisée que par ordonnance du Roi, s'il s'agit d'une commune ayant moins de 100,000 fr. de revenu, et par une loi, s'il s'agit d'une commune ayant un revenu supérieur.

41. Aucun emprunt ne pourra être autorisé que par ordonnance du Roi, rendue dans les formes des réglemens d'administration publique, pour les communes ayant moins de 100,000 fr. de revenu, et par une loi, s'il s'agit d'une commune ayant un revenu supérieur.

Néanmoins, en cas d'urgence et dans l'intervalle des sessions, une ordonnance du Roi, rendue dans la forme des réglements d'administration publique, pourra autoriser les communes dont le revenu est de 100,000 fr. et au-dessus à contracter un emprunt jusqu'à concurrence du quart de leurs revenus,

26

42. Dans les communes dont les revenus sont inférieurs à 100,000 fr., toutes les fois qu'il s'agira de contributions extraordinaires ou d'emprunts, les plus imposés aux rôles de la commune seront appelés à délibérer avec le conseil municipal, en nombre égal à celui des membres en exercice.

Ces plus imposés seront convoqués individuellement par le maire, au moins 10 jours avant celui de la réunion.

Lorsque les plus imposés appelés seront absens, ils seront remplacés en nombre égal par les plus imposés portés après eux sur le rôle.

43. Les tarifs des droits de voirie sont réglés par ordonnance du Roi, rendue dans la forme des réglements d'administration publique.

44. Les taxes particulières dues par les habitants ou propriétaires, en vertu des lois et des usages locaux, sont réparties par délibération du conseil municipal, approuvée par le préfet.

Ces taxes sont perçues suivant les formes établies pour le recouvrement des contributions publiques.

45. Aucune construction nouvelle, ou reconstruction entière ou partielle, ne pourra être autorisée que sur la production des projets et devis.

Ces projets et devis seront soumis à l'approbation préalable du ministre compétent quand la dépense excédera 30,000 fr., et à celle du préfet quand elle sera moindre.

TITRE IV. — *Des acquisitions, aliénations, baux, dons et legs.*

46. Les délibérations des conseils municipaux ayant pour objet des acquisitions, des ventes ou échanges d'immeubles, le partage de biens indivis, sont exécutoires sur arrêté du préfet, en conseil de préfecture, quand il s'agit d'une valeur n'excédant pas 5,000 fr., pour les communes dont le revenu est au-dessous de 100,000 fr., et 20,000 fr., pour les autres communes.

S'il s'agit d'une valeur supérieure, il est statué par ordonnance du Roi.

La vente des biens mobiliers et immobiliers des communes, autres que ceux qui servent à un usage public, pourra, sur la demande de tout créancier porteur de titres exécutoires, être autorisée par une ordonnance du Roi, qui déterminera les formes de la vente.

47. Les délibérations des conseils municipaux ayant pour objet des baux dont la durée devra excéder 18 ans ne sont exécutoires qu'en vertu d'une ordonnance royale.

Quelle que soit la durée du bail, l'acte passé par le maire n'est exécutoire qu'après l'approbation du préfet.

48. Les délibérations ayant pour objet l'acceptation des dons et legs d'objets mobiliers ou de sommes d'argent, faits à la commune et aux établissements communaux, sont exécutoires en vertu d'un arrêté du préfet lorsque leur valeur n'excède pas 5,000 fr., et en vertu d'une ordonnance du Roi lorsque leur valeur est supérieure ou qu'il y a réclamation des prétendant droit à la succession.

Les délibérations qui porteraient refus de dons et legs, et toutes celles qui concerneraient des dons et legs d'objets immobiliers ne sont exécutoires qu'en vertu d'une ordonnance du Roi.

Le maire peut toujours, à titre conservatoire, accepter les dons et legs, en vertu de la délibération du conseil municipal : l'ordonnance du Roi, ou l'arrêté du préfet, qui intervient ensuite, a effet du jour de cette acceptation.

TITRE V. — *Des actions judiciaires et des transactions.*

49. Nulle commune ou section de commune ne peut introduire une action en justice sans être autorisée par le conseil de préfecture.

Après tout jugement intervenu , la commune ne peut se pourvoir devant un autre degré de juridiction qu'en vertu d'une nouvelle autorisation du conseil de préfecture.

Cependant tout contribuable inscrit au rôle de la commune a le droit d'exercer, à ses frais et risques, avec l'autorisation du conseil de préfecture, les actions qu'il croirait appartenir à la commune ou section , et que la commune ou section , préalablement appelée à en délibérer , aurait refusé ou négligé d'exercer.

La commune ou section sera remise en cause, et la décision qui interviendra aura effet à son égard.

5o. La commune , section de commune ou le contribuable auquel l'autorisation aura été refusée pourra se pourvoir devant le Roi , en Conseil-d'Etat. Le pourvoi sera introduit et jugé en la forme administrative. Il devra, à peine de déchéance , avoir lieu dans le délai de 3 mois , à dater de la notification de l'arrêté du conseil de préfecture.

51. Quiconque voudra intenter une action contre une commune ou section de commune sera tenu d'adresser préalablement au préfet un mémoire exposant les motifs de sa réclamation. Il lui en sera donné récépissé.

La présentation du mémoire interrompra la prescription et toutes déchéances.

Le préfet transmettra le mémoire au maire , avec l'autorisation de convoquer immédiatement le conseil municipal pour en délibérer.

52. La délibération du conseil municipal sera , dans tous les cas , transmise au conseil de préfecture , qui décidera si la commune doit être autorisée à ester en jugement.

La décision du conseil de préfecture devra être rendue dans le délai de 2 mois , à partir de la date du récépissé énoncé en l'art. précédent.

53. Toute décision du conseil de préfecture portant refus d'autorisation devra être motivée.

En cas de refus de l'autorisation , le maire pourra, en vertu d'une délibération du conseil municipal, se pourvoir devant le Roi, en son Conseil-d'Etat, conformément à l'art. 50 ci-dessus.

Il devra être statué sur le pourvoi dans le délai de 2 mois, à partir du jour de son enregistrement au secrétariat général du Conseil-d'Etat.

54. L'action ne pourra être intenté qu'après la décision du conseil de préfecture, et, à défaut de décision dans le délai fixé par l'art. 52, qu'après l'expiration de ce délai.

En cas de pourvoi contre la décision du conseil de préfecture, l'instance sera suspendue jusqu'à ce qu'il ait été statué sur le pourvoi, et, à défaut de décision dans le délai fixé par l'art. précédent, jusqu'à l'expiration de ce délai.

En aucun cas , la commune ne pourra défendre à l'action qu'autant qu'elle y aura été expressément autorisée.

55. Le maire peut toutefois, sans autorisation préalable, intenter toute action possessoire, ou y défendre, et faire tous autres actes conservatoires ou interruptifs des déchéances.

56. Lorsqu'une section est dans le cas d'intenter ou de soutenir une action judiciaire contre la commune elle-même, il est formé, pour cette section , une commission syndicale de 3 ou 5 membres, que le préfet choisit parmi les électeurs municipaux, et, à leur défaut, parmi les citoyens les plus imposés.

Les membres du corps municipal qui seraient intéressés à la jouissance des biens ou droits revendiqués par la section, ne devront point participer aux délibérations du conseil municipal relatives au litige.

Ils seront remplacés, dans toutes les délibérations, par un nombre égal d'électeurs municipaux de la commune, que le préfet choisira parmi les habitants ou propriétaires étrangers à la section.

L'action est suivie par celui de ses membres que la commission syndicale désigne à cet effet.

57. Lorsqu'une section est dans le cas d'intenter ou de soutenir une action judiciaire contre une section de la même commune, il sera formé, pour chacune des sections intéressées, une commission syndicale conformément à l'art. précédent.

58. La section qui aura obtenu une condamnation contre la commune, ou contre une autre section, ne sera point passible des charges ou contributions imposées pour l'acquittement des frais et dommages-intérêts qui résulteraient du fait du procès.

Il en sera de même à l'égard de toute partie qui aurait plaidé contre une commune ou une section de commune.

59. Toute transaction consentie par un conseil municipal ne peut être exécutée qu'après l'homologation par ordonnance royale, s'il s'agit d'objets immobiliers ou d'objets mobiliers d'une valeur supérieure à 3,000 fr., et par arrêté du préfet en conseil de préfecture, dans les autres cas.

TITRE VI. — *Comptabilité des communes.*

60. Les comptes du maire, pour l'exercice clos, sont présentés au conseil municipal avant la délibération du budjet. Ils sont définitivement approuvés par les préfets, pour les communes dont le revenu est inférieur à 100,000 fr., et par le ministre compétent, pour les autres communes.

61. Le maire peut seul délivrer des mandats. S'il refusait d'ordonnancer une dépense régulièrement autorisée et liquide, il serait prononcé par le préfet en conseil de préfecture.

L'arrêté du préfet tiendrait lieu du mandat du maire.

62. Les recettes et dépenses communales s'effectuent par un comptable chargé seul, et sous sa responsabilité, de poursuivre la rentrée de tous revenus de la commune et de toutes sommes qui lui seraient dues, ainsi que d'acquitter les dépenses ordonnancées par le maire, jusqu'à concurrence des crédits régulièrement accordés.

Tous les rôles de taxe, de sous-répartions et de prestations locales, devront être remis à ce comptable.

63. Toutes les recettes municipales pour lesquelles les lois et réglements n'ont pas prescrit un mode spécial de recouvrement s'effectuent sur des états dressés par le maire. Ces états sont exécutoires après qu'ils ont été visés par le sous-préfet.

Les oppositions, lorsque la matière est de la compétence des tribunaux ordinaires, sont jugées comme affaires sommaires, et la commuoe peut y défendre, sans autorisation du conseil de préfecture.

64. Toute personne, autre que le receveur municipal, qui, sans autorisation légale, se serait ingérée dans le maniement des deniers de la commune, sera, par ce seul fait, constitué comptable; elle pourra en outre être poursuivie en vertu de l'art. 258 du Code pénal, comme s'étant immiscée sans titre dans des fonctions publiques.

65. Le percepteur remplit les fonctions de receveur municipal.

Néanmoins, dans les communes dont le revenu excède 30,000 fr., ces fonctions sont confiées, si le conseil municipal le demande, à un receveur municipal spécial. Il est nommé par le Roi, sur 5 candidats que le conseil municipal présente.

Les dispositions du premier paragraphe ci-dessus ne seront applicables aux communes ayant actuellement un receveur municipal que sur la demande du conseil municipal, ou en cas de vacance.

66. Les comptes du receveur municipal sont définitivement apurés par le conseil de préfecture, pour les communes dont le revenu n'excède pas 30,000 fr., sauf recours à la cour des comptes.

Les comptes des receveurs des communes dont le revenu n'excède pas 30,000 fr. sont réglés et apurés par ladite cour.

Les dispositions ci-dessus, concernant la juridiction des conseils de préfecture et de la cour des comptes sur les comptes des receveurs municipaux, sont applicables aux comptes des trésoriers des hôpitaux et autres établissements de bienfaisance.

67. La responsabilité des receveurs municipaux et les formes de la comptabilité des communes seront déterminées par des réglements d'administration publique. Les receveurs municipaux seront assujétis, pour l'exécution de ces réglements, à la surveillance des receveurs des finances.

Dans les communes où les fonctions de receveur municipal et de percepteur sont réunies, la gestion du comptable est placée sous la responsabilité du receveur des finances de l'arrondissement.

68. Les comptables qui n'auront pas présenté leurs comptes dans les délais prescrits par les réglements pourront être condamnés, par l'autorité chargée de les juger, à une amende de 10 fr. à 100 fr., par chaque mois de retard, pour les receveurs et trésoriers justiciables des conseils de préfecture, et de 50 fr. à 500 fr., également par mois de retard, pour ceux qui sont justiciables de la cour des comptes.

Ces amendes seront attribuées aux communes ou établissements que concernent les comptes en retard.

Elles seront assimilées aux débets de comptables, et le recouvrement pourra en être suivi par corps, conformément aux art. 8 et 9 de la loi du 17 avril 1832.

69. Les budjets et les comptes des communes restent déposés à la mairie, où toute personne imposée aux rôles de la commune a droit d'en prendre connaissance.

Ils sont rendus publics par la voie de l'impression, dans les communes dont le revenu est de 100,000 fr. ou plus, et dans les autres, quand le conseil municipal a voté la dépense de l'impression.

TITRE VII. — *Des intéréts qui concernent plusieurs communes.*

70. Lorsque plusieurs communes possèdent des biens ou des droits par indivis, une ordonnance du Roi insti-

tuera!, si l'une d'elles le réclame, une commission syndicale composée de délégués des conseils municipaux des communes intéressées.

Chacun des conseils élira dans son sein, au scrutin secret et à la majorité des voix, le nombre de délégués qui aura été déterminé par l'ordonnance du Roi.

La commission syndicale sera renouvelée tous les 3 ans, après le renouvellement partiel des conseils municipaux.

Les délibérations prises par la commission ne sont exécutoires que sur l'approbation du préfet, et demeurent d'ailleurs soumises à toutes les règles établies pour les délibérations des conseils municipaux.

71. La commission syndicale sera présidée par un syndic qui sera nommé par le préfet et choisi parmi les membres qui la composent.

Les attributions de la commission syndicale et du syndic, en ce qui touche les biens et les droits indivis, seront les mêmes que celles des conseils municipaux et des maires pour l'administration des propriétés communales.

72. Lorsqu'un même travail intéressera plusieurs communes, les conseils municipaux seront spécialement appelés à délibérer sur leurs intérêts respectifs et sur la part de la dépense que chacune d'elles devra supporter. Ces délibérations seront soumises à l'approbation du préfet.

En cas de désaccord entre les conseils municipaux, le préfet prononcera, après avoir entendu les conseils d'arrondissement et le conseil général. Si les conseils municipaux appartiennent à des départements différents, il sera statué par ordonnance royale.

La part de la dépense définitivement assignée à chaque commune sera portée d'office aux budgets respectifs, conformément à l'art. 39 de la présente loi.

73. En cas d'urgence, un arrêté du préfet suffira pour ordonner les travaux, et pourvoira à la dépense à l'aide d'un rôle provisoire. Il sera procédé ultérieurement, à sa répartition définitive, dans la forme déterminée par l'art. précédent.

27

Nous terminerons cet article par dire qu'aux termes du titre 4, et des art. 1 et 4, de la loi du 10 vendémiaire an IV, chaque commune est responsable des délits commis à force ouverte ou par violence sur son territoire, par des attroupements et des rassemblements armés et non armés, soit envers les personnes, soit contre les propriétés de l'Etat ou privées, ainsi que des dommages-intérêts auxquels ils donnent lieu, sauf le recours des habitants de la commune, qui prétendent n'avoir pris aucune part aux délits, contre les auteurs ou complices de ces délits.

Cette responsabilité cesse dans le cas où les rassemblements ont été formés d'individus étrangers à la commune sur le territoire de laquelle les délits ont été commis, et où la commune a pris toutes les mesures qui étaient en son pouvoir à l'effet de les prévenir ou d'en faire connaître les auteurs. (Ibid. art. 5.)

« Les communes ne sont pas responsables des dom-
» mages causés sur leur territoire par des attroupements,
» même composés d'individus appartenant à la commune,
» s'il est reconnu qu'elles ont pris toutes les mesures en
» leur pouvoir pour prévenir ces dommages. » (Cour de Rouen, 29 juin 1842.)

» De ce que la responsabilité des communes n'a lieu
» que pour les délits commis par des attroupements et à
» force ouverte, il ne s'ensuit pas qu'elles ne doivent pas
» être responsables des délits commis par des attroupe-
» ments sur les propriétés particulières, la nuit et en
» l'absence du propriétaire ou de toute autre personne.
» (Cour de cassation, 2 mai 1842.)

» La responsabilité des communes est la même, à l'égard
» des objets *détruits* et *dévastés* sur leur territoire par
» suite d'attroupements et de rassemblements, qu'à l'égard
» des objets *pillés* et *volés*. Par suite, elles sont tenues
» de restituer le double de la valeur des objets, aussi bien
» quand ils ont été détruits ou dévastés, que lorsqu'ils
» ont été pillés et volés. (Cour de cassation, 13 avril
» 1842.)

» Les communes dont les habitants ont pris part à des
» dévastations commises par des attroupements, sont
» *solidairement* responsables des réparations et dom-
» mages-intérêts dus à ceux dont les propriétés ont été
» dévastées. — Mais quant aux communes entr'elles, on
» doit, à moins de degrés différents dans la culpabilité de
» leurs habitants, répartir les sommes à payer, d'après
» leur population, leur richesse et leur importance
» respective : à cet égard, les contributions directes
» payées par chaque commune peuvent fournir une base
» proportionnelle équitable. (Cour de Riom, 14 juin
» 1843.) »

Lorsque, par suite de ces attroupements, un individu
domicilié ou non sur une commune, y a été pillé, mal-
traité ou homicidé, tous les habitants sont tenus de lui
payer, ou en cas de mort à la veuve ou à ses enfants,
des dommages-intérêts. (Art. 6 de la loi de l'an 4)

Lorsque les ponts ont été rompus, des routes coupées
ou interceptées par des abattis d'arbres ou autrement,
dans une commune, la municipalité est tenue de faire réparer sans délai, aux frais de la commune, sauf son recours contre les auteurs du délit. (Ibid., art. 7.)

Cette responsabilité cesse dans le cas où la commune
justifie avoir résisté à ces destructions, pris toutes les
mesures qui étaient en son pouvoir pour prévenir l'enlèvement, et encore dans les cas où elle désigne les auteurs
et complices, *tous étrangers à la commune.* (Ibid., art. 8).

Un dernier cas de responsabilité est celui où des cultivateurs tiennent leurs voitures démontées ou n'exécutent
pas les réquisitions qui lui sont faites pour transports et
charrois; dans ce cas les habitants de la commune sont
responsables des dommages-intérêts qui peuvent en résulter. (Ibid., art. 9.)

Ces divers cas de responsabilité sont de la compétence des tribunaux ordinaires.

COMPROMIS.

Le compromis est un acte par lequel on nomme les arbitres auxquels on soumet la décision d'une contestation.

Il ne faut pas confondre le compromis avec les transactions. *Transiger*, c'est éteindre une contestation par des concessions mutuelles ; *compromettre*, c'est donner une contestation à décider à des tiers qu'on choisit et auxquels on s'en rapporte.

Toutes personnes ayant la libre disposition de leurs droits peuvent passer un compromis sur leurs intérêts privés de tout genre, à moins qu'il ne s'agisse d'alimens, de séparation et de matières sur lesquelles le ministère public doit être entendu.

Ni le mineur, ni la femme mariée ne peuvent compromettre. Le tuteur ne le peut pas non plus pour son pupille, sinon dans la limite de ses droits. Aussi la Cour de Bourges a décidé, le 18 novembre 1840, que le compromis passé par le tuteur pour le mineur était nul, bien qu'il ne s'agît que d'objets mobiliers.

Le compromis est valable quoiqu'on n'y ait indiqué aucun délai pour la prononciation du jugement arbitral. Dans ce cas, la loi en fixe la durée à trois mois.

Un compromis est nul si le nom des arbitres n'est pas désigné, ou s'il ne désigne pas l'objet du litige.

Mais l'on ne pourrait se prévaloir, pour la première fois, en cassation de ces nullités. (Arrêts de cassation des 10 juillet 1843 et 3 janvier 1844.)

Il finit, 1° par la mort, par le refus, le départ ou l'empêchement d'un des arbitres ;

2° Par l'expiration du délai ;

3° Par le partage ;

4° Par le décès de l'une des parties si tous ses héritiers ne sont pas majeurs.

Des Arbitres.

Les arbitres sont des personnes que les parties choisissent pour juges.

On distingue deux espèces d'arbitres : les arbitres ordinaires et les arbitres de commerce.

Les arbitres ordinaires sont des magistrats privés , choisis par plusieurs particuliers pour prononcer sur leur différent.

On peut choisir pour arbitres toutes sortes de personnes, même celles qui ne savent signer , à l'exception de celles que leur intérêt personnel , ou leur immoralité , rendent incapables ou indignes de prononcer un jugement. (Cour de Grenoble, 18 mai 1842.)

Une fois nommés les arbitres ne peuvent, 1° être révoqués que du consentement de toutes les parties ; 2° être récusés que pour une cause postérieure au compromis. Lorsqu'ils ont commencé leurs opérations , ils ne peuvent se déporter.

Procédure et jugement.

1° L'instruction est faite par tous les arbitres ; on y suit les formes et délais ordinaires.

2° Les arbitres doivent juger d'après les règles du droit, s'ils n'ont pas reçu le pouvoir de prononcer comme *amiables* compositeurs.

3° L'exécution des jugements arbitraux est ordonnée par les présidents des tribunaux civils ou d'appel des lieux où ils sont rendus, et ces tribunaux connaissent de cette exécution.

Voies contre les jugements.

Il y en a trois : l'opposition d'exécution , l'appel et la requête civile : la première, se porte aux tribunaux précédents ; les deux autres, aux tribunaux civils, pour les objets de la compétence des juges de paix , et aux cours royales, pour ceux de la compétence des tribunaux civils.

« Le pouvoir conféré aux arbitres de prononcer comme » amiables compositeurs, emporte renonciation au droit » d'appeler de leur sentence. » (Cour de Bastia , 10 mai 1841.)

Arbitres de commerce.

Les contestations entre des associés, ou leurs veuves , ou ayant-cause , sont jugées par des arbitres nommés par eux dans un acte écrit ou judiciaire, ou d'office, par le juge de commerce , et qui doivent prononcer dans un délai convenu ou déterminé également par le juge.

C'est en conformité de ces principes que la Cour de cassation a décidé, le 26 janvier 1841 , que les contestations entre associés , après la dissolution de la société et un réglement provisoire, mais avant le réglement définitif de la société , sont soumises à l'arbitrage forcé.

Ces arbitres prononcent sans aucune formalité , sur les pièces et mémoires des parties , et même d'une seule partie , lorsque les autres n'ont pas remis dans les délais qu'on leur a accordés; en cas de partage , on appelle un *sur-arbitre :* leurs jugements sont rendus exécutoires par une ordonnance du président du tribunal de commerce. Ils sont susceptibles d'appel et de recours si l'on n'y a pas renoncé.

Le compromis finit , 1° par le décès, refus, déport ou empêchement d'un des arbitres, s'il n'y a clause qu'il sera passé outre, ou que le remplaçant sera aux choix des parties , ou au choix de l'arbitre , ou des arbitres restant ; 2° par l'expiration du délai stipulé, ou celui des 3 mois, s'il n'en a pas été réglé; 3° par le partage, si les arbitres n'ont pas le pouvoir de prendre un tiers-arbitre.

Le décès, lorsque tous les héritiers sont majeurs , ne met pas fin au compromis ; le délai pour instruire et juger est suspendu pendant le délai pour faire un inventaire et délibérer.

Enregistrement.

Un compromis qui ne contient aucune obligation de sommes et valeurs donnant lieu au droit proportionnel, est soumis au droit fixe de 3 francs.

FORMULE

D'UN COMPROMIS SOUS SIGNATURE PRIVÉE.

L'an mil huit cent...... le......

Entre les parties soussignées, M.... (nom, prénoms, profession ou qualité et demeure), *d'une part ;*

Et Q... (de même), *d'autre part. A été fait le compromis suivant.*

Voulant terminer des contestations nées.... ou pour décider les contestations prêtes à naître entre nous, relativement à.... (énoncer les objets des contestations), *sommes convenus de faire juger par arbitres.*

A cet effet, moi M....., ai nommé pour le mien V...., et moi Q......, ai nommé pour le mien C........, demeurant à   lesquels ont déclaré accepter l'un et l'autre la mission que nous leur avons proposée.

Nous leur donnons pouvoir de juger chaque point de nos contestations en premier ressort, ou bien en dernier ressort définitivement, renonçant à nous pourvoir contre leur décision, par appel, requête civile et cassation.

Ils décideront d'après les règles du droit, ou bien ils pourront prononcer comme amiables compositeurs, sans être astreints à décider d'après les règles du droit, ni à suivre les délais et les formes établis par les tribunaux ordinaires, les y autorisant expressément.

Ils pourront condamner celui qui succombera aux dépens, ou les compenser en tout ou en partie, comme ils le jugeront convenable.

En cas de partage d'opinions sur un ou plusieurs points de nos contestations, ils feront vider le partage par un tiers-arbitre qui sera choisi par M. le président du tribunal de première instance, auquel il sera présenté requête à cet effet par la partie la plus diligente, ou bien par M...., demeurant à   que nous nommons unanimement.

Ce tiers-arbitre prononcera après avoir conféré avec les arbitres, et en se conformant à l'un de leurs avis.

Si l'un des arbitres, ou le tiers-arbitre, se trouvait dans l'impossibilité, ou refusait de remplir la mission à lui déférée, l'arbitre sera remplacé par un autre, qui sera tenu de nommer, dans la huitaine, celui de nous qui l'aurait élu, ou, à son refus, il sera choisi par le président du tribunal. Le tiers-arbitre sera remplacé par un autre que choisiront les arbitres en commun, ou qui, en cas de discord, sera nommé par le président du tribunal.

Si l'un ou chacun de nous veut produire des notes, mémoires, défenses, observations, réponses, titres et pièces pour l'instruction des arbitres, il sera obligé de faire sa production dans la huitaine au plus tard, à compter de ce jour, sinon les arbitres sont, dès à présent, autorisés à juger sur les pièces déjà produites, et qui sont... (les énoncer et le nombre.)

Fait double entre nous, sous nos signatures privées, à   les an, mois et jour susdits.

(Les signatures.)

***

COMPTE COURANT.

On nomme comptes courants ceux que deux négociants en relations d'affaires tiennent de leur droit et avoir naturels.

Quoiqu'en général ils se composent d'affaires commerciales, cependant les négociants y comprennent souvent des dettes dont la cause est étrangère au commerce. Mais en entrant dans le compte courant elles perdent leur qualité étrangère.

Le plus ordinairement le compte courant consiste en celui qui est ouvert à un négociant chez un banquier qui fournit des traites sur diverses places ou de l'argent, contre d'autres traites ou bien encore du numéraire qui est compté plus tard.

Les comptes courants établissant un mandat réciproque entre les parties, portent intérêt de plein droit, et le solde d'un compte courant est productible d'intérêts comme la créance originaire.

La Cour de cassation a décidé, le 17 mars 1824, qu'entre négociants qui sont en compte courant pour affaires de commerce, les intérêts des sommes portées au compte sont réciproquement dûs. La Cour d'Orléans a jugé, le 22 août 1840, que lorsqu'un crédit a été ouvert à un particulier non commerçant chez un banquier, les sommes fournies par l'emprunteur à compte de sa dette, sont productives d'intérêts à son profit, et que ces intérêts doivent être réglés au même taux que ceux perçus par le banquier pour les sommes qu'il a avancées.

La prescription de 5 ans ne court pas à l'égard des intérêts des sommes portées en compte courant tant que dure ce compte. (Cour de cassation, 12 décembre 1838. Cour de Caen, 5 mai 1843.)

Lorsque des effets de commerce transmis en compte courant, ne sont pas acquittés à l'échéance par suite de la faillite du souscripteur, et que celui qui les a acceptés ou endossés, se trouve dans la nécessité d'en rembourser le montant aux tiers porteurs, il n'a d'autre droit contre la faillite que celui d'être admis aux dividendes; il ne peut compenser la créance résultant pour lui du remboursement, avec les sommes dont il se trouve d'un autre côté être débiteur envers le failli. (Cour de Rouen, 13 décembre 1841.)

Les effets de commerce transmis en compte courant ne sont portés au crédit de celui qui les fournit et au débit de celui qui les reçoit, que provisoirement et sous la condition qu'ils seront encaissés à l'échéance. — S'ils ne sont pas payés par les souscripteurs, ils doivent être payés du crédit de celui qui les a transmis, bien qu'il ait fait faillite. Ses syndics ne sont pas fondés à prétendre que celui qui a reçu ces effets doit tenir compte de leur montant à la faillite, sauf à lui à venir ensuite, comme créancier de cette même valeur, prendre part aux dividendes. (Cour de Limoges, 9 juin 1842.)

Le solde d'un compte courant ne se prescrit que par 30 ans, bien qu'il se compose d'effets de commerce qui se prescrivent par 5 ans.

L'acte par lequel un négociant ouvre à un autre un crédit ou un compte courant, renferme de la part de celui qui doit un solde l'obligation de le payer.

COMPTE DE RETOUR. (*Voyez* PROTÊT.)

CONCILIATION.

C'est une épreuve établie pour éviter les procès, ou lorsqu'elle ne les évite pas, pour préparer l'instance.

Aucune demande introductive d'instance entre parties capables de transiger, et sur des objets qui peuvent être la matière d'une transaction, ne sera reçue dans les tribunaux de première instance, que le défendeur n'ait été préalablement appelé en conciliation devant le juge de paix, ou que les parties n'y aient volontairement comparu.

L'art. 49 du Code de procédure, dispense du préliminaire de conciliation.

1° Les demandeurs qui intéressent l'Etat et le domaine, les communes, les établissements publics, les mineurs, les interdits, les curateurs aux successions vacantes ;

2° Les demandes qui requièrent célérité ;

3° Les demandes en intervention ou en garantie ;

4° Celles en matière de commerce ;

5° Celles de mise en liberté ; en main levée de saisie ou opposition ; en paiement de loyer, fermages ou arrérages de rentes et pensions ; celles des avoués en paiement de frais.

Le tribunal de Libourne a décidé, le 17 janvier 1843, que les demandes des notaires en paiement de frais et honoraires à eux dûs, étaient dispensées du préliminaire de la conciliation, ce qui du reste est conforme à l'opinion de MM. Favard de Langlade et Rolland de Villargues ;

6° Les demandes formées contre plus de deux parties encore qu'elles aient le même intérêt.

Une demande formée contre plus de deux parties, n'est pas dispensée du préliminaire de conciliation, lorsque l'intérêt du procès de chacune de ces parties est tout à fait distinct et indépendant de celui de ses codéfendeurs. (Cour de Bourges, 21 juillet 1838. De Caen, 13 novembre 1839. De Nîmes, 10 février 1841.)

7° Les demandes en vérification d'écritures, en désaveu, en réglement de juges, en renvoi, en prise à partie ; les demandes contre un tiers saisi, et en général sur les saisies ; sur les offres réelles, sur la remise des titres, sur leur communication, sur les séparations de biens, sur les tutelles et curatelles, et enfin sur toutes les causes exceptées par les lois.

Les demandes en séparation de corps sont dispensées du préliminaire de la conciliation, qui est remplacée en cette matière par la comparution des époux devant le président du tribunal. (Cour de cassation, 17 février 1822.)

Le défendeur est cité en conciliation :

1° En matière personnelle et réelle, devant le juge de

paix de son domicile; s'il y a deux demandeurs, devant le juge de l'un deux, au choix du demandeur;

2° En matière de société, autre que celle de commerce, tant qu'elle existe, devant le juge du lieu où elle est établie;

3° En matière de succession, sur les demandes entre héritiers, jusqu'au partage inclusivement; sur celles qui seraient intentées par les créanciers du défunt avant le partage; sur celles relatives à l'exécution des dispositions à cause de mort, jusqu'au jugement définitif devant le juge de paix du lieu où la succession s'est ouverte.

Le délai de la citation est de 3 jours au moins. Elle est donnée par un huissier de la justice de paix du défendeur, et doit énoncer sommairement l'objet de la conciliation, afin qu'il sache sur quel objet il aura à s'expliquer.

Les parties doivent comparaître en personnée ou par un fondé de pouvoir. Comme un mari est le mandataire présumé de sa femme, il peut valablement la représenter devant le bureau de paix, sans être porteur de sa procuration. Mais il ne peut exercer une action concernant les immeubles personnels de sa femme, sans son consentement; il peut seulement exercer les actions mobilières et possessoires qui appartiennent à cette femme.

Lors de la comparution au bureau de paix, le demandeur peut expliquer sa demande et l'augmenter s'il le veut; le défendeur forme de son côté celles qu'il juge convenables. Le procès-verbal qui doit être dressé, contiendra les conditions de l'arrangement, s'il y en a un, et dans le cas contraire, il énoncera sommairement que les parties n'ont pu s'accorder. Les conventions des parties insérées au procès-verbal, ont force d'obligation privée.

Lorsque la citation donnée ne tend qu'à conciliation, le juge de paix ne peut rendre un jugement sur l'objet du litige, mais si l'une des parties défère le serment à l'autre, le juge doit le recevoir ou faire mention du refus de le prêter.

Celle des parties qui ne comparaîtra pas est condamnée à une amende de 10 fr. , et toute audience doit
lui être refusée jusqu'à ce qu'elle ait justifié de la quittance,
à moins qu'elle ne prouve qu'il y a eu pour elle impossibilité de comparaître.

Les amendes adjugées pour défaut de comparution au
bureau de paix, ne se prescrivent que par 30 ans.

Elles doivent être prononcées soit que la partie succombe ou non en définitive. (Cour de Douai , 22 décembre 1840.)

En cas de non comparution de l'une des parties , il doit
en être fait mention sur le registre du greffe de la justice
de paix et sur l'original et la copie de la citation , sans
qu'il soit besoin de dresser procès-verbal.

La citation en conciliation interrompt la prescription et
fait courir les intérêts , le tout pourvu que la demande
soit formée dans le mois , à dater du jour de la non comparution ou de la non conciliation.

Enregistrement.

Lorsque les parties citées en conciliation ne comparaissent pas,
la mention de non comparution sur les registres du greffe et sur
l'original et la copie de citation , ne donne lieu à aucun droit.

Un procès-verbal de non conciliation est enregistré sur minute,
au droit fixe de 1 franc,

CONCORDAT.

On donne ce nom à l'arrangement qu'un débiteur ,
hors d'état de remplir ses obligations , fait avec la masse
de ses créanciers.

Comme les traités de ce genre sont une faveur que la
loi accorde au débiteur de bonne foi, le failli contre
lequel il s'élève quelques présomptions de banqueroute
n'en peut profiter.

Le concordat doit être précédé des formalités suivantes :

Dans les trois jours qui suivent l'expiration des délais prescrits pour l'affirmation des créanciers connus, les syndics provisoires convoquent par lettres, affiches et insertions aux journaux, pour les jour et heure fixés par le juge commissaire de la faillite, ceux d'entre les créanciers dont les créances ont été admises.

Le failli doit s'y présenter en personne, s'il a obtenu un sauf conduit ; il ne peut s'y faire représenter que pour des motifs reconnus valables par le juge commissaire qui assiste aux opérations du concordat.

L'assemblée se réunit sous la présidence de ce magistrat, qui vérifie les pouvoirs de ceux qui se présentent comme fondés de procuration ; les syndics rendent compte ensuite de l'état de la faillite et des opérations qui ont eu lieu, le tout en présence du failli qui doit être entendu.

Le commissaire tient procès-verbal de tout ce qui est dit et décidé dans cette assemblée.

Ce n'est qu'après ces formalités remplies qu'il peut intervenir un concordat. Il n'est valable qu'autant qu'il a été consenti et signé, séance tenante, par la majorité des créanciers, représentant par leurs créances, les trois quarts des sommes dues par le failli.

La Cour de cassation a jugé, le 24 mars 1840, « que » celui qui, même depuis la faillite de son débiteur, » s'est rendu cessionnaire de plusieurs créances contre » lui, n'est pas en droit d'exiger que pour la composition » de la majorité en nombre nécessaire pour le concordat, » on lui compte autant de voix qu'il a acquis de créances : » il ne peut compter que pour une voix. »

Les créanciers hypothécaires inscrits, ou dispensés d'inscriptions, et les créanciers privilégiés ou nantis d'un gage, n'auront pas voix dans les opérations relatives au concordat pour lesdites créances, et elles n'y seront comptées que s'ils renoncent à leurs hypothèques, gages et privilèges. — Le vote au concordat emportera de plein droit cette renonciation.

« Mais le créancier hypothécaire qui n'a aucune chance
» d'être colloqué en ordre utile peut concourir au con-
» cordat, et par conséquent, encore qu'il n'y ait pas con-
» couru, former opposition à ce concordat entaché de
» fraude à son égard. » (Cour de cassation, 21 décembre
1820.)

« Le créancier privilégié qui se présente à une faillite
» et prend part au concordat, fait novation de sa créance,
» en ce sens qu'il est présumé renoncer à son privilége,
» et qu'il n'est plus créancier que de la somme fixée par
» le concordat. » (Cour de cassation, 19 juillet 1841.)

Tous les créanciers ayant eu droit de concourir au concordat, ou dont les droits auront été reconnus depuis,
pourront y former opposition. Celle-ci sera motivée et
devra être signifiée aux syndics et au failli, à peine de
nullité, dans les 8 jours qui suivront le concordat ; elle
contiendra assignation à la première audience du tribunal
de commerce.

Il faut observer que tout ce qui vient d'être dit, comme
tout ce qui va suivre, est conforme à la loi du 28 mai 1838,
sur les faillites et banqueroutes qui a apporté diverses
modifications à l'ancien code de commerce.

C'est pourquoi la Cour de Caen a jugé, le 2 février
1842, « que sous le code de commerce révisé, comme
» sous l'ancien, il suffit, pour que la délibération relative
» au concordat soit remise à huitaine pour tout délai,
» que la majorité des créanciers *délibérant* consentent au
» concordat : il n'est pas besoin de la majorité de tous
» les créanciers vérifiés et affirmés. »

L'homologation du concordat est poursuivie devant le
tribunal de commerce, à la requête de la partie la plus
diligente ; le tribunal ne peut statuer avant l'expiration
du délai de huitaine, et si pendant ce délai, il a été formé
des oppositions, le tribunal statuera sur ces oppositions
et sur l'homologation par un seul et même jugement.

Une fois homologué le concordat devient obligatoire
pour tous les créanciers portés ou non au bilan, vérifiés

ou non vérifiés, et même pour ceux qui sont domiciliés hors du territoire continental de la France.

Cette homologation conserve à chacun des créanciers hypothèque sur les biens du failli et les syndics doivent faire inscrire aux hypothèques le jugement d'homologation, à moins qu'il n'en ait été autrement décidé par le concordat.

Dès que ce même jugement est passé en force de chose jugée, les fonctions des syndics cessent; ils rendent au failli, en présence du juge commissaire, un compte définitif, qui est débattu et arrêté. En cas de contestation le tribunal de commerce prononce; les syndics remettent ensuite au failli l'universalité de ses biens, ses livres, papiers, effets, etc. etc., et il en est donné décharge. Il est dressé du tout procès-verbal par le juge commissaire dont les fonctions cessent ensuite.

L'annulation du concordat, soit pour dol, soit par suite de condamnation pour banqueroute frauduleuse, intervenue après son homologation, libère de plein droit les cautions.

En cas d'inexécution par le failli, des conditions de son concordat, la résolution de ce traité peut être poursuivie contre lui devant le tribunal de commerce, en présence des cautions, s'il en existe, ou elles dûment appelées.

La Cour de Paris a décidé, le 11 août 1843, « que » l'inéxécution par le failli des conditions de son concor- » dat à l'égard d'un de ses créanciers seulement, ne fait » pas revivre de plein droit la faillite. Dès lors, ce cré- » ancier peut valablement poursuivre son débiteur, » même par la contrainte par corps en vertu tant du » concordat que du titre originaire. »

Enfin la Cour de Bordeaux a décidé, le 24 février 1843, « que celui qui s'est rendu caution de l'exécution d'un » concordat, doit, comme le failli lui-même, en subir » toutes les conséquences. Ainsi il est obligé non seule- » ment envers les créanciers vérifiés et affirmés, mais

» encore envers ceux qui ne le sont pas, et à l'égard
» desquels le concordat n'en est pas moins obligatoire. »

Enregistrement.

Il est dû pour les sommes que le débiteur s'engage à payer dans
un concordat un droit de 50 cent. pour 100 fr. exigible sur les
sommes qui sont dans la caisse des syndics. Il n'est dû aucun
droit pour les sommes dont les créanciers font remise au failli.
Les droits perçus sont restitués en cas d'annulation du concordat.

CONGÉ.

Ce mot a diverses acceptions. Il exprime d'abord la
permission que les magistrats, les administrateurs, les
militaires, obtiennent de s'absenter pendant un certain
temps. Pour les militaires, il exprime aussi l'autorisation
de quitter le service.

Congé d'acquit.

Certificat que le maître donne à l'ouvrier qui a travaillé
chez lui, et qui constate que cet ouvrier a rempli les
conditions de ses engagements,

Congé (Contributions indirectes).

C'est l'expédition dont on doit se munir pour transporter toute espèce de liqueur d'un lieu à un autre. Il
sert à constater l'acquittement des droits de circulation.

Congé (défaut.)

Jugement qui renvoie le défendeur de sa demande,
lorsque le demandeur ne s'est pas présenté pour la justifier.

29

Congé de louage.

On appelle ainsi l'acte par lequel l'une des parties déclare à l'autre qu'elle entend mettre fin à la jouissance convenue par un bail de location.

Dans quel cas on doit donner congé.

Quant le bail a été fait par écrit, il est inutile de donner congé à l'expiration du bail. La jouissance cesse de plein droit.

Quelquefois il est stipulé que chacune des parties pourra résoudre la location à des époques déterminées, comme dans les baux de 3, 6 et 9 ans : il est d'usage, dans ce cas, de stipuler le délai dans lequel le congé doit être donné.

Il arrive aussi que le bailleur se réserve le droit de résoudre le bail en cas de vente. Dans ce cas l'acquéreur qui croit profiter de cette clause, doit donner congé.

Si le bail a été fait sans écrit, il est nécessaire de donner congé pour faire cesser la jouissance. La continuation de la jouissance est considérée comme un renouvellement de bail.

Pour les baux des biens *ruraux*, l'art 1775 dispose qu'ils cessent de plein droit à l'expiration du temps pour lequel ils sont censés faits, conformément à l'art. 1774, c'est-à-dire du temps nécessaire pour que le premier recueille tous les fruits de l'héritage affermé; mais la continuation paisible de la jouissance opère aussi le renouvellement du bail.

Délais des Congés.

Ces délais sont déterminés par l'usage des lieux. A Paris, les délais d'usage sont de six semaines pour les loyers au-dessous de 400 fr. ;

De 3 mois pour ceux de 4oo fr. et au-dessus ;

A Lyon, et dans la plupart des grandes villes, c'est au dermi terme, ou 6 mois avant la sortie, qu'il faut donner congé.

Pour les biens ruraux, l'époque de la sortie est ordinairement la *Saint-Martin,* 11 novembre.

Forme des Congés.

L'usage est de donner congé par huissier, et c'est celui qui entraîne le moins de contestations. L'huissier est un officier public, et il donne à l'acte qu'il signifie le caractère de l'authenticité.

Le congé verbal est sujet à un grave inconvénient ; la partie qui voudrait le nier étant crue sur son affirmation, et la preuve testimoniale n'étant pas admise, le bailleur succomberait dans sa demande.

Tous les auteurs sont d'accord pour décider, conformément à un arrêt de la Cour de cassation du 12 mars 1816, et à un de la Cour de Bastia du 15 novembre 1826, que la preuve testimoniale n'est pas admissible pour établir qu'un congé a été verbalement donné par le propriétaire au locataire qui le nie.

Effet du Congé ; son exécution.

L'effet du congé est de résoudre la location lorsqu'il est valable, ou quoique non valablement donné, lorsqu'il est accepté par la partie à laquelle il est donné.

Par suite du congé, le propriétaire peut contraindre le locataire à sortir à l'époque qui y est fixée, ou le locataire peut contraindre le propriétaire à le laisser sortir.

Mais cette contrainte ne peut être exercée qu'en vertu d'un jugement, et comme la matière requiert célérité, c'est en *référé* que doit être donnée l'assignation à la partie récalcitrante.

Le congé prononcé par jugement est exécutoire en

vertu de ce seul jugemeut, sans qu'il soit besoin d'un nouveau référé.

Enregistrement.

Le congé est passible du droit fixe de 1 fr., lorsqu'il est donné par acte particulier.

S'il est donné par huissier, l'exploit est passible du droit fixe de 2 francs.

CONSEIL D'ÉTAT.

Le conseil d'état existe comme corps administratif ou judiciaire. Nous nous bornerons à énoncer brièvement quelles sont ses attributions et sa compétence.

Attributions et Compétence.

Le Conseil d'état est chargé de rédiger les projets de loi et les réglements d'administration publique. (Loi des 27 avril, 25 mai 1791, art. 13 et 17, 22 frimaire an 8, art. 52, 3 nivôse an 8, art. 11.)

Sont rendues en Conseil d'Etat les ordonnances ayant pour objet :

1° La déclaration que les travaux sont d'utilité publique et quels moyens doivent assurer l'exécution de ces travaux. (Aart. 2, § 3, de la loi du 7 juillet 1833.)

2° La cession à l'Etat ou à une commune et la revente des maisons et bâtiments dont il est nécessaire de faire démolir une partie pour cause d'utilité publique. (Art. 51 de la loi du 16 septembre 1807.)

3° Les plans généraux d'alignement pour l'élargissement des rues dans les villes. (Ibid., art. 52.)

4° Les concessions de desséchement de marais. (Ibid., art. 53.)

5° Les réglements qui fixent le genre et l'étendue des contributions nécessaires pour subvenir à l'entretien et à la garde des travaux de desséchement , ainsi que la création d'une administration composée de propriétaires pour faire exécuter les travaux. (Ibid., art. 16.)

6° Les concessions pour l'exploitation ainsi que les autorisations pour la vente et pour le partage des mines.

7° La remise à titre d'encouragement et de dédommagement, de tout ou partie de la redevance proportionnelle des mines. (Art. 38 de la loi du 21 avril 1806.)

8° Les abonnements sur la redevance proportionnelle sur les mines lorsque l'évaluation du revenu donne une redevance au-dessus de 3,000 fr. (Art. 34 du décret du 16 mai 1811.)

9° Le réglement de la proportion dans laquelle les maîtres de forges , en cas de concurrence, devront avoir droit à l'exploitation des minières ou à l'achat du minerai dans un même fonds ; ce réglement doit être fait par le préfet, sauf le recours au Conseil d'Etat. (Ibid. , art. 64.)

10° La permission pour la formation des manufactures et ateliers insalubres de première classe. Il statue aussi sur les oppositions à l'autorisation. (Art. 2 du décret du 15 octobre 1810.)

11° La suppression de ces établissements antérieurs au 15 octobre 1810. (Ibid., art. 12.)

12° L'exposition dans les salles d'audience, des portraits des magistrats qui se sont illustrés. (Art 78 du décret du 16 juillet 1810.)

13° L'établissement d'un conseil de prud'hommes dans les villes de fabriques où il est jugé convenable. (Art. 34 de la loi du 18 mars 1806.)

14° La décision des contestations sur le droit d'assister à l'assemblée qui doit élire les membres du conseil des prud'hommes. (Art. 6 du décret du 20 juin 1806, et art. 6 du décret du 27 septembre 1807.)

15° La réforme des réglements universitaires et les décisions interprétatives de la loi qui peuvent être sollicitées par le Conseil royal de l'instruction publique. (Art. 83 du décret du 17 mars 1808.)

16° La solution, par recours, des décisions du ministre des finances, sur la question de savoir si, par sa population, une ville ou un bourg doivent être sujets aux droits d'entrée, ou s'ils doivent être rangés dans telle ou telle autre des classes déterminées par la loi du 25 novembre 1808. (Art. 8 du 21 novembre 1808.)

17° L'approbation des tarifs des droits de pilotage dressés pour chaque port, et des réglements particuliers appropriés aux localités relativement aux dispositions auxquelles les pilotes et les capitaines de navire doivent être assujétis. (Art. 1er du décret du 12 décembre 1806.)

Sont accordées au Conseil d'état les autorisations nécessaires :

1° Pour les échanges d'immeubles avec l'état. (Art. 6 de l'ordonnance du 12 décembre 1827.)

2° Pour la cession des lais et des relais de la mer, des accrues, attérissements et alluvions des fleuves, rivières et torrents appartenant à l'état. (Ordonnance du 23 septembre 1825.)

3° Pour les pensions sur les fonds généraux de l'état. (Art. 3 de l'ordonnance du 22 juin 1817.)

Sur les fonds de retenue et sur les revenus des communes. (Ibid.)

4° Pour les acquisitions nécessaires à l'établissement des haras. (Art. 3 de la loi du 21 avril 1808.)

5° Pour les acquisitions, aliénations et échanges à faire par les départements et arrondissements, ainsi que par les communes, lorsque, à l'égard de celles-ci, la valeur de l'objet à acquérir, à aliéner ou échanger excède 3,000 fr. à l'égard des communes qui n'ont pas 10,000 fr. de revenu et 20,000 à l'égard des autres communes et des départements. (Art. 12 du décret du 5 avril 1811. Art. 46 de la loi du 18 juillet 1837. Art. 29 de la loi du 10 mai 1838.)

6° Pour l'emploi ou le placement à faire par les communes, hospices ou fabriques, des capitaux provenant de remboursements excédant 2,000 fr. , à moins que le placement ne doive être fait en rentes sur l'état. (Art. 3 du décret du 16 juillet 1806. Art. 1er et 4 du décret du 16 juillet 1810. Avis du Conseil d'état du 21 décembre 1808.)

7° Pour l'acceptation des dispositions entre-vifs ou testamentaires , au profit de tout établissement d'utilité publique ou de toute association religieuse reconnue par la loi. — Lorsque le don ou le legs aura été fait à une commune ou à un établissement communal, le préfet peut autoriser l'acceptation s'il n'est pas supérieur à 3,000 fr. (Loi du 2 janvier 1817. Art. 1er, ordonnance du 2 avril 1817. Décrets du 23 avril 1807, art. 5; 25 janvier 1807, art. 5; 10 mars 1807, art. 5; 11 mai 1807, art. 4; 1er juin 1807, art. 5; 20 juillet 1807, art. 4.)

8° Pour les transactions des communes qui, après avoir été faites sur la délibération du conseil municipal, la consultation de trois juriconsultes, l'avis du conseil de préfecture et du préfet, doivent être homologuées en Conseil d'état. S'il s'agit d'un objet mobilier d'une valeur de 3,000 fr. seulement, le préfet peut homologuer la transaction en conseil de préfecture. (Arrêté du 21 frimaire an 11. Art. 59 de la loi du 18 juillet 1837.)

9° Pour les baux , constructions et reconstructions à faire pour les communes et les établissements publics , dans les limites déterminées par les lois.

10° Pour régler ou changer le mode de jouissance des biens communaux, lorsque la loi du 10 juin 1793 a été exécutée : les délibérations sur cette matière sont portées au conseil de préfecture mais soumises de droit au Conseil d'état. (Art. 4 du décret du 24 brumaire an 13. Avis du Conseil d'état du 29 mai 1808.)

11° Pour les réglements ou l'établissement et l'organisation des monts de piété. (Art. 7 et 14 du décret du 24 messidor an 2.)

12° Pour l'établissement et l'approbation des sociétés anonymes. (Code de commerce, art. 37.)

Des tontines. (Avis du Conseil d'état du premier avril 1809.)

Des sociétés d'assurance. (Décret du 15 octobre 1809.)

Des caisses d'épargnes et de prévoyance. (Loi du 31 mars 1837.)

13° Pour l'exécution des délibérations des conseils ou commissions d'établissements charitables, concernant les budjets annuels dans les cas prévus par la loi. (Art. 8 et 11, ordonnance du 31 octobre 1821.)

14° Pour l'exécution provisoire de la répartition des contributions locales à imposer aux habitants, en cas d'insuffisance des revenus communaux pour la célébration du culte, lorsque la dépense excède 100 fr. dans les paroisses de 600 âmes et au-dessous; 150 fr. dans les paroisses de 600 à 1,200 ames, et 300 fr. au-dessus de 1,200 ames, et seulement jusqu'à concurrence du double de ces sommes. De même pour les travaux aux édifices du culte, lorsqu'il s'agit de sommes de 100 à 300 fr. dans les paroisses de 600 habitants et au-dessous, de 150 à 400 fr. dans les paroisses de 600 à 1,200 habitants, et 300 à 900 fr. dans les paroisses au-dessus de 1,200 habitants.

Dans tous les cas où, pour les charges des communes relativement au culte, l'évêque prononce contre l'avis du conseil municipal, il est, sur le rapport du ministre, chargé des affaires ecclésiastiques, statué en Conseil d'état ce qu'il appartient. (Art. 97, décret du 30 décembre 1809. Art. 2 et 3, loi du 24 février 1820.)

15° Pour l'érection des chapelles et oratoires particuliers ou domestiques, à la ville ou à la campagne. (Décret du 22 décembre 1812, art. 2. Loi du 18 germinal an 10, art. 44.)

16° Pour la reprise des biens non vendus des émigrés appartenant aux hospices ou bureaux de charité. (Loi du 5 décembre 1814, art. 8. Ordonnance du 11 juillet 1816, art. 1er et 2.)

Il est rendu compte par le ministre au roi, en Conseil d'état, du montant des frais des octrois de villes ayant

plus de 20,000 fr. de revenu. Si ces octrois sont en régie, et des conditions des baux s'ils sont en ferme ou régie intéressée. (Art. 1ᵉʳ du décret du 21 brumaire an 13.)

Aucune bulle, bref, rescrit, décret, mandat, provision, etc., ni autres expéditions de la Cour de Rome ne
peuvent être reçues ni publiées et mis à exécution sans
l'autorisation du gouvernement donnée en Conseil d'état.
(Art. 1ᵉʳ et 18. Loi du 18 germinal an 10.)

Il en est de même de tous décrets des synodes étrangers
ou des conseils généraux. (Ibid., art. 3.)

Chaque évêque, de concert avec le préfet, règle le
nombre et l'étendue des succursales. Les plans arrêtés
sont soumis au gouvernement en Conseil d'état, et ne
peuvent être mis à exécution sans son autorisation.
(Art. 61 et 62, loi du 8 avril 1802.)

Aucune aggrégation ou association d'hommes ou de
femmes ne peut se former, sous prétexte de religion, à
moins qu'elle ne soit formellement autorisée par ordonnance, sur le vu des statuts et réglements selon lesquels
on se propose de vivre dans cette aggrégation ou association. (Art. 4 du décret du 21 juin 1804.)

Aucune congrégation de femmes existante n'est autorisée qu'après que les statuts, dûment approuvés par
l'évêque diocésain, sont vérifiés et enregistrés au conseil
d'état, en la forme requise pour les bulles d'institution
canonique. (Art. 2. Loi du 24 mai 1825.)

Les demandes d'oratoires particuliers pour les hospices,
les prisons, les maisons de détention et de travail, les
écoles secondaires ecclésiastiques, les congrégations religieuses de lycées, de collèges et de chapelles et oratoires
domestiques, à la ville ou à la campagne, pour les individus et les grands établissements de fabriques et de manufactures, sont accordées par le Roi, en son conseil,
sur la demande des évêques. (Décret du 12 décembre
1812, art. 2.)

L'autorisation du Roi, donnée en Conseil d'Etat, est
nécessaire pour la publication et l'exécution des régle-

ments dont les projets sont rédigés par les évêques. (Loi du 18 germinal an 10, art. 69.)

Pour l'acceptation, par l'évêque diocésain, des fondations et legs faits aux églises cathédrales. (Décret du 30 décembre 1809, art. 113.)

Ainsi que pour l'acceptation des donations et legs faits aux associations religieuses. (Décrets des 23 avril 1805, art. 5. 25 janvier 1807, art. 5. 10 mars 1807, art. 5. 11 mai 1807, art. 4. 1er juin 1807, art. 5. 20 juillet 1807, art. 4.)

Des dispositions analogues régissent ce qui est relatifs aux cultes non catholiques et au culte israëlite.

Sont accordées par le Roi, en Conseil d'état :

1° L'admission, aux droits de citoyens français, les étrangers qui ont rendu des services importants, ou qui apportent dans le royaume des talents, des inventions ou une industrie utile. (Acte du 26 vendémiaire an 11, art. 1 et 2.)

2° Les autorisations pour changements de noms. (Loi du 11 germinal an 11, art. 4, 5, 6 et 7.)

3° Les lettres de déclaration de naturalité. (Loi du 14 octobre 1814, art. 1, 2 et 3.)

Le Conseil d'état prononce :

1° Sur la revendication faite par l'administration d'une question attribuée, par une disposition législative, à l'autorité administrative et qui aurait été portée devant les tribunaux.

Il prononce de la même manière dans le cas où les tribunaux et l'administration se déclareraient à la fois incompétents. (Lois du 7-14 octobre 1790, n° 3. Des 25 février, 25 mai 1791, art. 17. Du 21 fructidor an 3, art. 77. Arrêté du 5 nivôse an 8, art. 11. Du 13 brumaire an 10, art. 3. Ordonnance du 1er juin 1828, art. 14 et 15.)

2° Il prononce sur les questions de compétence entre les départements du ministère.

Et sur l'annulation des actes irréguliers des autorités administratives. (Loi du 27 avril, 25 mai 1791, art. 1, 15 et 17. Arrêté du 5 nivôse an 8, art. 11.)

3° Il accorde ou refuse l'autorisation nécessaire pour la mise en jugement des fonctionnaires et agents du gouvernement et de l'administration, qui ne peuvent être mis en jugement, à raison de leurs fonctions, sans cette autorisation, à l'exception toutefois de ceux qui, par des dispositions spéciales, peuvent être poursuivis avec la permission de leurs chefs immédiats.

Il y a recours au Conseil d'état pour statuer sur la demande en autorisation à l'égard de ceux des agents administratifs qui peuvent être poursuivis avec la simple autorisation des chefs d'administration dans le cas ou la permission aurait été refusée par ceux-ci. (Loi des 7-14 octobre 1790, n° 2. 22 frimaire an 8, art. 75. Ordonnances des 22 juin 1814 et 20 septembre 1815.)

4° Le Conseil d'état connaît des contestations relatives à la validité et à l'invalidité des prises, et à la qualité des bâtiments échoués et naufragés. (Loi du 10 avril 1825, art. 16.)

5° Il y a recours au Conseil d'état, s'il est porté atteinte à l'exercice public du culte et à la liberté que les lois et reglements garantissent à ses ministres.

Il en est de même dans tous les cas d'abus. (Loi du 8 avril 1802, art. 6. 18 germinal an 10, art. 7.)

6° Le Conseil d'état connaît en général de toutes contestations ou demandes relatives soit aux marchés avec les ministres et avec la maison du Roi, soit aux travaux et fournitures faits pour leurs départements respectifs, pour le service personnel du Roi ou de ses maisons. (Décret du 11 juin 1806, art. 14.)

7° Des difficultés sur la question de savoir si, par sa population, une ville ou un bourg doit être sujet aux droits d'entrée, ou s'il doit être rangé dans telle ou telle autre des classes déterminées par la loi, et de la réclamation de la commune sur cet objet. (Décret du 21 décembre

Le Conseil d'état prononce sur les rectifications à faire, sur le grand livre de la dette publique, des erreurs commises quant aux noms, prénoms et dates de naissance des créanciers. (Arrêté du 27 frimaire an 11, art. 1er.)

Il prononce aussi sur les difficultés qui s'élèvent relativement aux demandes de pensions sur les fonds de retenue. (Décret du 4 juillet 1806, art. 6.)

A la liquidation des pensions des magistrats. (Ordonnance du 23 septembre 1814, art. 20.)

A la liquidation des pensions des militaires, des marins, de leurs veuves, de leurs enfants et autres.

Le Conseil d'état prononce sur les recours formés :

1° Contre les ordonnances royales, lorsqu'elles donnent lieu à une réclamation qui prend le caractère du contentieux administratif. (Loi du 22 frimaire an 8, art. 52.)

2° Contre les décisions des préfets, en conseil de préfecture, sur toutes les matières contentieuses.

3° Contre les décisions rendues par le préfet seul.

Il prononce sur la fixation de la hauteur des digues et déversoirs des moulins, entre parties intéressées.

Sur les contestations entre concurrents pour les primes et pour les prix de courses de chevaux. (Décret du 4 juillet 1806, art. 28.)

Sur les difficultés entre les communes et la régie des domaines relativement à la cession à la caisse d'amortissement de quelques parties des bois de communes. (Loi du 20 mars 1813, art. 2.)

Il y a recours au Conseil d'état, mais seulement pour violation des formes ou de la loi, contre les arrêts de la Cour des comptes. (Loi du 16 septembre 1807, art. 17. Décret du 17 juin 1806, art. 14.)

Il y a recours en général au Conseil d'état contre toutes les décisions des conseils de préfecture. (Lois des 27 avril, 25 mai 1791, art. 15, 17. 22 frimaire an 8, art. 52. Décrets des 11 juin et 22 juillet 1806. Ordonnances des 29 juin 1814 et 25 avril 1815.)

Il y a recours direct au Conseil d'état contre les décisions des commissions de desséchement dans les matières dont la connaissance leur est attribuée par la loi. (Lois des 16 septembre 1807, titre 10. 22 frimaire an 8, art. 52.)

Il y a recours au Conseil d'état contre les décisions du Conseil royal de l'instruction publique, dans les cas prévus par les statuts et réglements. (Décret du 17 mai 1808, art. 38, 82, 144. Ordonnance du 5 juillet 1820.)

Le Conseil d'état prononce bien encore sur quelques autres matières dont nous n'avons pas cru devoir parler, comme étant d'un intérêt moins général.

CONSEIL DE FAMILLE.

On nomme ainsi une assemblée de parents présidée par le juge de paix, chargée de donner l'état ou la fortune des mineurs et des interdits, dans le cas et suivant les formes déterminées par la loi.

Fonctions du Conseil de famille.

Il nomme un tuteur à l'enfant mineur et non émancipé, resté sans père ni mère, ni tuteur élu par ses père et mère, ni ascendants mâles, ou lorsque le tuteur se trouve dans le cas d'exclusion ou d'excuse prévu par la loi.

S'il ne reste que les bisaïeuls de la ligne maternelle, et qu'il y ait entre eux concurrence pour la tutelle, le conseil de famille choisit le tuteur entre ces deux ascendants.

Le conseil de famille décide si la tutelle doit être conservée à la mère tutrice qui veut se remarier.

Il nomme le *subrogé tuteur,* appelé dans toute tutelle à surveiller l'intérêt du mineur.

La nomination du subrogé tuteur a lieu immédiatement après celle du tuteur.

Le conseil de famille, à la diligence du subrogé tuteur, ou convoqué d'office par le juge de paix, prononce, quand il y a lieu, à la destitution du tuteur.

Le consentement du conseil de famille est nécessaire pour valider le mariage des fils ou filles mineurs de 21 ans, dans le cas où il n'y a ni père ni mère, ni aïeuls ni aïeules, ou s'ils se trouvent dans l'impossibilité de manifester leur volonté.

Il autorise toute répudiation ou captation de successions faites au nom du mineur, sans que l'acceptation puisse jamais avoir lieu que sous bénéfice d'inventaire.

Son autorisation est aussi nécessaire pour l'acceptation d'une donation faite au mineur.

Il nomme le curateur pour assister au compte de tutelle, rendu au mineur émancipé.

Convocation et composition du Conseil de famille.

Le droit de convoquer le conseil de famille appartient, en général, aux parents du mineur, aux créanciers et aux autres parties intéressées qui adressent à cet effet leur réquisition au juge de paix du domicile du mineur.

Le juge de paix peut lui-même le convoquer d'office. Le conseil de famille est composé, non compris le juge de paix, de six parents ou alliés, pris, tant dans la commune où la tutelle est ouverte, que dans la distance de deux myriamètres, moitié du côté paternel, moitié du côté maternel, en suivant l'ordre de proximité dans chaque ligne.

Le parent sera préféré à l'allié du même degré, et parmi les parents du même dégré, le plus âgé à celui qui le sera le moins.

Les frères germains du mineur et les maris des sœurs germaines, sont seuls exceptés de la limitation de nombre posée par l'art. 402.

S'ils sont six, ou au delà, ils seront tous membres du conseil de famille, qu'ils composeront seuls avec les veuves d'ascendants, et les ascendants valablement excusés, s'il y en a.

S'ils sont en nombre inférieur, les autres parents ne seront appelés que pour compléter le conseil.

« L'inobservation des régles prescrites pour la compo-
» sition des conseils de famille, n'entraine pas de plein
» droit nullité des délibérations prises par le conseil
» irrégulièrement composé; la loi laisse aux tribunaux
» le soin d'apprécier les circonstances particulières qui
» peuvent excuser l'irrégularité commise. » (Cour de
cassation, 3 avril 1858. Cour de Douai, 1er août 1838.)

« Un conseil de famille auquel n'ont pas été appelés
» les parents les plus proches, n'en doit pas moins être
» réputé valablement composé, si quelques uns de ces
» parents ont un intérêt direct à l'objet de la délibération,
» et si les autres sont d'un âge tellement avancé, qu'ils
» puissent être réputés dans l'impossibilité de s'y rendre. »
(Cour de cassation, 3 mai 1842.)

Lorsque les parents ou alliés de l'une ou de l'autre
ligne se trouveront en nombre insuffisant sur les lieux
ou dans la distance désignée par l'art. 407, le juge de
paix appellera, soit des parents ou alliés domiciliés à de
plus grandes distances, soit dans la commune même, des
citoyens connus pour avoir eu des relations habituelles
d'amitié avec le père ou la mère du mineur.

Les parents, alliés ou amis, ainsi convoqués, seront
tenus de se rendre en personne, ou de se faire représenter par un mandat spécial.

Le fondé de pouvoir ne peut représenter plus d'une
personne.

L'assemblée se tiendra de plein droit chez le juge de
paix, à moins qu'il ne désigne lui-même un autre local.

Mode des délibérations du Conseil de famille.

La présence des trois quarts, *au moins*, des *membres*
convoqués est nécessaire pour que l'assemblée puisse délibérer.

Des mots *au moins*, il résulte que la présence de cinq
membres est nécessaire, quand le conseil n'est composé
que de six membres.

Il résulte des art. 407, 408, 416 combinés, que si le conseil de famille se trouve simplement composé de parents ou alliés, il ne peut valablement délibérer qu'au nombre de six, déterminé par les art. 408 et 410.

Le conseil de famille est présidé par le juge de paix qui y a voix délibérative et prépondérante en cas de partage.

Si le juge de paix se contentait de présider sans prendre part à la délibération, elle serait nulle. (Arrêt de la Cour de Bordeaux du 21 juillet 1808.)

« La mention au procès-verbal d'une assemblée d'un
» conseil de famille, que la délibération a été prise à
» l'unanimité des membres, exprime suffisamment que
» le juge de paix, qui a présidé le conseil, a pris part au
» vote. » (Cour de Paris, 21 août 1841.)

Les délibérations du conseil de famille doivent être nécessairement prises à la majorité absolue des suffrages. (Arrêt de la Cour de Metz du 16 février 1812.)

La Cour d'Aix a aussi décidé, le 10 mars 1840, que les délibérations des conseils de famille doivent, à peine de nullité, être prises à la majorité absolue des suffrages et non à la majorité relative.

Si la délibération du conseil n'est pas prise à l'unanimité, l'avis de chaque membre du conseil doit être mentionné dans le procès-verbal. Cette disposition de l'art. 883 n'est applicable qu'aux délibérations qui doivent être soumises à l'homologation du tribunal. (Arrêt déjà cité du 16 février 1812.)

Il n'est pas nécessaire que les motifs de ces avis soient exprimés. (Arrêt de cassation du 17 novembre 1815.) Il en est autrement dans le cas d'exclusion ou de destitution du tuteur.

Mais s'il s'agit de prononcer que la mère qui se remarie ne doit pas conserver la tutelle, la délibération peut n'être pas motivée. (Arrêt de cassation du 1er novembre 1817.)

De l'exécution des délibérations du Conseil de famille. *— Homologation.*

Il y a des délibérations du conseil de famille qui ne peuvent être mises en exécution, qu'après avoir été revêtues de l'homologation du tribunal de première instance ; d'autres, au contraire, ne sont pas sujettes à cette formalité.

Cette formalité n'est que de rigueur que pour les délibérations ou avis de famille, ayant pour objet des actes graves, tels que la destitution du tuteur, l'aliénation des biens du mineur ou de l'interdit.

Les délibérations et avis du conseil de famille ne sont pas soumis à l'homologation du tribunal dans tous les autres cas ; par exemple, ceux relatifs aux nominations de tuteur, ou donnant pouvoir de renoncer soit à la communauté, soit à la succession, ou même d'accepter sous bénéfice d'inventaire.

Enregistrement.

Les droits d'enregistrement, dus à raison des délibérations et avis du conseil de famille, sont déterminés d'après la nature même et le but de ces actes.

Les énonciations de dettes contenues dans ces délibérations ne forment point un titre en faveur des créanciers, et ne donnent lieu à aucun droit. (Décision du ministre des finances du 9 mai 1821.)

La délibération qui autorise le mineur à contracter mariage, et nomme un curateur aux fins de ce mariage, n'est passible que d'un seul droit. (Délibération du 29 janvier 1825.)

La nomination d'un curateur spécial, dans l'acte d'émancipation, offrant une disposition distincte et indépendante de l'acte principal, est passible d'un droit particulier. (Instruction générale.)

31

CONSEIL JUDICIAIRE.

Conseil donné par la justice à quelqu'un pour l'éclairer et le diriger dans ses affaires, et sans l'assistance duquel il ne peut faire certains actes.

Sur cette matière voir les art. 513 et suiv. du code civil.

CONSEIL GÉNÉRAL ET D'ARRONDISSEMENT

L'organisation de ces conseils qui représentent les intérêts locaux, a été réglée pour Paris par une loi du 20 avril 1834, et pour le reste de la France par la loi du 22 juin 1833.

CONSEIL MUNICIPAL.

C'est dans chaque commune une assemblée de notables élus pour donner leur avis sur différents objets relatifs à l'administration de la commune. L'organisation des conseils municipaux a été réglée par la loi des 21-23 mars 1831, dont voici le texte.

TITRE Ier. — *Du corps municipal.*

CHAPITRE Ier. — *De la composition du corps municipal.*

Art. 1er. Le corps municipal de chaque commune se compose du maire, de ses adjoints et des conseillers municipaux.

Les fonctions des maires, des adjoints, et des autres membres du corps municipal, sont essentiellement gratuites, et ne peuvent donner lieu à aucune indemnité ni frais de représentation.

2. Il y aura un seul adjoint dans les communes de 2,500 habitants et au-dessous ; 2, dans celles de 2,500 à 10,000 habitants ; et, dans les communes d'une population supérieure, un adjoint de plus par chaque excédant de 20,000 habitants. (Loi du 28 pluviose an 8, art. 12.)

Lorsque la mer ou quelque autre obstacle rend difficiles, dangereuses ou momentanément impossibles, les communications entre le chef-lieu et une portion de commune, un adjoint spécial, pris parmi les habitants de cette fraction, est nommé en sus du nombre ordinaire, et remplit les fonctions d'officier de l'état civil dans cette partie détachée de la commune.

3. Les maires et les adjoints sont nommés par le Roi, ou en son nom par le préfet.

Dans les communes qui ont 3,000 habitants et au-dessus, ils sont nommés par le Roi, ainsi que dans les chefs-lieux d'arrondissement, quelle que soit la population.

Les maires et les adjoints seront choisis parmi les membres du conseil municipal, et ne cesseront pas pour cela d'en faire partie.

Ils peuvent être suspendus par un arrêté du préfet ; mais ils ne sont révocables que par une ordonnance du Roi.

4. Les maires et les adjoints sont nommés pour 5 ans ; ils doivent être âgés de 25 ans accomplis.

Ils doivent avoir leur domicile réel dans la commune.

5. En cas d'absence ou d'empêchement, le maire est remplacé par l'adjoint disponible, le premier dans l'ordre des nominations.

En cas d'absence ou d'empêchement du maire et des adjoints, le maire est remplacé par le conseiller municipal le premier dans l'ordre du tableau, lequel sera dressé suivant le nombre des suffrages obtenus.

6. Ne peuvent être ni maires ni adjoints :

1° Les membres des cours et tribunaux de première instance et des justices de paix ;

2° Les ministres des cultes ;

3° Les militaires et employés des armées de terre et de mer, en activité de service ou en disponibilité ;

4° Les ingénieurs des ponts-et-chaussées et des mines, en activité de service ;

5° Les agents et employés des administrations financières et des forêts ;

6° Les fonctionnaires et employés des colléges communaux et les instituteurs primaires ;

7° Les commissaires et agents de police.

7. Néanmoins, les juges suppléants aux tribunaux de première instance et les suppléants des juges-de-paix peuvent être maires ou adjoints.

Les agents salariés du maire ne peuvent être ses adjoints.

8. Il y a incompatibilité entre les fonctions de maire et d'adjoint et le service de la garde nationale.

CHAPITRE II. — *Des conseils municipaux.*

SECTION Iʳᵉ. — *De la composition des conseils municipaux.*

9. Chaque commune a un conseil municipal composé, y compris les maire et adjoints,

De 10 membres, dans les communes de 500 habitants et au-dessous ;

De 12, dans celles de 500 à 1,500 ;

De 16, dans celles de 1,500 à 2,500 ;

De 21, dans celles de 2,500 à 3,500 ;

De 23, dans celles de 3,500 à 10,000 ;

De 27, dans celles de 10,000 à 30,000 ;

Et de 36, dans celles d'une population de 30,000 ames et au-dessus.

Dans les communes où il y aura plus de trois adjoints, le conseil municipal sera augmenté d'un nombre de membres égal à celui des adjoints au-dessus de trois.

Dans celles où il aura été nommé un ou plusieurs adjoints spéciaux et supplémentaires en vertu du second paragraphe de l'art. 2 de la présente loi, le conseil municipal sera également augmenté d'un nombre égal à celui de ces adjoints.

10. Les conseillers municipaux sont élus par l'assemblée des électeurs communaux.

11. Sont appelés à cette assemblée,

1° Les citoyens les plus imposés aux rôles des contributions directes de la commune, âgés de 21 accomplis, dans les proportions suivantes :

Pour les communes de 1,000 ames et au-dessous, un nombre égal au dixième de la population de la commune :

Ce nombre s'accroîtra de 5 par 100 habitants en sus de 1,000 jusqu'à 5,000 ;

De 4 par 100 habitants en sus de 5,000 jusqu'à 15,000;

De 3 par 100 habitants au-dessus de 15,000 ;

2° Les membres des cours et tribunaux, les juges-de-paix et leurs suppléants ;

Les membres des chambres de commerce, des conseils de manufactures, des conseils de prud'hommes ;

Les membres des commissions administratives des colléges, des hospices et des bureaux de bienfaisance ;

Les officiers de la garde nationale ;

Les membres et correspondants de l'Institut, les membres des sociétés savantes instituées ou autorisées par une loi ;

Les docteurs de l'une ou de plusieurs des facultés de droit, de médecine, des sciences, des lettres, après trois ans de domicile réel dans la commune ;

Les avocats inscrits au tableau, les avoués près les cours et tribunaux, les notaires, les licenciés de l'une des facultés de droit, des sciences, des lettres, chargés de l'enseignement de quelqu'une des matières appartenant à la faculté où ils auront pris leur licence, les uns et les autres après cinq ans d'exercice et de domicile réel dans la commune.

Les anciens fonctionnaires de l'ordre administratif et judiciaire jouissant d'une pension de retraite ;

Les employés des administrations civiles et militaires jouissant d'une pension de retraite de 600 fr. et au-dessus;

Les élèves de l'école polytechnique qui ont été, à leur sortie, déclarés admis ou admissibles dans les services publics après deux ans de domicile réel dans la commune : toutefois, les officiers appelés à jouir du droit électoral en qualité d'anciens élèves de l'école polytechnique ne pourront l'exercer dans les communes où ils se trouveront en garnison qu'autant qu'ils y auraient acquis leur domicile civil ou politique avant de faire partie de la garnison;

Les officiers de terre et de mer jouissant d'une pension de retraite ;

Les citoyens appelés à voter aux élections des membres de la Chambre des députés ou des conseils généraux des départements, quel que soit le taux de leurs contributions dans la commune.

12. Le nombre des électeurs domiciliés dans la commune ne pourra être moindre de 30, sauf le cas où il ne se trouverait pas un nombre suffisant de citoyens payant une contribution personnelle.

13. Les citoyens, qualifiés pour voter dans l'assemblée des électeurs communaux, conformément au paragraphe 2 de l'art. 11, et qui seraient en même temps inscrits sur la liste des plus imposés, voteront en cette dernière qualité.

14. Le tiers de la contribution du domaine exploité par un fermier à prix d'argent ou à portion de fruits, lui est compté pour être inscrit sur la liste des plus imposés de la commune, sans diminution des droits du propriétaire du domaine.

15. Les membres du conseil municipal seront tous choisis sur la liste des électeurs communaux, et les trois quarts, au moins, parmi les électeurs domiciliés dans la commune.

16. Les deux tiers des conseillers municipaux sont nécessairement choisis parmi les électeurs désignés au pa-

ragraphe 1er de l'art. 11 ; l'autre tiers peut être choisi parmi tous les citoyens ayant droit de voter dans l'assemblée en vertu de l'art. 11.

17. Les conseillers municipaux doivent être âgés de 25 ans accomplis. Ils sont élus pour six ans et toujours rééligibles.

Les conseils seront renouvelés par moitié tous les 3 ans.

18. Les préfets, sous-préfets, secrétaires généraux et conseillers de préfecture, les ministres des divers cultes en exercice dans la commune, les comptables des revenus communaux et tout agent salarié par la commune, ne peuvent être membres des conseils municipaux. Nul ne peut être membre de deux conseils municipaux.

19. Tout membre d'un conseil municipal dont les droits civiques auraient été suspendus, ou qui en aurait perdu la jouissance, cessera d'en faire partie, et ne pourra être réélu que lorsqu'il aura recouvré les droits dont il aurait été privé.

20. Dans les communes de 500 ames et au-dessus, les parents au degré de père, de fils, de frère, et les alliés au même degré, ne peuvent être en même temps membres du même conseil municipal.

21. Toutes les dispositions des lois précédentes, concernant les incompatibilités et empêchements des fonctions municipales, sont abrogées.

22. En cas de vacance dans l'intervalle des élections triennales, il devra être procédé au remplacement dès que le conseil municipal se trouvera réduit aux trois quarts de ses membres.

SECTION II. — *Des assemblées des conseils municipaux.*

23. Les conseils municipaux se réunissent quatre fois l'année, au commencement des mois de février, mai, août et novembre. Chaque session peut durer 10 jours.

24. Le préfet ou sous-préfet prescrit la convocation extraordinaire du conseil muuicipal, ou l'autorise sur la demande du maire, toutes les fois que les intérêts de la commune l'exigent.

Dans les sessions ordinaires, le conseil municipal peut s'occuper de toutes les matières qui rentrent dans ses attributions.

En cas de réunion extraordinaire, il ne peut s'occuper que des objets pour lesquels il a été spécialement convoqué.

La convocation pourra également être autorisée pour un objet spécial et déterminé, sur la demande du tiers des membres du conseil municipal adressée directement au préfet, qui ne pourra la refuser que par un arrêté motivé, qui sera notifié aux réclamants, et dont ils pourront appeler au Roi.

Le maire préside le conseil municipal; les fonctions de secrétaire sont remplies par un de ses membres, nommé au scrutin et à la majorité et à l'ouverture de chaque session.

25. Le conseil municiprl ne peut délibérer que lorsque la majorité des membres en exercice assiste au conseil.

Il ne pourra être refusé à aucun des citoyens contribuables de la commune communication sans déplacement, des délibérations des conseils municipaux.

26. Le préfet déclarera démissionnaire tout membre d'un conseil municipal qui aura manqué à 3 convocations consécutives, sans motifs reconnus légitimes par le conseil.

27. La dissolution des conseils municipaux peut être prononcée par le Roi.

L'ordonnance de dissolution fixera l'époque de la réélection.

Il ne pourra y avoir un délai de plus de trois mois entre la dissolution et la réélection. Toutefois, dans le cas où les maires et adjoints cesseraient leurs fonctions par des causes quelconques avant la réélection du corps municipal, le Roi, ou le préfet en son nom, pourront désigner, sur la liste des électeurs de la commune, les citoyens qui exerceront provisoirement les fonctions de maire et d'adjoints.

28. Toute délibération d'un conseil municipal portant sur des objets étrangers à ses attributions est nulle de plein droit. Le préfet, en conseil de préfecture, déclarera la nullité ; le conseil pourra appeler au Roi de cette décision.

29. Sont pareillement nulles de plein droit toutes délibérations d'un conseil municipal prises hors de sa réunion légale. Le préfet, en conseil de préfecture, déclarera l'illégalité de l'assemblée et la nullité de ses actes.

Si la dissolution du conseil est prononcée, et si dans le nombre de ses actes il s'en trouve qui soient punissables d'après les lois pénales en vigueur, ceux des membres du conseil qui y auraient participé sciemment pourront être poursuivis.

30. Si un conseil se mettait en correspondance avec un ou plusieurs autres conseils, ou publiait des proclamations ou adresses aux citoyens, il serait suspendu par le préfet, en attendant qu'il eût été statué par le Roi.

Si la dissolution du conseil était prononcée, ceux qui auraient participé à ces actes pourront être poursuivis conformément aux lois pénales en vigueur.

31. Lorsqu'en vertu de la dissolution prononcée par le Roi, un conseil aura été renouvelé en entier, le sort désignera, à la fin de la troisième année, les membres qui seront à remplacer.

CHAPITRE III. — *Des listes et des assemblées des électeurs communaux.*

SECTION Ire. — *De la formation des listes.*

32. Le maire, assisté du percepteur et des commissaires répartiteurs, dressera la liste de tous les contri-

32

buables de la commune jouissant des droits civiques, et qualifiés à raison de la quotité de leurs contributions, pour faire partie de l'assemblée communale, conformément à l'art. 11 ci-dessus.

Les plus imposés seront inscrits sur cette liste dans l'ordre décroissant de la quotité de leurs contributions.

33. Cette liste présentera la quotité des impôts de chacun de ceux qui y seront portés; elle énoncera le chiffre de la population de la commune, et sera affichée dans la commune, et communiquée, au secrétariat de la mairie, à tout requérant.

34. Tout individu omis pourra, pendant un mois, à dater de l'affiche, présenter sa réclamation à la mairie.

Dans le même délai, tout électeur inscrit sur la liste pourra réclamer contre l'inscription de tout individu qu'il croirait indûment porté.

35. Le maire prononcera, dans le délai de 8 jours, après avoir pris l'avis d'une commission de 3 membres du conseil, délégués à cet effet par le conseil municipal. Il notifiera, dans le même délai, sa décision aux parties intéressées.

36. Toute partie qui se croirait fondée à contester une décision rendue par le maire, dans la forme ci-dessus, peut en appeler, dans le délai de 15 jours, devant le préfet, qui, dans le délai d'un mois, prononcera en conseil de préfecture, et notifiera sa décision.

37. Le maire, sur la notification de la décision intervenue, fera sur la liste la rectification prescrite.

38. Le maire dressera la liste des électeurs appelés à voter dans l'assemblée de la commune en vertu du paragraphe 2 de l'art. 11 ci-dessus, avec l'indication de la date des diplômes, inscriptions, domicile, et autres conditions exigées par ce paragraphe.

39. Les dispositions des art. 33, 34, 35, 36 et 37, sont applicables aux listes des électeurs, dressés en exécution de l'art. précédent.

40. L'opération de la confection des listes commencera, chaque année, le premier janvier ; elles seront publiées et affichées le 8 du même mois , et closes définitivement le 31 mars. Il ne sera plus fait de changement aux listes pendant tout le cours de l'année : en cas d'élections, tous les citoyens qui y seront portés auront droit de voter , excepté ceux qui auraient été privés de leurs droits civiques par un jugement.

41. Les dispositions relatives à l'attribution des contributions, contenues dans les lois concernant l'élection des députés , sont applicables aux élections réglées par la présente loi.

42. Les difficultés relatives , soit à cette attribution ; soit à la jouissance des droits civiques ou civils et au domicile réel ou politique , seront portées devant le tribunal civil de l'arrondissement, qui statuera en dernier ressort, suivant les formes établies par l'art. 18 de la loi du 2 juillet 1828.

SECTION III. — *Des assemblées des électeurs municipaux.*

43. L'assemblée des électeurs est convoquée par le préfet.

44. Dans les communes qui ont 2,500 ames et plus , les électeurs sont divisés en sections.

Le nombre des sections sera tel, que chacune d'elles ait au plus 8 conseillers à nommer dans les communes de 2,500 à 10,000 habitants ; 6, dans celles de 10,000 à 30,000 ; et 4, dans celles dont la population excède ce dernier nombre.

La division en sections se fera par quartiers voisins, et de manière à répartir également le nombre des votants, autant que faire se pourra , entre les sections.

Le nombre et la limite des sections seront fixés par une ordonnance du Roi , le conseil municipal entendu.

Chaque section nommera un nombre égal de conseillers, à moins toutefois que le nombre des conseillers ne soit pas exactement divisible par celui des sections, auquel cas les premières sections, suivant l'ordre des numéros, nommeront un conseiller de plus. Leur réunion aura lieu à cet effet, successivement, à deux jours de distance.

L'ordre des numéros sera déterminé pour la première fois par la voie du sort, en assemblée publique du conseil municipal. A chaque élection nouvelle, la section qui avait le premier numéro dans l'élection précédente prendra le dernier, celle qui avait le second prendra le premier, et ainsi de suite.

Les sections seront présidées, savoir : la première à voter, par le maire, et les autres successivement, par les adjoints dans l'ordre de leur nomination, et par les conseillers municipaux dans l'ordre des tableaux. Les quatre scrutateurs sont les deux plus âgés et les deux plus jeunes des électeurs présents sachant lire et écrire ; le bureau ainsi constitué désigne le secrétaire.

45. Dans les communes qui ont moins de 2,500 ames, les électeurs se réuniront en une seule assemblée. Toutefois, sur la proposition du conseil général du département, et le conseil municipal entendu, les électeurs pourront être divisés en sections par un arrêté du préfet. Le même arrêté fixera le nombre et la limite des sections, et le nombre des conseillers qui devront être nommés par chacune d'elles.

Les dispositions du précédent article, relatives à la constitution du bureau, sont applicables aux assemblées électorales des communes qui ont moins de 2,500 ames.

46. Lorsqu'en exécution de l'art. 22, il y aura lieu à remplacer des conseillers municipaux dans les communes dont le corps électoral se divise en sections, ces remplacements seront faits par les sections qui avaient élu ces conseillers.

47. Aucun électeur ne pourra déposer son vote qu'après avoir prêté entre les mains du président serment de fidélité au Roi des Français, d'obéissance à la Charte constitutionnelle et aux lois du royaume.

48. Le président a seul la police des assemblées. Elles ne peuvent s'occuper d'autres objets que les élections qui leur sont attribuées. Toute discussion, toute délibération, leur sont interdites.

49. Les assemblées des électeurs communaux procèdent aux élections qui leur sont attribuées au scrutin de liste. La majorité absolue des votes exprimés est nécessaire au premier tour de scrutin ; la majorité relative suffit au second.

Les deux tours de scrutin peuvent avoir lieu le même jour. Chaque scrutin doit rester ouvert pendant 5 heures au moins. Trois membres du bureau au moins seront toujours présents.

51. Le bureau juge provisoirement les difficultés qui s'élèvent sur les opérations de l'assemblée.

51. Les procès-verbaux des assemblées des électeurs communaux seront adressés, par l'intermédiaire du sous-préfet, au préfet, avant l'installation des conseillers élus.

Si le préfet estime que les formes et conditions légalement prescrites n'ont pas été remplies, il devra déférer le jugement de la nullité au conseil de préfecture dans le délai de 15 jours, à dater de la réception du procès-verbal. Le conseil de préfecture prononcera dans le délai d'un mois.

52. Tout membre de l'assemblée aura également le droit d'arguer les opérations de nullité. Dans ce cas, si la réclamation n'a pas été consignée au procès-verbal, elle devra être déposée dans le délai de 5 jours, à compter du jour de l'élection, au secrétariat de la mairie, il en sera donné récépissé, et elle sera jugée dans le délai d'un mois par le conseil de préfecture.

Si la réclamation est fondée sur l'incapacité légale d'un ou de plusieurs des membres élus, la question sera portée devant le tribunal d'arrondissement, qui statuera comme il est dit à l'art. 42.

S'il n'y a pas eu de réclamations portées devant le conseil de préfecture, ou si ce conseil a négligé de prononcer dans les délais ci-dessus fixés, l'installation des conseillers élus aura lieu de plein droit. Dans tous les cas où l'annulation aura été prononcée, l'assemblée des électeurs devra être convoquée dans le délai de 15 jours, à partir de cette annulation.

L'ancien conseil restera en fonctions jusqu'à l'installation du nouveau.

CHAPITRE IV. — *Dispositions transitoires.*

53. Toutes les opérations relatives à la confection des listes pour la première convocation des assemblées des électeurs devront être terminées dans le délai de six mois, à dater de la promulgation de la présente loi. La première nomination qui sera faite aura lieu intégralement pour chaque conseil municipal.

Lors de la deuxième élection, qui aura lieu trois ans après, le sort désignera ceux qui seront compris dans la moitié sortant.

Si la totalité du corps municipal est en nombre impair, la fraction la plus forte sortira la première.

54. L'exécution de la présente loi pourra être suspendue par le Gouvernement dans les communes où il le jugera nécessaire.

Cette suspension ne pourra durer plus d'un an, à partir de la promulgation de la présente loi.

CHAPITRE V. — *Disposition générale.*

55. Il sera statué par une loi spéciale sur l'organisation municipale de la ville de Paris.

CONSEILS DE PRÉFECTURE.

Ce sont des tribunaux spéciaux appelés à juger le contentieux administratif.

Cette institution qui n'appartient qu'à la France a été créée par une loi du 28 pluviôse an 8, et il fut dans l'exposé des motifs de cette loi :

« Remettre le contentieux de l'administration à un
» conseil de préfecture a paru nécessaire 1° pour ménager
» aux préfets le temps que demande l'administration ; 2°
» pour garantir aux parties qu'elles ne seront pas jugées
» sur des rapports et des avis de bureaux ; 3° pour donner
» à la propriété des juges accoutumés au ministère de la
» justice, à ses règles, à ses formes ; 4° enfin pour don-
» ner tout à la fois, à l'intérêt particulier et à l'intérêt
» public la sûreté qu'on ne peut guère attendre d'un ju-
» gement rendu par un seul homme. »

Sur l'organisation des conseils de préfecture, recourir à la loi du 28 pluviôse an 8, et à l'arrêté du 19 fructidor an 9.

Le conseil de préfecture prononce :

1° Sur la validité des élections des membres des conseils municipaux, des membres des conseils d'arrondissement et du département.

2° Sur les demandes en autorisation de plaider formées par des tiers contre les communes, ou par celles-ci contre des tiers, ou contre d'autres communes, ou contre l'État ou le département.

Sur celles en autorisation de plaider formées par les établissements publics, bureaux de bienfaisance ou hospices.

Sur celles en main-levée ou en réduction des hypothèques existantes sur les biens des communes et des établissements de bienfaisance.

3° Il autorise les remboursements à faire aux établissements de bienfaisance.

4° Il statue sur les demandes en réduction ou en décharge des contributions directes de toute nature ; sur celles en réduction ou décharge des prestations en nature ou en argent sur les chemins vicinaux et sur les subventions particulières auxquelles peuvent être obligés, pour l'entretien desdits chemins, les propriétaires ou exploitants de mines, carrières, forêts ou de toute autre entreprise industrielle.

Sur celles en réduction ou décharge du droit d'octroi de navigation ; des frais de curage des rivières et canaux, et des frais de desséchement et de salubrité ; des redevances proportionnelles sur les mines.

5° Il statue sur les comptes des receveurs municipaux des communes dont les revenus ne s'élèvent pas à plus de 50,000 fr. ; sur ceux des receveurs des hospices ou des bureaux de bienfaisance, dont les revenus ne s'élèvent pas à 30,000 fr. ; sur l'appel des décisions des sous-préfets sur les comptes des revenus des communes et des établissements de bienfaisance qui ne s'élèvent pas à plus de 50 fr.

6° Il prononce sur le contentieux des domaines nationaux, et sur celui des ventes opérées par la caisse d'amortissement en vertu de la loi du 20 mars 1813 ; sur les contestations entre les communes et établissements publics, relativement aux concessions d'édifices ou rentes qui leur ont été faites par l'Etat. (Arrêtés des 17 thermidor an 11 et 22 fructidor an 13.)

7° Il prononce sur les réclamations des propriétaires intéressés contre l'application des limites légales pour l'exercice des servitudes imposées à la propriété dans le rayon des places fortes. (Loi du 17 juillet 1819, art. 9.)

Sur les contestations à la loi sur lesdites servitudes, comme en matière de grande voirie. (Ibid., art. 11.)

Il prononce aussi dans le cas où les contrevenants poursuivraient leur infraction, nonobstant les défenses. (Ibid., art. 12.)

8° Il prononce sur les contraventions de grande voirie, ainsi que sur celles relatives à la police du roulage.

9° Il réprime les anticipations commises sur la largeur des chemins vicinaux classés, et ordonne le rétablissement de la largeur déterminée dans les travaux de classement.

10° Il fixe l'indemnité à payer par les propriétaires des mines aux propriétaires du sol.

11° Il fixe celle qui est due pour cession de terrains à la grande voirie ou à la voirie urbaine.

12° Il prononce sur les difficultés qui peuvent s'élever entre les entrepreneurs de travaux publics et l'administration, concernant le sens et l'exécution des clauses de leurs marchés ; sur les réclamations des particuliers qui se plaignent de torts et dommages provenant du fait personnel des entrepreneurs.

Sur les demandes et contestations concernant les indemnités dues aux particuliers à raison des terrains pris ou fouillés pour la confection des chemins vicinaux et autres ouvrages publics. (Loi du 28 pluviôse an 8, art. 4. 6, 7 et 11 septembre 1790, art. 3, 4 et 5.)

13° Sur les difficultés qui s'élèvent relativement au sens et à l'exécution des marchés passés par le préfet pour les divers services publics. (Lois des 12 vendémiaire et 13 frimaire an 8. Arrêté du 18 ventôse même année. Ordonn. du 17 mai 1816.)

14. Le conseil de préfecture prononce sur la question de savoir si la perception d'un péage établi sur une rivière appartient ou non à l'Etat.

15. Sur les contestations entre l'administration et les fermiers des bacs et bateaux ; sur les indemnités dues à ces fermiers, et enfin sur celles qui pourraient être dues aux détenteurs et propriétaires de ces bacs. Loi du 6 frimaire an 7, art. 2, 3, 31, 40 et 70.)

16° Sur les demandes en délaissement des biens communaux usurpés et sur les contestations en matière de partage des biens communaux, soit antérieurs, soit postérieurs à la loi du 10 juin 1793. (Loi du 2 ventôse an 11, art. 6. Décret du 1er complémentaire an 13.)

17° Il prononce sur les contestations entre le domaine et l'Etat, relativement aux droits de propriété des sources minérales.

33

18° Sur la résiliation des baux des sources appartenant à l'État, faute de paiement du prix ou d'exécution des conditions de l'adjudication.

19° Il prononce, en matière de forêts, sur les demandes en annulation des procès-verbaux de réarpentage et de récolement des ventes de coupes des bois de l'État, des communes et des établissements publics, pour défaut de forme ou fausse énonciation. (Code forestier art. 50.)

Sur les contestations qui s'élèvent lorsque les communautés d'habitants se refusant au rachat du droit de pâturage dans les forêts de l'État, sous prétexte que ce pâturage leur est d'une absolue nécessité, l'administration conteste cette nécessité. (Ibid., art. 64.)

Sur le recours porté devant lui lorsque l'administration forestière ayant réduit l'exercice des droits d'usage, les usagers prétendent que cette réduction n'a pas été faite suivant l'état et la possibilité des forêts. (Ibid., art. 65.)

Sur le recours des usagers contre les décisions par lesquelles l'administration a fixé quels sont les cantons défensables et où il est permis d'exercer les droits de pâturage et de panage. (Ibid., art. 67.)

Sur les contestations entre le conseil municipal ou les administrateurs des établissements publics et l'administration forestière, relativement à la conversion en bois et à l'aménagement proposés par cette administration pour les terrains ou pâturages appartenant à la commune ou aux établissements publics. (Ibid., art. 90.)

20° Il prononce sur les contestations qui s'élèvent relativement au recouvrement des droits établis en faveur des pauvres et des hospices sur les divers genres de spectacles. (Arrêtés des 10 thermidor an 11 et 8 fructidor an 13.)

21° Sur les contestations auxquelles donnent lieu les réglements des monts-de-piété. (Décrets du 30 juin 1806, art. 120. 18 mars 1807, art. 125.)

22° Sur l'opposition formée contre les arrêtés des préfets portant autorisation d'établissements insalubres de 2° classe. (Décret du 15 octobre 1810.)

Le conseil de préfecture donne son avis sur toutes les matières administratives qui lui sont soumises par le préfet, et spécialement :

Sur les transactions de procès intéressant l'Etat, le département, les communes ou les établissements publics, les hospices, les fabriques et les bureaux de bienfaisance.

Sur l'annulation des délibérations des conseils municipaux prises hors de leurs attributions.

Sur les réclamations relatives à la teneur des listes des électeurs et du jury, et de celles des électeurs départementaux.

Sur les pourvois contre la teneur des listes des électeurs communaux.

Sur les autorisations des établissements insalubres de 1re classe.

Sur les demandes en autorisation de plaider formées pour ou contre l'Etat et le département.

Sur les demandes des communes tendantes à obtenir un nouveau partage ou un nouveau mode de jouissance sur leurs biens communaux.

Sur l'évaluation des indemnités qui sont dues pour occupation de terrain. (Loi du 14 septembre 1807, art. 517.)

Sur les réclamations relatives au cadastre et sur celles relatives au classement des propriétés pour l'assiette de l'impôt. (Lois des 16 septembre 1807, art. 53. 15 octobre 1810. 18 juillet 1837. 30 décembre 1809. 21 avril 1851. 22 juillet 1833. 10 mai 1838.)

Enfin il prononce et donne son avis sur toutes les autres matières et dans tous les cas prévus par les lois, décrets et ordonnances.

Les arrêtés des conseils de préfecture sont exécutés sans visa ni mandement des tribunaux, nonobtsant et sauf tout recours, et les individus condamnés seront contraints par les voies de droit et même par corps, en matière de comptabilité, en vertu desdits arrêtés, qui seront exécutoires et emporteront hypothèque. (Lois des 29 floréal an 10, art. 10 et 17 avril 1832, art. 8.)

CONTRAINTE PAR CORPS.

C'est une voie d'exécution forcée par laquelle le créancier fait emprisonner la personne de son débiteur qui ne satisfait pas à son engagement.

Elle peut être prononcée en matière civile dans certains cas déterminés par la loi. (Art. 2059 et suiv. du code civil.)

Elle est appliquée, en matière commerciale, suivant les règles posées dans la loi des 17-19 avril 1832, dont nous croyons utile de mettre le texte sous les yeux de nos lecteurs.

TITRE Ier. — *Dispositions relatives à la contrainte par corps en matière de commerce.*

Art. 1er. La contrainte par corps sera prononcée, sauf les exceptions et les modifications ci-après, contre toute personne condamnée pour dette commerciale au paiement d'une somme principale de 200 fr. et au-dessus.

2. Ne sont point soumis à la contrainte par corps en matière de commerce :

1° Les femmes et les filles non légalement réputées marchandes publiques ;

2° Les mineurs non commerçants, ou qui ne sont point réputés majeurs pour fait de leur commerce ;

3° Les veuves et héritiers des justiciables des tribunaux de commerce assignés devant ces tribunaux en reprise d'instance, ou par action nouvelle, en raison de leur qualité.

3. Les condamnations prononcées par les tribunaux de commerce contre des individus non négociants, pour signatures apposées, soit à des lettres de change réputées simples promesses, aux termes de l'art. 112 du Code de commerce, soit à des billets à ordre, n'emportent point la contrainte par corps, à moins que ces signatures et

engagements n'aient eu pour cause des opérations de commerce, trafic, change, banque ou courtage.

4. La contrainte par corps, en matière de commerce, ne pourra être prononcée contre les débiteurs qui auront commencé leur soixante-et-dixième année.

5° L'emprisonnement pour dette commerciale cessera de plein droit après un an, lorsque le montant de la condamnation principale ne s'élèvera pas à 500 fr.

Après 2 ans, lorsqu'il ne s'élèvera pas à 1,000 fr.;

Après 3 ans, lorsqu'il ne s'élèvera pas à 3,000 fr.;

Après 4 ans, lorsqu'il ne s'élèvera pas à 5,000 fr.;

Après 5 ans, lorsqu'il sera de 5,000 fr. et au-dessus.

6. Il cessera pareillement de plein droit le jour où le débiteur aura commencé sa soixante-et-dixième année.

TITRE II. — *Dispositions relatives à la contrainte par corps en matière civile.*

SECTION Ire. — *Contrainte par corps en matière civile ordinaire.*

7. Dans tous les cas où la contrainte par corps a lieu en matière civile ordinaire, la durée en sera fixée par le jugement de condamnation; elle sera d'un an au moins et de dix ans au plus.

Néanmoins, s'il s'agit de fermages de biens ruraux aux cas prévus par l'art. 2062 du Code civil, ou de l'exécution des condamnations intervenues dans le cas où la contrainte par corps n'est pas obligée, et où la loi attribue seulement aux juges la faculté de la prononcer, la durée de la contrainte ne sera que d'un an au moins et de cinq ans au plus.

SECTION II. — *Contrainte par corps en matière de deniers et effets mobiliers publics.*

8. Sont soumis à la contrainte par corps, pour raison du reliquat de leurs comptes, déficit ou débet constatés

à leur charge, et dont ils ont été déclarés responsables :

1° Les comptables de deniers publics ou d'effets mobiliers publics et leurs cautions ;

2° Leurs agents ou préposés qui ont personnellement géré ou fait la recette ;

5° Toutes personnes qui ont perçu des deniers publics dont elles n'ont point effectué le versement ou l'emploi, ou qui, ayant reçu des effets mobiliers appartenant à l'Etat, ne les représentent pas, ou ne justifient pas de l'emploi qui leur avait été prescrit.

9. Sont compris dans les dispositions de l'art. précédent, les comptables chargés de la perception des deniers ou de la garde et de l'emploi des effets mobiliers appartenant aux communes, aux hospices et aux établissements publics, ainsi que leurs cautions, et leurs agents et préposés ayant personnellement géré ou fait la recette.

10. Sont également soumis à la contrainte par corps :

1° Tous entrepreneurs, fournisseurs, soumissionnaires et traitants, qui ont passé des marchés ou traités intéressant l'Etat, les communes, les établissements de bienfaisance et autres établissements publics, et qui sont déclarés débiteurs par suite de leurs entreprises ;

2° Leurs cautions, ainsi que leurs agents et préposés qui ont personnellement géré l'entreprise, et toutes personnes déclarées responsables des mêmes services.

11. Seront encore soumis à la contrainte par corps, tous redevables, débiteurs et cautions de droit de douanes, d'octroi et autres contributions indirectes, qui ont obtenu un crédit et qui n'ont pas acquitté à échéance le montant de leurs soumissions ou obligations.

12. La contrainte par corps pourra être prononcée, en vertu des 4 art. précédents, contre les femmes et filles.

Elle ne pourra l'être contre les septuagénaires.

13. Dans les cas énoncés dans la présente section, la contrainte par corps n'aura jamais lieu que pour une somme principal excédant 500 fr.

Sa durée sera fixée dans les limites de l'art. 7 de la présente loi, paragraphe premier.

TITRE III. — *Dispositions relatives à la contrainte par corps aux étrangers.*

14. Tout jugement, qui interviendra au profit d'un Français contre un étranger non domicilié en France, emportera la contrainte par corps, à moins que la somme principale de la condamnation ne soit inférieure à 150 fr., sans distinction entre les dettes civiles et les dettes commerciales.

15. Avant le jugement de condamnation, mais, après l'échéance ou l'exigibilité de la dette, le président du tribunal de première instance dans l'arrondissement duquel se trouvera l'étranger non domicilié, pourra, s'il y a de suffisants motifs, ordonner son arrestation provisoire, sur la requête du créancier français.

Dans ce cas, le créancier sera tenu de se pourvoir en condamnation dans la huitaine de l'arrestation du débiteur, faute de quoi celui-ci pourra demander son élargissement.

16. L'arrestation provisoire n'aura pas lieu ou cessera, si l'étranger justifie qu'il possède sur le territoire français un établissement de commerce ou des immeubles, le tout d'une valeur suffisante pour assurer le paiement de la dette, ou s'il fournit pour caution une personne domicilié en France et reconnue solvable.

17. La contrainte par corps exercée contre un étranger en vertu de jugement pour dette civile ordinaire, ou pour dette commerciale, cessera de plein droit après 2 ans, lorsque le montant de la condamnation principale ne s'élèvera pas à 500 fr.

Après 4 ans, lorsqu'il ne s'élèvera pas à 1,000 fr.

Après 6 ans, lorsqu'il ne s'élèvera pas à 3,000 fr.

Après 8 ans, lorsqu'il ne s'élèvera pas à 5,000 fr.

Après 10 ans, lorsqu'il sera de 5,000 fr. et au-dessus.

S'il s'agit d'une dette civile pour laquelle un Français serait soumis à la contrainte par corps, les dispositions de l'art. 7 seront applicables aux étrangers, sans que, toutefois, le *minimum* de la contrainte puisse être au-dessous de dix ans.

18. Le débiteur étranger, condamné pour dette commerciale, jouira du bénéfice des art. 4, et 6 de la présente loi. En conséquence, la contrainte par corps ne sera point prononcée contre lui, ou elle cessera dès qu'il aura commencé sa soixante-dixième année.

Il en sera de même à l'égard de l'étranger condamné pour dette civile, le cas de stellionat excepté.

La contrainte par corps ne sera pas prononcée contre les étrangères pour dettes civiles, sauf aussi le cas de stellionat, conformément au premier paragraphe de l'art. 2062 du Code civil, qui leur est déclaré applicable.

TITRE IV. — *Dispositions communes aux trois titres précédents.*

19. La contrainte par corps n'est jamais prononcée contre le débiteur au profit :

1° De son mari ni de sa femme ;

2° De ses ascendants, descendants, frères ou sœurs, ou alliés au même degré.

Les individus mentionnés dans les deux paragraphes ci-dessus, contre lesquels il serait intervenu des jugements de condamnation par corps, ne pourront être arrêtés en vertu desdits jugements : s'ils sont détenus, leur élargissement aura lieu immédiatement après la promulgation de la présente loi.

20. Dans les affaires où les tribunaux civils ou de commerce statuent en dernier ressort, la disposition de leur jugement relative à la contrainte par corps sera sujette à l'appel, cet appel ne sera pas suspensif.

21. Dans aucun cas, la contrainte par corps ne pourra être exécutée contre le mari et contre la femme simultanément pour la même dette.

22. Tout huissier, garde du commerce ou exécuteur des mandements de justice, qui, lors de l'arrestation d'un débiteur, se refuserait à le conduire en référé devant le président du tribunal de première instance, aux termes de l'art. 786 du Code de procédure civile, sera condamné à 1,000 fr. d'amende, sans préjudice des dommages-intérêts.

23. Les frais liquidés que le débiteur doit consigner ou payer, pour empêcher l'exercice de la contrainte par corps, ou pour obtenir son élargissement, conformément aux art. 798 et 800, paragraphe 2 du Code de procédure, ne seront jamais que les frais de l'instance, ceux de l'expédition et de la signification du jugement et de l'arrêt s'il y a lieu, ceux enfin de l'exécution relative à la contrainte par corps seulement.

24. Le débiteur, si la contrainte par corps n'a pas été prononcée pour dette commerciale, obtiendra son élargissement en payant ou consignant le tiers du principal de la dette et de ses accessoires, et en donnant pour le surplus une caution acceptée par le créancier, ou reçue par le tribunal civil dans le ressort duquel le débiteur sera détenu.

25. La caution sera tenue de s'obliger solidairement avec le débiteur à payer, dans un délai qui ne pourra excéder une année, les deux tiers qui resteront dus.

26. A l'expiration du délai prescrit par l'art. précédent, le créancier, s'il n'est pas intégralement payé, pourra exercer de nouveau la contrainte par corps contre le débiteur principal, sans préjudice de ses droits contre la caution.

27. Le débiteur qui aura obtenu son élargissement de plein droit après l'expiration des délais fixés par les art. 5, 7, 13 et 17 de la présente loi, ne pourra plus être détenu ou arrêté pour dettes contractées antérieurement à son arrestation et échues au moment de son élargissement, à moins que ces dettes n'entraînent, par leur nature et leur quotité, une contrainte plus longue que celle

34

qu'il aura subie, et qui, dans ce dernier cas, lui sera
toujours comptée pour la nouvelle arrestation.

28. Un mois après la promulgation de la présente loi,
la somme destinée à pourvoir aux aliments des détenus
pour dettes devra être consignée d'avance et pour 30
jours au moins.

Les consignations pour plus de 30 jours ne vaudront
qu'autant qu'elles seront d'une seconde ou de plusieurs
périodes de 30 jours.

29. A compter du même délai d'un mois, la somme
destinée aux aliments sera de 30 fr. à Paris, et de 25
fr. dans les autres villes, pour chaque période de 30
jours.

30. En cas d'élargissement, faute de consignation
d'aliments, il suffira que la requête présentée au président du tribunal civil soit signée par le débiteur détenu
et par le gardien de la maison d'arrêt pour dettes, ou
même certifiée véritable par le gardien, si le détenu ne
sait pas signer.

Cette requête sera présentée en *duplicata* : l'ordonnance du président, ainsi rendue par *duplicata*, sera
exécutée sur l'une des minutes qui restera entre les mains
du gardien ; l'autre minute sera déposée au greffe du
tribunal et enregistrée *gratis*.

31. Le débiteur élargi faute de consignation d'aliments
ne pourra plus être incarcéré pour la même dette.

32. Les dispositions du présent titre et celles du Code
de procédure civile sur l'emprisonnement, auxquelles il
n'est pas dérogé par la présente loi, sont applicables à
l'exercice de toutes contraintes par corps, soit pour dettes
commerciales, soit pour dettes civiles, même pour celles
qui sont énoncées à la 2ᵐᵉ section du titre II ci-dessus,
et enfin à la contrainte par corps qui est exercée contre
les étrangers.

Néanmoins, pour les cas d'arrestation provisoire, le
créancier ne sera pas tenu de se conformer à l'art. 780
du Code de procédure, qui prescrit une signification et
un commandement préalable.

TITRE V. — *Dispositions relatives à la contrainte par corps en matière criminelle, correctionnelle et de police.*

33. Les arrêts, jugements et exécutoires portant condamnation, au profit de l'Etat, à des amendes, restitutions, dommages-intérêts et frais en matière criminelle, correctionnelle ou de police, ne pourront être exécutés par la voie de la contrainte par corps que 5 jours après le commandement qui sera fait aux condamnés, à la requête du receveur de l'enregistrement et des domaines.

Dans le cas où le jugement de condamnation n'aurait pas été précédemment signifié au débiteur, le commandement portera en tête un extrait de ce jugement, lequel contiendra le nom des parties et le dispositif.

Sur le vu du commandement et sur la demande du receveur de l'enregistrement et des domaines, le procureur du Roi adressera les réquisitions nécessaires aux agents de la force publique et autres fonctionnaires chargés de l'exécution des mandements de justice.

Si le débiteur est détenu, la recommandation pourra être ordonnée immédiatement après la notification du commandement.

34. Les individus contre lesquels la contrainte par corps aura été mise à exécution, aux termes de l'art. précédent, subiront l'effet de cette contrainte jusqu'à ce qu'ils aient payé le montant des condamnations, ou fourni une caution admise par le receveur des domaines, ou, en cas de contestation de sa part, déclarée bonne et valable par le tribunal civil de l'arrondissement.

La caution devra s'exécuter dans le mois, à peine de poursuites.

35. Néanmoins, les condamnés qui justifieront de leur insolvabilité, suivant le mode prescrit par l'art. 420 du Code d'instruction criminelle, seront mis en liberté après avoir subi 15 jours de contrainte, lorsque l'amende et les sautres condamnations pécuniaires n'excéderont pas

15 fr. ; un mois, lorsquelles s'élèveront de 15 à 50 fr. ; 2 mois, lorsque l'amende et les autres condamnations s'élèveront de 50 à 100 fr.; et 4 mois, losrsqu'elles excéderont 100 fr.

36. Lorsque la contrainte par corps aura cessé en vertu de l'art. précédent, elle pourra être reprise, mais une seule fois, et quand aux restitutions, dommages et intérêts et frais seulement, s'il est jugé contradictoirement avec le débiteur qu'il lui est servenu des moyens de solvabilité.

37. Dans tous les cas, la contrainte par corps exercée en vertu de l'art. 33 est indépendante das peines prononcées contre les condamnés.

38. Les arrêts et jugements contenant des condamnations en faveur des particuliers pour réparations de crimes, délits ou contraventions, commis à leur préjudice, seront, à leur diligence, signifiés et exécutés suivant les mêmes formes et voies de contrainte que les jugements portant des condamnations au profit de l'Etat.

Toutefois, les parties poursuivantes seront tenues de pourvoir à la consignation d'aliments, aux termes de la présente loi, lorsque la contrainte aura lieu à leur requête et dans leur intérêt.

39. Lorsque la condamnation prononcée n'excédera pas 300 fr., la mise en liberté des condamnés, arrêtés ou détenus à la requête et dans l'intérêt des particuliers, ne pourra avoir lieu, en vertu des art. 34, 35 et 36, qu'autant que la validité des cautions ou l'insolvabilité des condamnés auront été, en cas de contestation, jugées contradictoirement avec le créancier.

La durée de la contrainte sera déterminée par le jugement de condamnation dans les limites de 6 mois à 5 ans.

40. Dans tous les cas et quand bien même l'insolvabilité du débiteur pourrait être constatée, si la condamnation prononcée, soit en faveur d'un particulier, soit en faveur de l'Etat, s'élève à 300 fr., la durée de la contrainte sera déterminée par le jugement de condamnation dans les limites fixées par l'art. 7 de la présente loi.

Néanmoins, si le débiteur a commencé sa soixante-dixième année avant le jugement, les juges pourront réduire le *minimum* à 6 mois, et ils ne pourront dépasser un *maximum* de 5 ans.

S'il atteint sa soixante-dixième année pendant la durée de la contrainte, sa détention sera de plein droit réduite à la moitié du temps qu'elle avait encore à courir aux termes du jugement.

41. Les art. 19, 21 et 22 de la présente loi sont applicables à la contrainte par corps exercée par suite des condamnations criminelles, correctionnelles et de police.

TITRE VI. — *Dispositions transitoires.*

42. Un mois après la promulgation de la présente loi, tous débiteurs actuellement détenus pour dettes civiles ou commerciales obtiendront leur élargissement, s'ils ont commencé leur soixante-dixième année, à l'exception toutefois des stellionataires, à l'égard desquels il n'est nullement dérogé au Code civil.

43. Après le même délai d'un mois, les individus actuellement détenus pour dettes civiles emportant contrainte par corps obtiendront leur élargissement si cette contrainte a duré dix ans, dans les cas prévus au premier paragraphe de l'art. 7, et si cette contrainte a duré 5 ans, dans les cas prévus au deuxième paragraphe du même article, comme encore si elle a duré 10 ans, et s'ils sont détenus comme débiteurs ou rétentionnaires de deniers ou effets mobiliers de l'Etat, des communes et des établissements publics.

44. Deux mois après la promulgation de la présente loi, les étrangers actuellement détenus pour dettes, et dont l'emprisonnement aura duré dix ans, obtiendront également leur élargissement.

45. Les individus actuellement détenus pour amendes, restitutions et frais, en matière correctionnelle et police,

seront admis à jouir du bénéfice des art. 35, 39 et 40, savoir : les condamnés à 15 fr. et au-dessous, dans la huitaine ; et les autres, dans la quinzaine de la promulgation de la présente loi.

Dispositions générales.

46. Les lois du 15 germinal an **VI**, du 4 floréal de la même année et du 10 septembre 1807, sont abrogées. Sont également abrogées, en ce qui concerne la contrainte par corps, toutes dispositions des lois antérieures relatives aux cas où cette contrainte peut être prononcée contre les débiteurs de l'Etat, des communes et des établissements publics. Néanmoins, celles de ces dispositions qui concernent le mode des poursuites à exercer contre ces mêmes débiteurs, et celles du titre XIII du Code forestier, de la loi sur la pêche fluviale, ainsi que les dispositions relatives au bénéfice de cession, sont maintenues et continueront d'être exécutées.

CONTRAT.

Toute la société civile repose sur les conventions ; aucun homme ne peut se suffire à lui-même ; nous avons tous besoin de nos semblables. On ne peut exercer aucun art sans avoir les ustensiles nécessaires à cet art ; celui qui doit s'en servir est obligé de se les procurer, moyennant un juste retour ; voilà l'origine des conventions, voilà d'où résultent les devoirs sociaux, etc.

On appelle convention : *duorum vel plurium in idem placitum consensus* ; c'est le concours de volonté de deux ou plusieurs personnes qui s'obligent à se donner telle chose, à la faire ou à s'abstenir de la faire.

Le contrat synallagmatique est celui qui dans sa formation oblige deux parties l'une envers l'autre à une

prestation quelconque ; le contrat de vente est un contrat synallagmatique parce que le vendeur s'oblige à
livrer à l'acheteur la chose vendue et l'acheteur à lui en
payer le prix ; le contrat de société en est aussi un
exemple , parce qu'il oblige les associés à une prestation
dans un fonds commun , ou bien il oblige l'un à fournir
son travail tandis que l'autre fournit son argent. Il en est
de même dans la location : l'un s'oblige à payer le prix du
louage et l'autre à livrer l'usage de la chose louée.

Il faut observer qu'il y a peu de contrats qui n'imposent des obligations à l'un et à l'autre des contractants. Il
y a deux espèces de contrats synallagmatiques : les contrats synallagmatiques parfaits et les contrats synallagmatiques imparfaits ; cette division est faite par le Code : L'on
entend par contrat synallagmatique imparfait le contrat unilatéral et par contrat synallagmatique parfait,
celui que la loi désigne sous la dénomination de contrat
synallagmatique. Le contrat unilatéral est un contrat
synallagmatique imparfait ; je m'explique : le contrat
de commodat est bien un contrat unilatéral, peut
cependant être synallagmatique ou parfait en ce qu'il
impose des obligations et au prêteur et à l'emprunteur ;
il oblige premièrement l'emprunteur à rendre la chose
prêtée, et quoiqu'il n'astreigne pas directement dans sa
forme le prêteur à certaines prestations, cependant, *ex
accidenti*, indirectement, il lui impose l'obligation de
rembourser à l'emprunteur les impenses faites pour la
conservation de la chose. Je suis votre ami , je vous prie
de me prêter votre cheval pour quelques jours , je m'o-
blige directement envers vous à vous le rendre ; le contrat n'obligeant ici directement que l'une des parties , il
est constant qu'il tombe dans la classe de ceux que le
législateur a qualifiés unilatéraux ; cependant dans le cas
où l'emprunteur s'étant servi honnêtement du cheval, ne
l'ayant pas excédé , ce cheval serait tombé malade et aurait été guéri par les soins de l'emprunteur , ce dernier
aurait contre le prêteur une action en recouvrement des

impenses qu'il a faites pour la conservation de la chose. On voit par là que le prêteur se trouve obligé indirectement, *ex accidenti*, et dans ce cas le prêt de commodat est un contrat synallagmatique, mais un contrat synallagmatique imparfait. Le prêt de commodat n'est censé avoir été fait que sous la condition que l'emprunteur recouvrerait ce qu'il avait déboursé à l'occasion de la chose, le cas où dépenses n'auraient pas été nécessitées par sa faute.

Cette action accordée à l'emprunteur est connue dans le droit romain, sous la dénomination de *actio contraria*; quand nous voyons dans le droit romain qu'il dit qu'il naît d'un contrat deux actions : *duplex oritur actio : directa et contraria ad repetendum suptus necessarios*, l'une qui sort directement de la convention et l'autre contraire pour recouvrer les impenses nécessaires, alors le contrat qui en est la source est un contrat synallagmatique imparfait : l'action *contraria* résulte bien du contrat, elle s'y rattache avec la prestation qui en est l'objet, quoique sous entendue, elle n'a pris naissance effective que dans un accident postérieur.

Je disais tout-à-l'heure qu'il y avait peu de conventions qui ne soient contrats synallagmatiques au moins imparfaits; celui qui paraît le moins devoir être rangé dans cette classe est le prêt de consommation; il semble que celui qui prête de l'argent ne s'impose aucune obligation; cependant il doit ne réprendre sa somme qu'au bout d'un certain laps de temps, et comme il y a contrat lors même qu'on s'oblige à ne pas faire, il y a ici obligation directe imposée par son consentement à ne pas reprendre sa somme avant le terme fixé. Dans la donation, il semble que le donataire ne s'impose rien, cependant si le donateur tombe dans l'indigence il est obligé de lui fournir des aliments. Il y a donc possibilité de croire synallagmatiques tous les contrats; mais la loi ne s'attache pas à cela, nous ne devons placer dans cette classe que ceux où l'on trouve obligation directe de part et d'autre.

Le contrat commutatif est l'opposée du contrat de bienfaisance ; dans le contrat de bienfaisance, l'auteur de la libéralité ne fait pas cette libéralité pour recevoir l'équivalent de ce qu'il donne, sans quoi il n'y aurait pas de libéralité, ce ne serait pas un contrat de bienfaisance. *Qui est regardée etc.*, cela ne dit pas une chose qui est l'équivalent, mais une chose *qui est regardée etc.* Ainsi, la vente ne cesse pas d'être un contrat commutatif lors même que le prix est supérieur à la valeur de la chose, parce qu'il a été *regardé* par les parties comme l'équivalent de cette chose ; c'est à la manière dont les parties ont envisagé les choses qu'il faut s'attacher pour déterminer la nature du contrat.

Lorsque l'équivalent, etc. Il y a contrat aléatoire chaque fois que l'équivalent dépend du hasard dont on nous donne l'espérance. Un pêcheur me vend l'espérance du poisson qu'il prendra de son coup de filet ; je n'ai pas acheté une quantité de poisson, mais ce qu'il pourra prendre ; le contrat dépend du hasard. Le contrat aléatoire peut se présenter sous beaucoup de formes, par exemple je vous donne mille écus à fonds perdu au 10 pour 100, si je vis longtemps, vous paierez la somme trop cher, vous courez la chance de gagner ou de perdre selon le plus ou moins de longévité que la nature m'accordera. Le contrat d'assurance qui se pratique dans le commerce maritime est aussi un exemple de cette espèce de contrat : mon vaisseau se dirige vers les Indes, combien voulez-vous me donner ? je vous assure que la cargaison arrivera à bon port ; si le vaisseau fait naufrage, je serai obligé de vous rembourser la somme que vous m'avez remise ; s'il arrive à sa destination mes vœux resont couronnés par le gain de l'argent que j'ai reçu de vous. Cette espèce de contrat se fait encore reconnaître dans le cas où vous me garantiriez que vous préservez ma maison de l'incendie moyennant telle somme consentie ; si ma maison est consumée par les flammes, vous serez tenu de la reconstruire, si elle en est préservée, vous gagnez la somme convenue.

35

Le contrat de bienfaisance est celui qui a pour cause la bienfaisance, celui par lequel un homme assure à un autre un avantage purement gratuit.

Un contrat, quoique de bienfaisance dans le genre peut être un contrat à titre onéreux, je pense en donnant ma maison à Paul le charger de me rendre tel service; si ce service est regardé comme l'équivalent de la maison, le contrat n'est alors de bienfaisance que de nom, et c'est un contrat commutatif. Mais si le service n'est pas *regardé* (remarquez ce terme de l'art. 1104) comme l'équivalent de la maison, quoiqu'il soit onéreux à l'égard des charges imposées, il est vrai qu'il n'est contrat de bienfaisance que quant à la plus value de la maison, mais c'est toujours un contrat de bienfaisance, et l'on doit employer pour sa confection les formes exigées pour la détermination.

Nous avons dans notre droit français comme dans le droit romain des contrats innommés, c'est-à-dire qui n'ont pas le *nomen juris*, et qui ne peuvent être connus que sous la dénomination générique de convention; le contrat de mariage est un contrat nommé, son nom indique l'espèce de ce contrat et les règles qui lui sont propres; il en est de même de la vente, du contrat de société, de commodat, de consommation, etc., leur nom indique leur espèce, et ce sont là des contrats nommés, mais nous avons des contrats innommés, et quoique cette distinction ne soit pas établie dans notre code d'une manière positive, nous ne pouvons nous empêcher d'en reconnaître des traces.

On distinguait dans le droit romain les pactes et les contrats; les contrats se divisaient, comme nous l'avons dit, en nommés et innommés et en contrats mixtes; les contrats innommés étaient conçus dans quatre expressions différentes qui en formaient autant d'espèces : *do ut des, facio ut facias, facio ut des, do ut facias.* Quand la convention n'avait reçu aucun principe d'exécution, elle n'était obligatoire que par la force de la loi naturelle : la loi civile refusait de veiller à son exécution, elle permettait aux parties de se dédire, de ne pas exécuter ; mais sitôt que la convention avait reçu un commandement d'exécution, on l'appelait *contractus nominatus*, parce que celui qui avait exécuté de son côté était investi du droit d'exercer une action pour forcer l'autre à se soumettre à ce qu'il avait consenti. Si je vous ai promis 100 écus moyennant que vous alliez à Paris, sitôt que vous avez accompli la promesse que vous m'aviez faite de vous y transporter, vous avez lieu d'exiger le paiement de 300 fr.; de même si je vous avais remis la somme convenue, je pourrais vous forcer à exécuter votre voyage, et dans le cas où il il m'aurait plu de me dédire avant que vous eussiez fait aucun préparatif pour vous rendre en ce lieu, j'aurais été fondé à vous faire restituer les 300 fr. Chez nous, soit que les conventions aient un nom propre, soit qu'elles n'en aient pas, elle lient les parties lorsqu'il n'y a nulle incapacité dans les contractants. Cependant nous devons encore admettre la distinction entre les contrats nommés et les contrats innommés dans ce sens que ces derniers sont régis par les dispositions générales du présent titre, tandis que les autres ont leurs règles particulières établies dans les titres qui y ont rapport.

Il est nécessaire d'expliquer ici les règles générales sur ce qui fait l'essence des contrats. Les contrats ont des attributs essentiels, ou naturels, ou accidentels ; celà se trouve dans les institutes de Justinien. Les attributs essentiels des contrats sont ceux sans lesquels on ne peut concevoir que le contrat subsiste. Les attributs naturels sont ceux qui viennent du contrat comme en étant une suite naturelle, ce sont les conditions qui y sont sous-entendues. Les conditions accidentelles au contraire sont celles qui doivent être exprimées dans le contrat, qui n'y sont jamais sous-entendues. Au rang de ces premiers attributs est placé le consentement ; s'il n'y a pas de consentement, il n'y a pas de contrat ; si la vente n'a pas eu de prix elle est nulle ; il en est de même de la capacité d'un contracteur. Le défaut même de prix numérique fait dégénérer la vente en échange, contrat soumis à d'autres règles que la vente. Dans la classe des attributs naturels se trouve par exemple l'obligation du vendeur de livrer à l'acquéreur du locateur de procurer la jouissance au fermier, ce sont toutes conditions qui dérivent naturellement du contrat, sans que l'on s'en soit occupé dans sa confection. Enfin pour la 3e espèce de ces conditions ou attributs nous rangerons la clause par laquelle le vendeur se serait réservé de ne pas garantir la propriété de la chose vendue. C'est là une condition qui ne saurait être sous-entendue, elle ne vient qu'accidentellement et doit nécessairement être exprimée dans le contrat. Cette règle sur les attributs des contrats reçoit souvent son application ; dans le cas par exemple où il s'agit de chercher l'espèce de la convention conclue, souvent on se trompe sur la qualification qu'on doit lui donner, rarement on se trompe sur les conséquences. En lisant un acte, si je vois que c'est un contrat de vente, les règles de la vente me sont connues, tout est dit. On peut charger la stipulation : On cède un bail d'usufruit grevé de charges usufructuaires. Pour résoudre la question de savoir quelle est l'espèce du contrat à la confection duquel les parties se sont livrées, il faut examiner si les parties ont eu dessein de faire dériver ces charges comme conséquence naturelle d'un droit d'usufruit, ou si elles ont voulu les réserver par forme simple, comme chose purement accidentelle à l'acte. Si le preneur est engagé avec toutes les charges usufructuaires, alors c'est un usufruit à titre onéreux ; mais si l'on voit que les contractants n'ont eu égard qu'à la qualification des réparations dont le preneur s'est chargé, le bail ne doit pas dégénérer en constitution d'usufruit à titre onéreux.

Le consentement de la partie, *etc.* Le contrat est un être moral composé de la réunion du consentement des contractants : je vous vends mon cheval 100 écus, voilà la réunion de nos consentements.

Ceci nous conduit à la remarque : qu'est-ce que l'on doit entendre des parties dans le contrat ? On doit entendre par parties contractantes celles qui donnent leur consentement à une négociation. Nous verrons dans la loi sur le notariat que le notaire doit faire dans l'acte mention de la signature des parties, sans quoi l'acte n'a plus d'authenticité, ne peut donner lieu à des hypothèques, etc. Les témoins qui par exemple sont obligés de se trouver présents chez le notaire lors de la confection d'un contrat de mariage ne sont pas des parties contractantes, ce ne sont que des témoins *ad honores*, pour faire honneur à la noce qui va se célébrer, et en quelque sorte superflus.

Nous avons vu dans un article précédent que la convention est le consentement de deux ou de plusieurs objets. Cela nous conduit à dire que la convention peut être nulle par erreur sur la personne, sur le corps de la chose et sur la cause du contrat. Dans tous ces cas il faut que l'erreur soit substantielle et non pas accidentelle. D'abord quand il y a erreur sur le corps de la chose, la convention est toujours nulle, comme par exemple quand on m'a promis de me livrer un bœuf et qu'on me livre un cheval. A l'égard de la qualité de la chose, il faut distinguer entre les contrats de bienfaisance et les contrats à titre onéreux ; quand il est question d'un contrat à titre onéreux et que l'erreur porte sur une qualité essentiellement voulue par l'acheteur, cette erreur vicie le contrat de la même manière que si elle tombait sur le corps même de la chose ; je crois acheter de vous une montre en or, elle n'est que de similor, l'erreur ne touche pas à la vente sur le corps même de la chose, mais sur une qualité essentiellement voulue par moi et le contrat est nul. Mais quant aux contrats de bienfaisance, il faut distinguer entre le donateur et le donataire ; à l'égard de ce dernier, le contrat pour une erreur pareille à celle de l'espèce que nous venons de présenter ne serait pas moins valable parce qu'il serait toujours intéressé à recevoir le moins quand même il aurait pu recevoir le plus, mais si c'est

le donateur qui s'est trompé en donnant une montre en
or au lieu d'une en cuivre, il y a nullité dans le contrat
parce que dans ce cas l'erreur est substantielle.

En général on peut dire que l'erreur sur la personne
n'est qu'accidentelle et nullement substantielle, mais elle
annulle le contrat lorsque cette personne est entrée en
considération lors de la négociation.

Cette espèce d'erreur se présente dans le cas où voulant donner à Paul, je donne à Pierre. Il en est de même
dans le mariage lorsque j'épouse Lia au lieu de Rébecca.
Il y a aussi beaucoup d'autres contrats qui sont annullés
par erreur sur la personne, par exemple voilà un homme
avec qui je contracte, il me promet de me donner pour
caution un individu que je connais seulement de réputa-
tion, mais que je sais avoir beaucoup d'ordre dans ses
affaires, j'accepte la caution ; mais au lieu de m'amener
la personne qu'on m'avait désignée, on me présente un
aventurier, voilà un contrat nul par erreur sur la personne,
parce que cette personne entrait en considération dans le
contrat. Un exemple pareil s'offre dans l'hypothèse in-
verse : il se trouve qu'au lieu d'avoir cautionné un particulier qui est mon ami, que je connais pour très
réglé dans ses affaires, je ne me suis compromis que pour
un homme sans conduite et qui n'est nullement celui que
j'avais cru obliger.

L'erreur peut porter sur les qualités essentielles de la
chose ; alors le contrat est nul, comme quand je veux
épouser Julie et que l'on substitue Emilie sous un voile.
Nous avons à cet égard établi une distinction entre les
contrats commutatifs et les contrats de bienfaisance.

Il n'y a nullité dans le contrat quand l'erreur touche
sur la personne que lorsque cette personne entre tellement en considération que sans cette considération on
n'aurait évidemment pas contracté. Lorsque par un acte
commutatif je cède un droit d'usufruit à quelqu'un,
j'envisage la longévité probable de celui avec qui je contracte, l'usufruit est un droit personnel, j'ai l'expectative

de rentrer dans la jouissance de nos biens après la mort de l'usufruitier. Eh bien, si, au lieu d'avoir affaire avec cet individu qui a 80 ans, il se trouve que le nom qu'il a pris est celui de son neveu ou d'un autre particulier qui n'a que 20 ans, il est certain qu'ici l'erreur tombe sur la personne considérée dans le contrat, et ce contrat est frappé de nullité par la loi.

Le contrat peut être vicié par erreur sur la cause, car du moment que la loi dit que le contrat sans cause est nul, il est évident que l'erreur sur cette cause doit aussi être un moyen de nullité de ce même contrat.

Voyons d'abord ce que c'est que la cause du contrat; il ne faut pas la confondre avec le motif du contrat. La cause du contrat est la chose en considération de laquelle je me suis obligé, c'est l'espoir que nous avons d'obtenir une chose pour laquelle nous contractons. Dans la vente, la cause du contrat est le prix de la chose pour le vendeur et la tradition de cette chose relativement à l'acheteur. J'achète un héritage parce qu'il me convient à raison de la proximité; voilà bien un motif qui me détermine à acheter, mais ce n'est qu'un motif éloigné et non pas la cause immédiate du contrat; cette convenance est bien une cause, mais une cause éloignée, c'est ce qu'on appelle le *motif* du contrat, ce n'est pas *l'espoir d'obtenir la chose* pour laquelle je m'engage. L'erreur du motif ne fait rien sur la validité de la négociation.

L'erreur sur la cause présente beaucoup plus de difficultés que l'erreur sur la chose ou sur la personne, parce qu'à l'égard de la cause il est des erreurs de fait et de droit, tandis que la personne et la chose n'offrent jamais que des erreurs de fait. Exemple : je suis l'unique héritier de mon père, j'accepte sa succession, au bout de quelque temps un particulier m'apporte un billet que mon père lui avait souscrit, je reconnais la signature de mon père, tout est dit, je paie; mais le lendemain je trouve une quittance qui me fait apercevoir que mon père avait satisfait à son obligation.

Comme le paiement que j'ai effectué n'a pas eu de cause, il est certain que je dois être restitué de la somme que j'ai donnée, la cause de ce paiement était le billet et la quittance justifie que le billet n'existait plus. (Dans la donation la cause de libéralité est la bienfaisance ; dans le prêt c'est l'argent qui est la cause de l'obligation.) Mais au lieu de ce prétendu créancier c'est un prétendu légataire qui apporte un testament et qui me somme d'avoir à souffrir un partage ; il y a nullité dans le testament et je ne parviens à la connaître que lorsque le partage est consommé ; suis-je admis à me faire rendre les biens que j'ai abandonnés ?

C'est ici que se présente la difficulté : nous avons dit que quand il s'agit de la personne ou de la chose l'erreur est toujours dans le fait, tandis qu'elle peut être dans le droit si elle tombe sur la cause. Il est évident que s'il y a erreur sur la cause du partage les biens doivent retourner à l'héritier, mais il faut distinguer si c'est une erreur de fait ou une erreur de droit qu'il a commise en consentant au partage. Si lorsqu'il a lu le testament tel acte lui a paru renfermer tout ce qui est nécessaire pour sa validité, et que cependant l'un des témoins se fût trouvé mineur, alors comme c'est là un fait qu'il est permis d'ignorer, c'est une erreur de fait, erreur qui doit entraîner la nullité du partage, parce que ce partage n'ayant pour cause qu'un acte nul, c'est comme s'il n'avait point de cause ; on doit donc admettre l'action en restitution et l'héritier doit être réintégré dans sa possession.

Mais supposons actuellement que l'erreur soit fondée sur le droit, par exemple que dans le testament le notaire n'ait pas fait mention de la lecture au testateur, si en lisant l'acte l'héritier n'a pas fait attention à cette formalité et a eu opinion qu'il était bon, doit-on admettre qu'il peut être restitué de la même manière que si l'erreur était dans le fait ? la justice devra-t-elle lui apporter le même secours ? Il faut répondre par la distinction qui se trouve dans le droit romain : l'erreur de droit peut préjudicier à celui qui se trouve en perte ; mais on ne peut l'alléguer quand il s'agit d'acquérir.

Cependant cette décision doit être tempérée par une autre qui se trouve également dans le droit romain. Si celui qui oppose l'erreur de droit est assez instruit pour faire supposer qu'il n'a pu ou pas du ignorer que le testament fût nul, l'erreur de droit ne saurait l'excuser. Il en serait autrement s'il s'agissait d'une femme de la campagne, par exemple, ou d'un militaire qui a passé une grande partie de sa vie au service.

La violence et le dol sont aussi des motifs d'annullation des contrats. Mais le dol ne se présume pas et doit être procuré.

Telles sont les principales causes qui vicient le consentement.

La capacité des parties contractantes est aussi de l'essence du contrat. Le mineur l'interdit, la femme mariée ne peuvent s'obliger sans le consentement du tuteur ou du mari.

Le contrat doit avoir pour objet une chose déterminée au moins quant à son espèce. Il serait nul si je vous vendais par exemple un animal, parce que je pourrais en libérer en vous délivrant un atôme, une mouche par exemple. Il faut aussi que la chose soit dans le commerce.

Les choses futures peuvent être l'objet d'une convention. On entend par choses futures par exemple, le revenu à espérer d'un fonds qui nous appartient. Il ne faut pas confondre les choses futures avec les biens à venir, qui signifient les biens que nous possédons à l'époque de notre décès, et qui peuvent être l'objet d'une libéralité le plus fréquemment par contrat de mariage.

Enfin la quatrième condition vitale d'un contrat c'est la cause ; s'il n'a pas de cause, ou si la cause est fausse, ou si elle est illicite, point de contrat.

L'effet des obligations est de former une loi pour les parties qui les ont légalement formées.

56

L'obligation de donner emporte celle de livrer la chose. Celle de faire ou de ne pas faire se résout en dommages-intérêts.

Les dommages-intérêts se composent de la perte que l'on éprouve et du gain dont on est privé.

Les contrats s'interprètent plutôt par l'intention des parties, présumée d'après les circonstances de la négociation, que par le sens littéral des termes dont on s'est servi.

Enfin les conventions n'ont point d'effet à l'égard des tiers, c'est-à-dire des personnes qui n'ont pas coopéré à leur formation.

Il y a diverses espèces d'obligation : les conditionnelles, celles alternatives, celles solidaires, celles qui sont divisibles ou indivisibles et celles avec clauses pénales.

Les conditionnelles sont faites ou sous la condition suspensive ; dans le cas de cette condition, par exemple quand je vous promets 100 écus à condition que tel vaisseau arrive à bon port à telle époque, il n'y a qu'une espérance de convention, il n'y a pas convention tant que la condition n'est pas arrivée, c'est-à-dire que l'évé nement futur et incertain que nous avons prévu ne s'est pas accompli.

Dans la condition résolutoire au contraire, le contrat est parfait dès la négociation, et si l'une des parties n'exécute pas la condition principale de la convention, par exemple dans les contrats synallagmatiques parfaits (comme la vente), le paiement du prix, et cette condition est alors toujours sous-entendue, le contrat est résolu.

Mais il existe cette différence entre la condition résolutaire tacite, c'est-à-dire lorsqu'elle est sous-entendue, et la condition résolutoire expresse, c'est-à-dire quand elle est exprimée dans l'acte, qu'au prémier cas personne ne pouvant se faire justice à soi-même, il faut demander la révocation du contrat au tribunal. Au second cas au contraire l'acte est résolu de plein droit ; mais on exige encore que l'acte porte que *sans qu'il soit besoin de som-*

*mation ni de mise en demeure , et par le seul fait de
l'inexécution de la condition , le contrat sera résolu.*

Quand l'obligation est à terme , on ne peut exiger son
exécution avant l'échéance à moins de faillite , déconfiture du débiteur ou diminution par son fait des sûretés
qu'il avait données dans le contrat.

L'obligation alternative est celle par laquelle on a promis de deux choses l'une ; comme un cheval ou un bœuf.
Elle n'est jamais contractée que dans un sens disjonctif :
il n'y aurait pas obligation alternative si l'on promettait
les deux objets à la fois.

En général, le choix appartient au débiteur, s'il n'a
pas été expressément accordé au créancier. Il peut délibérer en délivrant l'une des deux choses promises, mais
il ne peut forcer le créancier à recevoir une partie de
l'une et une partie de l'autre. Si l'une des deux choses
promises périt, l'obligation, d'alternative qu'elle était ,
devient pure et simple. Et cette règle a lieu soit que la
destruction de la chose arrive par la faute du débiteur ,
soit qu'elle n'en soit pas l'effet, parce que la chose n'en
n'est pas moins anéantie ; et le débiteur ne peut offrir le
prix de la chose qui a périe, attendu que ce n'est pas pour
le prix de cette chose que l'autre partie a entendu contracter. Et si les deux choses ont péri et que le débiteur
soit en faute à l'égard de l'une d'elles, alors il doit le prix
de celle qui a péri la dernière.

Lorsque le choix a été déféré au créancier ; ou l'une
des deux choses seulement est périe, et si c'est sans la
faute du débiteur, le créancier doit avoir celle qui reste ;
mais si c'est de la faute du débiteur, le créancier a le
choix entre la chose qui reste et le prix de celle qui est
périe.

Ou les deux choses sont péries, et si le débiteur est en
faute même à l'égard de l'une d'elles, le créancier peut
demander le prix de celle qui lui plaira. S'il n'y a aucune
faute de la part du débiteur dans la destruction des deux
choses l'obligation est éteinte.

Enfin les principes importants et d'une application fré-
quente que nous venons de retracer sur cette matière régissent également le cas où plus de deux choses ont été
promises. Par exemple si je vous ai promis un des chevaux qui sont dans mon écurie, c'est toujours là une obligation alternative. Si tous les chevaux viennent à périr
sans ma faute et avant que j'aie été constitué en demeure,
l'obligation est éteinte. S'ils ont tous péri par ma faute,
vous avez le droit d'exiger le prix de celui qu'il vous
plaira ; s'il en est échappé un à la destruction, vous êtes
fondé à m'en demander la délivrance.

Diverses questions sont proposées sur cette matière ;
pour abréger nous ne citerons que les suivantes :

Si les héritiers du débiteur, dans l'obligation alternative, avant le choix, ne s'accordent pas sur la chose à
livrer, que doit-on décider ? En ce cas la loi romaine
décidait qu'ils devaient tirer au sort.

Le débiteur peut-il varier dans son choix ? Oui, même
à supposer qu'il eût fait un acte en offre, si cette offre
n'a pas été acceptée ; mais il en doit être autrement si
l'acceptation de l'offre lui a imprimé le caractère d'un
contrat nouveau.

Un testateur lègue à sa veuve une rente de 5o mesures
de blé ou de 100 écus par an, au choix du légataire universel. Le légataire paiera la première année en blé parcequ'il est à bon marché ; l'année suivante le blé étant
devenu cher, il voudra payer les 100 écus, et ainsi de
suite selon les circonstances ; lui est-il permis ainsi de
varier dans son choix ?

On ne le pense point : l'alternative ne paraît pas porter
sur certains termes de paiement, mais sur un droit qui,
une fois acquis ne peut être changé. *Dies cœpit semel.*
C'est un droit que le légataire universel débiteur aurait
pu remplacer par un autre ; mais une fois l'option étant
faite, il ne lui est pas permis d'en revenir. Ce qui paraît
équitable.

L'obligation est solidaire entre les créanciers ou entre les débiteurs, selon que les premiers ont reçu du titre et expressément le droit de demander chacun l'intégralité du paiement de manière à libérer le débiteur, et que les autres sont obligés envers le créancier de manière que chacun d'eux puisse être contraint à acquitter la totalité de la créance à la décharge de tous les autres débiteurs.

Le solidarité dans ces deux cas ne se présume point et doit être stipulée expressément, car elle déroge à la règle générale suivant laquelle chacun n'est censé stipuler que pour sa quete part, et encore parcequ'elle est un attribut accidentel du contrat.

L'obligation est divisible ou indivisible selon qu'elle a pour objet ou une chose qui dans sa livraison, ou un fait qui dans l'exécution, est ou n'est pas susceptible de division, soit matérielle, soit intellectuelle.

L'obligation est indivisible, quoique la chose ou le fait qui en est l'objet soit divisible par sa nature, si le rapport sous lequel elle est considérée dans l'obligation ne la rend pas susceptible d'exécution partielle.

La solidarité stipulée ne donne point à l'obligation le caractère d'indivisibilité.

La clause pénale est celle par laquelle une personne, pour assurer l'exécution d'une convention, s'engage à quelque chose en cas d'inexécution.

La nullité de l'obligation principale entraîne celle de la clause pénale.

La nullité de celle-ci n'entraîne point celle de l'obligation principale.

La clause pénale est la compensation des dommages et intérêts que le créancier souffre de l'inexécution de l'obligation principale.

Il ne peut demander en même temps le principal et la peine, à moins qu'elle n'ait été stipulée pour le simple retard.

Les obligations s'éteignent 1° par le paiement, qui suppose toujours une dette, qui doit être fait au créancier ou à son fondé de pouvoir, ayant capacité. Il doit être de la chose promise et dans le lieu désigné par la convention.

2° Par la novation qui s'opère de trois manières : 1° lorsque le débiteur contracte envers son créancier une nouvelle dette qui est substituée à l'ancienne, laquelle est éteinte ;

2e Lorsqu'un nouveau débiteur est substitué à l'ancien qui est déchargé par le créancier.

3° Lorsque, par l'effet d'un nouvel engagement, un nouveau créancier est substitué à l'ancien, envers lequel le débiteur est déchargé. La novation ne se présume pas ; elle doit résulter clairement de l'acte.

Les obligations s'éteignent 3° par la remise volontaire de la dette. Elle doit être volontaire et non forcée. 4° Par la compensation lorsque deux personnes se trouvent créancières l'une envers l'autre ; les deux dettes s'éteignent de plein droit, par la seule force de la loi, même à l'insu des débiteurs. Mais il faut que les deux dettes aient pour objet des choses fongibles c'est-à-dire qui consistent dans le nombre, le poids et la mesure, et qu'elles soient également exigibles. Elles s'éteignent 5° par la confusion lorsque les qualités de créancier et de débiteur se réunissent dans la même personne, par exemple si le débiteur devient héritier de son créancier. Elle s'éteignent 6° par la perte de la chose due lorsque le corps certain est déterminé qui était l'objet de l'obligation, vient à périr ou et mis hors du commerce ou se perd de manière qu'on en ignore absolument l'existence. Le débiteur est libéré si la perte arrive sans sa faute et avant qu'il ait été mis en demeure.

Enfin les obligations peuvent être annullées ou rescindées par l'effet de l'action en nullité ou en rescision, qui, en général, dure dix ans, si la loi ne l'a limitée à un moindre temps.

En cas de demande en nullité pour violence, erreur ou dol, la prescription ne court que du jour où la violence a cessé et du jour où le dol et l'erreur ont été découverts.

Quant aux actes faits, sans autorisation du mari, par les femmes mariées, la prescription ne court que du jour de la dissolution du mariage ; et pour les actes faits par les mineurs ou les interdits, elle ne commence que du jour de la majorité ou de la levée de l'interdiction. Les engagements pris par les mineurs, les interdits ou les femmes mariées, et en conséquence desquels certains paiements auraient été faits pendant la majorité, l'interdiction ou le mariage, ne donnent point lieu à restitution de ces paiements, si l'on prouve que ce qui a été payé a tourné à leur profit. Ainsi, en faisant des paiements en pareille circonstance, on doit toujours avoir la précaution de se ménager la preuve de l'*utilité des paiements*.

Une règle générale en fait d'obligation, c'est que celui qui en réclame l'exécution doit prouver l'existence de l'obligation, de même que celui qui étant reconnu obligé et se prétend libéré, doit prouver sa libération.

Les obligations se prouvent 1° par les écrits qui sont authentiques, c'est-à-dire passés devant les officiers publics agissant dans les limites de leur territoire et de leurs attributions, ou sous signature privée.

La différence entre ces deux titres c'est que les premiers font pleine foi de ce qu'ils renferment, et que les seconds doivent être reconnus en justice pour équivaloir aux autres. En cas d'acte authentique on conclut directement à son exécution, mais en cas d'écrit privé on conclut à sa reconnaissance ; ses tailles entre les personnes qui sont dans l'usage de constater aussi les fournitures qu'elles font ou reçoivent en détail font aussi foi des livraisons.

Le second mode de preuve des obligations réside dans la preuve par témoins. Autrefois on ne pouvait prouver par ce moyen lorsque la somme excédait 100 livres ; aujourd'hui on peut prouver jusqu'à une valeur de 150 fr.; il y a exception en faveur du commerce ; devant les tribunaux de commerce la preuve par témoins est admise à quelque taux que la demande s'élève. Il y a aussi exception quand il existe entre les mains du demandeur un commencement de preuve par écrit ; c'est-à-dire émané de celui contre lequel la demande est formée et qui rend vraisemblable le fait allégué. Il y a encore exception à la règle générale quand le créancier n'a pu se procurer une preuve littérale de l'obligation, quand il y a délit, quasi-délit ou quasi-contrat, dépôt nécessaire c'est-à-dire fait en cas d'incendie, ruine, tumulte, naufrage et dans les les auberges par les voyageurs ; quand l'obligation a été contractée en cas d'accidents imprévus où l'on ne pourrait avoir fait des actes par écrit, et enfin quand le créancier a perdu son titre par suite d'un cas forfuit, imprévu et résultant d'une force majeure.

Les conventions se prouvent aussi par les présomptions. Ce sont des conséquences que la loi ou le magistrat tire d'un fait connu pour arriver à un fait inconnu. Les premières se nomment présomptions légales, les autres présomptions humaines. La présomption légale, c'est-à-dire celle que la loi attache à certains actes ou à certains faits, dispense de toute preuve celui en faveur de qui elle existe et même aucune preuve n'est admise contre elle ; la loi romaine la qualifiait *præsumptio juris et de jure*. Le code signale de ce nombre 1° les actes déclarés nuls par la loi comme faits en fraude de ses dispositions ; 2° les cas dans lesquels elle attribue la propriété ou la libération à l'effet de certaines circonstances ; 3° l'autorité de la chose jugée ; 4° l'aveu judiciaire ou le serment de la partie. L'autorité de la chose jugée n'a cependant lieu que lorsque les cinq cas suivants se rencontrent : 1° Il faut qu'il s'agisse de ce qui a fait l'objet du jugement ; 2° que la chose demandée soit la même ; 5° que la demande soit fondée sur la même cause ; 4° qu'elle soit formée entre les mêmes parties ; 5° et par elles et contre elles en la même qualité.

Les présomptions humaines, *juris tantum* disaient les lois romaines, sont celles qui sont abandonnées aux lumières et à la prudence des magistrats. Ils ne doivent les admettre qu'autant qu'elles sont graves, précises et concordantes, et dans les cas seulement où la loi permet la preuve testimoniale ; — excepté lorsqu'il s'agit de dol ou de fraude.

L'aveu que fait la partie en justice par elle-même ou par son fondé de pouvoir spécial, fait pleine foi contre elle ; mais il est indivisible, en ce sens que la partie adverse ne peut se prévaloir de ce qu'il aurait de favorable et rejeter ce qu'il aurait de préjudiciable aux intérêts de celle-ci. Il ne peut être rétracté que pour une erreur de fait et non de droit.

L'aveu extrajudiciaire, c'est-à-dire fait de vive voix et non en justice ne peut être prouvé par témoins qu'autant qu'il s'agit d'une somme de moins de 150 fr.

Enfin le serment *décisoire* qui est déféré par l'une des parties à l'autre peut être déféré en tout état et dans toute espèce de cause ; cependant il ne peut l'être que sur un un fait personnel à celui qui est provoqué à le faire.

Le serment d'*office* est celui qui est déféré par le juge quand la demande ou l'exception n'est pas pleinement justifiée.

Le serment décisoire peut être référé. Il n'en est pas ainsi du serment d'office.

CONTRAT DE MARIAGE.

On entend par contrat de mariage la convention particulière faite tant par les futurs époux que par des tiers en faveur et à l'occasion du mariage.

En général toute personne capable de se marier peut régler ses conventions matrimoniales ; seulement le mineur doit être assisté des personnes dont le consentement est requis pour la validité de son mariage.

57

Les parties peuvent régler leurs conventions comme elles le jugent à propos, et elles jouissent à cet égard d'une liberté plus étendue que dans les transactions ordinaires, seulement elles ne peuvent porter atteinte aux bonnes mœurs ni à l'ordre public.

Elles ne peuvent donc déroger 1° aux droits résultant de la puissance maritale, à ceux qui appartiennent au mari comme chef, ou à l'autorité conférée au survivant des époux par le titre de la puissance paternelle et par le titre de la minorité, de la tutelle et de l'émancipation. 2° Ils ne peuvent faire de pactes sur les successions non ouvertes et les donations faites à ceux qui ne sont pas conçus. 5° Ils ne peuvent enfin insérer dans leurs conventions matrimoniales des stipulations qui tendraient à faire revivre d'anciennes règles abrogées par les lois nouvelles.

Comme les conventions matrimoniales n'intéressent pas seulement les contractants, mais encore les tiers, il faut, pour assurer leur inviolabilité, qu'elles soient consignées dans un acte notarié et l'on ne peut apporter de changements à cet acte après la célébration du mariage, mais jusqu'alors les époux peuvent, par des changements ou contre lettres, modifier ou même détruire en totalité ou en partie leurs conventions.

Toutefois, pour que ces modifications puissent avoir leur effet vis-à-vis des époux, la loi exige qu'elles aient eu lieu avec le concours et le consentement simultané de toutes les personnes qui ont été portées au contrat de mariage. Elle veut de plus, pour qu'elles puissent être opposées aux tiers, qu'elles aient été rédigées à la suite de la minute du contrat. Cette condition remplie, les parties ont fait tout ce que l'on pouvait attendre d'elles; s'il arrive que le notaire néglige de faire mention des changements à la suite des grosses ou expéditions qu'il délivre, il est passible de dommages-intérêts envers les tiers.

Il ne faut point oublier que lorsque les époux ou l'un d'eux sont commerçans, la loi leur impose certaines obligations et les assujettit à certaines formalités. Tout contrat de mariage entre époux, dont l'un est commerçant, doit être transmis par extrait, dans le mois de sa date, aux greffes des tribunaux de première instance et de commerce du domicile du mari, ou, s'il n'y a pas de tribunal de commerce, au secrétariat de la maison commune du même domicile, pour être inscrit sur un tableau à ce destiné et exposé pendant un an dans l'auditoire de ces tribunaux; pareil extrait est remis aux chambres des avoués et notaires, s'il y en a, pour être inséré aux tableaux exposés dans ces chambres. Cet extrait annoncera si les époux sont mariés en communauté, s'ils sont séparés de biens ou s'ils ont contracté sous le régime dotal.

Le notaire qui aura reçu le contrat de mariage sera tenu de faire la remise aux greffes et aux chambres des notaires et avoués, sous peine de 100 fr. d'amende, et même de destitution et de responsabilité envers les créanciers, s'il est prouvé que l'omission est la suite d'une collusion.

Tout époux séparé de biens, ou marié sous le régime dotal, qui embrasse la profession de commerçant, postérieurement à son mariage, est tenu de faire pareille remis dans le mois du jour où il a ouvert son commerce, à peine, en cas de faillite, d'être puni comme banqueroutier frauduleux.

Dans le cas prévu par cet article, le notaire n'est pas chargé de l'obligation de faire observer ces formalités, puisque l'époux n'était pas commerçant au moment du contrat; c'est donc cet époux seul qui doit être puni de sa négligence.

CONTRAT DE RENTE VIAGÈRE.

Les règles qui le concernent sont retracées pas les art 1968 et suiv. du code civil, auxquels il nous suffit de renvoyer.

Nous nous contenterons de donner la formule du contrat de rente viagère à prix d'argent.

FORMULE

D'UM CONTRAT DE RENTE VIAGÉRE A PRIX D'ARGENT.

*Cejourd'hui..., les soussignés A..., d'une part ; et B...,
d'autre part, ont fait entre eux la convention suivante ;
savoir :*

*Que ledit A... a, par ces présentes, déclaré avoir
aliéné, en faveur dudit B..., ci-présent stipulant et acceptant, la somme capitale de 10,000 fr., qui lui a été
comptée à l'instant, en bonnes espèces d'or et d'argent,
par ledit A..., et dont il le quitte par les présentes, à la
charge par ledit B..., qui s'y oblige, de payer une rente
annuelle de 1,200 fr., franche de toutes contributions,
au domicile et pendant la vie dudit A..., en 4 paiements
égaux, à raison de 300 fr. par chaque trimestre et d'a-
vance. En conséquence, ce dernier confesse avoir reçu
tout présentement le premier quartier, dont quittance ;
le second sera échu le..., et ainsi de suite, pour tous les
autres, pendant chaque année.*

*Pour sûreté et garantie du paiement de la rente ci-dessus
constituée, ledit B..., a spécialement affecté et hypothé-
quera un domaine qu'il possède sur le ban de la commune
de..., au canton dit..., lequel il a déclaré être franc et
libre de toute hypothèque, et sur lequel il consent que
ledit A..., prenne inscription en vertu des présentes lorsqu'elles seront passées en forme authentique, à sa première réquisition et aux frais du débiteur.*

Fait double à...., ce...   (Signatures.)

*Autre contrat, par lequel la rente viagère est constituée
sur deux têtes, et moyennant aliénation de biens immeubles.*

*Cejourd'hui..., les soussignés A..., d'une part ; et B...,
d'autre part ; sont convenus de ce qui suit ; savoir :*

Que ledit A... a, par ces présentes, déclaré avoir ven-
du, abandonné et transporté en toute propriété et avec
promesse de garantie de tous troubles, évictions, hypo-
thèques et autres empêchemens généralement quelconques,
audit B..., ci-présent stipulant et acceptant pour lui, ses
successeurs et ayant-cause ;

1ᵉ Une pièce de pré de la contenance de... hectares,
située sur le ban de la commune de..., au canton dit...,
(désigner les tenans et aboutissants.)

2º Plus une pièce de terre labourable, de la conte-
nance de... hectares, située sur le même ban, au canton
dit.... (même désignation que ci-dessus.)

3º Plus et finalement un étang de la contenance de...
hectares, situé sur le même ban, au canton dit... (pareille désignation) ; *tel que lesdites pièces s'étendent et*
comportent entre leurs limites et confins, que le vendeur
en a joui ou dû jouir et dont l'acquéreur a déclaré avoir
une parfaite et entière connaissance ; la présente aliéna-
tion faite pour le prix et somme principale de 8,000 fr.,
que le vendeur a déclaré vouloir convertir et constituer à
son profit, pendant la vie et sur la tête de C.... et D....,
(désigner leurs qualités et demeures) , *en fonds de rente*
viagère d'une somme annuelle de 1,000 fr., payable par
sémestre et d'avance, au domicile dudit vendeur qui re-
connaît avoir reçu, cejourd'hui de l'acquéreur une somme
de 500 fr., pour le premier sémestre, dont quittance ; en
conséquence, le paiement du second aura lieu le..., et
ainsi de suite, pendant chaque année ; à tout quoi ledit
B... s'est obligé.

Il a été en outre réservé qu'en cas de mort soit dudit
C..., soit dudit D... seulement, la rente ci-dessus con-
stituée n'éprouvera aucune réduction et continuera d'être
acquittée en entier audit A... par ledit B..., jusqu'au dé-
cès des deux personnes sur la tête desquelles elle a été
créée, auquel cas, elle sera éteinte de droit et ledit B...,
sera alors déchargé de tout paiement.

Les immeubles spécifiés au présent contrat, resteront spécialement et par le privilége primitif, affectés et hypothéqués au paiement de la rente ci-dessus ; à quel effet, ledit B..., s'oblige de payer à ses frais, acte authentique dudit contrat, à la première réquisition qui lui en sera faite par ledit A....

Fait double à..., les jour, mois et an que devant.

(Signatures.)

Autre, par lequel la rente viagère à titre gratuit est déclarée insaisissable.

Cejourd'hui..., les soussignés A..., d'une part ; et B..., d'autre part ; sont convenus de ce qui suit ; savoir :

Que ledit A... a, par ses présentes, déclaré avoir vendu, cédé et abandonné en toute propriété et avec promesse de garantie de tous troubles, évictions, hypothèques et autres empéchements généralement quelconques, audit B..., ci-présent stipulant et acceptant pour lui, ses successeurs ou ayant-cause, une maison à deux étages, située dans la ville de..., rue de..., n°..., (désigner ses tenants et aboutissants), *telle qu'elle s'étend et comporte entre ses limites et confins, que le vendeur en a joui ou dû jouir, et dont l'acquéreur a déclaré avoir parfaite connaissance ; la présente vente faite pour le prix et somme de* 10,000 *fr., à compte de laquelle le vendeur reconnaît avoir reçu de l'acquéreur, avant les présentes, celle de* 4,000 *fr. dont quittance ; et quant aux* 6,000 *fr. restant, ledit A..., a déclaré convertir et constituer cette somme en faveur et au profit de C...,* (désigner les noms, qualité et demeure), *en un fonds de rente viagère annuelle et insaisissable, de la somme de* 600 *fr. que ledit B..., s'oblige, par les présentes, de payer annuellement, audit C..., et pendant la vie de ce dernier, en quatre paiements égaux, et par quartiers de trois en trois mois, et d'avance, à dater du...; et ainsi de suite, pendant chaque année, jusqu'à l'époque du décès dudit C..., auquel cas, ladite rente demeurera éteinte de droit; et sera alors ledit B..., déchargé de toute obligation de paiement.*

Pour sûreté et garantie du paiement de la rente ci-dessus constituée par ledit A..., en faveur dudit C..., et qui ne pourra, sous aucun prétexte, être saisie par les créanciers de ce dernier, attendu qu'elle n'a été créée que dans le but de lui assurer des aliments, la maison spécifiée au présent contrat restera par privilége spécial et primitif, affectée et hypothéquée; à quel effet, ledit B..., sera tenu de passer à ses frais et à la première réquisition du vendeur, acte authentique dudit contrat dont une grosse en forme exécutoire sera remise audit C..., pour exiger le paiement de la rente créée à son profit, par les présentes.

Fait double à..., les jour, mois et an susdits.

(Signatures.)

CONTREFAÇON.

Le mot de *contrefaçon* s'applique ordinairement à l'imitation frauduleuse des produits des arts ou de l'industrie, au préjudice des propriétaires ou inventeurs.

Le code pénal porte :

« Art. 425. Toutes éditions d'écrits, de compositions
» musicales, de dessin, de peinture ou toute autre pro-
» duction, imprimée ou gravée en entier ou en partie,
» au mépris des lois et réglemens relatifs à la propriété
» des auteurs, est une contrefaçon; et toute contrefaçon
» est un délit. »

» Art. 426. Le débit d'ouvrages contrefaits, l'intro-
» duction sur le territoire français d'ouvrages qui, après
» avoir été imprimés en France, ont été contrefaits chez
» l'étranger, sont un délit de la même espèce. »

« Art. 427. La peine contre le contrefacteur ou contre
» l'introducteur sera une amende de 100 fr. au moins et
» de 2000 fr. au plus; et contre le débitant, une amende
» 25 fr. au moins et de 500 fr. au plus. »

« La confiscation de l'édition contrefaite sera prononcée tant contre le contrefacteur que contre l'introducteur et le débitant. »

» Les planches, moules ou matrices des objets contrefaits seront aussi confisqués. »

» Art. 428. Tout directeur, tout entrepreneur de spectacle, toute association d'artistes, qui aura fait représenter sur son théâtre des ouvrages dramatiques au mépris des lois et réglemens relatifs à la propriété des auteurs, sera puni d'une amende de 50 fr. au moins, de 500 fr. au plus, et de la confiscation des recettes. »

« Art. 429. Dans les cas prévus par les quatre articles précédens, les produits des confiscations, ou les recettes confisquées, seront remis au propriétaire, pour l'indemniser du préjudice qu'il aura souffert; le surplus de son indemnité, ou l'entière indemnité, s'il n'y a eu ni vente d'objets confisqués, ni saisies de recettes, sera réglé par les voies ordinaires. »

En matière d'industrie, il n'y a contrefaçon qu'autant que la propriété d'un procédé industriel a été constituée en privilège, au moyen d'un brevet d'invention, d'importation ou de perfectionnement.

Une loi du 28 juillet 1824, porte :

« Art. 1er. Quiconque aura, soit apposé, soit fait apparaître, par addition, retranchement, ou par une altération quelconque, sur des objets fabriqués, le nom d'un fabricant autre que celui qui en est l'auteur, ou la raison commerciale d'une fabrique autre que celle où lesdits objets auront été fabriqués, ou enfin le nom d'un lieu autre que celui de la fabrication, sera puni des peines portées en l'art. 425 du code pénal, sans préjudice des dommages-intérêts s'il y a lieu. »

« Tout marchand, commissionnaire, ou débitant quelconque sera passible des effets de la poursuite, lorsqu'il aura sciemment exposé en vente ou mis en circulation les objets marqués de noms supposés ou altérés. »

Il est évident qu'en matière de *contrefaçon*, la jurisprudence a mieux que la loi, défini les caractères consti-
tutifs du délit. Ainsi il y a contrefaçon :

« 1° Lorsque, entre l'ancien ouvrage et le nouveau, il
» y a assimilation dans les termes, analogie dans les élé-
» mens, et même ordre dans l'exécution, à quelques sup-
» pressions près. C. de Cass. 3 mars 1826. »

« 2° Lorsqu'on s'empare de *recueils et compilations* qui
» ne sont pas de simples *copies*, qui ont exigé dans leur
» exécution le discernement du goût, le choix de la
» de la science et le travail de l'esprit, encore que l'au-
» teur ait gardé l'anonyme. C. de Cass, 2 décembre 1814.

» Tous les fabricans qui tirent leur matière première
» d'un même lieu, sont également autorisés à donner à
» leurs produits le nom de ce lieu; ce nom ne saurait être
» la propriété particulière de l'un d'eux, par cela seul que
» le premier il en aurait fait usage. » C. de Cass. 24 février 1840.

« Celui qui imite une marque emblématique adoptée
» et déposée au greffe du tribunal de commerce par un
» commerçant, se rend coupable de contrefaçon. » C. de
Rouen. 30 novembre 1840.

« Un dessin d'étoffes, bien que composé d'élémens pris
» dans le domaine public, n'en est pas moins susceptible
» de devenir l'objet d'une propriété exclusive, lorsque
» ces élémens ont été coordonnés d'une manière particu-
» lière, qui forme de ce dessin une nouveauté. — L'imi-
» tation d'un tel dessin constitue le délit de contrefaçon,
» alors même qu'il n'y a pas identité complète, et qu'il
» existe quelques différences, peu sensibles toutefois,
» et n'empêchant pas de reconnaître la volonté d'imiter. »
C. de Rouen; 17 mars 1843.

« L'inventeur d'un dessin sur étoffe peut se plaindre
» de la contrefaçon qui en est faite, bien qu'elle soit an-
» térieure au dépôt du dessin aux archives ou secrétariat
» du conseil des prud'hommes; le dépôt n'est pas néces-
» saire pour assurer la propriété du dessin; il est seu-

» lement exigé comme condition préalable de l'action en
» contrefaçon. — Le contrefacteur d'un dessin de fa-
» brique peut être condamné à des dommages-intérêts,
» non seulement pour la contrefaçon qu'il a faite, mais
» encore pour celle que sa négligence a laissé faire par
» un tiers. — Le tribunal de commerce est compétent
» pour connaître d'une demande en dommages-intérêts
» pour contrefaçon d'un dessin de fabrique. (Cour de
cassation, 17 mai 1843.

« Celui qui, au lieu d'inventer, n'a fait que copier
» l'ouvrage d'autrui, ne peut se plaindre de la contre-
» façon, encore qu'il ait déposé à la bibliothèque royale
» deux exemplaires de la copie qu'il a faite. (Cour de
cassation, 5 brumaire an 13.)

« N'est pas contrefacteur celui qui imprime ou grave
» en France, sans la permission de l'auteur, un ouvrage
» publié en pays étranger, par un auteur étranger. (Cour
de cassation, 17 nivôse an 13.)

» Cependant nn fabricant étranger peut, aussi bien
» qu'un fabricant français, intenter devant les tribunaux
» français, une action en usurpation de son nom de fa-
» brique. (Cour de Paris, 30 novembre 1840 et 3 juin
1843.)

« L'action publique, à raison du délit de contrefaçon
» d'une invention brevetée, une fois que cette action a
» été mise en mouvement par la partie lésée, ne peut
» être arrêtée par le désistement de cette partie. » (Cour
d'Amiens, 9 mai 1842.)

COURTIER.

Le courtier est un agent intermédiaire pour les actes
de commerce.

Il existe des courtiers dans toutes les villes qui ont une
bourse de commerce. Ils sont nommés par le roi. On en
distingue plusieurs espèces ; les courtiers de marchandises,

les courtiers d'assurances, les courtiers interprêtes et conducteurs de navires, et les courtiers de transport par terre et par eau. Leur désignation fait suffisamment connaître de quel genre d'opérations, chacune de ces diverses classes s'occupe spécialement.

En renvoyant aux art. 74 et suivans du code de commerce, nous nous bornerons à dire, que les courtiers de marchandises légalement constituées, ont seuls le droit de faire le courtage de ces mêmes marchandises et d'en constater le cours, et qu'ils exercent concurremment avec les agens de change le courtage des matières métalliques.

Les syndics des courtiers de commerce se réunissent, après la bourse, pour recueillir le prix des marchandises et le coter, article par article, sur le bulletin du cours.

Le privilège des courtiers en titre ne se borne pas aux opérations qui se font à la bourse, mais il s'étend à toutes les opérations de courtage qui se font sur la place où ils sont établis.

Ils peuvent, dans tous les cas, procéder à la vente aux enchères publiques, des marchandises portées sur les tableaux arrêtés par les tribunaux de commerce, à l'exclusion des commissaires priseurs, encore que la vente ait lieu après saisie.

La cour de cassation a cependant jugé, le 10 mars 1840, « que les courtiers de commerce n'ont qualité pour pro- » céder à la vente de marchandises neuves, aux enchè- » res, que dans les limites de la commune où se trouve » la bourse à laquelle ils sont attachés. Le courtier de » commerce qui a procédé à une vente de marchandises » hors du territoire de la commune dans laquelle il se » trouve établi, est passible de dommages-intérêts envers » le commissaire priseur du lieu où la vente s'est faite, » et qui seul avait le droit d'y procéder. »

Les faillis, non réhabilités, ne peuvent être courtiers.

Les courtiers sont tenus d'avoir un livre coté et paraphé, sur lequel ils doivent consigner, jour pour jour, par ordre de dates, sans ratures, interlignes ni transpositions, et sans abréviations ni chiffres, toutes les conditions des ventes, achats, assurances, négociations, et en général de toutes les opérations faites par leur ministère. Un courtier ne peut, dans aucun cas et sous aucun prétexte, faire des opérations de commerce pour son compte. Il ne peut s'intéresser directement ni indirectement, sous son nom, ou sous un nom interposé, dans aucune entreprise commerciale. Il ne peut recevoir ni payer pour le compte de ses commettans. (Code de commerce. Art. 85.)

Toute contravention aux dispositions énoncées aux art. 85 et 86 du Code de commerce, entraîne la peine de la destitution et la condamnation, par le tribunal de police correctionnelle, à une amende qui ne peut être au-dessus de 5000 fr. ; sans préjudice de l'action des parties en dommages et intérêts.

Tout courtier destitué ne peut être réintégré dans ses fonctions, et en cas de faillite, tout courtier est poursuivi comme banqueroutier.

CULTES.

Nous nous bornerons à indiquer, pour les personnes que cela peut intéresser, quelles sont les dispositions législatives qui ont actuellement pour l'objet l'exercice des divers cultes reconnus par la loi. Ce sont :

1° La loi du 18 germinal an 10 (8 avril 1802) organique du concordat de 1801 (23 fructidor an 9) et des cultes protestans.

2° Le décret du 28 février 1810, modificatif des lois organiques du concordat.

3° Le concordat de Fontainebleau, du 13 février 1813.

4° Le décret sur le mode d'exécution du concordat du 25 mars de la même année

5° Les art. 6 et 7 de la charte de 1814.

6° Le nouveau concordat du 11 juin 1817 entre Louis XVIII et le pape Pie VII.

7° La loi des 4-15 juillet 1821, qui rétablit 3o sièges de diocèses, supprimés par la loi de 1802;

8° L'art. 6 de la Charte de 1830.

9° L'art. 15 de la loi du 28 juin 1833, sur le retour au nombre des siégés fixé par la loi du 8 avril 1802.

Les art. 260 et suiv. du code pénal répriment et punissent les entraves apportées au libre exercice des cultes, et les art. 201 à 208 du même code, traitent des délits des ministres des cultes contre l'autorité publique, et ces délits sont punis de diverses peines, selon qu'ils résultent des discours, des écrits ou de la correspondance de leurs auteurs.

Enfin nous rappellerons ici qu'aux termes de la loi 1° aucune cérémonie ne peut avoir lieu, hors des édifices consacrés au culte catholique, dans les villes où il y a des temples destinés à d'autres cultes.

2° Que les curés, aux prônes des messes paroissiales, doivent prier, et faire prier, pour la prospérité de l'Etat et pour la personne du Roi.

3° Qu'ils ne peuvent faire au prône aucune publication étrangère à l'exercice du culte, si ce n'est celles ordonnées par le gouvernement.

4° Que le dimanche, jour consacré aux cérémonies religieuses, est le jour légal du repos des fonctionnaires publics.

5° Qu'aucune fête, à l'exception des dimanches, ne peut être établie, sans la permission du Gouvernement.

6° Que les jours de fête légale sont : Noël, l'Ascension, l'Assomption, la Toussaint et le second jour de l'an.

DATE.

On appelle *la date* d'un acte, l'indication du jour, du mois, de l'année et en outre du lieu où il a été passé.

Elle est requise à peine de nullité dans les actes notariés, mais en général elle n'est pas indispensable dans les actes sous seing privé, sauf toutefois les testaments olographes, les lettres de change, les billets à ordre, les contrats et les polices d'assurance.

La date des actes privés ne devient certaine à l'égard des tiers, et ne peut leur être opposée que du jour de l'enregistrement, du jour de la mort de celui ou de l'un de ceux qui l'ont souscrits, ou du jour où leur substance se trouve constatée dans les actes dressés par les officiers publics, tels que procès-verbaux de scellés ou d'inventaires. (Code civil, art. 1328.)

« Les actes sous seing privé ne peuvent avoir date certaine contre les tiers, par l'effet d'aucunes circonstances autres que celles prévues par l'art. 1328 du Code civil. Cet article est limitatif et non démonstratif. » (Cour de cassation, 27 mai 1823.) Nombreux arrêts de cours royales, notamment de celle d'Agen du 4 décembre 1841. Cependant cette règle n'est pas rigoureusement applicable en matière de commerce, car les tribunaux qui ont la faculté d'admettre la preuve testimoniale même de convention écrites excédant 150 fr. pourraient, à plus forte raison, l'admettre pour établir la vérité ou la fausseté d'un acte sous seing privé.

DÉCLARATION AU BUREAU DE L'ENREGISTREMENT.

Dans divers cas on doit faire, au bureau de l'enregistrement, une déclaration pour le paiement des droits dûs au fice.

Ainsi, quand il y a eu transmission de propriété sans conventions écrites ou ostensibles, le possesseur est tenu de suppléer aux actes, par des déclarations détaillées, estimatives et faites dans les trois mois de l'entrée en possession, à peine de payer le double droit.

Les héritiers, légataires ou donataires entre-vifs, sont aussi tenus de faire des déclarations estimatives, dans les six mois, à compter du jour du décès , à peine de payer, à titre d'amende , en cas de retard , un demi droit en sus du droit dû pour mutation, et en cas d'omission ou d'insuffisance dans les déclarations, un droit en sus de celui dû pour les objets omis.

Il y a prescription pour la demande du droit :

1° Après trois années, à compter du jour de l'enregistrement, s'il s'agit d'une omission.

2° Après cinq années, à compter du jour du décès , pour les successions non déclarées.

Les parties sont encore tenues de faire une déclaration estimative certifiée et signée, lorsque les sommes et valeurs ne sont pas déterminées dans l'acte ou le jugement donnant lieu au droit proportionnel.

DÉCONFITURE.

C'est l'état d'un débiteur non commerçant, dont les biens sont insuffisants pour payer ses dettes, en sorte que les créanciers , qui n'ont ni privilège ni hypothèque, perdent une partie de leurs créances , et partagent entr'eux le prix des biens par contribution, au marc le franc.

La déconfiture suppose l'insolvabilité, et à la différence de la faillite elle n'a pas besoin d'être déclarée par un jugement; c'est un fait qui résulte des différentes poursuites exercées contre le débiteur.

La déconfiture enlève le bénéfice du terme; toutes les dettes deviennent exigibles.

Le vendeur n'est pas tenu de délivrer la chose vendue, quand même il aurait accordé un terme pour le paiement, si depuis la vente l'acheteur est tombé en état de déconfiture.

Le capital d'une rente constituée en perpétuel devient exigible.

Les créanciers personnels de la femme peuvent exercer les droits de celle-ci, jusqu'à concurrence du montant de leurs créances, sans que la séparation de biens ait été prononcée.

La caution, même avant d'avoir payé, peut agir contre le débiteur en déconfiture pour être par lui indemnisée. La déconfiture est une des causes qui mettent fin aux sociétés.

Le créancier qui a accepté une délégation sur un individu déjà tombé en déconfiture au moment de l'acte, a un recours contre le débiteur.

Les dispositions du code de commerce, relativement actes et aux paiemens faits par le sailli, dans les 10 jours avant la faillite, ne sont pas applicables au cas de la déconfiture.

DEMANDE EN DÉLIVRANCE.

C'est l'acte par lequel le légataire demande à l'héritier l'objet compris dans le legs.

Le Code distingue trois sortes de légataires :

1° Le légataire universel qui est dispensé de former sa demande en délivrance, dans le cas où le testateur n'a pas laissé d'héritiers à réserve. Toutefois, si le testament qui l'institue est olographe ou mystique, il est tenu de se faire envoyer en possession par une ordonnance du président, mise au bas d'une requête à laquelle est joint l'acte de dépôt du testament.

2° Le légataire à titre universel qui est tenu de demander la délivrance aux héritiers à réserve, à leur défaut aux légataires universels, et à défaut de ceux-ci aux héritiers collatéraux.

3° Le légataire particulier doit aussi former sa demande dans l'ordre qui vient d'être indiqué. « Les fruits ne commencent à courir, à son égard, que du jour de la demande, à moins qu'il n'y ait une dispense dans le testament

La délivrance se fait *expressément* lorsqu'elle a lieu par un acte émané de l'héritier. Elle se fait *tacitement* lorsque le légataire reçoit de l'héritier le paiement de son legs, ou bien qu'il se met lui même en possession sans réclamation de la part de l'héritier qui en a connaissance.

Si les parties ne peuvent s'entendre, une demande doit être formée devant le tribunal du lieu d'ouverture de la succession.

La chose léguée est délivrée avec ses accessoires nécessaires, et dans l'état où elle était au moment du décès.

Les frais de la délivrance sont à la charge de la succession, sans néanmoins qu'il puisse en résulter de réduction à la réserve légale. Toutefois les frais d'enregistrement sont à la charge du légataire.

Enregistrement.

Les délivrances de legs pures et simples, sont passibles du droit fixe de un franc.

ÉCHANGE.

L'échange est un contrat par lequel les parties se donnent respectivement une chose pour une autre.

L'échange diffère de la vente en ce que le prix n'est pas fixé en argent : aussi on n'a point à distinguer, comme dans la vente, entre la chose et le prix, le vendeur et l'acheteur. Chacune des choses, dans l'échange, est à la fois et la chose vendue et le prix de l'autre ; chacun des contractans est à la fois vendeur et acheteur.

Enregistrement.

La régie perçoit, pour échange de meubles, 2 pour cent sur les objets mobiliers ; et 1 pour cent sur les créances à terme.

Les échanges d'immeubles ne sont plus soumis qu'au droit de 2 et demi pour cent sur la valeur d'un seul des objets échangés.

Les échanges d'immeubles ou de jouissance sous seing privé, doivent être enregistrés dans les trois mois de leur date, à peine du double droit.

Quant aux échanges de meubles, il n'y a pas de délai de rigueur pour l'enregistrement des actes qui les constatent.

FORMULE

D'ÉCHANGE D'IMMEUBLES.

Entre les soussignés,

M. Paul, propriétaire, demeurant à

Et sieur Joseph, propriétaire, demeurant à

A été faite la convention suivante :

M. Paul cède, à titre d'échange, avec garantie de tous troubles et évictions ; au sieur Joseph, qui accepte,

Dix hectares de terre, plantée de mûriers et noyers, située au terroir   tenant du levant à
du couchant à   du nord à   et du midi à

M. Paul est propriétaire de cette terre, comme héritier de M. un tel, ou au moyen de l'acquisition qu'il en a faite du sieur un tel, par acte reçu de M. un tel, notaire à

De son côté, ledit Joseph cède, à titre de contre échange, au sieur Paul qui accepte,

Six hectares de bois, situés à   tenant...

Chacun des co-permutans jouira des objets à lui abandonnés, à partir de ce jour, aux charges et conditions d'usage entre les échangistes ; ils paieront les contributions des mêmes objets, à partir du

Ces échanges sont faits de part et d'autre, sans soulte ni retour.

Les parties déclarent que la valeur de chacun des objets échangés est de

Chacun des co-permutans a remis à l'autre un extrait du titre de propriété qui vient d'être énoncé.

Fait double, à   le   mil...

(Signatures des Parties.)

ÉMANCIPATION.

L'émancipation est un acte par lequel le mineur acquiert le droit de gouverner sa personne et ses biens, en ce qui n'excède pas toutefois les actes de pure administration.

Forme de l'émancipation.

En cas de mariage, le mineur se trouve émancipé de plein droit. Il n'y a aucune espèce de formalités à remplir.

La forme de l'émancipation ordinaire est réglée par les art. 477 et 478 du Code civil.

Elle s'opère par la seule déclaration du père ou de la mère, reçue par le juge de paix assisté de son greffier.

Celui qui peut conférer l'émancipation.

Le père, ou à son défaut (c'est-à-dire en cas de décès, de mort civile, etc.) la mère du mineur, peuvent l'émanciper lorsqu'il a quinze ans révolus.

Lorsque le père ou la mère sont morts, ou dans l'impossibilité de manifester une volonté, c'est au conseil de famille qu'il appartient de procéder à l'émancipation ; mais il faut que dans ce cas le mineur ait dix-huit ans accomplis.

Effets de l'émancipation.

Libre de sa personne, le mineur émancipé peut quitter la maison paternelle ou celle de son tuteur. Mais s'il a moins de vingt ans, il a besoin, pour s'engager, du consentement de ses père, mère, ou tuteur.

Après l'émancipation, le compte de tutelle est rendu, s'il y a lieu, au mineur, assisté de son curateur.

Le mineur a le droit de toucher ses revenus et d'en disposer, ainsi que de ses meubles, de passer des baux dont la durée n'excède pas neuf ans, et d'administrer comme s'il était majeur.

Il ne peut, sans l'assistance de son curateur, recevoir un capital mobilier, ni le placer, former, ou soutenir une action immobilière.

A l'égard des obligations qu'il aurait contractées par voie d'achat ou autrement, elles sont réductibles de la part des tribunaux lorsqu'il y a excès.

Un des effets de l'émancipation est de faire cesser l'usufruit légal.

Enregistrement.

Les actes d'émancipation sont passibles d'un simple droit de 5 francs par chaque émancipé.

GAGE.

C'est le nantissement d'une chose mobilière que le débiteur remet au créancier pour sûreté de la dette.

Le gage confère au créancier le droit de se faire payer sur la chose, par privilège et préférence sur les autres créanciers.

L'acte de nantissement doit renfermer, avec la plus scrupuleuse exactitude, la désignation des objets donnés en gage. Le défaut d'exécution de cette formalié, rigoureusement exigée par la loi, entraînerait la nullité du contrat. (Arrêt de la Cour de cassation du 4 mars 1811.)

Le gage peut être donné pour un tiers par le détenteur.

Le créancier ne peut, à défaut de paiement, disposer du gage; sauf à lui à faire ordonner en justice que ce gage lui demeurera en paiement et jusqu'à due concurrence, d'après une estimation faite par experts, ou qu'il sera vendu aux enchères. Toute clause qui autoriserait le créancier à s'approprier le gage ou à en disposer sans les formalités ci-dessus, est nulle.

Jusqu'à l'expropriation du débiteur, s'il y a lieu, il reste propriétaire du gage, qui n'est dans la main du créancier, qu'un dépôt assurant le privilége de celui-ci.

Le créancier répond, selon les règles établies au titre *des contrats* ou *des obligations conventionnelles en général*, de la perte ou détérioration du gage qui serait survenue par sa négligence. De son côté, le débiteur doit tenir compte au créancier des dépenses utiles et nécessaires que celui-ci a faites pour la conservation du gage.

S'il s'agit d'une créance donnée en gage et que cette créance porte intérêt, le créancier impute ces intérêts sur ceux qui peuvent lui être dus. Si la dette pour sûreté de laquelle la créance a été donnée en gage ne porte point elle-même intérêt, l'imputation se fait sur le capital de la dette.

Le débiteur ne peut, à moins que le détenteur du gage n'en abuse, en réclamer la restitution qu'après avoir entièrement payé, tant en principal qu'intérêts et frais, la dette pour sûreté de laquelle le gage a été donné. S'il existe de la part même du débiteur, envers le même créancier, une autre dette contractée postérieurement à la mise en gage, et devenue exigible avant le paiement de la première dette, le créancier ne pourra être tenu de se dessaisir du gage avant d'être entièrement payé de l'une et de l'autre dette, lors même qu'il n'y aurait eu aucune stipulation pour affecter le gage au paiement de la seconde.

Le gage est indivisible nonobstant la divisibilité de la dette entre les héritiers du débiteur ou ceux du créancier. L'héritier du débiteur qui a payé sa portion de la dette, ne peut demander la restitution de sa portion dans le gage, tant que la dette n'est pas entièrement acquittée. Réciproquement, l'héritier du créancier, qui a reçu sa portion de la dette, ne peut remettre le gage, au préjudice de ceux de ses co-héritiers qui ne sont pas payés.

Les dispositions ci-dessus ne sont applicables ni aux matières de commerce, ni aux maisons de prêt sur gage

autorisées, et à l'égard desquelles on suit les lois et réglements qui les concernent.

Enregistrement.

Une obligation de sommes avec remise d'un gage, ne donne
lieu qu'au doit de 1 franc par cent ; mais si la remise du gage est
stipulée par acte séparé, elle opère le droit de 5o cent. par cent.
Si le gage était donné par un tiers pour le débiteur présent à
l'acte, il serait de 5o cent. par cent.

FORMULE

D'UN ACTE DE GAGE.

*Cejourd'hui..., les soussignés A..., d'une part, et B...,
d'autre part ; ont fait entre eux la convention suivante ;
savoir :*

*Que ledit A..., reconnait par les présentes, avoir reçu
à titre de prêt, dudit B..., la somme de..., laquelle il
s'oblige de lui rendre et payer avec l'intérêt ordinaire, à
raison de cinq pour cent, sans retenue, dans un an, date
ce jour.*

*Et que ledit B..., reconnaît également par les présentes,
avoir reçu dudit A..., pour sûreté et jusqu'à parfait paiement de ladite somme principale de..., ainsi que des intérêts qui en seront dus, la quantité de... marcs d'argenterie, au premier titre ; consistant en* (désigner les pièces
d'argenterie, par leur nature), *lesquelles il s'oblige de
rendre audit A..., contre le remboursement du prêt ci-
dessus stipulé.*

Fait double a..., les jour, mois et an susdits.

Signatures.)

GARDE CHAMPÊTRE.— GARDE FORESTIER.

Les gardes champêtres sont des fonctionnaires publics,
institués pour surveiller la conservation des récoltes, des

des fruits de la terre et des propriétés rurales de toute espèce, et dresser des procès-verbaux de tous les délits, de toutes les contraventions qui porte quelque atteinte.

Organisation.

Il doit y avoir au moins un garde par commune ; plusieurs communes peuvent choisir et payer le même garde champêtre, et une commune peut en avoir plusieurs.

Dans les communes où il y a des gardes établis pour la conservation des bois, ils peuvent remplir les deux fonctions.

Nomination et révocation.

Une ordonnance du roi du 29 novembre 1820 détermine en ces termes le mode de nomination et de révocation des gardes champêtres.

Art. 1er. — « Le choix des gardes champêtres sera » fait par les maires, et sera approuvé par les conseils » municipaux. Le sous-préfet de l'arrondissement leur » délivrera une commission.

Art. 2. — « Le changement ou la destitution des gardes » champêtres ne pourra être prononcé que par le sous- » préfet, sur l'avis du maire et du conseil municipal du » lieu ; le sous-préfet soumettra son arrêté à l'approbation » du préfet. »

Traitement et salaire.

Les gardes champêtres sont payés par les communes, suivant le prix déterminé par le conseil municipal.

Réception et prestation de serment.

Les gardes champêtres doivent être âgés au moins de 25 ans, et reconnus pour gens de bonnes mœurs ; ils sont reçus par le juge de paix, qui leur fait prêter serment de veiller à la conservation de toutes les propriétés qui sont sous la foi publique.

Armes et marques distinctives.

Il est permis aux gardes champêtres d'avoir un fusil de guerre, lorsqu'ils y sont autorisés par le sous-préfet.

A défaut d'armes de guerre, ils sont armés de sabres.

Ils ont sur le bras une plaque de métal sur laquelle sont inscrits ces mots : *loi,* le *nom* de la commune et celui du garde.

FORMULE

DE PROCÈS-VERBAL DE GARDE CHAMPÊTRE D'UNE COMMUNE.

L'an mil huit cent   le   heure d   nous soussigné, Louis B...., garde champêtre de la commune de   résidant à   assermenté en justice, certifions qu'étant décoré du signe caractéristique de nos fonctions, et faisant notre tournée ordinaire pour la conservation des propriétés confiées à notre garde, en passant dans le chemin de   conduisant à   nous avons trouvé dans une pièce de terre, semée en blé, dont le grain est près de maturité, et qui appartient au sieur P..., cultivateur en cette commune, un troupeau de moutons, ou une vache, etc., que nous avons reconnu appartenant au sieur B..., aussi cultivateur en cette commune, et qui passait dans ladite pièce de terre du sieur P..., sous la garde du nommé Louis, âgé de   domestique au service dudit sieur B..., et demeurant avec lui, nous avons sommé ledit Louis de faire retirer sur-le-champ son troupeau ou sa vache de la pièce de terre du sieur P..., ce qu'il a fait à l'instant. Nous avons évalué les dommages causés par le troupeau à la somme de   et déclaré audit Louis que nous allions faire notre rapport, tant con-

tre lui que contre ledit sieur B..., son maître, comme ci-
vilement responsable de ses faits, et avons rédigé en con-
séquence le présent procès-verbal que nous avons signé.

Nota. Les gardes champêtres des particuliers procèdent de la
même manière; ils nomment dans leurs procès-verbaux les personnes dont ils sont gardes, la situation des propriétés de ces personnes, et le lieu précis de ces propriétés où s'est commise l'infraction. A la différence des gardes de l'Etat, les gardes des communes et ceux des particuliers se servent de papier timbré, et font
enregistrer leurs actes moyennant le paiement des droits.

L'année, le mois, le nom du garde et celui du délinquant, sont
exigés, à peine de nullité. Ils doivent aussi, à peine de nullité,
faire affirmer leurs procès-verbaux dans les vingt-quatre heures devant le mâire ou le juge de paix, qui doivent en donner lecture
aux gardes et signer avec eux.

Les gardes champêtres qui ne rédigent pas les procès-
verbaux de leur propre main, doivent les faire rédiger par
les fonctionnaires qui peuvent recevoir l'affirmation.

Il n'est pas nécessaire, *à peine de nullité*, que les procès-verbaux énoncent la demeure du garde.

Le procès-verbal d'un garde champêtre ne peut pas être
annulé pour défaut de mention de la date de réception du
garde, ni pour défaut de mention que le garde était revêtu des signes distinctifs de ses fonctions. (Arrêt de cassation du 18 février 1820.

La peine de nullité est prononcée par l'art. 84 de la
loi du 22 frimaire au VII, pour défaut d'enregistrement.

Les procès-verbaux des gardes champêtres doivent être
enregistrés *en débet*, ainsi que les jugemens qui inter-
viennent sur les procès-verbaux.

Garde forestier.

Les gardes forestiers sont institués pour la conservation des bois et forêts de l'État, des communes, des établissemens publics et des particuliers.

Leur organisation, leurs attributions et le mode de
leur nomination, sont réglés par le Code forestier (21

40

mai 1827). par l'ordonnance du 1ᵉʳ août suivant, et par les dispositions des lois antérieures que le Code a laissé subsister.

HYPOTHÈQUE.

L'hypothèque est un droit réel sur les immeubles affectés à l'acquittement d'une obligation ; elle est de sa nature indivisible, et subsiste en entier sur tous les immeubles affectés, sur chacun et sur chaque portion de ces immeubles ; elle les suit dans quelques mains qu'ils passent.

L'hypothèque n'a lieu que dans les cas et suivant les formes autorisées par la loi.

Elle est légale, ou judiciaire, ou conventionnelle.

L'hypothèque légale est celle qui résulte de la loi.

L'hypothèque judiciaire est celle qui résulte des jugemens ou actes judiciaires.

L'hypothèque conventionnelle est celle qui dépend des conventions et de la forme extérieure des actes et contrats.

Sont seuls susceptibles d'hypothèque : 1° les biens immobiliers qui sont dans le commerce, et leurs accessoires réputés immeubles ; l'usufruit des mêmes biens et accessoires pendant le temps de sa durée.

Les meubles ne sont pas susceptibles d'hypothèque.

Les droits et créances auxquels l'hypothèque légale est attribuée, sont : 1° ceux des femmes mariées sur les biens de leurs maris ;

2° Ceux des mineurs et interdits, sur les biens de leurs tuteurs ;

3° Ceux de la nation, des communes et établissemens publics, sur les biens des receveurs et administrateurs comptables.

L'hypothèque légale existe indépendamment de toute inscription : 1° au profit des mineurs et interdits, sur les immeubles appartenant à leur tuteur, à raison de sa gestion, du jour de l'acceptation de la tutelle.

2° Au profit des femmes, pour raison de leurs dot et conventions matrimoniales, sur les immeubles de leurs maris, à compter du jour de leur mariage.

3° Pour les sommes dotales qui proviennent de successions à elles échues, à compter de l'ouverture des successions.

4° Pour les donations à elles faites pendant le mariage, du jour que les donations ont eu leur effet.

Formalités générales des Inscriptions.

Le créancier joint deux bordereaux écrits sur papier timbré, dont l'un peut être porté sur l'expédition du titre.

Les bordereaux doivent contenir la date et la nature du titre. Une inscription est nulle si elle donne une fausse date. (Cour de cassation, 7 septembre 1807.)

A défaut de titre, l'époque à laquelle l'hypothèque a pris. (Cour de cassation, 22 avril 1807.) Mais il a été jugé qu'elle n'était pas nulle lorsque la véritable date du titre était indiquée concurremment avec une fausse date. (Cour de cassation, 17 novembre 1812.)

Lorsque l'erreur dans la date du titre hypothécaire ne préjudicie à personne, l'inscription n'est pas nulle. (Cour de cassation, 17 août 1813. — Arrêt de la même Cour, du 9 novembre 1815.)

Le titre doit être celui originaire constitutif de l'hypothèque, et non le titre subséquent. (Cour de cassation, 4 avril 1810. — Autre de la même Cour, du 7 octobre 1812 et du 11 mars 1816.)

Le bordereau doit contenir encore 1° les nom, prénoms, domicile du créancier, sa profession, s'il en a une, et l'élection d'un domicile pour lui dans un lieu quelconque dans l'arrondissement du bureau; 2° les nom, prénoms, domicile du débiteur, sa profession, s'il en a une, connue; 3° la date et la nature du titre; 4° le montant du capital des créances exprimées dans le titre, ou évaluées par l'inscrivant, pour les rentes et prestations, ou pour les droits éventuels, conditionnels ou indéterminés, dans les cas où cette évaluation est ordonnée, comme aussi le montant des accessoires de ces capitaux, et l'époque de l'exigibilité; 5° l'indication de l'espèce et de la situation des biens sur lesquels il entend conserver son privilège ou hypothèque : cette dernière disposition n'est pas nécessaire dans le cas des hypothèques *légales ou judiciaires*. A défaut de convention, une seule inscription pour ces hypothèques frappe tous les immeubles compris dans l'arrondissement du bureau.

Enregistrement.

(Droit, 1 fr. par mille sur le montant de la créance ; plus, le décime de ce droit. — Salaire pour le conservateur, 1 fr. — Timbre du registre, à raison de 1 fr. par rôle. — Timbre du registre de dépôt, 6 c. par case. Timbre de la reconnaissance remise à l'inscrivant, 35 c. — Pour les créances éventuelles, le droit ne se perçoit que lorsque l'exigibilité est arrivée.)

Il n'est payé qu'un seul droit d'inscription par chaque créance, quel que soit le nombre des créanciers requérans.

S'il y a lieu à l'inscription d'une même créance dans plusieurs bureaux, il n'est payé par chacune des autres inscriptions que le simple salaire du préposé, sur la représentation de la quittance constatant le paiement du droit lors de la première inscription.

En conséquence, le préposé, dans le premier bureau, est tenu de délivrer à celui qui paiera le droit, indépendamment de la quittance au pied du bordereau d'inscription, autant de duplicatas de ladite quittance qu'il en sera demandé.

Il sera payé au préposé vingt centimes par chaque duplicata, outre le papier timbré.

Inscriptions d'hypothèques légales.

A défaut par les maris, tuteurs, subrogés tuteurs, de faire faire les inscriptions ordonnées par la loi, elles seront requises par le procureur du roi.

Les parens, soit du mari, soit de la femme, et les parens du mineur, ou à défaut de parens, ses amis, peuvent requérir lesdites inscriptions; elles pourront aussi requises par la femme et par les mineurs.

Les droits d'hypothèques purement légales sont inscrits sur la représentation de deux bordereaux contenant seulement : 1° les nom, prénoms, profession, domicile ou désignation précise du créancier ;

2° Les nom, prénoms, profession, domicile, ou désignation précise du débiteur ;

3° La nature des droits à conserver, et le montant de leur valeur quant aux objets déterminés, sans être tenu de le fixer quant à ceux qui sont conditionnels, éventuels ou indéterminés.

INVENTAIRE.

Un inventaire est un état dressé par écrit, et article par article, pour constater les meubles, titres et papiers d'une personne après son décès, la déclaration de son absence, son interdiction ou sa faillite.

Il est diverses circonstances où les inventaires ont lieu celui qui intéresse les absens ; en cas de demande en séparation; celui des biens du mineur; celui qui intéresse le conjoint survivant et l'administration des domaines, l'héritier bénéficiaire, le curateur à une succession vacante, etc., sur les délais accordés pour faire inventaire, et la manière d'y procéder. Voyez *Bénéfice d'inventaire*.

Inventaire des Commerçans.

Un commerçant est tenu de faire tous les ans un inventaire sous seing privé de ses effets mobiliers et immobiliers, de ses dettes actives et passives, et de le copier par année sur un registre spécial à ce destiné, aux termes de l'art. 9 du Code de commerce.

Le livre-journal et le livre des inventaires seront paraphés et visés une fois par année; tous seront tenus par ordre de date, sans blanc, lacune, ni transport en marge, suivant l'art. 10 du même Code.

Un négociant, sage et prudent, ne devant point établir ses opérations sur des incertitudes, lorsqu'il veut connaître ses facultés, ne doit pas porter en ligne de compte ses débiteurs douteux et mauvais; mais comme la loi ne distingue pas, au sujet de l'opération qu'elle exige de lui, il doit les porter dans l'intérieur de son inventaire, par *mémoire*, afin que dans des circonstances malheureuses on y ait tel égard que de raison.

L'inventaire doit être certifié sincère et véritable, signé et daté par le commerçant.

Enregistrement.

Il est dû un droit fixe de 2 fr. par chaque vacation.

Chaque vacation étant considérée comme un acte distinct, le délai de l'enregistrement court du jour de chaque vacation.

Vacations des notaires : pour chaque vacation de trois heures, ils sont taxés, à Paris, 9 fr.; dans les villes où il y a un tribunal de première instance, 6 fr.; partout ailleurs, 4 fr.

FORMULE D'INVENTAIRE.

INVENTAIRE *des effets mobiliers et immobiliers, des dettes actives et passives du soussigné (ou des soussignés, s'il y a association), commerçant en draperie, épicerie, etc., à l'époque du premier janvier* 184....

CHAPITRE PREMIER.

Effets mobiliers. — Marchandises en magasin.

	fr.	c.
Nº 10. 1 baril safran Gatinais, pesant 100 kilog. net, à 30 fr., ci	3,000	
12. 1 sac cochenille, pesant 125 kilog. net, à 40 fr., ci.	5,000	
A reporter. . . .	8,000	

	fr,	c.
Report. . . . 8,000		

4 balles poivre, numérotés et pesant comme
       suit :

16. . . .   202 kilog.
18. . . .   200
19. . . .   203
21. . . .   200

         805 kilog. net, à 3 fr., ci. . . . **2415**

2 tonneaux de sucre en pain, pesant comme
       suit :

20. . .   112 p.   550 kilog. oct. 85 kilog. taré.
21. . .   108 *dito* 540. . .   80

     220   1,090 kilog.   165
               165

         925 kilog. à 1 fr. 50 c., ci.   1,387 50

4 pièces d'eau-de-vie, contenant comme
       suit ;

1. . . .   64 hectolitres.
2. . . .   58
3. . . .   64
4. . . .   65

         261 hectolitres, à 7 fr., ci. . . .   1,827

40 kil., vin de Bourgogne, à 80 fr., ci. . .   3,200

3 pièces damas, savoir :

N° 5. . . .   60 mètres bleu.
   6. . . .   64 *dito*   violet.
   7. . . .   61 *dito*   cramoisi.

         185 mètres, à 14 fr., ci. . . .   **2,590**

4 pièces de drap d'Abbeville, savoir :

38. . . .   22 mètres bleu.
40. . . .   21 *dito*   musc.
41. . . .   23 *dito*   gris fer.
42. . . .   24 *dito*   agathe.

         90 mètres, à 3 fr., ci. 1,440

       A reporter. . . .   20,859 50

	fr.	c.
Report.	20,859	50

Marchandises entre les mains de mes Commission-naires, savoir :

Entre celles de T. Legendre, de Rouen,
10 bottes d'huile d'Italie . . . . 1,800 fr.
Entre celles de S. Collon d'Amsterdam,
1 ballot de 100 kilog. safran Gatinais. 4,800

	6,600 ci	6,600

Meubles.

Différents meubles évalués ensemble 5,100

	32,559	50

CHAPITRE II.

Effets immobiliers.

Une maison, rue de. 18,500
Une ferme avec ses dépendances, située à . . . 35,000

Total. . . . 53,500

CHAPITRE III.

Dettes actives, Lettres et Billets de change.

N° 1. 2,000 f. Traite de Mathurin de Besançon,
du 10 novembre, à 2 usances,
sur Dumont.
2. 3,000 f. Billet de A. Hibou, du 15 décembre 1837,
3. 4,000 f. de Tourton, au 20 janvier, au
porteur.

		fr.
9,000 f.	ci	9,000

A reporter. . . . 9,000

fr.

Report. ⁚ ⁚ 9,000

Compte courant.

Il m'est dû par les susnommés, pour compte courant ou solde de compte, ce qui suit :

En bonnes dettes.

Par Sarcelle , pour compte courant.	6,000 f.	
— Luc Réné ,	id.	1,100
— Jean Toury,	id.	2,500
— Denis Hénin ,	id.	8,000
	17,600	17,600

En dettes douteuses.

Par Tavier. ⁚ . . . . ⁚ ⁚ ⁚	1,454 f.	
— Remy	548	
— Dumat.	888	
	2,890 f. ci	2,890

En dettes mauvaises.

Par Renard . ⁚ ⁚ . . . ⁚ ⁚ .	484 f.	
— Luc.	200	
— Baret	166	
— Hubert. . . . , ...	188	
	1,038	ci 1,038

En caisse.

Argent en caisse. ⁚ ⁚ ⁚ . ⁚ . . ⁚ ⁚ ⁚	1,138
Total. . ⁚ ?	31,666

41

CHAPITRE IV.

Dettes passives.

Je dois, pour appointements de commis. gages domestiques, billets et solde de compte, ce qui suit :

Appointements et gages domestiques à MM. Benoît et Milliot, mes commis, pour solde de leurs appointements jusqu'à ce jour.   250 fr.

A Pierre, mon domestique, . . . 45
A Marie, ma servante. 55

350   ci   350

Par billets.

N° 1. A Louis, du premier août, à 6 mois. 1,800 f.
   2. A Jean, 15 décembre, à 4 mois. . 1,200
   3. A Luc, *dito* 20, à 1 mois. . . 1,600

4,600   ci   4,600

Pour solde de compte

A Remy de G. V. . . . . 756 f.
A Louis, *dito*. 454
A Bonnet. 1,740

2,950 f.   ci   2,950

Total. 7,900

BALANCE.

ACTIF.	fr.	c.	PASSIF.	fr.	c.
Effets mobiliers. .	32,559	50	Dettes.	7,900	
Immobiliers. .	53,500		Capital net. . .	109,867	50
Dettes. . . .	31,666				
Total. . .	117,725	50	Balance. . . .	117,767	50

Certifié véritable, le présent inventaire s'élevant en actif, à la somme de 117,757 francs 50 centimes; et en passif, à celle de 7,900 francs; d'où il résulte un capital net de 109,867 francs 50 centimes.

A Paris, le   janvier 184....

(Signatures.)

JUGES DE PAIX.

La justice de paix est un tribunal établi dans chaque canton pour juger sommairement, à peu de frais, et sans ministère d'avoué, les contestations de peu d'importance et celles surtout qui, consistant plus en fait qu'en droit, exigent que le juge vérifie préalablement les lieux en litige.

La nouvelle loi sur les justices de paix, du 25 mai 1838, apportant à l'ancien état de choses des modifications importantes, nous croyons être agréable à nos lecteurs en la donnant textuellement dans notre ouvrage.

LOI SUR LES JUSTICES DE PAIX.

Art. 1er. Les juges de paix connaissent de toutes actions purement personnelles ou mobilières, en dernier ressort, jusqu'a la valeur de cent francs, et, à charge d'appel, jusqu'à la valeur de deux cents francs.

Art. 2. Les juges de paix prononcent, sans appel, jusqu'à la valeur de cent francs, et, à charge d'appel, jusqu'au taux de la compétence en dernier ressort des tribunaux de première instance :

Sur les contestations entre les hôteliers, aubergistes ou logeurs, et les voyageurs ou locataires en garni, pour dépenses d'hôtellerie et perte ou avarie d'effets déposés dans l'auberge ou dans l'hôtel ;

Entre les voyageurs et les voituriers ou bateliers, pour retards, frais de route et perte ou avarie d'effets accompagnant les voyageurs ;

Entre les voyageurs et les carrossiers ou autres ouvriers, pour fournitures, salaires et réparations faites aux voitures de voyage.

Art. 3. Les juges de paix connaissent sans appel, jusqu'à la valeur de 100 fr., et, à charge d'appel, à quelque valeur que la demande puisse s'élever :

Des actions en paiement de loyers ou fermages, des congés, des demandes en résiliation de baux, fondées sur le seul défaut de paiement des loyers ou fermages : des expulsions de lieux et des demandes en validité de saisie-gagerie; le tout lorsque les locations verbales ou par écrit n'excèdent pas annuellement, à Paris, 400 fr., et 200 fr. partout ailleurs.

Si le prix principal du bail consiste en denrées ou prestations en nature, appréciables d'après les mercuriales, l'évaluation sera faite sur celles du jour de l'échéance, lorsqu'il s'agira du paiement des fermages; dans les autres cas, elle aura lieu suivant les mercuriales du mois qui aura précédé la demande. Si le prix principal du bail consiste en prestations non appréciables d'après les mercuriales, ou s'il s'agit de baux à colon partiaire, le juge de paix déterminera la compétence, en prenant pour base du revenu de la propriété le principal de la contribution foncière de l'année courante, multiplié par cinq.

Art. 4. Les juges de paix connaissent, sans appel, jusqu'à la valeur de cent francs, et, à charge d'appel, jusqu'au taux de la compétence en dernier ressort des tribunaux de première instance.

1° Des indemnités réclamées par le locataire ou fermier, pour non-jouissance provenant du fait du propriétaire, lorsque le droit à une indemnité n'est pas contesté;

2° Des dégradations et pertes, dans les cas prévus par les art. 1732 et 1735 du Code civil.

Néanmoins le juge de paix ne connaît des pertes causées par incendie ou inondation que dans les limites posées par l'art. 1er de la présente loi.

Art. 5. Les juges de paix connaissent également, sans appel, jusqu'à la valeur de cent francs, et, à charge d'appel, à quelque valeur que la demande puisse s'élever :

1° Des actions pour dommages faits aux champs, fruits et récoltes, soit par l'homme, soit par les animaux, et de celles relatives à l'élagage des arbres ou haies, et au curage soit des fossés, soit des canaux servant à l'irrigation des propriétés ou au mouvement des usines, lorsque les droits de propriété ou de servitude ne sont pas contestés ;

2° Des réparations locatives des maisons ou fermes, mises par la loi à la charge du locataire;

3° Des contestations relatives aux engagemens respectifs des gens de travail au jour, au mois et à l'année, et de ceux qui les emploient; des maîtres et des domestiques, ou gens de service à gages; des maîtres et de leurs ouvriers ou apprentis, sans néanmoins qu'il soit dérogé aux lois et réglemens relatifs à la juridiction des prud'hommes ;

4° Des contestations relatives au paiement des nourrices, sauf ce qui est prescrit par les lois et réglemens d'administration publique, à l'égard des bureaux de nourrices de la ville de Paris et de toutes les autres villes;

5° Des actions civiles pour diffamation verbale et pour injures publiques ou non publiques, verbales ou par écrit autrement que par la voie de la presse; des mêmes actions pour rixe ou voies de fait; le tout lorsque les parties ne se sont pas pourvues par la voie criminelle.

Art. 6. Les juges de paix connaissent, en outre, à charge d'appel :

1° Des entreprises commises, dans l'année, sur les cours d'eau servant à l'irrigation des propriétés et au mouvement des usines et moulins, sans préjudice des attributions de l'autorité administrative dans les cas déterminés par les lois et par les réglemens; des dénonciations de nouvel œuvre, complaintes, actions en réintégrande et autres actions possessoires fondées sur des faits également commis dans l'année;

2° Des actions en bornage et de celles relatives à la distance prescrite par la loi, les réglemens particuliers à l'usage des lieux, pour les plantations d'arbres ou de haies, lorsque la propriété ou les titres qui l'établissent ne sont pas contestés;

3° Des actions relatives aux constructions et travaux énoncés dans l'art. 674 du Code civil, lorsque la propriété ou la mitoyenneté du mur ne sont pas contestées;

4° Des demandes en pension alimentaire n'excédant pas cent cinquante francs par an, et seulement lorsqu'elles seront formées en vertu des articles 205, 206 et 207 du Code civil.

Art. 7. Les juges de paix connaissent de toutes les demandes réconventionnelles ou en compensation qui, par leur nature ou leur valeur, sont dans les limites de leur compétence, alors même que, dans les cas prévus par l'article 1er, ces demandes, réunies à la demande principale, s'élèveraient au-dessus de deux cents francs. Ils connaissent, en outre, à quelque somme qu'elles puissent monter, des demandes réconventionnelles en dommages-intérêts fondées exclusivement sur la demande principale elle-même.

Art. 8. Lorsque chacune des demandes principales réconventionnelles ou en compensation sera dans les limites de la compétence du juge de paix en dernier ressort, il prononcera sans qu'il y ait lieu à appel.

Si l'une de ces demandes n'est susceptible d'être jugée qu'à charge d'appel, le juge de paix ne prononcera sur toutes qu'en premier ressort.

Si la demande réconventionnelle ou en compensation excède les limites de sa compétence, il pourra, soit retenir le jugement de la demande principale, soit renvoyer sur le tout, les parties à se pourvoir devant le tribunal de première instance, sans préliminaire de conciliation.

Art. 9. Lorsque plusieurs demandes formées par la même partie seront réunies dans une même instance, le juge de paix ne prononcera qu'en premier ressort, si leur valeur totale s'élève au-dessus de cent francs, lors même que quelqu'une de ces demandes serait inférieure à cette somme. Il sera incompétent sur le tout, si ces demandes excèdent par leur réunion les limites de sa juridiction.

Art. 10. Dans les cas ou la saisie-gagerie ne peut avoir lieu qu'en vertu de permission de justice cette permission sera accordée par le juge de paix du lieu où la saisie devra être faite, toutes les fois que les causes rentreront dans sa compétence.

S'il y a opposition de la part des tiers pour des causes et pour des sommes qui, réunies, excéderaient cette compétence, le jugement en sera déféré aux tribunaux de première instance.

Art. 11. L'exécution provisoire des jugements sera ordonnée dans tous les cas où il y a titre authentique, promesse reconnue ou condamnation précédente dont il n'y a point eu appel.

Dans tous les autres cas, le juge pourra ordonner l'exécution provisoire, nonobstant appel, sans caution, lorsqu'il s'agira de pension alimentaire, ou lorsque la somme n'excédera pas trois cents francs, et avec caution, au dessus de cette somme.

La caution sera reçue par le juge de paix.

Art. 12. S'il y a péril en la demeure, l'exécution provisoire pourra être ordonnée sur la minute du jugement avec ou sans caution, conformément aux dispositions de l'article précédent.

Art. 13. L'appel des jugemens des juges de paix ne sera recevable ni avant les trois jours qui suivront celui de la prononciation des jugemens, à moins qu'il n'y ait lieu à exécution provisoire, ni après les trente jours qui suivront la signification à l'égard des personnes domiciliées dans le canton.

Les personnes domiciliées hors du canton auront, pour interjeter appel, outre le délai de trente jours, le délai réglé par les art. 73 et 1033 du Code de procédure civile.

Art. 14. Ne sera pas recevable l'appel des jugements mal à propos qualifiés en premier ressort, ou qui étant en dernier ressort, n'auraient point été qualifiés.

Seront sujets à l'appel les jugements qualifiés en dernier ressort, s'ils ont statué, soit sur des questions de compétence, soit sur des matières dont le juge de paix ne pouvait connaître qu'en premier ressort.

Néanmoins, si le juge de paix s'est déclaré compétent l'appel ne pourra être interjeté qu'après le jugement définitif.

Art. 15. Les jugements rendus par les juges de paix ne pourront être attaqués par la voie du recours en cassation que pour excès de pouvoir.

Art. 16. Tous les huissiers d'un même canton auront le droit de donner toutes les citations et de faire tous les actes devant la justice de paix. Dans les villes où il y a plusieurs justices de paix, les huissiers exploitent concurremment dans le ressort de la juridiction assignée à leur résidence. Tous les huissiers du même canton seront tenus de faire le service des audiences, et d'assister le juge de paix toutes les fois qu'ils en seront requis; les juges de paix choisiront leurs huissiers audienciers.

Art. 17. Dans toutes les causes, excepté celles où il y aurait péril en la demeure, et celles dans lesquelles le défendeur serait domicilié hors du canton ou des cantons de la même ville, le juge de paix pourra interdire aux huissiers de sa résidence de donner aucune citation en justice, sans qu'au préalable il n'ait appelé, sans frais, les parties devant lui.

Art. 18. Dans les causes portées devant la justice de paix, aucun huissier ne pourra ni assister comme conseil, ni représenter les parties en qualité de procureur-fondé, à peine d'une amende de 25 à 50 francs, qui sera prononcée sans appel par le juge de paix.

Ces dispositions ne sont pas applicables aux huissiers qui se trouveront dans l'un des cas prévus par l'art. 86 du Code de procédure civile.

Art. 19. En cas d'infraction aux dispositions des art. 16, 17 et 18, le juge de paix pourra défendre aux huissiers du canton de citer devant lui, pendant un délai de quinze jours à trois mois, sans appel et sans préjudice de l'action disciplinaire des tribunaux et des dommages-intérêts des parties, s'il y a lieu.

Art. 20. Les actions concernant les brevets d'invention seront portées, s'il s'agit de nullité ou de déchéance des brevets, devant les tribunaux civils de première instance; s'il s'agit de contrefaçon, devant les tribunaux correctionnels.

Art. 21. Toutes les dispositions des lois antérieures, contraires à la présente loi, sont abrogées.

Art. 22. Les dispositions de la présente loi ne s'appliqueront pas aux demandes introduites avant sa promulgation.

LEGS.

Le mot *legs* signifie aujourd'hui toute espèce de donation faite par testament. Il dérive du mot *lex*, loi, parce que la volonté du défunt exprimée par son testament devient une loi.

Légataire.

On appelle *légataire* celui au profit duquel un legs est fait par disposition testamentaire. On distingue trois sortes de légataires : le légataire universel, le légataire à titre universel, et le légataire à titre particulier.

Du légataire universel.

Le légataire universel est celui à qui le testateur donne l'universalité des biens qu'il laissera à son décès ; suivant les dispositions de l'art. 1033 du Code civil, le legs universel peut être fait au profit de plusieurs personnes, mais dans ce cas il faut qu'il soit fait conjointement ; car si les biens étaient légués séparément à plusieurs personnes, ce ne serait plus un legs universel.

Il n'y a pas de legs universel, s'il ne comprend pas l'universalité des biens ; la Cour de cassation a jugé que le legs de tout le mobilier du testateur, en propriété, et de tous ses immeubles en usufruit seulement, ne constitue pas un legs universel ; ce n'est qu'un legs à titre universel. (Arrêt du 28 août 1827.)

Le légataire universel a droit à l'entière succession du défunt, moins la réserve et les autres legs.

42

Lorsque le testateur n'a pas d'héritiers auxquels la loi réserve une quotité de ses biens, le légataire universel est saisi de plein droit par la mort du testateur, et il n'est pas tenu de demander la délivrance des biens compris dans le testament.

Si au contraire il y a des héritiers auxquels une quotité des biens est réservée par la loi, les héritiers sont saisis de plein droit par la mort du testateur de tous les biens de la succession; et le légataire universel est tenu de leur demander la délivrance des biens compris dans le testament.

Si le testament est olographe ou mystique, le légataire universel est tenu de se faire envoyer en possession par une ordonnance du président mise au bas d'une requête à laquelle sera joint l'acte de dépôt.

Le légataire universel qui sera en concours avec un héritier auquel la loi réserve une quotité des biens, sera tenu des dettes et charges de la succession du testateur, personnellement pour sa part et portion, et hypothécairement pour le tout; et il sera tenu d'acquitter tous les legs; sauf le cas de réduction.

Le légataire universel ne peut se dispenser d'acquitter les legs particuliers jusqu'à concurrence de la quotité disponible, encore que par un paiement intégral son legs universel se réduisît à rien. (Arrêt de la cour de Paris du 12 mars 1806.)

Du légataire à titre universel.

Le légataire universel est celui auquel le testateur lègue une quote-part des biens dont la loi lui permet de disposer, telle qu'une moitié, un tiers, ou tous ses immeubles, ou tout son mobilier.

Le legs à titre universel diffère du legs universel, en ce qu'il n'a pour objet qu'une portion de l'universalité de la succession; c'est ainsi que lorsque le testateur, en léguant tous ses biens à plusieurs personnes, assigne à chacune d'elles la portion qu'elle doit recueillir, il y a autant de dispositions que de personnes appelées à recueillir. Le legs universel, au contraire, est fait conjointement et par une seule disposition.

Un legs à titre universel participe de la nature du legs universel, en ce sens que ni l'un ni l'autre de ces legs ne peuvent être acquittés en argent contre la volonté du légataire. (Arrêt de cassation du 13 juin 1807.)

Il peut y avoir en même temps un légataire universel et un légataire à titre universel. Tel serait le cas où un testateur aurait donné à une personne une quotité de ses meubles, et à une autre l'universalité de ses biens. Les légataires à titre universel n'ont jamais la saisine. Aussi, d'après l'art. 1011 du Code civil, ils sont tenus de demander la délivrance aux héritiers auxquels une quotité des biens est réservée par la loi; à leur défaut, aux légataires universels; et à défaut de ceux-ci, aux héritiers appelés dans l'ordre établi au titre *des successions*.

Le légataire à titre universel est soumis aux mêmes obligations que le légataire universel; il est tenu des dettes et charges de la succession du testateur, personnellement pour sa part et portion, et hypothécairement pour le tout.

Du légataire à titre particulier.

Le légataire à titre particulier est celui auquel le testateur donne, soit en propriété, soit en usufruit, une somme déterminée, ou un ou plusieurs objets dépendant de sa succession.

Tout legs pur et simple donne au légataire, du jour du décès du testateur, un droit à la chose léguée, droit transmissible à ses héritiers ou ayant-cause; néanmoins le légataire particulier ne peut prétendre des fruits ou intérêts qu'à compter du jour de sa demande en délivrance, formée suivant l'ordre établi par l'article 1011, ou du jour auquel cette délivrance lui aura été volontairement consentie.

Lorsqu'il y a lieu à répartition d'un capital et de ses intérêts entre divers légataires particuliers, chacun d'eux ne doit prendre part aux intérêts que pour ce qui en a couru du jour de sa demande. (Arrêt de cassation du 22 août 1827.)

Les frais de la demande en délivrance sont à la charge de la succession, sans néanmoins qu'il puisse en résulter de réduction de la réserve légale.

Les droits d'enregistrement sont dus par le légataire; le tout s'il n'en a été autrement ordonné par le testament. Chaque legs peut être enregistré séparément, sans que cet enregistrement puisse profiter à aucun autre qu'au légataire ou à ses ayant-cause.

Le légataire à titre particulier n'est point tenu des dettes de la succession sans la réduction du legs.

Les légataires doivent faire enregistrer, dans les trois mois du décès du testateur, le testament contenant le legs qui leur est fait.

Les testaments non enregistrés dans le délai prescrit par cet article sont soumis au même droit d'enregistrement.

Les délais pour l'enregistrement des déclarations que les légataires doivent faire des biens qui leur sont légués, sont, savoir : de six mois, si le décès a lieu en France; de huit mois, s'il a lieu dans une autre partie de l'Europe; d'une année, si c'est en Amérique; et de deux années, si c'est en Asie ou en Afrique; le tout à partir du jour du décès.

Les légataires qui n'auront pas fait, dans les délais prescrits, les déclarations des biens à eux transmis par décès, paieront, à titre d'amende, un demi-droit en sus du droit qui sera dû pour la mutation.

On peut léguer, non-seulement la propriété de ses biens, mais le simple usage, la simple possession ou jouissance des droits réels ou personnels sur eux, tels que des servitudes, une hypothèque, un usufruit.

Tous les biens qui sont dans le commerce, meubles ou immeubles, corporels ou incorporels, peuvent être l'objet d'un legs. Le legs peut consister dans une chose indéterminée, comme une paire de bœufs, ou de quantités, lors même qu'on ne laisserait pas des choses de l'espèce indiquée ; alors l'héritier est obligé de se les procurer pour les livrer au légataire.

La chose léguée doit être livrée avec tous les accessoires nécessaires, et dans l'état où elle se trouve au jour du décès du donateur.

Le legs de la chose d'autrui est nul, soit que le testateur eût connu ou non qu'elle ne lui appartenait pas.

Le legs d'une chose appartenant à l'héritier légitime ou à l'héritier testamentaire, est nul, comme le legs de la chose d'autrui. Il ne pourrait être valable qu'autant qu'il serait fait expressément comme charge de l'hérédité ou du legs. (Arrêt de cassation du 19 mars 1822.)

Lorsque le legs est d'une chose indéterminée, l'héritier n'est pas obligé pour l'acquitter de donner de la meilleure qualité, mais il ne peut offrir de la plus mauvaise. Il résulte de cette disposition que le choix appartient à l'héritier, à moins que le testateur n'en ait autrement ordonné.

Toute disposition testamentaire est caduque, d'après l'art. 1039 du Code civil, si celui en faveur de qui elle est faite n'a pas survécu au testateur.

Toute disposition testamentaire, faite sous une condition dépendante d'un événement incertain, et telle que, dans l'intention du testateur, cette disposition ne doive être exécutée qu'autant que l'événement arrivera, ou n'arrivera pas, sera caduque, si le légataire décède avant l'accomplissement de la condition.

Le legs sera caduc, si la chose léguée a totalement péri pendant la vie du testateur : il en sera de même si elle a péri depuis sa mort, sans le fait et la faute de l'héritier.

La disposition testamentaire sera caduque lorsque le légataire la répudiera, ou se trouvera incapable de la recueillir.

Les legs peuvent être révoqués : 1° pour cause d'inexécution des conditions imposées au légataire ;

2° Pour cause d'ingratitude, c'est-à-dire s'il est prouvé que le légataire a attenté à la vie du testateur; s'il s'est rendu coupable envers lui de sévices, délits, injures graves.

Enregistrement.

La perception des droits d'enregistrement des legs se fait sur une déclaration. Les quotiès des droits à payer pour les legs, sont :

1. En ligne directe, 25 c. par cent francs sur les biens meubles. Et pour les immeubles, 1 fr. par cent francs.

2. D'un époux à un autre époux, 1 fr. 50 c. pour les biens meubles, et 3 fr. par cent francs pour les biens immeubles.

3. Entre frères, sœurs, oncles, tantes, neveux et nièces, et autres parens aux degrés successibles, savoir : pour les biens meubles, 2 fr. 50 c. par cent francs, et pour les biens immeubles, 5 fr. par cent francs.

4. Enfin, entre toutes autres personnes, pour les biens meubles, 3 fr. 50 c. par cent francs, et pour les biens immeubles, 7 francs par cent francs.

Il n'est pas dû de droit d'enregistrement pour legs d'usufruit, lorsque le légataire est décédé sans avoir été en jouissance.

LETTRE DE CHANGE.

La lettre de change est un *acte* rédigé suivant certaines formalités essentielles, par lequel on charge un correspondant d'une autre ville que celle où l'on est, de compter à une personne désignée, ou *à son ordre,* une certaine somme d'argent en échange de pareille valeur qu'on a reçue ou qu'on recevra d'elle.

La lettre de change est comprise dans la dénomination générale d'*effets de commerce*; elle prend souvent dans l'usage le nom de *remise* ou celui de *traite.*

Celui qui donne l'ordre de payer s'appelle *tireur*; celui auquel il est adressé et qui doit payer s'appelle *preneur*; celui-ci prend la qualité d'*endosseur* quand il transmet la lettre à un tiers; le preneur ou dernier endosseur s'appelle *porteur.*

Forme d'une lettre de change.

On rédige habituellement la lettre de change par écriture privée; mais rien n'empêche de la passer devant un notaire.

La lettre de change quoique faite par écriture privée, n'a pas besoin d'être *approuvée* lorsqu'elle est écrite d'une autre main que celle du tireur; il suffit qu'elle soit signée. (Arrêt de cassation du 10 messidor an **X.**)

L'article 110 du Code de commerce règles les formes constitutives de la lettre de change.

Cet article est ainsi conçu :

1° La lettre de change est tirée d'un lieu sur un autre;

2° Elle est datée;

3° Elle énonce la somme à payer;

4° Le nom de celui qui doit payer;

5° L'époque et le lieu où le paiement doit s'effectuer;

6° La valeur fournie en espèces, en marchandises, en compte, ou de toute autre manière;

7° Elle est à l'ordre d'un tiers, ou à l'ordre du tireur lui-même;

8° Si elle est première, deuxième, troisième, quatrième, etc., elle l'exprime.

Lettres tirées pour compte.

Une lettre de change peut être tirée par un individu, et payable au domicile d'un tiers.

Elle peut être tirée par ordre, et pour compte d'un tiers.

Échéance.

L'échéance d'une lettre de change peut être indiquée d'une manière indéterminée, ou d'une manière déterminée.

Une lettre de change peut être tirée à vue, à un ou plusieurs jours de vue; à un ou plusieurs mois de vue;

à une ou plusieurs usances de vue ; à un ou plusieurs jours de date ; à une ou plusieurs usances de date ; à jour fixe ou à jour déterminé, en foire.

La lettre de change à vue est payable à sa présentation.

L'échéance d'une lettre de change à un ou plusieurs jours de vue, à un ou plusieurs mois de vue, à une ou plusieurs usances de vue, est fixée par la date d'acceptation, ou par celle du protêt faute d'acceptation.

L'usance est de trente jours, qui courent du lendemain de la date de la lettre de change.

Les mois sont tels qu'ils sont fixés par le Calendrier grégorien.

Une lettre de change payable en foire est échue la veille du jour fixé pour la clôture de la foire, ou le jour de la foire, si elle ne dure qu'un jour.

Si l'échéance d'une lettre de change est à un jour férié légal, elle est payable la veille.

Tous les délais de grâce, de faveur, d'usage, ou d'habitude locale pour le paiement des lettres de change, sont abrogés.

Du paiement.

Une lettre de change doit être payée dans la monnaie qu'elle indique.

Celui qui paie une lettre de change avant son échéance, est responsable de la validité du paiement.

Celui qui paie une lettre de change à son échéance et sans opposition, est présumé valablement libéré.

Le porteur d'une lettre de change ne peut être contraint d'en recevoir le paiement avant l'échéance.

Le paiement d'une lettre de change fait sur un second, troisième, quatrième, etc., est valable, lorsque la seconde, troisième, quatrième, etc., porte que le paiement annulle l'effet des autres.

Celui qui paie une lettre de change sur une seconde, troisième, quatrième, etc., sans retirer celle sur laquelle se trouve son acceptation , n'opère point sa libération à l'égard du tiers porteur de son acceptation.

Le propriétaire d'une lettre de change égarée doit, pour s'en procurer la seconde, s'adresser à son endosseur immédiat, qui est tenu de lui prêter son nom et ses soins pour agir envers son propre endosseur ; et ainsi, en remontant d'endosseur en endosseur, jusqu'au tireur de la lettre. Le propriétaire de la lettre de change égarée supportera les frais.

Du paiement par intervention.

Une lettre de change protestée peut être payée par tout intervenant pour le tireur ou pour l'un des endosseurs.

L'intervention et le paiement seront constatés dans l'acte de prôtêt, ou à la suite de l'acte.

Celui qui paie une lettre de change par intervention est subrogé aux droits du porteur, et tenu des mêmes devoirs pour les formalités à remplir.

Le débiteur d'une lettre de change qui a payé sur un faux ordre est valablement libéré s'il a payé de bonne foi. (Arrêt de la Cour de Paris du 13 thermidor an VII.)

Des droits et devoirs du Porteur.

Le porteur d'une lettre de change doit en exiger le paiement le jour de son échéance.

Le refus de paiement doit être constaté le lendemain du jour de l'échéance , par un acte que l'on nomme *protêt faute de paiement*.

Si ce jour est un jour férié légal, le protêt est fait le jour suivant.

Le porteur n'est dispensé du protêt faute de paiement, ni par le protêt faute d'acceptation, ni par la mort ou faillite de celui sur qui la lettre de change est tirée.

Dans le cas de faillite de l'accepteur avant l'échéance, le porteur peut faire protester et exercer son recours.

43

Le porteur d'une lettre de change protestée, faute de paiement, peut exercer son action en garantie, ou individuellement contre le tireur et chacun des endosseurs, ou collectivement contre les endosseurs et le tireur.

De l'Endossement.

La propriété d'une lettre de change se transmet par la voie de l'endossement.

L'endossement est daté.

Il exprime la valeur fournie.

Il énonce le nom de celui à l'ordre de qui il est passé.

Si l'endossement n'est pas conforme aux dispositions de l'article précédent, il n'opère pas le transport; il n'est qu'une procuration.

Il est défendu d'antidater les ordres, à peine de faux.

De la Solidarité.

Tous ceux qui ont signé, accepté ou endossé une lettre de change, sont tenus à la garantie solidaire envers le porteur.

Une lettre de change souscrite par le mari approuvée et signée par la femme, est censée tirée par tous les deux. La femme est solidaire, quoique non marchande. (Arrêt de la cour de Riom, du 22 novembre 1809. — De Paris, 8 février 1820.)

De l'Aval.

Le paiement d'une lettre de change, indépendamment de l'acceptation et de l'endossement, peut être garanti par un aval.

Cette garantie est fournie par un tiers sur la lettre même, ou par acte séparé.

Le donneur d'aval est tenu solidairement et par les mêmes voies que les tireurs et endosseurs, sauf les conventions différentes des parties.

L'aval peut être constitué par une simple signature au bas de celle du tireur. (Arrêt de la cour de Colmar du 22 novembre 1811.)

En tous cas, l'aval n'est soumis à aucune forme particulière.

De la Prescription.

Toutes les actions relatives aux lettres de change, et à ceux des billets à ordre souscrits par des négocians, marchands ou banquiers, ou pour fait de commerce, se prescrivent par cinq ans, à compter du jour du protêt, ou de la dernière poursuite juridique, s'il n'y a eu condamnation, ou si la dette a été reconnue par acte séparé.

Néanmoins les prétendus débiteurs seront tenus, s'ils en sont requis, d'affirmer, sous serment, qu'ils ne sont plus redevables; et leurs veuves et héritiers ou ayant-cause, qu'ils estiment de bonne foi, qu'il n'est rien dû.

Timbre et Enregistrement.

Les lettres de change sont sujettes au timbre proportionnel comme tous les autres billets.

Sont soumises au droit de 25 c. par cent francs les lettres de change tirées de place en place, et celles venant de l'étranger ou des colonies françaises, lorsqu'elles sont protestées faute de paiement.

La lettre de change payable dans la même ville où elle a été souscrite, bien que tirée de place en place, est une simple promesse, susceptible du droit de 50 c. par cent francs.

FORMULE

DE LETTRE DE CHANGE.

Lyon, le 4 avril 1845.   B. P. 500 fr.

A deux mois de date, payez par cette lettre de change à l'ordre de M...   demeurant à   la somme de cinq cents francs, *valeur reçue comptant, que passe-rez sans autre avis de*

A Monsieur   *(Signer ici.)*
SAILLARD, négociant
à Besançon.

AUTRE FORMULE.

Marseille, le 8 mai 1845.   B P. 800 fr.

A vue, payez par cette lettre de change, à mon ordre, la somme de huit cents francs, *valeur en moi-même, que passerez sans autre avis de votre dévoué.*

A Monsieur   *(Signer ici)*
COCHIN, négociant
à Paris.

AUTRE FORMULE.

Pontarlier, le 23 août 1845.   B P. 1000 fr.

A un an de date, il vous plaira payer cette lettre de change, à l'ordre de M...   *la somme de* mille francs, *valeur solidairement reçue comptant, que passerez sui-vant l'avis de*

A Monsieur   *(Ici les Signatures.)*
LANDRY, négociant.

LETTRE DE CRÉDIT.

C'est une lettre missive qu'un marchand négociant ou banquier adresse à un de ses correspondants, pour lui mander de fournir à un tiers, porteur de la lettre, une certaine somme d'argent, ou toute autre chose dont il aura besoin.

(*Nota.*) Il est dangereux d'ouvrir un crédit illimité ; dans

tous les cas, il faut bien désigner la personne au correspondant, afin qu'il ne puisse être trompé, si la lettre passait en d'autres mains.

LETTRE DE VOITURE.

Elle forme un contrat entre l'expéditeur et le voiturier,
ou entre l'expéditeur, le commissionnaire et le voiturier.

La lettre de voiture doit être datée ; elle doit exprimer
la nature et le poids ou la contenance des objets à transporter, le délai dans lequel le transport doit être effectué ;
elle indique le nom et le domicile du commissionnaire
par l'entremise duquel le transport s'opère, s'il y en a un,
le nom de celui à qui la marchandise est adressée, le nom
et le domicile du voiturier, le prix de la voiture, l'indemnité due pour cause de retard ; enfin elle doit être
signée par l'expéditeur et le commissionnaire ; elle présente en marge la marque et le numéro des objets à transporter. La lettre de voiture est copiée par le commissionnaire sur un registre coté et paraphé sans intervalle et de
suite.

Les lettres de voiture ne peuvent être écrites que sur
papier timbré ; et elles peuvent être saisies à défaut de
de timbre, lors même qu'elles ne sont produites devant
aucune autorité publique. Art. 2 de la loi du 6 prairial
an 7.

Cass. 13 messidor an 9 ; 2 brumaire et 21 germinal
an 10.

Merlin, questions de droit. V° *Voiture (lettres de)* § 1 *et*
2. Arrêt brumaire an 10. Le voiturier ne peut pas élu-
der la peine en représentant un double timbré de cette
lettre.

Voir Répertoire de Jurisprudence de Merlin, V° Commissionnaire.

FORMULE

DE LETTRE DE VOITURE.

Enregistremen t.

Elles sont soumises au droit fixe de 1 fr. ; il doit être acquitté par la personne à qui les envois sont faits. — Elles doivent être écrites sur papier timbré du prix de 35 cent.

A Montpellier, le 9 mai 1845.

A la garde de Dieu, et conduite de Louis Feune voi-turier de Montpellier à Colmar, il vous plaira recevoir, marqué et numéroté comme en marge, un ballot chanvre, *pesant brut quatre-vingts kilogrammes ; ce qu'ayant reçu bien et dûment conditionné, sans manque ni dommage, dans le délai de deux jours , à peine de perdre un tiers du prix de sa voiture, que vous lui paierez à raison de 3 fr, et lui rembourserez soixante et quinze centimes pour tim-bre de la présente.*

A Monsieur   J'ai l'honneur de vous
Longchamp , négociant   saluer,
à Colmar.   Seuret.

MANDAT.

§ 1. — *Du mandat , en général.*

1. FORME DU MANDAT. — Le mandat peut être donné expressément ou tacitement.

2. *Expressément.* — Il a lieu soit par acte public (C. civ. 1985), c'est-à-dire par acte devant notaire , en mi-nute ou en brevet ; soit par acte sous-seing privé (C. civ. 1985), sauf dans le cas où la loi exige en termes formels un mandat authentique, comme dans les art. 35, 66 et 933 du C. civ.; soit même par lettre (C. civ. 1985); soit

enfin verbalement ; mais dans ce dernier cas, il ne peut être prouvé par témoins que conformément aux règles tracées au titre *des contrats et obligations conventionnelles en général.* C. civ. 1985.

3. *Tacitement.* — Il résulte des circonstances, Delv., 3. 238, note 3. — *Contrà*, Toul., t. 11, n° 25, qui pense que le mandat qui n'est pas exprès, dégénère en quasi-contrat de gestion d'affaires.

4. La femme est le mandataire tacite de son mari, lorsqu'elle est dans l'habitude d'acheter les provisions et marchandises du commerce de celui-ci, de louer les ouvriers, de les payer, en un mot. de faire ce que ferait le mari lui-même en pareil cas. Fav., Dur., 219 ; Pard., 1. 65 ; Cass. 25 janv. 1821, 2 avr. 1822. Il n'en serait pas de même du domestique qui achèterait à crédit, au nom de son maître, les provisions du ménage. (Cass. 22 janvier 1813), surtout si les fournisseurs avaient accordé un crédit considérable sans en avoir prévenu le maître. (Paris, le 13 nov. 1828.)

5. La remise des pièces à un avoué vaut pouvoir pour se constituer, pour suivre et obtenir jugement. Dur., 221 ; Delv., 3. 228. La remise de l'acte ou du jugement à l'huissier vaut pouvoir pour toutes exécutions autres que la contrainte par corps et la saisie-immobilière (C. pr. 556 ; Delv., Dur , *ibid.*), et pour toucher le paiement au moment de l'exécution. Toull. 7, n° 20 ; Dur. 12. 50 ; Delv., *ibid.*

6. *Acceptation.* — Il ne suffit pas de la seule volonté du mandant pour donner naissance au mandat ; il faut de plus, l'acceptation expresse ou tacite du mandataire ; elle résulte, dans ce dernier cas, de l'xécution du mandat par le mandataire (C. civ. 1985), et se prouve par diverses circonstances qu'il appartient aux tribunaux d'apprécier. Poth., *Mand.*, n° 31 ; Dur., 224.

7. *Gratuité du mandat.* — Le mandat est gratuit de sa nature, mais non pas de son essence, car on peut y stipuler un salaire. C. civ. 1986 ; Dur., 18. 195.

8. Il est souvent difficile de discerner si c'est à titre purement gratuit ou à charge d'un salaire, que le mandat a été donné et reçu. Dans l'absence de toute preuve écrite, les tribunaux doivent se décider à raison des circonstances, c'est-à-dire prendre en considération la nature de l'affaire, la qualité des personnes et surtout les rapports qui existaient précédemment entre le mandant et le mandataire.

9. Il est des personnes qui font profession de gérer les affaires d'autrui : tels sont les avoués, agens de change, agens d'affaires et huissiers. Le mandat confié à ces sortes de personnes est essentiellement à titre onéreux, alors même qu'aucune convention expresse n'aurait été faite pour le rendre tel. Il y a à cet égard une convention tacite qui résulte nécessairement de la qualité du mandataire. Dur. 197.

10. PAR QUI ET A QUI LE MANDAT PEUT ÊTRE DONNÉ. Le mandat ne peut être conféré que par un individu ayant droit de faire l'opération qui est l'objet de la convention. Ainsi, pour charger quelqu'un de vendre un immeuble, il faut pouvoir le vendre soi-même sans l'autorisation ni l'assistance de qui que ce soit.

11. Mais le mandat peut être donné à un incapable : l'art. 1990 du C. civ. autorise en effet à choisir pour mandataires des femmes mariées et des mineurs émancipés ; seulement, dans ce cas, le mandant n'a d'action contre le mandataire mineur que d'après les règles générales relatives aux obligations des mineurs, et contre la femme mariée qui a accepté le mandat sans autorisation de son mari, que d'après les règles établies au titre du contrat de mariage et des droits respectifs des époux. C. civ. 1990.

12. ETENDUE DU MANDAT. Le mandat est général ou spécial :

13. *Général.* — Tout mandat conçu en termes généraux n'embrasse que les actes d'administration. S'il s'agit d'aliéner ou hypothéquer ou de quelqu'autre acte de propriété, le mandat doit être exprès : C. civ. 1988.

14. Le mandataire général peut passer et renouveler les baux qui n'excèdent pas neuf ans, faire tous marchés, toutes dépenses et en général tout ce qui a rapport à l'amélioration et à l'entretien des biens du mandant, recevoir tout ce qui est dû, en donner quittances, faire toutes poursuites, toutes saisies mobilières, introduire toutes demandes contre les débiteurs du mandant, former toutes oppositions, intenter toutes actions possessoires et y défendre : toutes ces choses rentrent en effet dans les bornes de l'administration.

15. Mais, dans aucun cas, le mandataire général ne peut consentir aucune aliénation, même d'objets mobiliers, à moins qu'il ne s'agisse de fruits, récoltes, marchandises et autres choses sujettes à dépérissement ou à dépréciation. Poth. 159; Dur., n° 229.

16. *Spécial.* — Le mandat spécial est celui donné pour une ou plusieurs affaires déterminées. Dans ce cas, le mandataire ne peut rien faire au-delà de ce qui est porté dans son mandat. C. civ. 1989.

17. Ainsi le pouvoir de transiger ne renferme pas celui de compromettre (C. civ. 1989); celui de toucher une créance ne renferme pas le mandat de poursuivre le débiteur (Dur. 229); le pouvoir de vendre ne renferme pas celui de recevoir le prix (Cass. 18 nov. 1824); l'huissier chargé de faire un commandement ou tout autre acte déterminé de son ministère ne peut faire un autre acte qui est la conséquence non forcée du premier exploit. Aix, 15 février 1833.

18. Il est plusieurs cas cas où la loi exige un mandat exprès et spécial. (— V. C. civ. 412. 1988, 1989; C. pr. 553; C. inst. crim. 31); malgré cette prescription; le vœu de la loi se trouverait rempli si une procuration générale contenait le pouvoir de faire tous les actes de la nature de celui dont il s'agit. Cour de Cassation, 28 février 1813.

44

§ 2. — *Des obligations du mandataire.*

19. *Obligations à l'égard du mandant.* — Le mandataire est tenu d'accomplir le mandat tant qu'il en demeure chargé, et il répond des dommages-intérêts qui pourraient résulter de son inexécution. Il est tenu de même d'achever la chose commencée au décès du mandant, s'il y a péril en la demeure. C. civ. 1991.

20. Quelque exact que le mandataire doive être, il est des cas où l'on ne saurait lui imputer les retards dans l'exécution de son mandat. Tels sont les cas de force majeure, comme une maladie grave, une détention imprévue qui lui imposent une inaction forcée. Alors il devrait, s'il en avait la possibilité, prévenir le mandant de la position dans laquelle il se trouve. Poth. 39 et suivants ; A. 9. 968, n° 4.

21. Le mandataire répond non-seulement du dol, mais encore des fautes qu'il commet dans sa gestion. Néanmoins, la responsabilité relative aux fautes est appliquée moins rigoureusement à celui dont le mandat est gratuit qu'à celui qui reçoit un salaire. C. civ. 1992. Le mandataire alléguerait vainement que n'ayant pas l'habileté nécessaire pour gérer l'affaire, il ne doit pas être soumis à l'impossibilité. Boil. Comment. C. civil 1992.

22. L'appréciation de ce qu'on peut entendre par *faute* est entièrement abandonnée à la prudence du juge. Le code n'a pas voulu rappeler la distinction admise dans le droit romain, de fautes lourdes, légères et très-légères. En général, il y a faute là où le mandataire s'écarte des règles d'une prudence ordinaire, et néglige de prendre, dans l'intérêt du mandant, les précautions qu'il aurait prises pour lui-même.

23. Les dommages-intérêts dus au mandant dans le cas de l'article 1992 du C. civil, comprennent non-seulement la perte faite par ce dernier, mais encore le gain dont il a été privé.

24. Tout mandataire est tenu de rendre compte de sa gestion et de faire raison au mandant de tout ce qu'il a reçu en vertu de sa procuration, quand même ce qu'il aurait reçu n'eût point été dû au mandataire. C. civ. 1993. L'action en reddition de compte de mandat ne se prescrit que par 30 ans. Cass. 29 juillet 1828.

25. Le mandataire doit l'intérêt des sommes qu'il a employées à son usage à dater de cet emploi ; et de celles dont il est reliquataire, à dater du jour qu'il est mis en demeure. C. civ. 1996. Cette mise en demeure peut avoir lieu non-seulement par une demande en justice, mais encore par une simple sommation extra-judiciaire ou par tout autre équivalent (Dur., n° 248). Elle peut même résulter de la correspondance des parties, surtout lorsqu'il s'agit d'un mandat commercial. Cass. 15 mars 1821.

26. Le mandataire répond de celui qu'il s'est substitué dans sa gestion : 1° quand il n'a pas reçu le pouvoir de se substituer quelqu'un ; 2° quand ce pouvoir lui a été conféré sans désignation d'une personne, et que celle dont il a fait choix était notoirement incapable ou insolvable. Dans tous les cas, le mandant peut agir directement contre la personne que le mandataire s'est substitué. C. civ. 1994.

27. Il résulte de la dernière disposition de cet article, que le produit de l'action à diriger contre la personne substituée appartient exclusivement et entièrement au mandant et non au mandataire primitif ni à ses créanciers. Delv. 3. 240 ; Cass. 7 juillet 1814.

28. Contre qui le mandat doit-il agir lorsqu'il y a eu substitution dans le cas de l'article 1994 ? Nous pensons qu'il peut, à son choix, — ou assigner de suite et conjointement en reddition de compte, le mandataire primitif et le mandataire substitué, — ou régler d'abord avec ce dernier et venir ensuite réclamer du premier ce qui ne lui aurait pas été payé. Dans tous les cas, la loi n'oblige pas le mandant à discuter préalablement le

mandataire substitué, et le mandataire primitif reste directement obligé.

29. Lorsqu'il y a plusieurs fondés de pouvoir ou mandataires établis par le même acte, il n'y a de solidarité entre eux qu'autant qu'elle est exprimée. C. civ. 1995. Si les fonctions des mandataires sont divisées, chacun d'eux doit se renfermer dans celles qui lui sont assignées, et chacun n'est responsable que de sa gestion ; si, au contraire, les fonctions ne sont pas divisées, chaque mandataire peut agir au défaut des autres et n'est responsable que de son propre fait. Dur., n° 256.

30. *Obligations du mandataire à l'égard des tiers.* — Le mandataire qui a donné à la partie avec laquelle il a contracté en cette qualité, une suffisante connaissance de ses pouvoirs, n'est tenu d'aucune garantie pour ce qui a été fait au-delà, s'il ne s'y est personnellement soumis. C. civ. 1997. Si le tiers avec lequel le mandataire a traité, en cette qualité, prétendait n'avoir pas eu connaissance du mandat, ce serait à lui à faire la preuve de ce fait. Delv. 3. 241.

31. Lorsque le mandataire n'a pas donné connaissance de son mandat et que les tiers ont été fondés à croire qu'il agissait conformément à ce mandat, ceux-ci ont contre lui une action en garantie de l'exécution des engagemens qu'il a contractés vis-à-vis d'eux. Boil. *Commentaire C. civ.* 1997.

§ 3. — *Des obligations du mandant.*

32. Le mandant est tenu d'exécuter les engagemens contractés par le mandataire, conformément au pouvoir qui lui a été donné. Il n'est tenu de ce qui a pu être fait au-delà qu'autant qu'il l'a ratifié expressément ou tacitement. C. civ. 1998.

33. Lorsque le mandataire s'est renfermé dans les limites du mandat, on distingue s'il a contracté en sa qualité de mandataire ou en son propre nom. Dans le premier

cas, le mandant seul est obligé ; dans le second, ceux avec qui le mandataire a contracté peuvent le poursuivre, sauf le recours de ce dernier contre le mandant. Boil. *ibid.* 1998.

34. Le mandataire excède ses pouvoirs lorsqu'il impose au mandant des conditions plus dures que celles fixées par le mandat ; lorsqu'il fait ce dont il est chargé et quelque chose de plus ; lorsqu'il fait une affaire autre que celle portée dans le mandat ; lorsqu'il fait seul ce qu'il ne pourrait faire que conjointement avec un autre, (Boil. *ibid.*) Dans ces divers cas, le mandant n'est pas tenu d'exécuter les obligations contractées par le mandataire au delà de ses pouvoirs, et les tiers ne peuvent s'adresser qu'à ce dernier.

35. Le mandant doit rembourser au mandataire les avances et frais que celui-ci a faits pour l'exécution du mandat, et lui payer ses salaires lorsqu'il en a été promis. S'il n'y a aucune faute imputable au mandataire, le mandant ne peut se dispenser de faire ces remboursemens et paiemens, lors même que l'affaire n'aurait pas réussi, ni faire réduire le montant des frais et avances, sous le prétexte qu'ils pouvaient être moindres. C. civ. 1999.

36. *Par avances et frais*, on entend non-seulement les avances que le mandataire a faites personnellement pour l'exécution du mandat, mais encore ce qu'un tiers a dépensé pour la même cause au nom du mandataire. Poth. *Mand.* 73 ; Dur. 18, 267. Le mandant ne pourrait soutenir vaguement et qu'en masse le mandataire a fait trop de dépenses, mais il serait admis à discuter chaque article particulièrement. Toull. 11, 53 ; Dur. 18, 266.

37. Le mandant doit aussi indemniser le mandataire des pertes que celui-ci a essuyées à l'occasion de sa gestion, sans imprudence qui lui soit imputable. C. civ. 2000 ; peu importe que le mandat soit ou non avec salaire. Dur. 18, 269. Aujourd'hui on ne distingue plus, comme avant le code, si la gestion était la cause ou, seulement l'occasion de la perte ; il suffit que la perte ait

été occasionné directement par l'exécution du mandat, pour qu'il y ait lieu à indemnité. Delv. 3. 242; Dur. 18. 269.

38. L'intérêt des avances faites par le mandataire lui est dû par le mandant, à dater du jour des avances constatées. C. civ. 2001. Ces intérêts sont dus de plein droit, (Dur. 18. 270.) dès que le mandataire prouve, soit par témoins, si la somme avancée est au-dessous de 150 fr., soit par écrit, si elle excède cette somme, qu'il a fourni de ses deniers personnels, dans l'intérêt du mandant.

39 La disposition de l'art. 2001 n'est pas applicable aux officiers ministériels qui font des avances pour leurs cliens. Ainsi jugé à l'égard des droits d'enregistrement payés par un notaire. Cass. 3o mars 1830.

40. Les sommes dues au mandataire pour les causes ci-dessus, se compensent jusqu'à due concurrence, avec celles qu'il a reçues. S'il n'avait fait aucune recette, il devrait réclamer ce qui lui est dû par les voies ordinaires; mais il ne pourrait retenir, jusqu'à ce qu'il fût entièrement payé, la possession des meubles ou immeubles du mandant; aucun texte de loi ne lui accorde ce privilège. Bord. 14 janv. 1830; P. 3o. 2. 89.

41. Outre le remboursement des sommes dont nous venons de parler, tout mandataire a droit d'exiger une décharge de son mandant de toute espèce d'obligation ou d'engagement qu'il peut avoir contracté dans l'intérêt de ce dernier; par exemple, s'il s'était obligé en son propre nom pour une affaire du mandant; Poth. n° 80. Celui-ci s'acquitte de cette obligation en payant la dette, ou en rapportant une renonciation de la part du créancier, d'inquiéter le mandataire. Poth. *ibid.*

42. Lorsque le mandataire a été constitué par plusieurs personnes, pour une affaire commune, chacune d'elles est tenue solidairement envers lui de tous les effets du mandat (C. civ. 2002), peu importe que le mandat soit salarié ou gratuit. Ainsi, l'avoué constitué par plusieurs parties ayant un intérêt commun, a une action so-

lidaire contre chacune d'elles pour le paiement de ses frais. Grenoble, 23 mars 1829; Dur., 18. 271. Il en serait de même d'un huissier.

§ 4. — *Comment finit le mandat.*

43. Le mandat finit des cinq manières suivantes, savoir :

44. 1° *Par la révocation du mandataire.* C. civ. 2003. Le mandant peut révoquer sa procuration quand bon lui semble, et contraindre, s'il y a lieu, le mandataire à lui remettre, soit l'écrit sous-seing privé qui le contient, soit l'original de la procuration, si elle a été délivrée en brevet, soit l'expédition, s'il en a été gardé minute. C. civ. 2004. Il n'y a pas lieu d'exiger la remise du pouvoir lorsqu'il a été annexé à un acte, ou lorsque le mandataire a intérêt à le garder pour obtenir le paiement de ses avances.

45. Le mandat peut être révoqué, encore qu'il contienne la stipulation d'un salaire au profit du mandataire, même avant qu'il soit terminé ou commencé; seulement si la révocation est intempestive et préjudiciable aux intérêts du mandataire, il a droit à une indemnité. Cass. 6 mars 1827; Dur., 18. 272. Si le mandat salarié avait été exécuté en partie, le salaire serait dû proportionnellement. Dur., *ibid.*

46. La révocation peut avoir lieu : 1° par acte devant notaire ou sous-seing privé, notifié au mandataire; 2° par un exploit signé du requérant. Dans tous les cas, il est utile que l'exploit contienne sommation de remettre le titre qui constitue le mandat. Cette notification est indispensable pour que le mandat soit révoqué à l'égard du mandataire, et il a même été décidé que le paiement fait au mandataire avant la notification, par un tiers qui avait connaissance de la révocation, était valable. Paris, 28 mai 1807. Cass. 8 août 1821; — *Contrà*, Arg. C. civ. 2008 et 2009.

47. La révocation notifiée au seul mandataire ne peut être opposée aux tiers qui ont traité dans l'ignorance de cette révocation, sauf au mandant son recours contre le mandataire. C. civ. 2005. Il importe donc au mandant de se faire remettre l'écrit qui constate le pouvoir, et de porter à la connaissance des tiers la révocation du mandat, soit par des actes extra-judiciaires dans les circonstances importantes, soit par des lettres, circulaires, avis, annonces dans les journaux, lorsque l'étendue des pouvoirs a mis ou a dû mettre le mandataire en relation avec un grand nombre d'individus.

48. La preuve que les tiers qui ont traité avec le mandataire avaient connaissance de la révocation, demeure à la charge du mandant; elle peut avoir lieu par tous les modes établis par la loi, même par témoins, sans commencement de preuve par écrit. Dur., 18. 275.

49. La constitution d'un nouveau mandataire pour la même affaire, vaut révocation du premier, à compter du jour où elle a été notifiée à celui-ci (C. civ. 2006), soit par le mandant, soit par le nouveau mandataire (Dur., 18. 276). La notification a lieu par exploit contenant signification du second pouvoir et défense de continuer la gestion commencée.

50. La révocation aurait également lieu : 1° quoique la seconde procuration contînt quelque vice de forme qui la rendît nulle (Dur., 3. 240); 2° quoique le second mandataire institué n'acceptât pas la procuration (Dur., 18. 277) : si le second pouvoir est en termes généraux, il ne révoque point le premier s'il est spécial, à moins de déclaration contraire de la part du mandant (Poth., 115; Dur., 279); si le second mandat est à l'effet de vendre tous les biens du mandant, il révoque le premier si ce dernier n'est donné qu'à l'effet de vendre un immeuble. Dur., *ibid.*

51. 2° *Par la renonciation du mandataire au mandat.* C. civ. 2003. Néanmoins si cette renonciation préjudicie au mandant, il doit être indemnisé par le mandataire,

moins que celui-ci ne se trouve dans l'impossibilité de continuer le mandat, sans en éprouver lui-même un préjudice considérable. C. civ. 2007. La renonciation peut avoir lieu en tout état de cause (C. civ. 2003, 2007), et dès que le mandant n'en éprouve aucun préjudice, il n'y a point lieu de lui accorder des dommages-intérêts. Dur., 18. 282.

52. La renonciation doit être notifiée au mandant (C. civ. 2007). Faute d'avoir fait cette notification, le mandataire reste soumis aux dommages-intérêts résultant de l'inexécution du mandat, à moins qu'il ne se soit trouvé dans l'impossibilité absolue de faire faire cet acte. Poth., 43; Delv. 3. 245; Boil., *Comment.*, 2007.

53. 3° *Par la mort naturelle ou civile du mandant.* C. civ. 2003. Si le mandataire ignore la mort du mandant, ce qu'il a fait dans cette ignorance est valable. C. civ. 2008. Dans tous les cas, les engagemens du mandataire sont exécutés à l'égard des tiers qui sont de bonne foi. C. civ. 2009.

54. Dans le cas de mort du mandant, la loi n'exige point que les héritiers de ce dernier notifient son décès au mandataire ; il suffit, pour que le mandat soit révoqué à son égard, qu'il ait acquis connaissance du décès, n'importe comment ; et cependant la preuve de ce fait reste à la charge des héritiers du mandant.

55. 4° *Par la mort naturelle ou civile du mandataire.* C. civ. 2003. Dans ce cas, les héritiers de celui-ci doivent en donner avis au mandant, et pourvoir, en attendant, à ce que les circonstances exigent pour l'intérêt de celui-ci. C. civ. 2010. Cette obligation ne pèse que sur les héritiers majeurs. Dur., 18. 293. L'avis exigé par l'art. 2010 peut être donné par exploit ; c'est même la seule manière d'agir régulièrement, car une seule peut s'égarer facilement, et d'ailleurs, celui qui l'a reçue peut la nier, la détruire même.

56. 5° *Par le changement d'état du mandataire ou du mandant.* L'interdiction du mandant ou du mandataire

45

fait cesser le mandat. C. civ. 2003. Si le mandat a été donné par une femme, son mariage emporte la révocation du mandat, si le régime sous lequel elle est mariée lui défend de faire, sans l'autorisation de son mari, la chose pour laquelle le mandat a été donné. S'il a été donné à une fille ou à une veuve qui se marie, il est révoqué de plein droit par le mariage.

57. 6° *Par la déconfiture ou la faillite du mandant ou du mandataire.* C. civ. 2003. Cependant il a été décidé que le mandat donné dans un acte de prêt, par un débiteur à son créancier, de faire vendre l'immeuble hypothéqué, après simple commandement et aux enchères, dans le cas où le débiteur ne paierait pas la dette à l'échéance, n'est point révoqué par la faillite de ce dernier, alors surtout qu'il résulte des termes que les parties ont entendu que le mandat fût irrévocable. Bord., 19 août, 23 déc. 1831, 4 juin 1832, 8 janv. 1833.

58. 7° *Par la cessation des pouvoirs du mandant.* Ainsi le mandat donné par un tuteur en cette qualité, cesse de plein droit par la cessation des fonctions de ce tuteur. Poth., 112; Dur., 18. 289; Toull., 7. 18. Il faut en dire autant du mandat donné par tout autre administrateur de la chose d'autrui. *Ibid.*

59. 8° *Par l'arrivée du terme ou de la condition, et par la fin de l'affaire.* Lorsqu'une procuration n'est pas limitée à un certain temps et que la durée n'en est subordonnée à aucune condition, elle vaut jusqu'à révocation. Poth., *du Mand.*, 35 et 101; Montp., 22 juillet 1824.

60. Si le mandat a été donné pour une affaire spéciale, il prend fin aussitôt que cette affaire est terminée ; ce que le mandataire ferait après excèderait son mandat et n'obligerait pas le mandant.

Enregistrement.

61. Les mandats ou procurations qui ne contiennent aucune stipulation ni clause ne donnant lieu au droit pro-

portionnel, ne sont sujets qu'au droit fixe de 2 fr. L. 28 avr. 1816, art. 43, n° 17.

FORMULES.

Procuration contenant pouvoir de toucher une somme

Je soussigné A..., (qualité et demeure), *déclare avoir donné, comme par les présentes, je donne pouvoir et procuration à B...,* (qualité et demeure), *de pour et en mon nom, se présenter au domicile de C....,* (même désignation), *à l'effet de lui réclamer la somme de.... qu'il me doit en principal, suivant promesse sous seing-privé ou titre obligatoire du...., avec les intérêts dûs et échus, en toucher le montant et en donner quittance; promettant et m'obligeant d'avoir pour agréable et de ratifier tout ce qui sera fait par ledit B..., en vertu du présent pouvoir.*

Fait à...., ce... (Signature.)

Autre, contenant un pouvoir général.

Je soussigné A..., (qualité et demeure), *declare avoir donné, comme par les présentes, je donne plein pouvoir à B...,* (qualité et demeure), *lequel je constitue pour mon procureur général, de pour et en mon nom, administrer tous mes biens, en quoi qu'ils puissent consister et de quelle manière il jugera à propos; de vendre les fruits et denrées qui en proviendront; de faire aux bâtiments et aux terres, les réparations utiles et améliorations nécessaires; de les affermer en tout ou en partie, à telles personnes, et à tels prix et conditions qu'il jugera convenables; de percevoir le montant des actes et conventions stipulés et d'en donner quittance; d'emprunter avec ou sans intérêts, soit par lettres de change, soit par obligations notariées, soit à rente constituée ou viagère, et d'hypothéquer spécialement, à la garantie du remboursement des sommes prétées ou de la rente créée, les im-*

meubles qu'il faudra ; de vendre, en partie ou en totalité, mes biens immeubles, quelle qu'en soit la nature, aux prix, réserves et conditions qu'il jugera nécessaires ; d'en exiger le paiement de suite ou à des époques déterminées, pourvu qu'en ce dernier cas, l'acquéreur fournisse une garantie suffisante, soit moyennant une caution solvable, soit par la voie d'une bonne hypothèque ; d'acheter ce qu'il jugera à propos, soit comptant, soit à terme, et dans ce dernier cas d'hypothéquer spécialement l'immeuble nouvellement acquis ou tel autre qu'il avisera bon être ; de payer les dettes que je puis avoir, ainsi que celles que je pourrai contracter, lorsqu'elles lui auront été légalement justifiées ; comme aussi de poursuivre le remboursement de ce qui peut m'être dû, et dans ces deux cas, d'en exiger ou donner quittance ; de soutenir les procès qu'on a pu ou qu'on pourra me susciter, et d'intenter à son tour, ceux qu'il jugera nécessaires ; de comparaître ou faire comparaître à cet effet, par qui bon lui semblera, devant le juge de paix compétent, pour s'y concilier ou transiger, selon les circonstances ; dans le cas contraire, de traduire devant le tribunal de première instance, les parties adverses, élire domicile, constituer tels avoués et choisir tels défenseurs qu'au cas appartiendra ; d'obtenir tous jugemens, acquiescer à leur prononcé ou en appeler, et en ce dernier cas, solliciter arrêt définitif ; mettre lesdits jugemens ou arrêts intervenus, à exécution, par toutes voies de droit, même par expropriation forcée ; de prévenir et terminer par la voie de la transaction ou du compromis, les procès nés ou à naître, soit de ma part, soit de celle d'autrui ; d'échanger tel ou tel immeuble qu'il croira nécessaire, contre tel ou tel autre, aux conditions qui lui paraîtront les plus convenables ; d'accepter les donations qui pourraient m'être faites ; d'accepter aussi purement et simplement ou sous bénéfice d'inventaire, les successions qui pourront m'échoir, et de répudier, s'il le juge à propos, les libéralités par actes entre-vifs ou à cause de mort, qui pourraient m'être faites, à des conditions trop onéreuses : d'entreprendre lui seul ou en s'associant avec d'autres personnes, telle spéculation ou telle branche de commerce qui lui paraîtra la plus avantageuse ; de consentir en cette qualité, tous actes de sociétés, lettres de change, billets à ordre ou engagemens y relatifs ; de transmettre la totalité ou partie des présens pouvoirs, à une ou à plusieurs personnes dont il aura fait choix, et de les révoquer à sa volonté ; enfin, de passer à raison de tous les pouvoirs ci-dessus stipulés, tous écrits sous seing-privé et tous actes notariés que le besoin exigera ; promettant et m'obligeant de ratifier tout ce que le constitué pourra faire en vertu du présent mandat.

Fait à..., ce...,　　　　　　　　　　(Signature.)

MAIRE, ADJOINT, CURÉ DESSERVANT.

Le maire est un officier municipal spécialement chargé d'administrer les affaires de la commune.

Pour bien comprendre les attributions du maire, il faut distinguer en lui plusieurs caractères.

Il est à la fois, d'après notre législation, 1° officier de l'état civil ; 2° officier de la police judiciaire ; 3° juge de simple police ; 4° agent de l'administration générale ; 5° administrateur et représentant de la commune ; 6° enfin, revêtu d'un pouvoir de commandement pour tout ce qui concerne la police municipale.

Les devoirs du maire comme officier de l'état civil, sont tracés par le titre 11 du Code civil. Il est responsable de l'inaccomplissement des formalités qui lui sont prescrites, ainsi que des altérations qui pourraient survenir aux registres dont il est dépositaire.

Les maires sont rangés au nombre des officiers de police judiciaire par le Code d'instruction criminelle ; ils ont qualité pour rechercher les contraventions de police de toute nature, recevoir les rapports, dénonciations et plaintes qui y sont relatifs ; et pour dresser les procès-verbaux, recevoir les déclarations des témoins, faire les visites et autres actes qui sont de la compétence du procureur du roi, dans les cas de flagrant délit, ou de réquisition de la part d'un chef de maison. Ils doivent remettre les procès-verbaux de contravention, et de toutes les pièces et renseignemens, dans les trois jours au plus tard, à l'officier qui remplit les fonctions du ministère public près le tribunal de police, et transmettre au procureur du roi les procès-verbaux et autres actes relatifs aux crimes et aux délits.

Ils ont le droit de requérir la force armée dans l'exercice de leurs fonctions judiciaires, et lorsqu'ils agissent au lieu et place du procureur du roi, ils peuvent des visites et autres actes qui sont de la compétence de ce magistrat, et par conséquent décerner des mandats d'amener contre les prévenus de crimes emportants peine afflictive ou infâmante.

Le maire est juge de simple police, concurremment avec le juge de paix dans les communes qui ne sont pas chefs-lieux de canton, à l'égard des contraventions commises dans la commune, par des personnes prises en flagrant délit, et lorsque la partie réclamante conclut pour ses dommages et intérêts à une somme déterminée, qui n'excède pas celle de quinze francs.

Le ministère public est exercé auprès du maire par l'adjoint, et lorsque l'adjoint remplace le maire comme juge de police par un membre du conseil municipal, il est désigné à cet effet par le procureur du roi pour l'année entière. Le greffier est un citoyen nommé par le maire et assermenté auprès du tribunal de police correctionnelle. Le ministère d'huissier n'est pas nécessaire pour les citations à partie ou à témoins, qui peuvent être faites par avertissement du maire.

Comme agent de l'administration générale, le maire est une organe d'information, de vérification et de contrôle ; ainsi il doit adresser à l'administration supérieure les informations qui lui sont demandées par elle ; il prépare les listes électorales et celles du recrutement; il légalise des signatures, vise des procès-verbaux, etc.

Il est surtout un agent d'exécution, pour faire l'application immédiate et dernière de la loi. C'est l'intermédiaire entre l'administrtion supérieure et les administrés pour l'exécution de presque toutes les mesures; c'est aussi l'organe des administrés auprès de l'administration.

Comme agent d'exécution, le maire est subordonné au sous-préfet, au préfet; il ne peut, sans quitter ses fonctions, refuser d'exécuter les ordres qu'il reçoit; mais aussi il n'est pas responsable de tout ce qu'il fait conformément à des ordres supérieurs.

Les maires ne reçoivent pas de traitement (Loi du 21 mars 1831). Dans les communes populeuses dont l'administration est très compliquée, le maire est déchargé de quelques-unes de ses fonctions. Ainsi, dans les communes chefs-lieux de canton, il n'est pas juge de police; dans les communes dont la population excède cinq mille âmes, les fonctions d'officier de police judiciaire sont exercées par un ou plusieurs commissaires de police, etc.

Les autres fonctions du pouvoir municipal sont, d'après l'article 50 de la loi du 14 décembre 1786, de faire jouir les habitans des avantages d'une bonne police, notamment de la propreté, de la salubrité, de la sûreté et de la tranquillité dans les rues, lieux et édifices publics.

Les lois et les règlemens de police que le maire est directement chargé de faire exécuter, sont très nombreux. Quelques-uns remontent à des époques éloignées, et n'ont pas été appliqués depuis longtemps, quoiqu'ils aient été conservés par différentes lois, et notamment par l'art. 484 du Code pénal.

Le droit de prendre des arrêtés est posé dans l'art. 26 du titre 1ᵉʳ de la loi des 19-22 juillet 1791, qui s'exprime ainsi : « Aucun tribunal de police municipale, ni aucun corps municipal, ne pourront faire de règlement. Le corps municipal néanmoins pourra, sous le nom et l'intitulé de délibérations, et sous la réformation, s'il y a lieu, par l'administration de département, faire des arrêtés sur les objets qui suivent :

1° Lorsqu'il s'agira d'ordonner les précautions locales sur les objets confiés à sa vigilance par les art. 3 et 4 du titre 11 de la loi du 16 et 24 août 1790 ;

2° Publier de nouveau les lois et règlemens de police, ou rappeler les citoyens à leur observation. »

Les art. 3 et 4 de la loi du 24 août énumèrent plusieurs objets de police qui sont confiés à la vigilance des maires.

Comme tout ce qui intéresse, 1° la sûreté et la commodité du passage des rues, quais, places et voies publiques ; ce qui comprend le nettoiement, l'illumination et l'enlèvement des encombremens ; la démolition ou la réparition des bâtimens qui menacent ruine, l'interdiction de rien exposer aux fenêtres ou autres parties des bâtimens, qui puisse nuire par sa chute, et celle de rien jeter qui puisse blesser ou endommager les passans, ou causer des exhalaisons nuisibles.

2° Le soin de réprimer et de punir les délits contre la tranquillité publique, tels que les rixes et disputes accompagnées d'ameutemens dans les rues, le tumulte excité dans les lieux d'assemblées publiques, les bruits et attroupemens nocturnes qui troublent le repos des citoyens.

3° Le maintien de l'ordre dans les endroits où il se fait de grands rassemblemens d'hommes, tels que les foires, marchés réjouissances et cérémonies publiques ; spectacles, jeux, cafés, églises et autres lieux publics.

D'après la loi du 28 pluviose an VII, le maire prend des arrêtés pour régler le partage des affouages, pâtures, récoltes et fruits communs.

Au nombre des choses sur lesquelles doit porter la vigilance municipale, nous indiquerons la police rurale placée sous la surveillance des officiers municipaux par l'art. 1er du titre II de la loi du 28 septembre 1791, à laquelle se rattache l'échenillage, prescrit par la loi du 26 ventose an IV, dont les maires doivent, chaque année,

rappeler les dispositions par un arrêté ; les mesures à
prendre en cas d'épizootie. (Arrêté du 27 messidor an
VIII , et ordonnance du 27 janvier 1815.) Les mesures
de police municipale sont énumérées dans les lois des 16
et 24 août 1790, 11, 19 et 22 juillet 1791 ; (arrêté du 3
brumaire an IX.)

ADJOINT.

L'adjoint est un officier municipal suppléant du
maire.

Dans les communes rurales , dépourvues de commissaire de police, c'est l'adjoint qui en remplit les
fonctions.

L'adjoint remplace le maire en cas d'absence ou d'empêchement.

Il y a un adjoint dans toutes les communes au-dessous de 2,500 habitants , deux dans celles de 2,500 à
10,000 , et un adjoint de plus par chaque excédent de
2,000.

Il y a un adjoint spécial dans les sections de commune
qui sont séparées de la commune par la mer ou par tout
autre obstacle.

Les maires et les adjoints sont nommés par le roi, ou
en son nom par le préfet; ils sont choisis parmi les conseillers municipaux élus, et nommés pour trois ans ; ils
doivent avoir leur domicile dans la commune.

CURÉ ET DESSERVANT.

Rapport du Maire et du Curé.

Le point de départ de la législation en France relative
aux établissemens religieux, est le concordat passé entre
le pape et le gouvernement français le 18 germinal an X
(8 avril 1802). Le concordat reconnaît que la religion catholique, apostolique et romaine est la religion de la

46

grande majorité des citoyens français ; cette déclaration
se trouve encore dans l'art. 6 de la charte de 1830.

En conséquence de ce principe, on a en France une
circonscription religieuse en harmonie avec la circonscription administrative.

Il existe une paroisse par justice de paix, c'es t-à-
dire par canton, et autant de succursales que le besoin
l'exige.

Les curés sont nommés par les évêques, après l'agrément du roi. (Concordat, art. 40.)

L'érection d'une succursale peut avoir lieu sur la demande du conseil municipal.

La confusion qui a longtemps eu lieu entre l'autorité
spirituelle et l'autorité temporelle, a laissé, sur cette matière et dans beaucoup d'esprits, des préjugés que l'étude
des véritables principes et la connoissance des lois dissi-
peront sans doute avec le progrès de notre civilisation.

L'article 5 de la charte porte : « Chacun professe sa
» religion avec une égale liberté, et obtient pour son
» culte la même protection. »

La conséquence de ces principes, dit Foucard dans
son ouvrage sur le droit administratif, est très nette : le
curé et le maire exercent leur autorité dans deux sphères
différentes : de même que le curé ne peut gêner en rien
le maire dans l'application des règles du droit administratif, de même le maire ne peut faire intervenir son autorité dans tout ce qui concerne la discipline ecclésiastique et le culte. Ainsi, par exemple, le curé a la garde
de l'église et de tous les objets consacrés au culte, dont
personne ne peut disposer sans son consentement : c'est
lui qui dans les campagnes nomme et révoque les serviteurs de l'église, les bedeaux, suisses, enfants de chœur.
Dans les villes, ils sont nommés par la fabrique, mais
sur la présentation du curé ou desservant ; dans tous
les cas, c'est le curé seul qui a le droit de leur donner des
ordres. Le curé fixe les heures des offices, et ne doit faire
des prières extraordinaires, même pour le gouverne-

ment, que sur l'ordre de son évêque; il se concerte avec l'autorité pour la fixation de l'heure.

Si le maire assiste à l'église, il a droit dans l'église à une place distinguée.

Cependant, malgré les règles tracées par la loi, la violation de la liberté religieuse n'a lieu que trop souvent.

Le refus de la sépulture par un ecclésiastique est l'événement qui occasionne le plus fréquemment des luttes entre l'autorité civile et le clergé; c'est pourquoi nous croyons utile d'en dire quelques mots. La difficulté provient du décret du 23 prairial an XI relatif aux sépultures, qui contient les dispositions suivantes : « Lorsque » le ministre d'un culte, sous quelque prétexte que ce » soit, se permettra de refuser son ministère pour l'inhumation d'un corps, l'autorité civile, soit d'office, soit » sur la réquisition de la famille, commettra un autre » ministre du même culte pour remplir ces fonctions ; » dans tous les cas, l'autorité civile est chargée de faire » porter, présenter, déposer et inhumer le corps. « S'il était vrai, dit encore Foucaud, que cet article donnât à un agent de l'autorité civile le droit de contraindre un ministre de la religion à prêter son ministère à une inhumation quand il croit devoir le refuser, et celui d'enfoncer les portes d'une église pour y simuler une cérémonie religieuse, il faudrait bien reconnaître qu'il serait essentiellement contraire au principe de la liberté des cultes et au système de protection, qui sont formellement consacrés par le concordat et par la charte ; dès-lors, il faudrait le considérer comme non avenu, parce qu'une loi, et à plus forte raison un décret réglementaire, ne peuvent contredire un principe posé par la charte constitutionnelle.

Mais il nous semble que l'on peut expliquer autrement le motif et le but du décret. Il impose des obligations à l'autorité civile, mais on ne donne nullement le droit au maire de violer un principe aussi important que celui de la liberté des cultes. Dans tous les cas, il sera l'autorité, fera les actes matériels de l'inhumation ; elle *présentera et déposera* le corps à l'église, quand l'église sera ouverte, et que le ministre de la religion consentira à le recevoir. Dans le cas contraire, elle devra s'arrêter devant la décision d'une *autorité tout-à-fait indépendante*.

Nous ne pouvons mieux terminer cet article qu'en faisant connaître sur cette question les véritables principes.

Voici comment s'exprime à ce sujet un des esprits les plus éclairés du siècle, M. de Cormenin : après avoir établi les véritables principes sur cette question, il repousse avec énergie l'application que l'on voudrait faire du décret du 23 prairial an XII, qu'il regarde comme abrogé :

« Nous ne parlons-pas, dit-il, de ce décret insensé du
» 24 prairial an XII, qui veut que l'autorité civile com-
» mette d'office, mais sans contrainte toutefois, un au-
» tre ministre du culte : qu'est-ce, en effet, que le prêtre
» automate qui arrive au premier coup de sifflet de l'au-
» torité civile, et qui prie par commission ? La prière
» vient, non d'un bureau de police, mais du ciel. La
» liberté en vient aussi ; et, quand on l'aime sincère-
» ment, on doit la vouloir pour tout le monde, même
» pour les prêtres. N'est-ce donc pas aux prêtres qu'il
» faut la liberté par excellence dans les choses de la con-
» science et de la religion ? N'est-ce pas la liberté seule
» qui peut combler le vide immense entre le prêtre et
» Dieu ? Etrange contradiction ! Vivants, nous refusons
» d'entrer dans le temple de Dieu ; et morts, il faut que
» notre cadavre en enfonce les portes pour y recevoir les
» bénédictions empressées de ses ministres. » (Questions de droit administratif, t. 2.)

MARCHÉ ET DEVIS.

ℱ Convention qui intervient entre le propriétaire et l'entrepreneur d'un ouvrage, tel qu'une construction.

1. Les règles que nous allons tracer s'appliquent non-seulement à ceux qui entreprennent la construction d'un édifice dans toutes ses parties, mais encore à ceux qui font des marchés à prix fait dans la partie qu'ils traitent : tels sont les maçons, charpentiers, serruriers et autres ouvriers. C. civ. 1799.

2. NATURE ET FORME DU CONTRAT. Les devis, marchés ou prix fait pour l'entreprise d'un ouvrage, moyennant un prix déterminé sont de la nature du contrat de louage *lorsque la matière est fournie par celui pour qui l'ouvrage se fait.* C. civ. 1711. Il semblerait résulter de ces derniers mots que le marché n'est plus un louage lorsque l'entrepreneur fournit les matériaux, mais un contrat d'une autre nature, c'est-à-dire une vente; malheureusement cette distinction a été oubliée dans les art. 1787 et suiv., et l'on doit considérer le marché comme un louage, lors même que l'entrepreneur fournit la matière. Dur. 17. 250.

3. Les devis et marchés ne sont assujettis à aucune forme spéciale : ils seraient valables lors même qu'aucun écrit ne les constaterait si l'on pouvait les prouver d'une manière certaine : mais la prudence exige de passer acte devant notaire ou sous seing privé. Lep. *L des Bâtim.* 2. 65; A. Dall. *v° Louages d'ouvr.* n° 56.

4. Il est de la substance du contrat de louage qu'il y ait un prix, mais ce prix peut bien n'être pas déterminé dès le temps du contrat, et il suffit qu'il doive le devenir par l'estimation qui en sera ultérieurement faite (Poth. 397 et 401) par les parties ou à dire d'experts. Lep. 63; Dur. 17. 248.

5. OBLIGATIONS RÉSULTANT DU CONTRAT. *Obligations du propriétaire.* Deux obligations principales sont imposées au propriétaire : la première, c'est de faire tout ce qui est en son pouvoir pour mettre l'entrepreneur en état d'exécuter le marché; en conséquence, il doit se munir de toutes les autorisations nécessaires, lever tous les obstacles mis au commencement ou à la continuation des

travaux, rassembler et conduire les matériaux en temps et lieu et à l'endroit désigné par la convention, si c'est lui qui les fournit, enfin procurer les passages et commodités nécessaires pour l'exécution des travaux. Poth. *du Louage*, n° 410.

6. Faute par le propriétaire de remplir cette obligation, l'entrepreneur doit le mettre en demeure de l'accomplir par une *sommation*, aussitôt que la convention l'oblige à commencer les travaux; s'il ne défère point à cette mise en demeure, l'entrepreneur peut l'assigner en résolution du marché et en dommages-intérêts.

7. La seconde, de payer exactement le prix du marché; mais il n'est tenu de remplir cette obligation que lorsque l'ouvrage est entièrement terminé, à moins qu'il n'y ait convention contraire. (Poth. *ibid.* 406; Lep. *ibid.* 68; Bord. 15 mars 1834), et que lorsqu'il a été vérifié et reçu.

8. En conséquence, lorsque le maître refuse de payer l'entrepreneur, ce dernier doit le mettre en demeure par une *sommation*, de vérifier l'ouvrage, et s'il n'obéit pas à cet acte, l'assigner pour voir dire que l'ouvrage sera tenu pour vérifié et reçu, et que le maître sera obligé de payer le prix convenu.

9. Lorsque le marché n'est pas à forfait, le maître est tenu de payer les augmentations survenues dans les frais d'exécution et non prévues au moment du contrat (Poth. 407 et suiv.; Lep. 68; Merl. *Rép.*, v° *Louage*, n° 4); il en serait autrement si le marché avait eu lieu à forfait, d'après un plan arrêté et convenu, et si les changemens et augmentations faits sur ce plan n'avaient pas été autorisés par écrit; dans ce cas, en effet, l'entrepreneur ne pourrait réclamer aucun supplément de prix. C. civ. 1795. Cet article exclut toute preuve autre que celle par écrit. Douai, 20 avril 1831.

10. Le paiement du prix des constructions est garanti par un privilège.

11. *Obligations de l'entrepreneur.* — Elles consistent dans celles ci-après:

12. 1° Il doit faire l'ouvrage dont il s'est chargé, personnellement, si la considération de son talent ou de son mérite on déterminé le maître à lui donner sa confiance; dans tout autre cas, l'entrepreneur peut faire faire l'ouvrage par une autre personne. (Poth. 420. 421 ; Dur. 17. 257); s'il négligeait de satisfaire à cette obligation, il pourrait être assigné à l'effet de se voir condamner à remplir son engagement dans un délai fixé par le juge, sinon à des dommages-intérêts pour l'inexécution du contrat (Poth. 422; Dur. 7. 257); le maître pourrait même faire ordonner qu'il sera autorisé, faute par l'entrepreneur de remplir son engagement, de traiter avec un autre ouvrier pour faire l'ouvrage ou le continuer; en ce cas, le conducteur négligent paie à titre de dommages-intérêts l'excédant du second prix sur le premier, si toutefois il y a excédant. Poth. 422.

13. 2° Il doit livrer l'ouvrage dans le temps convenu, faute de quoi son retard le rend passible de dommages-intérêts. C. civ. 1146, Poth., n° 424 ; Dur. 17. 257. — 3° et faire l'ouvrage d'après les règles de l'art, sous peine d'être tenu de réparer les défectuosités qui peuvent s'y trouver, et même de payer des dommages-intérêts, si le vice de l'ouvrage a causé préjudice. Poth. 425 et 426; Merl. *ibid.*

14. 4° Il doit bien employer les choses qui lui ont été fournies pour la confection de l'ouvrage, et s'il les a gâtées ou mal employées, il est obligé d'en payer la valeur ou d'en fournir d'autres de même qualité. Poth. 427, 429. Si les marchandises sont perdues ou volées faute de soins convenables, il en répond également. Poth. 429. La valeur des objets gâtés ou perdus entre en compensation avec ce que doit le maître, jusqu'à due concurrence, lorsque l'entrepreneur n'a pas remplacé lesdits objets.

15. 5° Il répond du fait des personnes qu'il emploie (C. civ. 1797); par conséquent, du fait des sous-entrepreneurs avec lesquels il a traité pour les diverses parties de l'ouvrage. Il suit de là que le maître doit s'adresser

dans tous les cas à l'entrepreneur, pour le forcer à exécuter ses engagemens.

16. *Droits des ouvriers employés.* — Les maçons, charpentiers et autres ouvriers employés à la construction d'un bâtiment ou autres ouvrages faits à l'entreprise, n'ont d'action contre celui pour lequel les ouvrages ont été faits, que jusqu'à concurrence de ce dont il se trouve débiteur envers l'entrepreneur au moment où leur action est intentée. C. civ. 1798.

17. Dans la rigueur du droit, les ouvriers n'ont d'autre débiteur que celui qui les a employés; cependant, par des raisons d'équité, et surtout pour éviter un circuit d'actions, la loi leur permet de poursuivre le maître de leur chef, jusqu'à concurrence de ce dont il se trouve débiteur envers l'entrepreneur (Dur. 17. 262. Boil. *Comment. C. civ.* 1798); ils peuvent donc assigner directement le maître, qui de son côté a le droit d'opposer tous les paicments par lui faits de bonne foi, constatés ou non par acte ayant date certaine. Dur. *ibid.* et 13. 133.

18. Les ouvriers sont préférés à tous autres créanciers de l'entrepreneur principal, sur les sommes dues par le maître, car l'entrepreneur n'a de créance contre celui qui a fait faire les travaux qu'en raison de ces mêmes travaux exécutés par les sous-entrepreneurs et ouvriers. Dur. *ibid.*; Douai, 30 mars 1833.

19. RESPONSABILITÉ. *Perte avant la réception ou la mise en demeure.* On doit distinguer si l'entrepreneur a seulement fourni son travail ou son industrie, ou s'il a fourni en outre la matière.

20. Dans le premier cas, si l'ouvrage vient à périr, l'ouvrier n'est tenu que sa faute. C. civ. 1789. Ainsi, si par l'impéritie, ou la maladresse de l'ouvrier, la chose venait à périr, non-seulement ce dernier n'aurait pas le droit de réclamer un salaire, mais il serait tenu d'indemniser le propriétaire du préjudice qu'il lui aurait causé. Dur. 17. 252.

21. Si, avant que l'ouvrage ait été reçu et sans que le maître fût en demeure de le vérifier, cet ouvrage venait

à périr, quoique sans aucune faute de la part de l'ouvrier, ce dernier n'aurait point de salaire à réclamer, à moins que la chose n'ait péri par le vice de la matière. C. civ. 1790. Il suit de cette disposition que la responsabilité de l'ouvrier cesse dès que l'ouvrage a été reçu ou dès que le maître a été mis, par une *sommation*, en demeure de le vérifier.

22. Lorsqu'il s'agit d'un ouvrage à plusieurs pièces ou à la mesure, l'entrepreneur peut exiger que la vérification s'en fasse par parties : elle est censée faite pour toutes les parties payées si le maître paie l'ouvrier en proportion de l'ouvrage fait. C. civ. 1791. Remarquons que cet article régit le cas où l'ouvrier fournit la matière comme celui où il ne fournit que son travail ; qu'il n'est pas applicable lorsqu'il s'agit d'un marché fait en bloc pour la construction totale de l'ouvrage ; enfin qu'on ne doit pas regarder comme parties payées, les simples à-compte que le maître donnerait à l'ouvrier durant le cours de l'ouvrage, sans même avoir vu cet ouvrage. Dur. 17. 254.

23. Dans le second cas, si la chose vient à périr de quelque manière que ce soit, avant d'être livrée, la perte est pour l'ouvrier, à moins que le maître ne fût en demeure de recevoir la chose (C. civ. 1788), par une *sommation*. Mais dès qu'il y a mise en demeure, la perte est pour le maître, l'ouvrier s'étant pour ainsi dire par là dessaisi de la propriété en faveur de ce dernier.

24. *Perte après la réception.* — La réception de l'ouvrage une fois faite, l'entrepreneur peut exiger le paiement de ce qui lui est dû (— V. *suprà*, *n*° 7); mais il n'est pas déchargé de toute espèce de responsabilité. Il résulte au contraire de la combinaison des articles 1792 et 2270 du C. civ., que les architectes et entrepreneurs sont responsables pendant 10 ans de toute sorte de gros ouvrages qu'ils ont faits ou dirigés, sans distinction de ceux entrepris à prix fait ou à tant la mesure, ni du cas où l'entrepreneur fournit les matériaux d'avec celui où il ne fournit que son industrie. Ce délai de 10 ans court du jour de la réception des travaux.   47

25. L'action, en cas de perte, est intentée contre l'entrepreneur en la forme ordinaire. On conclut à ce que ce dernier rétablisse solidement les lieux dans leur état primitif, sinon qu'il soit tenu de payer la somme nécessaire pour les rétablir, et en outre à ce qu'il soit condamné à des dommages-intérêts.

26. Résolution du contrat. Le marché se résout par la volonté du maître, la mort de l'entrepreneur ou par force majeure.

27. *Volonté du maître* — Le maître peut résilier le marché par sa seule volonté, quoique l'ouvrage soit déjà commencé, en dédommageant l'entrepreneur de toutes ses dépenses, de tous ses travaux et de tout ce qu'il aurait pu gagner dans l'entreprise (C. civ. 1794); peu importe qu'il s'agisse d'un marché à forfait ou d'un ouvrage à tant la mesure. Lepage 80; Dur. 17. 257. Si le maître vient à décéder pendant la confection de l'ouvrage, ses héritiers ont également le droit de faire cesser les travaux. Lep. *L. des Bâtim.* 85; Delv. 444; Dur. 17. 257.

28. Le maître signifie sa volonté à l'entrepreneur par un exploit en la forme ordinaire, avec offre de payer à dire d'experts tout ce qui est dû à ce dernier, conformément à l'art. 1794 du C. civ.

29. *Mort de l'entrepreneur.* — Le marché se résout par la mort de l'ouvrier, de l'architecte ou de l'entrepreneur. C. civ. 1795. Cet article s'applique à tous marchés à prix fait ou à tant la mesure. On présume toujours que le talent de l'entrepreneur a été la raison déterminante du contrat; en conséquence, ses héritiers ne peuvent être contraints à l'exécution du contrat ni forcer le maître à l'accepter en remplacement de l'entrepreneur. Dur. *ibid.* Poth. *Louage* 453.

30. Le propriétaire est tenu de payer en proportion du prix porté par la convention, à la succession de l'entrepreneur, architecte ou ouvrier, la valeur des ouvrages faits et celle des matériaux préparés, lors seulement que

ces travaux ou ces matériaux peuvent lui être utiles. C. civ. 1796. Si les parties ne peuvent s'accorder, il y a lieu de provoquer une expertise.

51. La mort de l'architecte qui dirige les travaux, lorsqu'il y a un entrepreneur (Lep. *ibid.* 85), de même que celle du propriétaire, n'anéantissent pas le contrat qui doit recevoir son exécution pleine et entière. — V. Poth. *du Louage*, 448 et suiv.; Delv. p. 448.

52. *Force majeure.* — Le contrat se résout encore par la force majeure qui, en rendant impossible l'exécution de l'ouvrage convenu, détruit le marché, sans qu'il y ait lieu de part et d'autre à aucune indemnité; sauf cependant le cas où l'entrepreneur aurait fait acquisition de matériaux rendus inutiles. Merlin, *v° Louage*, n° 6; A. 9. 945.

33. Quant à la faillite de l'ouvrier, de l'architecte ou de l'entrepreneur, elle n'anéantit pas le contrat; la masse qui les représente est tenue d'accomplir les obligations contractées par le failli, et faire achever l'ouvrage par ce dernier; s'il s'y refusait, elle devrait autoriser le propriétaire à le faire terminer par lui-même. Rouen, 24 janvier 1826; Caen, 20 février 1827.

34. ENREGISTREMENT. Les devis d'ouvrages et entreprises qui ne contiennent aucune obligation de sommes et valeurs, ni quittances, ne sont passibles que du droit fixe d'un franc. L. 22 frim. an 7, art. 68, n° 29.

35. Les marchés ou adjudications pour constructions, réparations et entretien sont passibles du droit d'un pour cent, lorsqu'ils ne contiennent ni vente ni promesse de livrer des marchandises. L. 22 frim. an 7, art. 69, § 3, n° 1. S'il y a promesse de livrer des matériaux, le droit est de deux pour cent. L. *ibid.* § 5, n° 1.

36. Ne sont sujets qu'au droit fixe d'un franc, les adjudications au rabais et marchés pour constructions, réparations, entretien dont le prix doit être payé indirectement par le trésor public. L. 15 mai 1818, art. 73.

MUR.

On entend par ce mot, toute construction en pierres ou bois liés par du mortier de terre, de chaux ou de plâtre. — Dans un sens plus restreint, on appelle *mur*, la construction faite avec les matières dont nous venons de parler et qui forme la clôture d'un terrain ou soutient un édifice. — Dans tous les cas, on ne doit point assimiler les simples cloisons ou séparations d'intérieur à des murs proprement dits.

§ 1. — *Des murs, en général.*

1. Certaines précautions sont à prendre avant de construire ou démolir un mur.

2. Les règles du voisinage exigent qu'à l'égard de certaines constructions il soit fait, outre le mur, un contre-mur afin de ne pas nuire au voisin.

3. A l'égard du tour d'échelle qu'a pu se réserver ou obtenir le propriétaire d'un mur.

4. Les murs de clôture et les murs mitoyens sont l'objet de règles particulières.

§ 2. — *Des murs mitoyens.*

5. Les murs mitoyens sont ceux qui sont placés sur les extrémités de deux héritages contigus, moitié sur l'un et moitié sur l'autre, en sorte que la véritable ligne de séparation des héritages se trouve à la moitié du mur ; la moitié de ce mur qui appartient à chaque voisin est celle qui joint son héritage ; toutefois, comme les deux parties du mur sont inséparables, le mur est censé une chose commune entre les deux voisins. Toul. 3. 183 et 199.

ART. 1. — *Preuves et présomptions de mitoyenneté ou de non-mitoyenneté.*

6. Lorsqu'il s'élève une contestation au sujet d'un mur, la première chose à examiner est la question de propriété de ce mur. Or, pour savoir à qui cet objet appartient, il est indispensable de connaître : 1° comment le mur a été construit; 2° si depuis sa construction il n'y a pas eu vente de la mitoyenneté; 3° s'il y a eu ou non prescription.

7. 1° *Comment le mur a été construit.* — Si le mur a été construit par une seule partie et sur son terrain, il est la propriété exclusive de cette partie; si, au contraire, la construction a eu lieu à frais communs, sur les limites de deux fonds contigus, le mur est mitoyen. S'il y a un titre, il établit suffisamment les droits des parties, et s'il n'y en a pas, elles sont admises à faire preuve de faits de construction.

8. 2° *S'il y a eu vente.* — Lorsque depuis la construction le propriétaire a vendu la mitoyenneté, nul doute ne peut s'élever et l'acte qui est intervenu fait la loi des parties. Il en est de même si l'un des co-propriétaires a abandonné son droit de mitoyenneté à l'autre.

9. 3° *S'il y a eu ou non prescription.* — Si l'un des voisins a joui seul pendant trente ans de la totalité du mur, ce mur lui appartient exclusivement, eût-il été mitoyen dans l'origine ; si, au contraire, les deux voisins ont joui du mur, chacun de son côté, pendant le même espace de temps, ce mur est mitoyen, eût-il dans l'origine appartenu exclusivement à l'un des voisins.

10. Mais une clôture peut exister sans qu'il soit possible à aucun des propriétaires de prouver qu'elle lui appartient ou du moins qu'elle est mitoyenne. Le législateur a prévu le cas, et c'est afin d'éviter les difficultés auxquelles il pourrait donner lieu, qu'il a créé sur ce point une présomption légale.

11. En effet, d'après l'art. 653 du C. civ., sont présumés mitoyens, s'il n'y a toutefois titres ou marques du contraire, tous murs servant de séparation dans les villes et les campagnes.

12. 1° *Entre bâtiments.* — S'il n'y a de bâtiments que d'un côté, c'est le propriétaire de ces bâtiments qui est censé avoir fait le mur; Toull. 3. 185; Pau, 18 août 1834. Néanmoins, dans les villes et faubourgs où la loi établit une clôture forcée, le mur est présumé mitoyen jusqu'à la hauteur prescrite pour les murs de clôture. Toull. 187; Pard. 159. — Dur. 5. 503 rejette cette distinction, par la raison qu'une présomption légale ne peut s'étendre d'un cas à un autre.

13. 2° *Entre bâtimens jusqu'à l'héberge,* c'est-à-dire, jusqu'au point où les deux bâtimens profitent du mur; au delà de ce point, le mur est présumé appartenir au propriétaire du bâtiment le plus élevé. Sol. p. 117, n° 133.

14. Si le mur dépasse le bâtiment le plus élevé, c'est le propriétaire de ce dernier qui est présumé avoir construit au-delà, soit pour protéger son toit contre les vents, soit pour exhausser un jour son bâtiment. Delv., 1. 394; Dur. 5. 306; A. 12. 36.

15. 3° *Entre cour et jardin.* — Si la cour ou le jardin étaient séparés d'un pré, d'un bois, ou de toute autre propriété qui n'aurait pas la qualité d'enclos, le mur serait censé appartenir au propriétaire de la cour ou du jardin. Pard., n° 159. — *Contrà.* Dur. 504, qui pense qu'il est inutile que les propriétés séparées soient de même nature, pour que le mur soit réputé mitoyen.

16. 4° *Entre enclos dans les champs.* — Si l'un des deux champs que le mur sépare n'était pas entièrement clos, le mur serait censé appartenir exclusivement au propriétaire du champ clos. Delv. 1. 595; Toull. 187.

17. Si les murs existaient entre deux fonds qui ne seraient ni l'un ni l'autre, cour, jardin ou enclos, ils seraient réputés mitoyens. Dur., n° 505.

18. La présomption de mitoyenneté résultant de l'art.

655 du C. civ. ne céderait pas devant une possession annale, quelque bien caractérisée qu'elle pût être (Toull. 5.
188), et encore que cette possession eût été reconnue par
un jugement. Dans ce cas, il existerait un conflit entre
deux présomptions, l'une qui répute le possesseur propriétaire, l'autre qui répute tout mur mitoyen jusqu'à la
preuve du contraire. Mais cette dernière présomption est
spéciale pour la matière; elle est écrite dans la loi; elle
doit donc l'emporter sur une présomption plus générale
qui résulte de l'ésprit de la loi. Toull. 3, p. 130, à la
note.

19. Ainsi, si l'un des voisins avait obtenu au possessoire un jugement qui l'eût maintenu dans la propriété
exclusive du mur, l'autre voisin pourrait former l'action
pétitoire sans produire de titre, parce qu'il a un titre
dans la présomption légale de mitoyenneté résultant de
l'art. 653 du C. civ. Toull. 3. 188.

20. Mais ces mêmes présomptions établies par l'art.
653, n'ont de force qu'autant qu'il n'y a pas de marques
du contraire. Il y a marque de non mitoyenneté suivant
l'article 654 du C. civ. : 1° lorsque la sommité du mur
est droite et à-plomb de son parement d'un côté, et présente de l'autre un plan incliné ; 2° lorsqu'il n'y a que
d'un côté ou un chaperon ou des filets de corbeaux de
pierres qui y auraient été mis en construisant le mur. Dans
ce cas le mur est censé appartenir exclusivement au propriétaire du côté duquel sont l'égoût ou les corbeaux et filets
de pierre. C. civ. 654. Cet article s'applique aux campagnes comme aux villes.

21. Les filets ou corbeaux ne prouvent la non mitoyenneté qu'à partir de l'endroit où ils se trouvent : le bas
reste mitoyen. Pard., n° 163 ; Delv. 1. 368, A. 12. 37.
Si les filets existaient des deux côtés, l'indice de mitoyenneté ne serait qu'équivoque. Toull. 3. 190. Les filets
établis d'un seul côté ne serait même pas une preuve de
mitoyenneté, si de l'autre côté l'héritage était clos de
murs Toull. ibid. Dur. 5. 312; Delv. 1. 369. Dans tous

les cas, le voisin est admis à prouver que les filets ou corbeaux n'ont été placés au mur que depuis sa construction.

22. Outre les signes de non mitoyenneté dont nous
avons parlé *suprà*, n° 20. les coutumes en admettaient
d'autres. Ceux de ces signes qui existent encore conservent tout leur effet à l'égard des murs bâtis avant le code
civil; autrement, la loi nouvelle retroagirait. Toull. 3.
192; Dur. 5, n° 10; Sol., p. 124. — *Contrà.* Pard. 3.
162.

23. Les signes de non mitoyenneté céderaient devant
un titre contraire (Pard., n° 161 ; Delv. 1. 395; Dur.
551 ; Toull. 188); bien plus, le titre pourrait établir la
propriété exclusive du mur en faveur de celui des voisins
du côté duquel ne seraient pas l'égoût, les filets ou corbeaux de pierre, car toute conjecture doit fléchir devant
une preuve positive.

ART. 2. — *De l'acquisition de la mitoyenneté.*

24. Tout propriétaire joignant un mur, a la faculté de
le rendre mitoyen en tout ou partie, en remboursant
au maître du mur la moitié de sa valeur, ou moitié de la
valeur de la portion qu'il veut rendre mitoyenne et moitié de la valeur du sol sur lequel le mur est bâti. C. civ.
661.

25. Deux conditions sont exigées pour que le voisin
puisse invoquer le bénéfice de cet article : — 1° il faut
que sa propriété joigne immédiatement le mur dont il veut
acquérir la mitoyenneté; si donc il se trouvait entre le
mur et la propriété du voisin le plus petit espace, la cession de la mitoyenneté ne serait plus obligatoire. Dur. 5
324. — *Contrà.* Pard., n° 154 ; — 2° il ne faut pas que le
propriétaire du mur ait acquis *par titres* le droit d'avoir
dans le mur, des jours, vues ou fenêtres ouvrantes. Dans
ce cas , on ne peut forcer à céder la mitoyenneté que
jusqu'à la hauteur des fenêtres ou jours. Toull. 3. 197.
556. Mais il n'en serait pas de même si les fenêtres ,

même ouvrantes, ou jours subsistaient *sans titre*, même depuis plus de trente ans, elles ne seraient pas un obstacle à ce que le voisin acquière la mitoyenneté et bouche les vues. C. civ. 661, 675; Cassation du premier décembre 1813, 10 janvier 1810; Ang. 12 avril 1826; Toull. 3. 536.

26. Le propriétaire du mur ne peut forcer le voisin à en acquérir la mitoyenneté en totalité; celui-ci a droit de n'acquérir que la partie qui lui plaît, mais il doit acquérir jusqu'à la fondation. Néanmoins, si le propriétaire du mur y eût adossé des ouvrages qui eussent exigé des fondements plus épais et plus profonds, le voisin ne devrait payer la valeur de la fondation que jusqu'à concurrence de la partie nécessaire pour soutenir son édifice. Toull. 3. 194; Dur. 5. 327.

27. Lorsque la mitoyenneté n'est pas cédée à l'amiable celui qui veut l'acquérir doit faire sommation au propriétaire du mur de lui céder la mitoyenneté qu'il réclame, et cela moyennant la somme de ......, et offrir cette somme.

28. Si le propriétaire accepte, il signe l'exploit et on lui donne, par le même acte, intimation à se présenter chez un notaire pour réaliser la vente. Si, au contraire, il refuse, on l'assigne pour voir dire que le voisin sera déclaré acquéreur de la mitoyenneté du mur, que le propriétaire sera tenu de déclarer s'il entend accepter les offres à lui faites, sinon, comme aussi dans le cas de refus des offres, que la valeur dudit mur sera fixée par experts.

29. Les frais de l'expertise sont à la charge du propriétaire, si les offres faites étaient suffisantes; au cas contraire, comme aussi si la cession avait été demandée sans offres, les frais resteraient à la charge du voisin. Toull. 3. 195; Dur. 5. 328. — *Contrà*, Limoges, 12 avr. 1820. Cet arrêt décide que les frais d'expertise, dans tous les cas, restent à la charge de celui qui réclame la cession de mitoyenneté.

48.

ART. 3. — *Droits et charges de la mitoyenneté.*

30. **Droits.** — En général, les deux propriétaires d'un mur mitoyen ont le droit de de le faire servir à tous les usages qui sont dans sa nature, pourvu qu'ils n'y causent aucun dommage et que l'un ne gêne point la jouissance de l'autre. Toull. 3. 199.

31. On distingue les cas où le propriétaire d'un mur peut s'en servir sans le consentement des autres ayant-droit, de ceux pour lesquels ce consentement est néces-saire. Ainsi, il est admis par tous les auteurs, que l'un des propriétaires peut se servir du mur sans consulter les autres, pour y faire faire des peintures, y appliquer des espaliers, des charmilles, des orangeries, cloisons et constructions légères. Pard., n° 180 ; Delv. 1. 401 ; Dur. 5. 335 ; Sol., p. 133.

32. Mais l'un des voisins ne peut pratiquer dans le corps d'un mur mitoyen aucun enfoncement, ni y ap-pliquer ou appuyer aucun ouvrage sans le consentement de l'autre, ou sans avoir, à son refus, fait régler par ex-perts les moyens nécessaires pour que le nouvel ouvrage ne soit pas nuisible aux droits de l'autre. C. civ. 662.

33. Ainsi, l'un des voisins ne peut, sans le consente-ment de l'autre ou sans une expertise préalable :

34. 1° Faire bâtir contre le mur mitoyen, y faire placer des poutres ou solives dans toute l'épaisseur du mur, à 54 millimètres près. — Le voisin a le droit de faire ré-duire à l'ébauchoir la poutre jusqu'à la moitié du mur, dans le cas où il voudrait lui-même asseoir des poutres dans le même lieu, ou y adosser une *cheminée*. C. civ. 657. Cet article est en effet modifié par l'article 662. Delv. 3. 168 ; Sol. 134, 135 ; Toull. 3. 206.

35. 2° Faire exhausser le mur mitoyen, en payant seul l'exhaussement, les réparations d'entretien au-dessus de la hauteur de la clôture commune et en outre l'indemnité de la charge, en raison de l'exhaussement et suivant la

valeur. C. civ. 658. Cet article est également modifié par l'art. 662. Sol. 134, 135; Toull. *ibid.*

36. Lorsque l'un des propriétaires veut faire exhausser le mur mitoyen, si ce mur n'est pas en état de supporter l'exhaussement, celui qui veut l'exhausser doit le faire reconstruire en entier à ses frais, et l'excédant d'épaisseur doit se prendre de son côté. C. civ. 659. Il doit rendre son voisin indemne de tous frais et de tous dommages, mais non payer les profits cessans.

37. Le voisin qui n'a pas contribué à l'exhaussement du mur mitoyen, peut acquérir la mitoyenneté de cet exhaussement, en payant la moitié de la dépense qu'il a coûté et la valeur de la moitié du sol fourni pour l'excédant d'épaisseur, s'il y en a; C. civ. 660. Le voisin peut user de cette faculté, lors même qu'il n'aurait aucune construction à faire; Cass. 1er décembre 1823.—V. *suprà*, n° 24 *et suiv.*

38. Celui qui, par les ouvrages d'exhaussement, fait cesser momentanément les profits que son co-propriétaire retire de la chose, ne doit pas d'indemnité pour raison des profits cessants, pourvu que les ouvrages soient achevés dans un temps convenable qui pourrait être limité à 40 jours. Toull. 3. 210, 211; Pard. 174.

39. 3° Faire dans le mur mitoyen aucune fenêtre ni ouverture, même à verre dormant (C. civ. 675); aucune corniche ou saillie du côte de l'autre voisin (Sol., p. 142); aucun ouvrage ou empiétement qui, étant hors de la destination primitive des murs de ce genre, porterait préjudice aux autres propriétaires. Sol., p. 143.

40. Dans tous les cas où le consentement du voisin est nécessaire, et lorsque celui-ci ne veut pas le donner à l'amiable, on doit faire faire une notification par un huissier, pour le prévenir qu'on entend exécuter tel ouvrage au mur mitoyen, et requérir qu'il y donne son consentement ou ses moyens d'opposition. Toull. 3. 206. — V. *Form.*, n° 3.

41. Si le voisin déclare s'opposer, s'il s'agit d'ouvrages

auxquels il doit contribuer, s'il est nécessaire d'entrer chez lui, il est indispensable de le faire citer en justice pour faire prononcer contradictoirement avec lui ou sur son défaut.

42. Si, au contraire, il s'agit d'ouvrages auxquels le voisin ne doit pas contribuer, ni pour lesquels on ne soit pas obligé d'entrer chez lui, il suffit, s'il se borne à refuser son consentement, de faire régler par un expert les moyens nécessaires pour que le nouvel ouvrage ne soit pas nuisible aux droits de l'autre voisin. Toull., 3. 207. Cet expert doit être nommé par le tribunal, s'il ne l'est pas volontairement.

43. Dans le cas du numéro précédent, le voisin peut faire commencer l'ouvrage après l'expertise, et si depuis l'autre voisin formait opposition, l'ouvrage pourrait être continué pendant la litispendance, aux risques, périls et fortune de celui qui l'a commencé, faute à l'autre d'avoir formé son opposition, quand il a été sommé de la faire. Toull., 3. 207.

44. Faute par le propriétaire qui veut appliquer des ouvrages sur le mur mitoyen, ou faire l'exhaussement de ce mur, de prévenir son co-propriétaire, ou de le mettre en demeure, celui-ci peut s'opposer à la continuation des travaux, quelle que soit la perte qui puisse en résulter pour son voisin, et il peut demander des dommages-intérêts pour tout le préjudice que lui causent les ouvrages, même pour celui qu'il serait obligé de supporter comme charge de son droit de mitoyenneté. Sol. p. 136.

45. Quelles que soient les précautions prises par le voisin, il doit réparer les dommages qu'il a causés, même involontairement. Seulement si, avant de faire les ouvrages, il avait pris les précautions prescrites, il ne serait nullement tenu du préjudice qui serait la conséquence de la réparation des dommages. Sol., p. 141. Ainsi il ne serait dû aucune indemnité au voisin, parce que les ouvriers auraient passé chez lui pour remettre les choses dans leur état primitif.

46. Dans tous les cas, lorsque les travaux sont entrepris pour l'utilité particulière de l'un des co-propriétaires, il doit payer seul toute la dépense, les frais d'expertise, faire étayer à ses frais les bâtimens du voisin, ou prendre des précautions pour leur sûreté, enfin remettre les choses dans leur état primitif. Toutefois il ne serait pas tenu de rétablir les peintures et sculptures que le voisin aurait fait faire de son côté au mur mitoyen. Toull., 3. 208, 209; Sol., n° 163.

47. Lorsqu'on reconstruit un mur mitoyen ou une maison, les servitudes actives et passives se continuent à l'égard du nouveau mur ou de la nouvelle maison, sans toutefois qu'elle puisse être aggravées, et pourvu que la reconstruction se fasse avant que la prescription soit acquise. C. civ. 665.

48. *Charge de la mitoyenneté.* — La principale charge de la mitoyenneté, c'est la réparation et la reconstruction du mur mitoyen; chaque co-propriétaire y contribue dans la proportion de son droit (C. civ. 655), à moins que le mur n'ait été endommagé par le fait de l'un des intéressés auquel cas, celui-là seul devrait supporter la dépense. Toull., 3. 213; Dur., 3. 18; Pard., 176; Delv., 1. 460.

49. Les réparations et reconstructions ne sont ordonnées qu'en cas de nécessité des deux côtés du mur, ou dans la totalité; Grenoble, 20 juillet 1822; et dans tous les cas, le mur ne peut être rétabli que tel qu'il existait; celui qui le voudrait plus épais ou plus élevé, devrait supporter seul les frais de ce changement, à moins qu'il n'eût pas antérieurement l'épaisseur nécessaire. Pard., 167.

50. Ces réparations et reconstructions ne peuvent avoir lieu par un seul co-propriétaire, sans le consentement des autres ou sans qu'il en soit ordonné par justice. En conséquence, après avoir fait sommation aux autres co-propriétaires de procéder aux réparations, conjointement avec lui, il devra les assigner pour voir dire que les lieux seront visités par des experts, et pour, sur le rapport de ceux-ci, être conclu et statué ce qu'il appartiendra.

51. **Les** autres charges accessoires de la mitoyenneté, consistent dans l'obligation de chacun des co-propriétaires, de supporter, en tout ou en partie, les incommodités de la réparation ou de la reconstruction, telles que le passage des ouvriers, le placement des matériaux. Celui qui par une considération quelconque, a plus à souffrir que son voisin, doit s'y soumettre sans indemnité. Sol,, p. 144. Quant aux déplacemens des personnes et des meubles, elles sont aux frais exclusifs de celui des voisins qui y est obligé. Toull., 3, 215 : Delv., 1. 400; Pard., n. 167.

52. Le co-propriétaire d'un mur mitoyen peut se dispenser de contribuer aux frais de réparation et de reconstruction, en abandonnant son droit de mitoyenneté.

PARTAGE.

Les père et mère et autres ascendants peuvent, d'après notre droit civil, faire par testament le partage de leurs biens entre leurs enfants et descendants.

Il doit, à peine de nullité, être écrit en entier, daté et signé par le testateur.

FORMULE

D'UN PARTAGE PAR TESTAMENT OLOGRAPHE.

(Droit d'enregistrement : **5** francs.)

Ceci est mon testament :
Je soussigné, Charles G...., propriétaire, demeurant à Pontarlier, sain d'esprit, voulant prévenir les difficultés qui pourraient s'élever entre mes enfants après mon décès, relativement aux biens qui composent ma succession, j'ai résolu d'en faire ici le partage entre eux de la manière suivante :
Mes biens consistent ,

1° En une pièce de terre labourable, contenant quatre hectares, sise au qaartier   de (confins), estimée à . . . .

2° Une vigne, contenant un hectare, au quartier de   estimée à . . . .

3° Une prairie, au quartier de estimée à . . . .

Total. . . .

Ces trois immeubles, ci-devant désignés et confinés sont à partager entre mes enfants, au nombre de trois, savoir :

Louis G...., Désiré G...., Jules G....; ce qui fait pour chacun d'eux une valeur de.....

Pour parfaire le tiers de mon fils Louis G...., je lui attribue et lui lègue dans ce partage la première pièce de terre, contenant quatre hectares; mais comme il ne lui revient que la somme de   il fera retour à Désiré, son frère, de la somme de   excédant de ce qui lui revient.

Pour parfaire le tiers de Désiré G...., mon second fils, je lui lègue et attribue la pièce de terre en prairie, au quartier de   d'une valeur de

Enfin, pour parfaire le tiers qui revient à mon troisième fils, Jules G...., je lui lègue et attribue la pièce de terre emplantée en vignes, contenant un hectare, estimée à

Chacun de mes enfants jouira en toute propriété, à dater de mon décès, des biens que je viens de leur attribuer, et ce aux charges de droit, même sous les garanties entre eux en fait de partage.

Je révoque tout testament antérieur au présent, que j'ai écrit en entier, daté et signé de ma main, à le   mil....

(Signer.)

PATENTE.

Ceux qui exercent le commerce, des métiers ou professions, sont tenus de se munir d'une patente, et de payer les droits fixés pour la classe du tarif à laquelle ils appartiennent, suivant la population de leur commune; ou sans égard à cette population, pour le commerce, l'industrie, les métiers ou professions mis hors classe dans le tarif.

Les droits de patentes se divisent en droits *fixes*, et en droits *proportionnels*; les premiers sont ceux réglés par le tarif, les seconds sont le dixième du loyer ou des maisons d'habitation, ou des usines, ou des ateliers, ou des magasins, ou des boutiques, suivant la nature du commerce ou de l'industrie, justifié par baux authentiques pour les locataires, ou par l'extrait du rôle de la contribution foncière, pour les propriétaires, ou d'après la simple déclaration du requérant patenté, sauf l'évaluation, s'il y a lieu, au défaut de baux et de cote particulière dans le rôle de la contribution, pour les lieux destinés au commerce ou à l'exercice de l'industrie et profession du propriétaire de maison.

Les patentes sont expédiées et signées par le maire de la commune, au vu de la quittance délivrée par le percepteur, le sceau de la mairie y est apposé. Les quittances et patentes sont sur papier timbré, aux frais de ceux à qui elles sont délivrées. Il ne peut être perçu aucun autre droit que celui du timbre.

Ceux qui se croiraient fondés à réclamer, soit contre l'insertion de leur nom au tableau des redevables du droit de patente, soit sur le taux de leur taxe, peuvent, ou avant l'avertissement du receveur, ou dans les dix jours de cet avertissement, faire leur réclamation dans la forme prescrites pour les contributions directes.

Nous donnerons ci-après la formule de cette réclamation.

Loi sur les patentes.

Tout individu Français ou étranger, qui exerce en France un commerce, une industrie, une profession non compris dans les exceptions déterminées par la présente loi, est assujetti à la contribution des patentes.

La contribution des patentes se compose d'un droit fixe et d'un droit proportionnel.

Le droit fixe est réglé conformément aux tableaux A, B, C, annexés à la présente loi.

Il est établi :

Eu égard à la population et d'après un tarif général, pour les industries et professions énumérées dans le tableau A;

Eu égard à la population et d'après un tarif exceptionnel, pour les industries et professions portées dans le tableau B;

Sans égard à la population pour celles qui font l'objet du tableau C.

Les commerces, industries et professions non dénommés dans ces tableaux n'en sont pas moins assujettis à la patente. Le droit fixe auquel ils doivent être soumis est réglé, d'après l'analogie des opérations ou des objets de commerce, par un arrêté spécial du préfet rendu sur la proposition du directeur des contributions directes, et après avoir pris l'avis du maire.

Tous les cinq ans, des tableaux additionnels contenant la nomenclature des commerces, industries et professions classés par voie d'assimilation, depuis trois années au moins, seront soumis à la sanction législative.

Pour les professions dont le droit fixe varie en raison de la population du lieu où elles sont exercées, les tarifs seront appliqués d'après la population qui aura été déterminée par la dernière ordonnance de dénombrement.

Néanmoins, lorsque ce dénombrement fera passer une commune dans une catégorie supérieure à celle dont elle

49

faisait précédemment partie, l'augmentation du droit fixe ne sera appliquée que pour moitié pendant les cinq premières années.

Dans les communes dont la population totale est de 5,000 âmes et au-dessus, les patentables exerçant dans la banlieue des professions imposées eu égard à la population, paieront le droit fixe d'après le tarif applicable à la population non agglomérée.

Les patentables exerçant lesdites professions dans la partie agglomérée paieront le droit fixe d'après le tarif applicable à la population totale.

Le patentable qui exerce plusieurs commerces, industries ou professions, même dans plusieurs communes différentes, ne peut être soumis qu'à un seul droit fixe.

Ce droit est toujours le plus élevé de ceux qu'il aurait à payer s'il était assujetti à autant de droits fixes qu'il exerce de professions.

Le droit proportionnel est fixé au vingtième de la valeur locative pour toutes les professions imposables, sauf les exceptions énumérées au tableau D annexé à la présente loi.

Le droit proportionnel est établi sur la valeur locative, tant de la maison d'habitation que des magasins, boutiques, usines, ateliers, hangars, remises, chantiers et autres locaux servant à l'exercice des professions imposables.

Il est dû, lors même que le logement et les locaux occupés sont concédés à titre gratuit.

La valeur locative est déterminée, soit au moyen de baux authentiques, soit par comparaison avec d'autres locaux dont le loyer aura été régulièrement constaté, ou sera notoirement connu, et, à défaut de ces bases, par voie d'appréciation.

Le droit proportionnel pour les usines et les établissements industriels, est calculé sur la valeur locative de ces établissements, pris dans leur ensemble et munis de tous leurs moyens matériels de production.

Le droit proportionnel est payé dans toutes les communes où sont situés les magasins, boutiques, usines, ateliers, hangars, remises, chantiers et autres locaux servant à l'exercice des professions imposables.

Si, indépendamment de la maison où il fait sa résidence habituelle et principale, et qui, dans tous les cas, sauf l'exception ci-après, doit être soumise au droit proportionnel, le patentable possède, soit dans la même commune, soit dans des communes différentes, une ou plusieurs maisons d'habitation, il ne paie le droit proportionnel que pour celles de ces maisons qui servent à l'exercice de sa profession.

Si l'industrie pour laquelle il est assujetti à la patente ne constitue pas sa profession principale, et s'il ne l'exerce pas par lui-même, il ne paie le droit proportionnel que sur la maison d'habitation de l'agent préposé à l'exploitation.

Le patentable qui exerce dans un même local, ou dans des locaux non distincts, plusieurs industries ou professions passibles d'un droit proportionnel différent, paie ce droit d'après le taux applicable à la profession pour laquelle il est assujetti au droit fixe.

Dans le cas où les locaux sont distincts, il ne paie pour chaque local que le droit proportionnel attribué à l'industrie ou à la profession qui y est spécialement exercée.

Dans ce dernier cas, le droit proportionnel n'en demeure pas moins établi sur la maison d'habitation, d'après le taux applicable à la profession pour laquelle le patentable est imposé au droit fixe.

Dans les communes dont la population est inférieure à vingt mille âmes, mais qui, en vertu d'un nouveau dénombrement, passent dans la catégorie des communes de vingt mille âmes et au-dessus, les patentables des septième et huitième classes ne seront soumis au droit proportionnel que dans le cas où une seconde ordonnance de dénombrement aura maintenu lesdites communes dans la même catégorie.

Ne sont pas assujettis à la patente,

1° Les fonctionnaires et employés salariés, soit par l'Etat, soit par les administrations départementales ou communales, en ce qui concerne seulement l'exercice de leurs fonctions ;

2° Les notaires, les avoués, les avocats au conseil, les greffiers, les commissaires-priseurs, les huissiers ;

3° Les avocats ;

Les docteurs en médecine ou en chirurgie, les officiers de santé, les sages-femmes et les vétérinaires ;

Les peintres, sculpteurs, graveurs et dessinateurs considérés comme artistes, et ne vendant que le produit de leur art ;

Les architectes considérés comme artistes, ne se livrant pas, même accidentellement, à des entreprises de construction ;

Les professeurs de belles-lettres, sciences et art d'agrément ; les chefs d'institution, les maîtres de pension, les instituteurs primaires ;

Les éditeurs de feuilles périodiques ;

Les artistes dramatiques ;

4° Les laboureurs et cultivateurs, seulement pour la vente et la manipulation des récoltes et fruits provenant des terrains qui leur appartiennent ou par eux exploités, et pour le bétail qu'ils y élèvent, qu'ils y entretiennent ou qu'ils y engraissent ;

Les concessionnaires de mines pour le seul fait de l'extraction et de la vente des matières par eux extraites ;

Les propriétaires ou fermiers des marais salans ;

Les propriétaires ou locataires louant accidentellement une partie de leur habitation personnelle ;

Les pêcheurs, même lorsque la barque qu'ils montent leur appartient ;

5° Les associés en commandite, les caisses d'épargne et de prévoyance administrées gratuitement, les assurances mutuelles régulièrement autorisées ;

6° Les capitaines de navire de commerce ne naviguant pas pour leur compte ;

Les cantiniers attachés à l'armée ;

Les écrivains publics ;

Les commis et toutes les personnes travaillant à gages, à façon et à la journée, dans les maisons, ateliers et boutiques des personnes de leur profession, ainsi que les ouvriers travaillant chez eux ou chez les particuliers, sans compagnons, apprentis, enseigne ni boutique. Ne sont point considérés comme compagnons ou apprentis, la femme travaillant avec son mari, ni les enfants non mariés travaillant avec leurs père et mère, ni le simple manœuvre dont le concours est indispensable à l'exercice de la profession.

Les personnes qui vendent en ambulance dans les rues, dans les lieux de passage et dans les marchés, soit des fleurs, de l'amadou, des balais, des statues et figures en plâtre, soit des fruits, des légumes, des poissons, du beurre, des œufs, du fromage et autres menus comestibles ;

Les savetiers, les chiffonniers au crochet, les porteurs d'eau à la bretelle ou avec voiture à bras, les rémouleurs ambulants, les gardes-malades.

Tous ceux qui vendent en ambulance des objets non compris dans les exemptions non déterminées par l'article précédent, et tous marchands sous échoppe ou en étalage, sont passibles de la moitié des droits que paient les marchands qui vendent les mêmes objets en boutique. Toutefois cette disposition n'est pas applicable aux bouchers, épiciers et autres marchands ayant un étal permanent ou occupant des places fixes dans les halles et marchés.

Le mari et la femme séparés de biens ne doivent qu'une patente, à moins qu'ils n'aient des établissemens distincts auquel cas chacun d'eux doit avoir sa patente et payer séparément les droits fixes et proportionnels.

Les patentes sont personnelles, et ne peuvent servir qu'à ceux à qui elles sont délivrées. En conséquence, les associés en nom collectif sont tous assujettis à la patente.

Toutefois l'associé principal paie seul le droit fixe en entier : les autres associés ne sont imposés qu'à la moitié de ce droit, même quand ils ne résident pas tous dans la même commune que l'associé principal.

Le droit proportionnel est établi sur la maison d'habitation de l'associé principal, et sur tous les locaux qui servent à la société pour l'exercice de son industrie.

La maison d'habitation de chacun des autres associés est affranchie du droit proportionnel, à moins qu'elle ne serve à l'exercice de l'industrie sociale.

Les sociétés ou compagnies anonymes ayant pour but une entreprise industrielle ou commerciale, sont imposées à un seul droit fixe sous la désignation de l'objet de l'entreprise, sans préjudice du droit proportionnel.

La patente assignée à ces sociétés ou compagnies ne dispense aucun des sociétaires ou actionnaires du paiement des droits de patente auxquels ils pourraient être personnellement assujettis pour l'exercice d'une industrie particulière.

Tout individu transportant des marchandises de commune en commune, lors même qu'il vend pour le compte de marchands ou fabricans, est tenu d'avoir une patente personnelle, qui est, selon les cas, celle de colporteur avec balle, avec bêtes de somme ou avec voiture.

Les commis voyageurs des nations étrangères seront traités, relativement à la patente, sur le même pied que les commis voyageurs français chez ces mêmes nations.

Les contrôleurs des contributions directes procéderont annuellement au recensement des imposables et à la formation des matrices de patentes.

Le maire sera prévenu de l'époque de l'opération du recensement, et pourra assister le contrôleur dans cette opération, ou se faire représenter, à cet effet, par un délégué.

En cas de dissentiment entre les contrôleurs et les maires ou leurs délégués, les observations contradictoires de ces derniers seront consignées dans une colonne spéciale.

La matrice, dressée par le contrôleur, sera déposée, pendant dix jours, au secrétariat de la mairie, afin que les intéressés puissent en prendre connaissance, et remettre au maire leurs observations. A l'expiration d'un d'un second délai de dix jours, le maire, après avoir consigné ses observations sur la matrice, l'adressera au sous-préfet.

Le sous-préfet portera également ses observations sur la matrice, et la transmettra au directeur des contributions directes, qui établira les taxes conformément à la loi pour tous les articles non contestés. A l'égard des articles sur lesquels le maire ou le sous-préfet ne sera pas d'accord avec le contrôleur, le directeur soumettra les contestations au préfet avec son avis motivé. Si le préfet ne croit pas devoir adopter les propositions du directeur, il en sera référé au ministre des finances.

Le préfet arrête les rôles et les rend exécutoires.

A Paris, l'examen de la matrice des patentes aura lieu, pour chaque arrondissement municipal, par le maire, assisté soit de l'un des membres de la commission des contributions, soit de l'un des agents attachés à cette commission, délégué à cet effet par le préfet.

Les patentés qui réclameront contre la fixation de leurs taxes seront admis à prouver la justice de leurs réclamations, par la représentation d'actes de société légalement publiés, de journaux et livres de commerce régulièrement tenus, et par tous autres documents.

Les réclamations en décharge ou réduction, et les demandes en remise ou modération, seront communiquées aux maires : elles seront d'ailleurs présentées, instruites et jugées dans les formes et délais prescrits pour les autres contributions directes.

La contribution des patentes est due pour l'année entière, par tous les individus exerçant au mois de janvier une profession imposable.

En cas de cession d'établissement, la patente sera, sur la demande du cédant, transférée à son successeur ; la mutation de cote sera réglée par arrêté du préfet.

En cas de fermeture des magasins, boutiques et ateliers, par suite de décès ou de faillite déclarée, les droits ne seront dus que pour le passé et le mois courant. Sur la réclamation des parties intéressées, il sera accordé décharge du surplus de la taxe.

Ceux qui entreprennent, après le mois de janvier, une profession sujette à patente, ne doivent la contribution qu'à partir du premier du mois dans lequel ils ont commencé d'exercer, à moins que, par sa nature, la profession ne puisse pas être exercée pendant toute l'année. Dans ce cas, la contribution sera due pour l'année entière, quelle que soit l'époque à laquelle la profession aura été entreprise.

Les patentés qui, dans le cours de l'année, entreprennent une profession d'une classe supérieure à celle qu'ils exerçaient d'abord, ou qui transportent leur établissement dans une commune d'une plus forte population, sont tenus de payer au prorata un supplément de droit fixe.

Il est également dû un supplément de droit proportionnel par les patentables qui prennent des maisons ou locaux d'une valeur locative supérieure à celles des maisons ou locaux pour lesquels ils ont été primitivement imposés, et par ceux qui entreprennent une profession passible d'un droit proportionnel plus élevé.

Les suppléments seront dus à compter du premier du mois dans lequel les changements prévus par les deux derniers paragraphes auront été opérés.

La contribution des patentes est payable par douzième, et le recouvrement en est poursuivi comme celui des contributions directes : néanmoins, les marchands forains, les colporteurs, les directeurs de troupes ambulantes, les entrepreneurs d'amusements et jeux publics non sédentaires, et tous autres patentables dont la profession n'est pas exercée à demeure fixe, sont tenus d'acquitter le montant total de leur cote, au moment où la patente leur est délivrée,

Dans le cas où le rôle n'est émis que postérieurement au 1er mars, les douzièmes échus ne sont pas immédiatement exigibles : le recouvrement en est fait par portions égales, en même temps que celui des douzièmes non échus.

25 En cas de déménagement hors du ressort de la perception, comme en cas de vente volontaire ou forcée, la contribution des patentes sera immédiatement exigible en totalité.

Les propriétaires, et, à leur place, les principaux locataires qui n'auront pas, un mois avant le terme fixé par le bail ou par les conventions verbales, donné avis au percepteur du déménagement de leurs locataires, seront responsables des sommes dues par ceux-ci pour la contribution des patentes.

Dans le cas de déménagemens furtifs, les propriétaires, et, à leur place, les principaux locataires, deviendront responsables de la contribution de leurs locataires, s'ils n'ont pas, dans les trois jours, donné avis du déménagement au percepteur.

La part de la contribution laissée à la charge des propriétaires ou principaux locataires par les paragraphes précédens, comprendra seulement le dernier douzième échu et le douzième courant, dus par le patentable.

26 Les formules de patentes sont expédiées par le directeur des contributions directes sur des feuilles timbrées de 1 fr. 25 c. Le prix du timbre est acquitté en même temps que le premier douzième des droits de patente.

Les formules de patentes sont visées par le maire et revêtues du sceau de la commune.

27 Tout patentable est tenu d'exhiber sa patente lorsqu'il en est requis par les maires, adjoints, juges de paix, et tous autres officiers ou agents de police judiciaire.

28. Les marchandises mises en vente par les individus non munis de patentes, et vendant hors de leur domicile, seront saisies ou séquestrées aux frais du vendeur, à moins qu'il ne donne caution suffisante jusqu'à la représentation de la patente ou la production de la preuve que la patente a été délivrée. Si l'individu non muni de pa-

tente exerce au lieu de son domicile, il sera dressé un procès-verbal qui sera transmis immédiatement aux agens des contributions directes.

29. Nul ne pourra former de demande, fournir aucune exception ou défense en justice, ni faire aucun acte ou signification extrajudiciaire pour tout ce qui sera relatif à son commerce, sa profession ou son industrie, sans qu'il soit fait mention, en tête des actes, de sa patente, avec désignation de la date, du numéro ou de la commune où elle aura été délivrée, à peine d'une amende de 25 fr., tant contre les particuliers sujets à la patente que contre les officiers ministériels qui auraient fait et reçu lesdits actes sans mention de la patente. La condamnation à cette amende sera poursuivie, à la requête du procureur du roi devant le tribunal civil de l'arrondissement.

Le rapport de la patente ne pourra suppléer au défaut de l'énonciation ni dispenser de l'amende prononcée.

30 Les agents des contributions directes peuvent, sur la demande qui leur en est faite, délivrer des patentes avant l'émission du rôle, après toutefois que les requérants ont acquitté entre les mains du percepteur les douzièmes échus, s'il s'agit d'individus domiciliés dans le ressort de la perception, ou la totalité des droits, s'il s'agit des patentables désignés en l'art. 24 ci-dessus, ou d'individus étrangers au ressort de la perception.

31 Le patenté qui aura égaré sa patente ou qui sera dans le cas d'en justifier hors de son domicile pourra se faire délivrer un certificat par le directeur ou par le contrôleur des contributions directes. Ce certificat fera mention des motifs qui obligent le patenté à réclamer, et devra être sur papier timbré.

32. Il est ajouté au principal de la contribution des patentes 5 c. par f., dont le produit est destiné à couvrir les décharges, réductions, remises et modérations, ainsi que les frais d'impression et d'expédition des formules des patentes.

En cas d'insuffisance des 5 cent., le montant du déficit est prélevé sur le principal des rôles.

Il est en outre prélevé sur le principal 8 cent., dont le produit est versé dans la caisse municipale.

33. Les contributions spéciales destinées à subvenir aux dépenses des bourses et chambres de commerce, et dont la perception est autorisée par l'art. 11 de la loi du 25 juillet 1820, seront réparties sur les patentables des trois premières classes du tableau A annexé à la présente loi, et sur ceux désignés dans les tableaux B et C, comme passibles d'un droit fixe égal ou supérieur à celui desdites classes.

Les associés des établissements compris dans les classes et tableaux susdésignés contribueront aux frais des bourses et chambres de commerce.

34. La contribution des patentes sera établie conformément à la présente loi, à partir du premier janvier 1845.

35. Toutes les dispositions contraires à la présente loi seront et demeureront abrogées, à partir de la même époque, sans préjudice des lois et des réglements de police qui sont ou pourront être faits. L. du 25 avril 1844.

Trois tableaux sont, au vœu de l'article 3, annexés à la suite de la loi, pour régler le droit fixe, eu égard à la population d'après un tarif général, ou d'après un tarif exceptionnel pour certaines industries et professions, ou sans égard à la population.

Il suffira de recourir au bulletin des lois déposé aux archives de chaque commune ou de chaque siége de justice pour les y trouver, ainsi que la nomenclature des professions et industries, pour s'assurer dans quelle catégories elles sont placées. Ce travail complémentaire ne saurait trouver place dans le cadre de cet ouvrage où il nous suffit d'avoir inséré le texte de la loi.

MODÈLE DE RÉCLAMATION

pour la décharge de la patente ou le classement dans une autre catégorie que celle où elle est placée au rôle.

A Monsieur le Sous-Préfet de....

Le soussigné .... vient avec respect réclamer la décharge de la patente de .. ... à laquelle il est imposé au rôle, attendu qu'il a quitté cette profession avant le premier janvier. Et ce sera justice.

A.... le.... (Signature.)

Autre modèle pour demander une réduction de la patente.

Monsieur le Sous-Préfet ,

C'est par erreur que l'administration a placé le soussigné dans la classe des patentables comme ....., et l'a conséquemment soumis à une taxe exorbitante. Car il n'exerce en réalité que la profession de .... soumise à une contribution moins forte. En vous priant de faire rectifier cette erreur , l'exposant vous prie, monsieur le Sous-Préfet , d'agréer l'assurance de son profond respect.

(Signature.)

Fait à ...... le .... 184.....

Ces réclamations doivent être faites dans le délai de 3 mois à dater de l'émission des rôles.

Elles sont communiquées au maire de la commune qui donne son avis.

ERRATUM. Page 384 ligne 11 , au lieu de *dixième* lisez *vingtième.*

PROPRIÉTÉ.

La propriété est le droit de jouir et de disposer des choses de la manière la plus absolue , pourvu qu'on n'en fasse pas un usage prohibé par les lois ou par les réglemens.

Le droit de propriété comprend celui de jouir de tous les produits de la chose , de se servir de la chose pour quelque usage que ce soit, même d'en abuser, d'en changer la forme, de la détruire, de l'aliéner en tout ou en partie. (Pothier, *Traité de la propriété.*)

La loi assure à chaque citoyen la garantie de la conservation de sa propriété. C'est d'après ce principe que l'art. 545 du Code civil porte, que « nul ne peut être « contraint de céder sa propriété, si ce n'est pour cause « d'utilité publique, et moyennant une juste et préalable « indemnité. » Ce principe est encore confirmé par l'art. 9 de la Charte, d'après lequel l'Etat peut exiger le sacrifice d'une propriété pour cause d'utilité publique légalement constatée, mais avec une indemnité préalable.

Cette matière importante a fait l'objet d'une loi spéciale qui détermine à quelles conditions et dans quel cas on peut exproprier un citoyen pour cause d'utilité publique; elle est du 7 juillet 1833; elle porte, art. 53 : « Les in-« demnités réglées par le jury seront, préalablement à la « prise de possession, acquittées entre les mains des « ayant-droits. »

Si le propriétaire refuse de les recevoir, la prise de possession aura lieu après offres réelles et consignation.

La propriété s'acquiert par donation et testament, par contrat et par prescription.

L'occupation est encore un moyen d'acquérir la propriété de certaines choses, en s'en emparant le premier, conformément à la loi.

La propriété peut se perdre de plusieurs manières : par le fait immédiat du propriétaire, lorsque celui-ci transfère son droit à un autre, aliène et transmet sa propriété à autrui.

Bornage.

C'est une opération par laquelle les propriétaires contigus marquent, au moyen de bornes, les limites de leurs héritages ruraux ou forestiers, et à laquelle ils peuvent toujours se contraindre réciproquement.

On entend communément par bornes, des pierres plantées et enfoncées en terre, aux confins de deux héritages. Quelquefois on plante, à chaque extrémité des confins, deux pierres réunies pour leur donner le caractère de bornes; d'autres fois on n'en plante qu'une seule, et, pour mieux caractériser, on brise une brique ou bien une pierre en deux morceaux que l'on réunit, puis on les place au-dessous de la borne : c'est ce qu'on appelle *des témoins*.

Il est d'usage de faire mention *des témoins* dans le procès-verbal, où il est très-essentiel d'indiquer la nature de la dimension de la pierre bornale.

La destruction ou le déplacement de bornes sont punis d'un emprisonnement d'un mois à un an, et d'une amende qui ne peut être au dessous de 50 fr.

Il est de principe que le bornage se fait à frais communs.

L'existence de haies vives, de lisières d'arbres, ou de fossés qui indiquent les *limites* des propriétés contiguës mais qui ne les fixent pas d'une manière immuable, n'autorise pas un voisin à se refuser au bornage. (Arrêt de cassation du 30 décembre 1818.)

Enregistrement.

Sont sujets au droit fixe de 3 fr. les compromis ou nominations d'arbitres chargés d'opérer le bornage.

Les procès-verbaux qu'ils dressent, donnent ouverture à un droit fixe de 2 fr.

QUITTANCE.

C'est l'écrit qui constate le paiement d'une somme d'argent ou de quelqu'autre chose.

Les quittances peuvent avoir lieu par *acte sous seing privé*, excepté lorsque la loi exige qu'elles soient notariées, comme dans le cas de l'article 1250 n° 2° du code civil ; il n'est pas nécessaire pour leur validité que la signature du créancier soit précédée d'un *bon* ou *approuvé de la somme.* Cass. 25 mars 1806 ; Dur. 1259.

Les frais de quittance sont à la charge du débiteur qui, lorsqu'il veut une quittance notariée, a le droit de choisir le notaire. En conséquence, des offres réelles faites au créancier, à la charge de venir à l'instant recevoir son paiement et donner quittance en l'étude du notaire désigné par le débiteur, sont valables.

Une quittance peut être valable quoiqu'elle ne soit ni passée devant notaire, ni signée du créancier. C'est ce qui a lieu, par exemple, dans le cas où un marchand écrit sur son registre le paiement qu'il a reçu, ou lorsque le créancier écrit la même chose au dos de l'obligation. C. civ. 1330, 1332.

Timbre. Les quittances sous seing privé entre particuliers sont soumises au timbre, excepté celles des sommes non excédant 10 fr., quand il ne s'agit pas d'un à-compte ou d'une quittance finale sur une plus forte somme. L. 13 brum. an 7, art. 16.

Les quittances de prix de vente, et celles de remboursement de contrat de constitution ou d'obligation, peuvent être écrites à la suite des titres auxquels elles se rapportent. L. 13 brum. an 7, art. 23.

Il peut être donné aussi plusieurs quittances sur une même feuille de papier timbré, pour à-compte d'une seule et même créance, ou d'un seul terme de fermage ou loyer. *Ibid.* Toutes autres quittances qui seraient données sur une même feuille de papier timbré, n'auraient pas plus d'effet que si elles étaient sur papier non timbré. *Ibid.*

En cas de contravention aux dispositions ci-dessus, il est dû, par le débiteur et le créancier solidairement (Loi du 28 avril 1816), outre les droits de timbre, une amende de 8 francs. Loi du 16 juin 1824, art. 10.

Enregistrement. Les quittances et tous autres actes et écrits portant libération de sommes et valeurs mobilières, sont soumis au droit fixe de 50 cent. par 100 fr. Loi du 22 frimaire an 7 , art. 69. Ce droit serait le seul dû , quoique la quittance n'énonçât pas de titre enregistré en vertu duquel la somme payée était due.

Le droit des quittances et autres écrits de libération , doit être perçu sur le total des sommes ou capitaux dont le débiteur se trouve libéré. L. *Id.* art. 14.

Lorsqu'une quittance porte que tous les arrérages d'une rente ont été payés , il ne peut être perçu que sur cinq années le droit ci-dessus fixé. Décision du 23 juin 1808. Il en est de même lorsqu'il est dit que le créancier décharge le débiteur de toutes choses quelconques relatives au capital remboursé. Délib. rég. 21 octobre 1818. Si l'acte ne parle pas du paiement des arrérages , il n'est dû aucun droit sur iceux. Délib. rég. 27 mars 1827.

RAPPORTS D'EXPERTS.

Un expert est un homme en état d'éclairer le juge sur des questions ou des faits que celui-ci ne peut approfondir ou connaître par lui-même , parce qu'ils exigent , ou des matières étrangères à sa profession , ou un déplacement qu'elle ne permet pas toujours.

On appelle *expertise* l'opération à laquelle se livrent les experts , et *rapport* l'exposé qu'ils fournissent de leurs opérations.

Comment nomme-t-on les experts, quelles règles doit-on observer dans les rapports, et quels peuvent être les résultats et les suites des rapports; voilà ce que nous allons examiner. Nous devons d'abord faire observer que le rapport d'expert doit être ordonné par un jugement, qui doit énoncer clairement les objets de l'expertise : cette règle a pour but d'empêcher les experts de s'écarter de leur mission; et , pour atteindre plus facilement ce but, il est très utile que les juges indiquent les opérations principales de l'expertise.

Nous devons faire encore observer que les experts ne peuvent examiner d'autres objets que ceux énoncés par le jugement, lors même que les parties leur en font la réquisition, à moins que les nouveaux objets n'aient pas de liaison avec les premiers. (Rodier, tit. XXI, art. 8.)

Nomination.

L'expertise est confiée à trois experts nommés par les parties en commun, ou lors du jugement, ou trois jours après la signification, sinon par le jugement même. Il ne peut être procédé par un seul, à moins que les parties n'y consentent.

Les experts nommés d'office peuvent seuls être récusés et pour les mêmes causes que les témoins. La procédure sur cet incident est sommaire; le jugement qui la termine remplace l'expert dont il admet la récusation, ou condamne à des dommages le récusant mal fondé.

Le ministère des experts est entièrement libre; mais une fois qu'ils ont été acceptés par la prestation du serment auquel ils sont tenus, il faut qu'ils remplissent leur mission, sous peine de dépens et de dommages.

L'expert qui refuse, ou qui ne se présente pas pour le serment ou l'expertise, est remplacé sur-le-champ.

Rapport.

On prévient les parties des jours et lieux des opérations des experts, afin qu'elles puissent présenter les observations et faire les réquisitions qu'elles jugent convenables.

Il faut, dans ces opérations, distinguer le rapport de l'examen préparatoire qu'il exige : celui-ci doit être fait sur les lieux contentieux, tandis que le rapport peut être rédigé ailleurs.

51.

Pendant l'examen, les experts doivent prendre tous les renseignemens qui sont nécessaires à la découverte de la vérité; consulter, par exemple, des habitants plus instruits qu'eux sur les localités et les faits. Le jugement doit même les autoriser à faire des interpellations aux parties. (Pigeau, tom. I, p. 289.)

Les experts dressent leur rapport, et un rapport unique où ils forment leur *avis* à la pluralité des voix, sauf à indiquer, en cas d'opinions différentes, les motifs de chacune, mais sans désigner ceux qui les ont émises. Ils doivent aussi l'écrire, le signer et le remettre au greffe, où il peut être levé par la partie la plus diligente.

Le rapport est ensuite signifié à avoué, et l'audience est poursuivie.

Résultats et suites du Rapport.

Les experts, comme nous l'avons déjà dit, ne sont point des juges, mais seulement des hommes destinés à fournir des renseignemens aux juges.

De là dérivent plusieurs conséquences :

1° Le juge, si sa convention s'y oppose, n'est pas tenu de suivre l'avis des experts.

2° Les experts doivent renvoyer les parties aux tribunaux, lorsqu'il s'élève entre elles des contestations qui arrêtent le cours de la procédure (Pigeau.)

3° Si le juge n'est pas suffisamment éclairé par le rapport, il est libre d'en ordonner un second, que feront de nouveaux experts nommés d'office, et autorisés à demander des renseignemens aux premiers.

Mais, quoique les experts ne soient pas des juges, comme le sont des fonctionnaires avoués par les parties ou par la justice, on doit tenir pour vrais les faits qu'ils énoncent dans leur rapport, lorsque les énonciations sont relatives à leur ministère. (Arrêt de cassation du 6 frimaire an VIII.)

Enregistrement.

Les actes de nomination d'experts entre particuliers donnent lieu à un droit fixe de 2 francs.

Les nominations en justice sont passibles d'un droit fixe de 1 fr. pour les justices de paix, de 3 fr. pour les tribunaux de première instance, et de celui de 5 fr. pour les cours royales.

FORMULE

D'UN RAPPORT D'EXPERTS NOMMÉS PAR LE TRIBUNAL.

A MM. les président et juges du tribunal de première instance, séant à

Cejourd'hui cinq septembre mil huit cent quarante cinq, à sept heures du matin.

Nous Pierre Brun, géomètre, demeurant à

André Gros, propriétaire, demeurant à

Et Jacques Moulin, cultivateur, demeurant à

experts nommés par votre jugement du .... dernier, entre les sieurs Ville et Denis, à l'effet de faire le rapport, détail et estimation des biens dépendants de la succession de feu M......, décédé à   après avoir préalablement prêté serment devant M. le président du tribunal, à ces fins commis par ledit jugement.

Nous nous sommes transportés sur les lieux litigieux, où nous avons trouvé les sieurs Ville et Denis, et Mᵉ un tel, avoué de   qui nous a remis la grosse du jugement, et nous a requis de procéder à nos opérations.

Ce faisant, nous avons d'abord estimé les immeubles de ladite succession, qui consistent :

1° En une pièce de terre, contenant vingt-quatre ares, située à   quartier de   (désigner les confins), estimée huit cents francs, ci. . . . 800 f.

A reporter   800 f.

Repoit   800 f.

2° *Une autre pièce de terre labourable, emplantée en mûriers de quinze à vingt ans, quartier de*   *(confins), estimée douze cents francs, ci.* 1,200

3° *Une autre pièce de terre emplantée en vignes, de la contenance environ de quarante-cinq ares, située au quartier de*   *(confins), estimée huit cents francs, ci* 800

4° *En une maison de ferme, consistant en un rez-de-chaussée, chambres, écurie, grenier à foin, cave ; le tout en bon état, située sur le territoire de la commune de*   *(confins), estimée cinq mille francs, ci.* 5,000

Total, sept mille huit cents francs, ci. . 7,800 f.

Nous avons clos notre rapport cejourd'hui, le qui a été écrit par le sieur Brun, l'un de nous, lequel s'est chargé d'en faire le dépôt au greffe. Nous avons employé trois vacations pour lesquelles nous requérons taxe ; et avons signé. ...

RÉDHIBITOIRES (VICES ET ACTION).

On nomme *vices rédhibitoires* les défauts cachés de la chose vendue qui la rendent impropre à l'usage auquel on la destine, ou qui diminuent tellement cet usage, que l'acheteur ne l'aurait pas acquise, ou n'en aurait donné qu'un moindre prix, s'il les avait connus.

Les vices rédhibitoires sont principalement relatifs aux animaux, aux marchandises. Jusqu'à présent cette matière avait présenté de graves difficultés ; le Code civil, en traitant de la garantie des défauts de la chose vendue, était muet sur les cas qui devaient être réputés vices rédhibitoires, et il résultait de là que dans chaque localité ils étaient abandonnés à la reconnaissance des hommes de l'art, ce qui occasionnait de nombreux procès ; pour le délai dans lequel devait être intenté l'action résultant de ces vices, le Code civil s'en référait à l'usage des lieux où la vente avait été faite ; ce délai variait suivant les différents pays, et suivant la nature des choses vendues : ainsi il était de quarante jours dans la coutume d'Orléans, de trente en Normandie, de quinze en Bretagne, de neuf dans le ressort du parlement de Paris et dans celui de Pau, et de huit jours dans la coutume du Bourbonnais. Le législateur moderne a senti la nécessité de réformer cette diversité de coutumes, par une loi qui réglât la matière d'une manière uniforme pour toute la France.

Le 26 mai 1838 a été promulguée la nouvelle loi sur les vices rédhibitoires. Nous croyons être utile aux propriétaires en transcrivant cette loi dans notre ouvrage, avec les principaux motifs de la discussion, soit à la chambre des pairs, soit à la chambre des députés.

VICES RÉDHIBITOIRES. —— ANIMAUX DOMESTIQUES.

Loi du 20 mai 1838, concernant les vices rédhibitoires dans les ventes et échanges d'animaux domestiques.

Art. 1er. « Sont réputés vices rédhibitoires et donne-
« ront seuls ouverture à l'action résultant de l'art. 1641
« du Code civil, dans les ventes ou échanges des animaux
« domestiques ci-dessous dénommés, sans distinction des
« localités où les ventes et échanges auront lieu, les ma-
« ladies ou défauts ci-après (1), savoir : pour le cheval,

----

(1) Il résulte de la discussion à la chambre des députés (*Moniteur* du 27 avril 1838), que si l'échangiste contre lequel l'action rédhibitoire est dirigée, n'aurait pas en sa possession l'animal par lui reçu en contre-échange, le copermutant aurait le droit, ou de lui rendre l'animal malade, en recevant la valeur qu'il aurait eue, abstraction faite du vice rédhibitoire qui se serait manifesté, ou bien de garder l'animal, en recevant la différence de sa valeur

« l'âne ou le mulet, la fluxion périodique des yeux, l'épi-
« lepsie ou le mal caduc, la morve, le farcin, les mala-
« dies anciennes de poitrine, ou vieilles courbatures,
« l'immobilité, la pousse, le cornage chronique, le tic
« sans usure des dents, les hernies inguinales intermit-
« tentes, la boiterie intermittente pour cause de vieux
« mal.

« Pour l'espèce bovine : la phthisie pulmonaire ou
« pommelière, l'épilepsie ou mal caduc, les suites de la
« non délivrance, le renversement du vagin ou de l'uté-
« rus, après le port chez le vendeur.

« Pour l'espèce ovine : la clavelée ; cette maladie re-
« connue chez un seul animal, entraînera la rédhibition
« de tout le troupeau. — La rédhibition n'aura lieu que
« si le troupeau porte la *marque du vendeur* (1). — Le
« sang de rate ; cette maladie n'entraînera la rédhibition
« du troupeau qu'autant que, dans le délai de la garan-
« tie, sa perte (2) constatée s'élèvera au quinzième au

au moment de la rédhibition, avec celle qu'il aurait eue, s'il n'a-
vait pas été atteint de la maladie qui a donné lieu à l'action.

Certaines maladies contagieuses, telles que le charbon, n'ont
pas dû être comprises parmi les vices rédhibitoires, parce que
leur invasion est presque instantanée. Cependant l'acquéreur d'un
troupeau ou d'animaux qui auraient contracté une de ces maladies
avant la vente, ne serait pas privé de toute action en dommages-
intérêts. On rentrerait à cet égard dans le droit commun, et ce
serait aux juges qu'il appartiendrait d'apprécier les circonstances.
(Discussion à la chambre des pairs, *Moniteur* du 20 février 1838.
—Rapport de la commission à la chambre des députés, *Moniteur*
du 25 avril 1838)

(1) Par ces mots, *la marque du vendeur*, la loi ne veut pas
exiger que le vendeur mette toujours la même marque, une marque adoptée comme sienne, et qu'il ne pourrait changer. Il suffit
que ce soit une marque reconnue sienne à l'instant de la vente.
(Discours à la chambre des députés. *Moniteur* 27 avril 1838.)

(2) Faudra-t-il que le quinzième des animaux achetés ait péri
pour que la rédhibition du troupeau ait lieu ; ou bien suffira-t-il
qu'il soit constant que le quinzième soit atteint de la maladie ?
Il nous semble que c'est dans ce dernier sens que les termes dont
se sert la loi doivent être entendus.

« moins des animaux achetés. Dans ce dernier cas, la
« rédhibition n'aura lieu également que si le troupeau
« porte la marque du vendeur.

« Art. 2. « L'action en réduction du prix, autorisée
« par l'art. 1644 du Code civil, ne pourra être exercée
« dans les ventes et échanges d'animaux énoncés dans
« l'art. 1ᵉʳ ci-dessus (1).

« Art. 3. « Le délai pour intenter l'action rédhibitoire
« sera, non compris le jour fixé pour la livraison (2), de
« trente jours pour le cas de fluxion périodique des yeux
« et l'épilepsie ou mal caduc; de neuf jours pour les au-
« tres cas.

« Art. 4. « Si la livraison de l'animal a été effectuée,
« ou s'il a été conduit, dans les délais ci-dessus, hors du
« lieu du domicile du vendeur. Les délais seront augmen-
« tés d'un jour par cinq myriamètres de distance du do-
« micile du vendeur au lieu où l'animal se trouve.

« Art. 5, « Dans tous les cas, l'acheteur, à peine d'être
« non recevable, sera tenu de provoquer, dans les délais
« de l'art. 3, la nomination d'experts chargés de dresser

Si la perte ne s'élevait pas au quinzième du troupeau, la rédhibition n'aurait lieu qu'à l'égard des bêtes attaquées. (Discussion
à la chambre des députés, *Moniteur* du 28 avril 1828.

(1) La commission de la chambre des députés avait promis sur
cet article une disposition additionnelle ainsi conçue : « L'action
« rédhibitoire ne pourra être intentée, relativement aux vieilles
« courbatures pour le cheval, l'âne et le mulet, et relativement
« à la pommelière pour le bœuf, qu'autant que l'animal sera mort,
« dans les délais de la garantie. » La commission se fondait sur
l'impossibilité de constater autrement ces maladies que par l'au-
topsie. — Cet article fut rejeté : ainsi il n'y a aucune différence à
faire, en principe, entre ces maladies et les autres.

(2) Mais si le demandeur était en demeure de livrer, au jour
fixé par la convention, le délai ne courrait plus que du jour de
la tradition réelle, d'après les principes de l'art. 1138 du Code
civil, (Rapport de la commission de la chambre des députés,
Moniteur du 28 avril 1838.)

« procès-verbal (1); la requête sera présentée au juge de
« paix du lieu où se trouvera l'animal. — Le juge nom-
« mera immédiatement, suivant l'exigence des cas, un
« ou trois experts qui devront opérer dans le plus bref
« délai (2).

« Art. 6. « La demande sera dispensée du prélimi-
« naire de conciliation, et l'affaire introduite et jugée
« comme en matière sommaire (3).

« Art. 7. « Si pendant la durée des délais fixés par l'ar-
« ticle 3. l'animal vient à périr, le vendeur ne sera pas
« tenu de la garantie, à moins que l'acheteur ne prouve
« que la perte de l'animal provient de l'une des maladies
« spécifiées dans l'art. 1er.

« Art. 8. « Le vendeur sera dispensé de la garantie ré-
« sultant de la morve et du farcin pour le cheval, l'âne
« et le mulet, et de la clavelée pour l'espèce bovine, s'il
« prouve que l'animal, depuis la livraison, a été mis en
« contact avec des animaux atteints de ces maladies. »

---

(1) Cependant si l'animal était attaqué d'une maladie contagieuse, et s'il avait été enfoui par ordre de police, sans qu'il eût été
possible de remplir la formalité de l'expertise, l'action rédhibitoire pourrait être intentée sur le vu du procès-verbal d'enfouissement, ou sur la connaissance de ce fait. (Discussion à la chambre
des députés, *Moniteur* du 28 avril 1838.)

(2) Il n'est dérogé en rien aux formalités ordinaires de l'expertise, telles qu'elles sont tracées par le Code de procédure civile,
soit qu'il s'agisse d'une demande de la compétence des juges de
paix (Code de procédure, art. 42), soit qu'il s'agisse d'une demande de la compétence du tribunal civil (*Ibid.*, art. 303 et suivans),
ou du tribunal de commerce. (*Ibid.*, art 429 et suivans.)
Cependant il a été entendu, lors de la discussion à la chambre
des députés, que le procès-verbal de l'expert, au lieu d'être remis au greffe, serait remis à la partie qui aurait provoqué l'expertise. (*Moniteur* du 28 avril 1838.)

(3) La loi ne trace aucune règle particulière relativement à la
juridiction et à la compétence, lors même qu'il s'agit du circuit
d'actions récusoires qu'occasionnent trop souvent les ventes successives. Ainsi l'on reste à cet égard dans les termes du droit
commun. (Exposé des motifs à la chambre des députés, *Moniteur*
du 6 mars 1838.)

ROUTES (CLASSIFICATION DES).

On désigne ordinairement par route, le chemin que l'on suit pour aller en quelque lieu. Mais dans la législation administrative, on appelle ainsi les grands chemins.

Les routes se divisent en deux grandes catégories, les routes royales et les routes départementales.

Routes royales.

Les routes royales se subdivisent en outre en trois classes d'après les tableaux joints au différents décrets.

Chaque fois qu'une route nouvelle est ouverte, l'ordonnance qui en ordonne la construction doit indiquer la classe à laquelle elle appartient.

Les routes royales de première et de seconde classe sont construites, reconstruites et entretenues aux frais de l'Etat.

Les frais de construction, reconstruction et entretien des routes de troisième classe, sont supportés concurremment par l'Etat et les départements qu'elles traversent.

Routes départementales.

Les routes départementales sont les grandes routes qui ne sont pas comprises dans les tableaux des routes royales.

Elles sont établies par ordonnance sur les votes des conseils généraux, d'après la loi du 7 juillet 1833, art. 3 ; et une loi du 20 mars 1835 prescrit à cet égard :

« Art. 1er. A l'avenir, aucune route ne pourra être
« classée au nombre des routes départementales, sans
« que le vote du conseil général ait été précédé de l'en-
« quête prescrite par la loi du 7 juillet 1833. Cette en-

52.

« quête sera faite par l'administration ou d'office, ou sur
« la demande du conseil général. »

Largeur des routes.

Le décret de 1811 n'a rien déterminé relativement à
la largeur des routes ; on reste donc à cet égard dans les
termes de l'arrêt du conseil du 16 février 1776. Il résulte
que les routes royales de première classe ont 42 pieds
de largeur, celles de seconde 36 pieds et celle de troisième 50 (mesure ancienne). Quant aux routes départementales, elles ont de 24 à 30 pieds, suivant les circonstances, le tout sans comprendre les fossés ni les
empatements des talus ou glacis.

§ 1er.

Chemins vicinaux.

Les chemins vicinaux légalement reconnus sont à la
charge des communes, sauf les dispositions de l'art. 7
ci-après de la loi du 21 mai 1836.

En cas d'insuffisance des ressources ordinaires des
communes, il sera pourvu à l'entretien des chemins vicinaux, à l'aide, soit de prestations en nature, dont le
maximum est fixé à trois journées de travail, soit de
centimes spéciaux en addition au principal des quatre
contributions directes, et dont le maximum est fixé à
cinq. Le conseil municipal pourra voter l'une ou l'autre
de ces ressources, ou toutes les deux concurremment.
Le concours des plus imposés ne sera pas nécessaire
dans les délibérations prises pour l'exécution du présent
article.

Tout habitant, chef de famille ou d'établissement à
titre de propriétaire, de régisseur, de fermier ou de colon
partiaire, porté au rôle des contributions directes, pourra
être appelé à fournir, chaque année, une prestation de

trois jours; 1° pour sa personne et pour chaque individu
mâle, valide, âgé de 18 ans au moins et de soixante ans
au plus, membre ou serviteur de la famille et résidant
dans la commune ;

2° Pour chacune des charrettes ou voitures attelées,
et, en outre, pour chacune des bêtes de somme, de trait,
de selle, au service de la famille ou de l'établissement
dans la commune.

La prestation sera appréciée en argent, conformément
à la valeur qui aura été attribuée annuellement pour la
commune par le conseil général, sur les propositions des
conseils d'arrondissement. La prestation pourra être acquittée en nature ou en argent, au gré du contribuable.
Toutes les fois que le contribuable n'aura pas opté dans
les délais prescrits, la prestation sera de droit exigible
en argent. La prestation non rachetée en argent pourra
être convertie en tâches, d'après les bases et évaluations de travaux préalablement fixées par le conseil municipal.

Lorsqu'un chemin vicinal intéressera plusieurs communes, le préfet, sur l'avis des conseils municipaux, désignera les communes qui devront concourir à sa construction ou à son entretien, et fixera la proportion dans
laquelle chacune d'elles y contribuera.

§ II.

Chemins vicinaux de grande communication.

Les chemins vicinaux peuvent, selon leur importance, être déclarés chemins vicinaux de grande communication par le conseil général, sur l'avis des conseils
municipaux, des conseils d'arrondissement, et sur la proposition du préfet : sur les mêmes avis et propositions,
le conseil général détermine la direction de chaque chemin vicinal de grande communication, et désigne les
communes qui doivent contribuer à sa construction ou à

son entretien. Le préfet fixe la largeur et les limites du chemin, et détermine annuellement la proportion dans laquelle chaque commune doit concourir à l'entretien de la ligne vicinale dont elle dépend; il statue sur les offres faites par les particuliers, associations de particuliers ou de communes.

Les chemins vicinaux de grande communication, et, dans les cas extraordinaires, les autres chemins vicinaux, pourront recevoir des subventions sur les fonds départementaux. Il sera pourvu à ces subventions au moyen des centimes facultatifs ordinaires du département, et de centimes spéciaux votés annuellement par le conseil général. Les communes acquitteront la portion des dépenses mises à leur charge, au moyen de leurs revenus ordinaires, et, en cas d'insuffisance, au moyen de deux journées de prestations sur les trois journées autorisées par l'article 2 de la même loi du 21 mai 1836, et des deux tiers des centimes votés par le conseil municipal, en vertu du même article.

Les travaux d'ouverture et de redressement des chemins vicinaux, seront autorisés par arrêté du préfet.

SAISIE.

Ensemble des actes de procédure par lesquels on place les biens d'un débiteur sous la main de la justice, pour le contraindre à remplir ses engagemens.

Dans certains cas et pour atteindre le même but, le créancier a le droit, en outre, de saisir la personne du débiteur et de la déposer dans une maison d'arrêt pour dettes. (*V. Contrainte par corps*).

Les voies d'exécution se cumulent; — mais il n'est pas permis de saisir un objet déjà saisi; c'est ce qu'exprime cette maxime : *saisie sur saisie ne vaut*. Cela ne veut pas dire toutefois que les créanciers, autres que le saisissant, n'ont rien à prétendre sur les objets saisis et n'ont aucune poursuite à faire, car la loi leur donne toujours le moyen d'arriver à la distribution des deniers de la vente, et même, dans certains cas, le droit de se faire subroger à la place du saisissant, lorsque celui-ci néglige ou abandonne les poursuites.

Il y a plusieurs espèces de saisies. On peut employer chacune d'elles soit séparément, soit simultanément, selon qu'il s'agit particulièrement ou tout à la fois de meubles ou d'immeubles ; de meubles corporels ou de créances à terme, ou de rentes, ou de fruits à récolter, ou de bâtimens de mer ; de meubles garnissant des lieux loués ou non par le saisissant.

En général, on ne peut pratiquer de saisie qu'en vertu d'un titre exécutoire et pour des créances liquides, certaines et exigibles.

Les saisies sont presque toujours précédées d'un commandement au débiteur, avec élection de domicile dans le lieu où elles sont pratiquées.

La saisie signifiée au débiteur interrompt la prescription. C. civ. 2244.

SAISIE-ARRÊT OU OPPOSITION.

C'est l'acte par lequel un créancier arrête entre les mains d'un tiers, les effets et deniers appartenant à son débiteur, et s'oppose à leur remise.

Le créancier prend le nom de *saisissant*, l'étranger dépositaire ou débiteur du débiteur, celui de *tiers-saisi*, le débiteur direct, celui de *saisi*.

La saisie-arrêt n'a point la nature d'un simple acte conservatoire (Bourges, 17 mars 1827), mais bien celle d'un acte d'exécution (Bordeaux, 28 août 1827). — Nous pensons que c'est tout à la fois un acte conservatoire et un acte d'exécution.

Pour l'opposition sur des sommes provenant de la vente d'effets mobiliers saisis-exécutés ; voir ci-après *Saisie-exécution.*

§ 1. — *De la Saisie-arrêt en général.*

Art. 1. Titres en vertu desquels on peut faire une Saisie-arrêt.

Aucune saisie-arrêt ne peut être pratiquée que en vertu d'un titre authentique ou sous-seing privé (C. pr. 557), ou d'une ordonnance du juge. C. pr. 558.

Titre authentique. — Par exemple, un acte notarié, un acte administratif, un jugement portant obligation ou condamnation contre la partie saisie. Bord., 1er juill. 1813.
— Ainsi, un jugement qui ordonnerait simplement un compte, ou un avis d'experts nommés en exécution d'un jugement, seraient insuffisans pour autoriser une saisie-arrêt. Toulouse, 23 déc. 1831.

Lorsqu'on procède en vertu d'un jugement, il faut : 1° qu'il ait été revêtu des formalités voulues par la loi, c'est-à-dire enregistré et expédié ; il ne suffirait pas qu'il eût été seulement prononcé (Montpell. 18 déc. 1810) ; 2° qu'il ait été signifié au saisi par le saisissant. Montpell. 18 déc. 1810 ; Besanç. 3 mai 1809.

7. Un jugement non exécutoire par provision, peut-il, s'il est frappé d'appel, servir de base à une saisie-arrêt ? Nous ne le pensons pas ; l'appel est suspensif, il ôte au jugement attaqué toute espèce de force ; ce jugement a besoin d'être confirmé pour être un titre contre l'intimé ; d'ailleurs la saisie-arrêt est un mode d'exécution, et on ne peut faire aucun acte d'exécution en vertu d'un titre dont l'existence est en question. — Au surplus, que l'on qualifie la saisie-arrêt d'acte conservatoire ou d'acte d'exécution, il n'en est pas moins vrai qu'elle empêche le débiteur de réaliser des capitaux qui lui sont dus, qu'elle le prive de ses ressources et qu'elle produit, en un mot, des effets aussi décisifs qu'un acte d'exécution rigoureux. Brux. 15 févr. 1809 ; Bord. 28 août 1827 ; Arg. Bord. 24 déc. 1828 ; J. H. 10. 143.

Cette opinion est repoussée : 1° par un arrêt de la cour de Rennes du 24 avril 1815 ; 2° par un arrêt de la cour royale de Paris du 8 juillet 1808 (J. H. 5. 572), qui permet de saisir-arrêter les *capitaux* seulement et non les revenus; 3° par un arrêt de la cour de Rennes du 14 juin 1828 (J. H. 11. 78), qui décide qu'il doit être sursis à prononcer sur la demande en validité tant que l'appel n'est pas jugé; 4° enfin par Bioche, Dict. procéd. (**V.** *Saisie-arrêt*), qui se fonde sur ce qu'un débiteur de mauvaise foi pourrait soustraire le gage de son créancier en interjetant appel.

Un jugement par défaut frappé d'opposition ne peut également servir à pratiquer une saisie-arrêt, s'il n'est pas exécutoire par provision; il en est de même d'un jugement contre lequel il y a pourvoi en cassation, mais seulement dans les cas où ce pourvoi est suspensif. Bordeaux, 24 décembre 1828. J. H. 10. 143.

Dans le cas où la saisie-arrêt a été formée avant l'opposition, l'appel ou le pourvoi interjeté contre le jugement, que doit faire le créancier? Selon nous, poursuivre jusqu'à la dénonciation au tiers saisi, et, arrivé là, surseoir jusqu'à ce qu'il ait été statué sur l'opposition, l'appel, ou le pourvoi en cassation.

Titre privé. — On peut faire une saisie-arrêt en vertu d'un titre privé quelconque, une vente, un bail, une reconnaissance, un billet. Si, sur la demande en validité, le saisi dénie sa signature, il doit être sursis à statuer jusqu'après l'instance en reconnaissance d'écriture. Brux. 12 décembre 18.5.

Permission du juge. — A défaut de titre authentique ou privé, le créancier ne peut former de saisie-arrêt qu'en vertu de la permission du juge, encore que la créance soit inférieure à 150 francs, et qu'elle puisse être facilement et sûrement prouvée par témoins.

La permission est accordée sur requête, à laquelle sont joints les titres et pièces de nature à mettre le juge en état d'évaluer provisoirement la créance. — Le juge compétent est : 1° en toute matière et pour toutes sommes le président du tribunal civil; 2° en matière commerciale, le président du tribunal de commerce (Turin, 30 mars 1813; J. H. 5. 373); 3° le juge de paix, lorsqu'il s'agit d'une créance qui serait de sa compétence (Carré, n° 1933; Thom. 2. 617). — On peut s'adresser indistinctement soit au juge du domicile du débiteur, soit à celui du tiers saisi. C. pr. 558.

Art. 2. — *Pour quelles créances on peut saisir.*

On ne peut saisir-arrêter que pour garantir une créance certaine, liquide ou évaluée provisoirement et exigible.

Certaine. — Ainsi, on ne pourrait saisir pour une créance douteuse (Orléans, 22 juillet 1819; Carré, 1927), et par exemple, pour le reliquat d'un compte non encore réglé. Brux. 25 juin 1829. J. H. 11. 178; Paris, 27 février 1828.

Celui qui a formé une saisie-arrêt sans titre doit être prêt à prouver qu'il est créancier; en conséquence, s'il ne fait pas immédiatement cette preuve, la saisie-arrêt doit être annulée nonobstant toute demande de sursis. Bordeaux, 13 janvier 1837; J. H. 18. 175; Bruxelles, 2 mai 1829; J. H. 11. 181; Bordeaux, 13 juin 1837; J. H. 18. 362.

La personne qui n'a qu'une créance conditionnelle ne peut saisir avant l'accomplissement de la condition. Pig. *Comment.* 2. 150; Lepage, p. 383; Bioche, n° 3. — Décidé que le créancier qui forme une saisie-arrêt du chef de son débiteur, et en vertu de l'art. 1166 du C. civ., est non recevable si ce débiteur n'a qu'un droit éventuel. J. H. 20. 93.

Liquide ou *évaluée.* — Lorsque la créance pour laquelle on veut saisir n'est pas liquide, l'évaluation provisoire doit en être faite par le juge. C. pr. 559. Peu importe du reste qu'il y ait un titre ou qu'il n'y en ait pas.

On ne pourrait donc saisir pour des dommages-intérêts non évalués par le juge, quoiqu'ils résultassent d'un jugement ; Montpellier, 18 déc. 1810. — Néanmoins, il a été jugé que lorsque des dommages-intérêts avaient été accordés sans fixation par un jugement, il suffisait que le saisissant en fît l'évaluation provisoire lui-même. Liége, 7 août 1811.

Exigible. — Le créancier qui a accordé un terme ne pourrait pratiquer de saisie-arrêt pour sûreté de sa créance. Grenoble, 23 juill. 1818 ; Bourges, 17 mars 1826 ; J. H. 8. 3 ; Carré, L. *procéd.* n° 2736.

Art. 3. — *Par qui, sur qui et entre les mains de qui la saisie-arrêt peut être faite.*

Par qui. — Pour exercer une saisie-arrêt, il faut être créancier direct du saisi ; — ainsi, un créancier hypothécaire ne pourrait saisir-arrêter sur le tiers détenteur les revenus de l'immeuble affecté au paiement de sa créance ; Paris, 24 déc. 1808, — ou exercer les droits du créancier direct.

De même, des meubles ne peuvent être saisis, même par simple mesure conservatoire, entre les mains du tiers-détenteur, à la requête du créancier de celui qui les a vendus. Bord. 17 mai 1831.

Sur qui. — Le créancier peut saisir non-seulement sur le débiteur direct (C. pr. 557), mais encore sur les ayant-cause et les débiteurs de celui-ci C. civ. 1166 ; Pigeau *Comment.* 2. 154 ; Bioche, n° 18. Par exemple, Pierre doit à Paul, et il est dû à Pierre par Louis, puis enfin à Louis par Jacques. Paul pourra saisir-arrêter, non-seulement ce qui est dû à Pierre par Louis, mais encore, comme exerçant les droits de Pierre, ce qui est dû à Louis par Jacques.

Les créanciers d'une succession bénéficiaire ont-ils le droit de former des saisies-arrêts entre les mains des débiteurs de la succession ? Nous ne le pensons pas (Paris, 30 juillet 1816 ; 27 juin 1820 ; Rouen, 12 août 1826 ; — *Contrà.* Cass. 8 déc. 1814 ; Bord. 19 avr. 1822 ; Thom.

53.

n° 616), à moins, toutefois, qu'il n'y ait négligence de la part de l'héritier.

Entre les mains de qui. — La saisie-arrêt se fait entre les mains d'un tiers (C. pr. 557); c'est-à-dire entre les mains de celui qui doit au débiteur du saisissant, ou qui a, en sa possession, des effets appartenant à ce dernier.

On doit considérer comme tiers, le commissionnaire et le mandataire (Arg. Colm. 13 janv. 1815), lorsque les objets confiés à leurs soins sont en leur possession. Il en serait autrement si ces objets étaient déposés dans des bâtimens appartenant au saisi ou loués par lui; dans ce cas, on devrait procéder non par voie de saisie-arrêt, mais par voie de *saisie-exécution.*

La saisie-arrêt sur les appointemens d'un employé d'un théâtre, doit être formée entre les mains du directeur et non entre celles du caissier. Paris, 18 juin 1831.

Peut-on pratiquer une saisie-arrêt sur soi-même? — V. *Saisie sur soi-même.*

Art. 4. — *Quelles choses sont ou ne sont pas saisissables.*

1° *Quelles choses sont saisissables.*

On peut saisir-arrêter toutes sommes ou effets mobiliers appartenant à son débiteur (C. pr. 557), et se trouvant non en la possession de ce dernier, mais en celle d'un tiers.

Sont donc saisissables :

1° Les créances exigibles (Paris, 9 août 1833) comme celles non exigibles (Grenoble, 23 juillet 1833); — par exemple, des capitaux grevés d'usufruit (Orléans, 21 novembre 1822); des intérêts de capitaux, des arrérages de rentes, de loyers à échoir (Liége, 18 décembre 1819), pourvu qu'à l'époque de l'échéance, le capital, la rente ou l'immeuble appartiennent encore à la partie saisie (Agen, 11 mai 1833), ou que ces intérêts, arrérages et loyers n'aient pas été transportés, avant la saisie, à un tiers qui aurait notifié le transport au tiers saisi. Pig. 2, p. 49 ; Liége, 18 décembre 1819.

2° Les créances et droits éventuels (Arg. Cass. 5 fév. 1820), par exemple, un droit à des effets mobiliers, à une indemnité, une somme due en vertu d'une convention, mais seulement dans un cas prévu. Dans ce cas, le tiers saisi doit énoncer dans sa déclaration à quelle condition l'existence de la dette est subordonnée.

3° Les meubles incorporels ; par exemple, les bénéfices d'un débiteur dans une entreprise de commerce peuvent être saisis arrêtés entre les mains des gérants et administrateurs de cette entreprise. Dans ce cas, la vente des valeurs saisies doit être faite d'après le mode déterminé par le tribunal. Paris, 2 mai 1811.

On pourrait également saisir, non-seulement les bénéfices, mais encore le droit, l'intérêt qui les produit, si la vente de ce droit ou de cet intérêt n'était pas impossible, ou s'il ne préjudiciait pas à la société tout entière. Bioche, n° *Saisie-arrêt*, n° 28.

Le cautionnement des officiers ministériels. — Les sommes déposées à la caisse des consignations.

5° Toute espèce de meubles corporels, tels que des meubles meublants, du linge, de l'argenterie, des bijoux. — Toutefois, le droit de saisir les meubles corporels peut être modifié par les conventions des parties. Ainsi, un créancier ne pourrait saisir-arrêter les marchandises de son débiteur, si, d'après l'obligation, le prix de ces marchandises était affecté au paiement de la créance, et si le droit de les vendre avait été expressément accordé. Aix, 6 janv. 1831.

Jugé qu'on ne peut saisir entre les mains du receveur des douanes les expéditions d'un navire, parce qu'elles n'appartiennent au propriétaire du navire que du moment où elles lui ont été délivrées par la douane. Rennes, 28 fév. 1824.

6° Les sommes ou effets dont l'état, les communes ou les établissemens publics sont débiteurs envers les particuliers.

2° *Des choses insaisissables.*

La loi déclare insaisissables :

Premièrement. — Les choses déclarées telles par l'une de ses dispositions (C. pr. 581-1°), telles sont :

1° Les paiemens, chevaux, provisions, ustensiles, équipages destinés au service de la poste aux lettres. L. 24 juill. 1793, art. 76. Ainsi, on ne pourrait saisir les chevaux d'un maître de poste au relais où ils attendent la malle-poste ; le cheval et la voiture d'un individu qui s'est chargé de transporter les dépêches d'un endroit à un autre, au moment où ces cheval et voiture sont dans une auberge en attendant l'arrivée du courrier.

2° Les fonds destinés aux entrepreneurs de travaux publics pour le compte de l'État, tant que les ouvrages ne sont pas reçus et terminés. Décr. 26 pluv. an 2.

3° Les inscriptions de rente sur le grand-livre de la dette publique. L. 18 niv. an 6 et 22 flor. an 6. — Elles ne peuvent être séquestrées ni saisies, même par celui qui s'en prétend le véritable propriétaire (Poitiers, 16 juill. 1830), ni par celui qui a fait annuler le legs en vertu duquel un transfert a été fait à son préjudice. Ord. Cons. d'Et. 11 nov. 1817.

4° Les pensions dues par l'Etat et différentes du traitement. L. 22 flor. an 7, 7 thermid. an 10 ; Carré, n° 1984 ; Merl. v° *Appoint. et Pens.* ; Pig. *Comment.* 2. 175. — *Contrà.* Fav. v° *Pensions*, p. 185. Ainsi, sont insaisissables les pensions de retraite des employés, payées sur les fonds provenant de la retenue mensuelle des appointemens. Cass. 28 août 1815. — *Contrà*, Liège, 13 juin 1813.

5° Les pensions militaires de la légion d'honneur. Av. Cons. d'Et. 23 janvier 1808, approuvé le 2 février suivant.

6° Les traitements et pensions dus par l'Etat, si ce n'est pour la portion déterminée par les lois ou par les réglements et ordonnances royaux. C. p. 580.—Cette portion est 1° d'un cinquième pour les employés militaires et membres des corps de l'intendance (L. 19 pluv. an 3) ; 2° pour les fonctionnaires publics et employés civils , du cinquième sur les premiers mille francs , du quart sur les 5,000 francs suivants , et du tiers sur la portion excédant 6.000 francs. L. 21 vent. an 9.

Toutefois , les traitements des ecclésiastiques sont insaisissables en totalité. Arrêté du 18 niv. an 11.

7° Les fonds des communes et des établissements publics.

8° Les lettres confiées à la poste. Déc. 10 août 1790 , 10 juillet 1791. Il en est autrement des articles d'argent; les directeurs ne peuvent se refuser de recevoir les saisies-arrêts qui en seraient faites en leurs mains. Fav. *Rép.* 4. 339; A. 11. 626 et 627.

9° La provision d'une lettre de change si ce n'est en cas de perte de cette lettre ou de faillite du porteur.

10° Enfin , les objets qui , d'après l'article 592 du C. pr. ne peuvent être atteints par une saisie-exécution , sauf les cas d'exception prévus par l'article 593 du même Code.

Deuxièmement. Les provisions alimentaires adjugées par justice (C. pr. 581-2°) , ce qui comprend la nourriture, le logement , le vêtement , les médicaments , visites et pansements de médecins. Pig. 2. 48; Carré, n° 1986.

Troisièmement. — Les sommes et objets disponibles déclarés insaisissables par le testateur on donateur. C. proc. 581. Pour que cette disposition reçoive son application, il faut : 1° que les choses données soient disponibles, 2° que la donation ait eu lieu à titre purement gratuit. Bioche, n° 33; Arg. C. civ. 1981.

Quatrièmement. — Les sommes et pensions pour alimens, encore que le testament ou la donation ne les dé-

clare pas insaisissables (C. pr. 581); il suffit que les circonstances démontrent que la pension a été accordée à titre alimentaire, Turin, 3 déc. 1808; Carré, art. 582.

Les sommes et objets dont il est parlé aux deux numéros précédens, ne sont insaisissables 1° qu'entre les mains
du donataire ou légataire; ils cessent de l'être entre celles
de leurs héritiers (Carré, n° 1987); 2° que pour dettes
antérieures à la donation ou au testament. C. pr. 582.

Lesdites sommes et objets peuvent être saisis-arrêtés
1° pour cause d'alimens (C. pr. 582), en totalité, et sans
la permission du juge. Carré, n° 1989; Berr. p. 516;
2° par les créanciers postérieurs à la donation; mais seulement en vertu de la permission du juge et pour la portion qu'il détermine (C. pr. 582), par une ordonnance
obtenue sur requête. Tar. 77.

§ 2. — *Procédure.*

ART. 1. — *Saisies-arrêts faites entre les mains de par-
ticuliers.*

La procédure à laquelle donne lieu une saisie-arrêt
comprend trois phrases principales, savoir : 1° la saisie-
arrêt; 2° la validité de cette saisie ou sa main-levée; 3°
la déclaration du tiers saisi.

1° *Saisie-arrêt.*

A moins que l'huissier n'en ait reçu l'ordre exprès, il
ne doit point faire précéder la saisie-arrêt d'un commandement qui serait frustratoire et resterait à sa charge.
Décidé en effet que ce commandement n'est pas nécessaire à peine de nullité. Montp. 5 août 1807.

La saisie ne doit pas non plus être précédée de la signification du titre en vertu duquel elle est faite, à moins
que ce titre ne soit un jugement. Bioche, n° 40.

L'exploit de saisie-arrêt est soumis aux règles com-

munes à tous les exploits. Carré, n° 1939 ; Dem. p. 582 ;
Pig. Comment. 2. 158, Berr. p. 517.

Ainsi il doit, à peine de nullité, contenir l'indication
du domicile réel du saisissant. Colmar, 27 juillet 1829.

Il doit, également à peine de nullité, contenir les
noms des parties. Toutefois, la saisie-arrêt de sommes
revenant à un débiteur décédé, spécialement à un débiteur ancien émigré, est valable, encore qu'au lieu d'indiquer le nom des héritiers, elle n'indique que celui du
défunt, alors que c'est au nom de ce dernier que l'indemnité saisie a été liquidée. Bord. 15 juin 1827.

La saisie-arrêt doit être signifiée à la personne ou au
domicile du tiers saisi : 1° lorsque celui-ci a son domicile
en France ; 2° lorsqu'il ne demeure pas en France sur le
continent ; 3° lorsqu'il demeure à l'étranger. C. pr. art.
560. — Mais elle pourrait être signifiée au procureur du
Roi, si le tiers saisi n'avait ni domicile ni résidence connus.

L'exploit de saisie-arrêt doit en outre contenir, à peine
de nullité :

1° L'énonciation du titre et de la somme pour laquelle
la saisie-arrêt est faite. C. pr. 559. La copie du titre n'est
pas nécessaire. (Carré, n" 1938) ; néanmoins, en cas de
saisie-arrêt autorisé par le juge, il doit être donné copie
de l'ordonnance, à peine de nullité (C. pr. 559), et
même de la requête, si l'ordonnance ne porte pas elle-
même évaluation de la créance. Dans l'usage, on donne
toujours copie de la requête et de l'ordonnance.

L'exploit serait valable, bien qu'il ne contînt pas
l'énonciation de la somme pour laquelle la saisie est faite,
si d'ailleurs cette omission se trouvait réparée par la notification de la requête ou de l'ordonnance énonçant
cette somme, ou même par celle du titre lorsqu'il en
existe un.

2° Election de domicile dans le lieu où demeure le
tiers saisi, si le saisissant n'y demeure pas (C. pr. 559),
et cela, lors même que le titre en vertu duquel la saisie

est faite contiendrait déjà élection de domicile pour son exécution. Carré, n° 1936; Pig. 2. 52.

L'huissier qui signe la saisie-arrêt est tenu, s'il en est requis, de justifier de l'existence du saisissant à l'époque où le pouvoir de saisir a été donné, et ce, à peine d'interdiction et de dommages-intérêts des parties. C. pr. 562.

Cet article a pour but d'éviter qu'il soit procédé à une saisie-arrêt à la requête d'un individu supposé, imaginaire, inconnu. Il en résulte que tout huissier signataire d'un exploit de saisie-arrêt doit connaître parfaitement le requérant, ou se faire attester son individualité par deux témoins connus de lui. Carré, n° 1942; Pig. 2. 53; Fav. 5, p. 7.

Comment se fait cette attestation? Aucune forme n'est prescrite. Si la personne sait signer, l'huissier peut se faire donner un pouvoir par elle, à l'effet de procéder à la saisie, et faire intervenir à ce pouvoir deux témoins qui certifient l'individualité du mandant; si au contraire, elle ne sait pas signer, l'huissier doit exiger un pouvoir devant notaire, dans lequel l'individualité est attestée.

Comment l'huissier doit-il être requis et comment doit-il justifier de l'existence du saisissant? Il doit être requis par une sommation, et il fait la justification requise, soit en déclarant les nom, prénoms, état et demeure du saisissant connu de lui personnellement, soit en donnant connaissance du pouvoir à lui donné et de l'attestation qu'il renferme.

Lorsque la saisie-arrêt est faite à la poursuite d'un mandataire, c'est celui-ci qui est le saisissant dont il faut justifier de l'existence. Carré, n° 1943; A. 11. 629.

Dans tous les cas, on ne peut exiger de l'huissier un pouvoir qui l'autorise spécialement à procéder à la saisie-arrêt; ce serait ajouter à la loi une condition qu'elle ne contient pas. Carré, n° 1944; Delap. 2. 147; A. 11. 629, n° 7.

Celui qui se prétend propriétaire d'objets compris dans une saisie-arrêt pratiquée sur un tiers, n'est pas absolument tenu d'exercer une action en revendication, suivant le mode prescrit par l'art. 608 du C. pr.; il peut exercer contre le saisissant une action en nullité de la saisie. Bordeaux, 31 août 1831.

Le saisi peut exciper des nullités de l'opposition faite à son préjudice entre les mains d'un tiers (Paris, 30 août 1811); mais le tiers saisi ne peut se prévaloir contre le saisissant des nullités de la saisie-arrêt personnelles au saisi, et notamment de celles résultant du défaut de titre suffisant. Paris, 9 août 1833.

2° *Validité ou main-levée de la saisie-arrêt.*

VALIDITÉ. — *Dénonciation et assignation.* — Le saisissant doit dénoncer la saisie-arrêt au débiteur et l'assigner en validité dans la huitaine de ladite saisie-arrêt. C. pr. 563. On doit donner copie de l'exploit de saisie-arrêt; toutefois, comme la loi n'exige point cette formalité à peine de nullité, la dénonciation serait valable si elle contenait des mentions telles que le débiteur fût à même de bien connaître le créancier arrêtant, le titre et la somme pour laquelle la saisie a été pratiquée. Caen, 10 avril 1827.

La dénonciation et l'assignation doivent avoir lieu par un seul et même exploit (C. pr. Arg. 563); néanmoins, si elles avaient lieu par actes séparés, elles ne seraient pas nulles; seulement le coût de l'assignation resterait à la charge du créancier (Bioche, n° 35), ou plutôt de l'huissier qui aurait fait un acte inutile et frustratoire.

Le délai de huitaine n'est pas franc; toutefois, le jour où la saisie a été faite ne compte pas. Par exemple, lorsque la saisie-arrêt a été signifiée le 4, la dénonciation peut avoir lieu le 12. Turin, 14 mai 1808; Toulouse, 22 mars 1807; Carré, n° 1945. Lorsque le jour de l'échéance du délai est férié, la dénonciation doit avoir lieu la veille; faite le lendemain elle serait nulle. Toulouse, 22 mars 1827.

54.

Mais ce même délai doit être augmenté d'un jour par trois myriamètres de distance entre le domicile du tiers-saisi et celui du saisissant, et d'un jour par trois myriamètres de distance entre le domicile de ce dernier et celui du débiteur saisi. C. pr. 563. Les fractions de trois myriamètres n'augmentent pas le délai. Poitiers, 20 février 1827; Bioche, nᵒ 52.

L'assignation doit être donnée au délai ordinaire des *ajournemens*; elle est soumise aux formalités de ces sortes d'actes. Ainsi, elle serait nulle si elle n'indiquait pas le domicile réel du saisissant. Colmar, 27 juill. 1829.

La saisie-arrêt qui n'est pas dénoncée dans le délai ci-dessus indiqué est nulle. C. pr. 565. Toulouse, 22 mars 1827; Carré, nᵒ 1946; Pig. 2. 56. — *Contrà,* Delap. 2. 148.

La demande en validité de la saisie-arrêt n'est pas soumise au préliminaire de conciliation. C. pr. 566; Pig. 2. 60; Cass. 17 juill. 1834; Bioche, nᵒ 55.

Tribunal compétent. — Elle doit être portée devant le tribunal civil du domicile de la partie saisie. C. pr. 567. Les tribunaux de commerce sont incompétens même en matière commerciale et entre commerçans. Cass. 12 octobre 1814, 27 juin 1821. Il en est de même des juges de paix pour toutes sommes inférieures ou non à 200 fr.

Le principe de l'art. 567 souffre toutefois exception : 1ᵒ lorsque l'opposition est formée à la requête d'un préposé de l'enregistrement pour le recouvrement d'un droit; dans ce cas, la demande doit être portée devant le tribunal de l'arrondissement du bureau de la perception du droit. L. 22 frim. an 7, art. 64; — 2ᵒ Lorsque la demande en validité est connexe et accessoire à une autre instance dirigée contre le saisi; dans ce cas, elle doit être réunie à celle-ci pour éviter les frais d'une double procédure. Cassation 20 août 1813. — *Contrà.* Cassation 17 février 1817.

Si la saisie-arrêt était faite en vertu d'une sentence arbitrale réglant les droits de chaque héritier, mais sans former les lots ni les attribuer, la demande en validité devrait être portée devant le tribunal du lieu où la succession s'est ouverte ; le partage n'étant pas terminé, il faut suivre la règle qui oblige de poursuivre toutes les demandes devant le tribunal où la succession s'est ouverte, jusqu'au partage. Rennes, 10 janv. 1812.

Le jugement qui valide la saisie-arrêt ordonne en même temps que le tiers saisi videra ses mains en celles du saisissant, jusqu'à concurrence du montant de la créance de celui-ci.

Ce jugement, qui doit être motivé (Arg. Cass. 27 avr. 1824) n'est exécutoire contre le tiers saisi que sous les conditions portées en l'article 548 du C. pr.

Il est susceptible d'appel si la somme pour laquelle la saisie-arrêt a été pratiquée excède 1,500 fr. Cass. 28 janv. 1833.

MAIN-LEVÉE. Le saisi qui prétend que la saisie-arrêt est faite à tort peut en demander main-levée.

Dans tous les cas, la demande en main-levée est dispensée du préliminaire de conciliation. C. pr. 49.

Lorsque la saisie-arrêt est pratiquée pour une somme inférieure à celle due au saisi par le tiers-saisi, le saisi ne peut, même lorsqu'il est notoirement solvable, obtenir main-levée provisoire de la saisie-arrêt, soit en laissant entre les mains du tiers-saisi une somme suffisante pour assurer le paiement du montant de l'opposition, soit en donnant caution. Carré n° 1955; Chauv. J. A. 19. 263, n° 24; Bioche n° 120; Arg. Turin 19 juill. 1806.

3° *Déclaration du tiers-saisi ; Contestations.*

DÉCLARATION. Dans la huitaine de la dénonciation de l'opposition au tiers-saisi avec la demande en validité, outre l'augmentation des délais à raison des distances, la dénonciation doit elle-même être dénoncée au tiers-saisi à la requête du saisissant. C. pr. 564. Si le tiers-saisi demeure hors de la France continentale, les délais de l'art.

73 du C. pr. deviennent applicables. Lep. p. 386 ; Carré, 1. 1947.

Le défaut de dénonciation de la demande en validité dans les délais fixés , ne rend pas la saisie-arrêt nulle ; seulement les paiements faits par le tiers-saisi jusqu'à la dénonciation, sont libératoires pour lui. C. pr. 565.

Le tiers-saisi doit faire et affirmer sa déclaration au greffe du tribunal devant lequel il est assigné (C. pr. 571), soit par lui-même , soit par un mandataire spécial (C. pr. 572), avec l'assistance d'un avoué. Tar. 92. Certains tribunaux exigent que la procuration soit notariée quoique la loi ne l'ordonne pas. Carré n° 1963.

Lorsque le tiers-saisi n'est pas sur les lieux , c'est-à-dire lorsqu'il n'est pas domicilié dans le ressort du tribunal où est portée la demande en validité, il a la faculté de faire sa déclaration devant le juge de paix de son domicile sans qu'il soit nécessaire de la réitérer au greffe du tribunal. C. pr. 571.

Les pièces justificatives des énonciations contenues dans la déclaration doivent être jointes à cette déclaration ; il en est dressé acte de dépôt en même temps que de la déclaration. C. pr. 574. Ainsi la preuve des paiemens à-compte ou de la délibération complète est à la charge du tiers-saisi (Pig. 2. 170; Carré n° 1967), qui peut toutefois produire des quittances sous seing privé; si le saisissant prétendait qu'il y eût fraude, ce serait à lui à la prouver. Orl. 18 déc. 1816; Pig. 2. 168 ; Toull. 8. 481.

CONTESTATIONS. La déclaration n'est pas ou est contestée :

Si elle n'est pas contestée, il ne doit être fait aucune procédure de la part du tiers-saisi , ni contre lui. C. pr. 576. Toutefois il peut faire des offres réelles au saisi, à la charge par celui-ci de rapporter main-levée de la saisie-arrêt et consigner. Carré, n° 1973.

Si la déclaration est contestée, le tiers-saisi peut demander son renvoi devant son juge naturel (C. pr. 570)

par acte d'avoué à avoué (Tar. 75). Cette demande doit
être proposée *in liminè litis*, sous peine d'être couverte
par la défense au fond. Car. 1960. Du reste, le renvoi
ne dessaisit pas le tribunal de la demande en validité.
Car. 1991 ; Pig. 2. 166 ; A. 11. 641.

Si le renvoi n'est pas demandé, le tribunal saisi statue
sur les contestations de la déclaration, par un jugement
qui est susceptible d'appel, quoique la créance du saisissant n'excède pas 1,500 fr. Colm. 8 janv. 1830. L'appel
serait valablement notifié au domicile élu par le saisi.
Liège, 12 juin 1812.

Art. 2. *Saisies-arrêts faites entre les mains des communes, des établissemens publics et entre celles de l'Etat.*

1° *Exploit de saisie-arrêt.*

Outre les formalités communes à tout exploit de saisie-
arrêt, celui d'opposition entre les mains des receveurs-
dépositaires, des administrateurs des caisses ou deniers
publics, doit exprimer clairement les noms et qualités de
la partie saisie, la désignation de l'objet saisi, et la somme pour laquelle la saisie est faite. Il sera donné avec la
copie de l'exploit, copie ou extrait en forme du titre du
saisissant (Décr. 18 août 1807, art. 1 et 2); le tout à
peine de nullité. Décr. *ibid.* art. 3. V. C. pr. 561 et
suiv.

§ 3. — *Effets de la saisie-arrêt.*

La saisie-arrêt produit des effets différens, selon que
la procédure est plus ou moins avancée.

Après l'exploit de saisie-arrêt, le débiteur ne peut se
libérer entre les mains du saisi, sans s'exposer à payer
une seconde fois ; il ne pourrait même opposer au saisissant la compensation d'une créance née depuis la saisie.

Le tiers-saisi débiteur en vertu d'un arrêt exécutoire, et à qui un transport à été notifiée, doit, bien qu'il existe des saisies-arrêts et transports pour des sommes supérieures à celles dues au cédant, offrir au cessionnaire de se libérer ou de consigner, sans quoi ce dernier est autorisé à poursuivre l'exécution de son titre et à faire saisir les meubles du tiers-saisi, à moins toutefois que lui, cessionnaire, n'ait assisté à l'instance sur les saisies-arrêts. Cass. 19 mars 1827.

Lorsqu'une somme est déjà saisie-arrêtée, comment doivent procéder les autres créanciers de la partie saisie? Ils doivent également procéder par voie de saisie-arrêt, et non par voie d'intervention dans l'instance en validité ouverte sur la première saisie. Rennes, 29 janv. 1817; Carré, n° 1971; A. 11. 634, n° 9.

Enregistrement.

L'exploit de saisie-arrêt, celui de dénonciation avec assignation en validité, et celui de dénonciation avec assignation en déclaration affirmative, sont sujets, chacun, à un droit d'enregistrement de 2 fr. L. 28 avril 1816, art. 43.

SAISIE-BRANDON.

C'est la saisie-exécution des fruits pendans par racines.

Ces fruits ont été, il est vrai, déclarés *immeubles* par l'article 520 du Code civil, mais le code de procédure considérant qu'ils doivent devenir meubles par la récolte, permet de les saisir comme tels. A. Dall. v° *Sais,-Brand.* n° 1.

§ 1. — *De la saisie-brandon en général.*

DES FRUITS SAISISSABLES. — On peut pratiquer une saisie-brandon sur toute espèce de fruits pendants par racines et appartenant au débiteur.

Fruits.—Par *fruits*, il faut entendre non-seulement le produit de toute espèce d'arbres ou d'arbustes, tels que pommes, poires, prunes, cerises, olives, oranges, mais encore les fruits industriels, comme les foins, les blés, orges, seigles, avoines, les légumes de toute espèce, les futaies mises en coupes réglées, les bois-taillis, les arbres fruitiers lorsqu'ils sont morts

Pendans par racines. — Dès que les fruits sont détachés du sol, encore qu'ils y soient restés déposés, on ne doit plus procéder par voie de saisie-brandon, mais par voie de saisie-exécution. V. ce mot.—Dans ce cas, on devrait établir un gérant à l'exploitation comme dans le cas de saisie d'animaux ou d'ustensiles servant à l'exploitation. Arg. C. pr. 594; Pig. 2. 115; Carré, art. 2109.

Ainsi, dans le cas de saisie d'une coupe de bois qui vient d'être abattue, il doit être établi un gérant qui continue l'exploitation en faisant façonner les bois et en les vendant suivant l'usage.

Appartenant au débiteur.—La saisie-brandon ne peut s'exercer que sur les fruits appartenant au débiteur du saisissant. Si les fruits d'un fermier, étant saisis pour une dette du propriétaire, on les saisissait postérieurement pour une dette personnelle au fermier, celui-ci pourrait exciper de son bail et agir comme propriétaire des fruits (Locré, 3. 82; Carré, n° 2110; Bioche, n° 3.). Par conséquent, la saisie faite pour la dette du propriétaire serait nulle, et celle faite sur le fermier seule valable.

On peut faire pratiquer une saisie-brandon sur les récoltes de biens indivis entre son débiteur et un tiers, parce que ce dernier n'éprouve aucun préjudice, puisqu'il peut aussi bien partager les récoltes avec le saisissant qu'avec le co-propriétaire. Agen, 8 fév. 1824; J. H. 6. 67.

Les fruits d'un immeuble dotal peuvent être saisis, mais dans ce cas il est indispensable de laisser à la femme sur le produit de la vente, de quoi subvenir à ses besoins

et à ceux de sa famille, si d'ailleurs elle n'a pas d'autres
ressources dans ses revenus dotaux. Bord. 12 avril 1836;
J. H. 17. 245, 21 août 1835; J. H. 17. 345, 17 janv.
1837; J. H. 18. 253.

TITRES EN VERTU DESQUELS ON PEUT FAIRE UNE SAISIE-
BRANDON. — On ne peut pratiquer une saisie-brandon
qu'en vertu d'un titre exécutoire et pour une créance
certaine et liquide.

DÉLAI AVANT LEQUEL ON NE PEUT FAIRE DE SAISIE-
BRANDON. — On ne peut opérer de saisie-brandon que
dans les six semaines qui précèdent l'époque de la maturité des fruits. C. pr. 626. Cette époque, qui dépend des
climats, du mode de culture et de la nature des fruits
saisis, est déterminée par les tribunaux en cas de contestation. Carré, n° 2112; Pratic. fr. 4. 235; A. 11. 644;
Bioche, n° 8; J. H. 12. 284.

La saisie faite avant les six semaines de la maturité ne
serait pas nulle; seulement le créancier supporterait les
frais de garde jusqu'à l'époque fixée par la loi pour la
saisie; autrement le créancier n'aurait aucun moyen
d'empêcher l'exécution de la vente des fruits qui aurait
date antérieure aux six semaines précédant la maturité.
Carré, n° 2114; Merl. v° *Vente*, § 1; Locré, 3. 72;
Berr. p. 544; Bioche, n° 7; A. 11. 643; Arg. Paris, 5
thermid. an 12.

Les arbres d'une pépinière sont en maturité lorsqu'ils
sont âgés de plus de six ans (J. H. 20. 216); les bois-
taillis, lorsqu'ils sont arrivés à l'âge où il est d'usage,
dans le pays, de les couper ou à celui auquel ils ont été
amenagés par le propriétaire.

Peut-on vendre valablement les grains et autres fruits
avant leur maturité, et surtout avant les six semaines qui
précèdent cette maturité? Une telle vente peut-elle empêcher ou faire annuler la saisie-brandon? — Quant aux
grains, il est certain qu'on ne peut les vendre en vert
ou que leur vente n'empêche pas la saisie-brandon.
J. H. 15. 254.—Quant aux fruits, autres que les grains,

nous croyons qu'ils peuvent être vendus (Paris , 5 thermid. an 12 ; Carré, 2. 260; Berr. p. 482; *Contrà*, Pig.
2. 116 ; J. H. 2. 217), sauf aux créanciers, en cas de
fraude , à faire annuler la vente.

§ 2. — *Des formalités de la saisie-brandon.*

Commandement. — La saisie-brandon doit être précédée d'un commandement avec un jour d'intervalle (C.
pr. 626). Ce jour est franc. Pig. 2. 217 ; Carré, n° 2215 ;
Dem. p. 415; Delap. 2. 214. Ainsi, lorsque le commandement est du 2, la saisie ne peut avoir lieu que le 4.

Le commandement tendant à saisie-brandon ne se pé-
rime pas par le laps d'un an. Toulouse, 1er sept. 1820;
J. H. 1. 334.

Procès-verbal de saisie. — L'huissier qui rédige un
procès-verbal de saisie n'a pas besoin d'être assisté de
témoins. Tar. 43 ; Carré, n° 2115 ; Chauv. *Comment.*
Tar. 2. 141 ; J. H. 16. 324. Toutefois, le procès-verbal
fait avec l'assistance de témoins, ne serait pas nul. Bord.
5 avril 1830. L'huissier doit se transporter sur les biens
où sont les grains et les fruits à saisir, à peine de nullité.
Arg. C. pr. 627; J. H. 17. 289.

Le procès-verbal est soumis aux formalités générales
des *Exploits*; il n'est pas nécessaire qu'il contienne itératif commandement, mais il doit contenir l'indication de
chaque pièce de terre, sa contenance et sa situation, deux
au moins des tenans et aboutissans, et la nature des
fruits. C. pr. 627.

Quoique la contenance approximative semble devoir
suffire (Arg. C. pr. 675 ; Carré, n° 2116), il est prudent
néanmoins de déterminer la contenance d'après un extrait de la matrice du rôle. Dem. p. 414; Bioche, n° 10.

Le procès-verbal doit contenir établissement d'un gardien.

Copie du procès-verbal doit être laissée : 1° au gardien
s'il est présent; en cas d'absence du gardien, la saisie

55.

doit lui être notifiée. C. pr. 628; — 2° au maire de la commune de la situation, lequel vise l'original; — Si les communes, sur lesquelles ces biens sont situées, sont contiguës ou voisines, la copie doit être laissée au maire de la commune où est située la majeure partie des biens (C. pr. 628), c'est-à-dire, la partie des biens qui présente le plus grand revenu, d'après la matrice du rôle.

La saisie doit en outre être dénoncée, avec copie, à la partie saisie. Tar. 44; Bioche, n° 15.

Du gardien. — Le garde-champêtre, à moins qu'il ne se trouve compris dans l'exclusion portée par l'art. 598 du C. pr., doit être établi gardien. C. pr. 628. Cependant, lorsque les fruits existent sur plusieurs pièces de terre situées sur diverses communes voisines, on établit une autre personne que le garde-champêtre, pour gardien. C. pr. 628.

Hors les deux cas prévus au numéro précédent, l'huissier ne pourrait, même sur la réquisition du saisissant, commettre un autre gardien que le garde-champêtre; mais le saisissant pourrait faire surveiller les fruits, à ses frais, par une personne dans laquelle il aurait plus de confiance. Pratic. fr. 4. 240; Carré, n° 2117; Bioche, n° 13.

Le salaire du gardien est fixé, savoir : si ce gardien est un garde-champêtre, à 75 centimes par jour; et si c'est une autre personne à 1 fr. 25 cent. aussi par jour, sans aucune distinction des localités. Tar. art. 45.

Lorsque le gardien est le garde-champêtre, il doit faire le rapport des dégâts commis sur les biens et l'affirmer devant le juge de paix; à son défaut, devant le maire de la commune. Pig. 2. 129. — Si le gardien est une autre personne, elle doit donner avis au saisissant des dégâts commis.

§ 3. — *De la vente.*

La vente doit être annoncée par placards affichés, huitaine au moins avant la vente, à la porte du saisi, à celle de la maison commune, et, s'il n'y en a pas, au lieu où s'apposent les actes de l'autorité publique ; au principal marché du lieu, et, s'il n'y en a pas, au marché le plus voisin ; et à la porte de l'auditoire de la justice de paix. C. pr. 629. La huitaine dont parle cet article est franche. Pig. 2. 104 ; Delap. 2. 216, Hautef. p. 334 ; Carré, n° 2121. Lorsque la vente n'a pas lieu au jour indiqué, les placards doivent être renouvelés en observant le même délai. Pig. 2. 132 ; Bioche, n° 23.

Les placards doivent désigner les jour, heure et lieu de la vente ; les noms et demeures du saisi ou du saisissant ; la quantité d'hectares et la nature de chaque espèce de fruits, la commune où ils sont situés, sans autre désignation. C. pr. 630.

L'apposition des placards est constatée ainsi qu'il est dit au titre des *Saisies-exécutions*. C. pr. 631.

La vente ne peut avoir lieu que lors de la maturité des fruits. Si les grains se trouvaient en état d'être coupés avant qu'on puisse remplir les formalités nécessaires pour la vente, le saisissant assignerait la partie saisie en référé pour se faire autoriser à récolter et engranger les grains en présence du saisi, ou lui dûment appelé. Pig. 2. 130 ; Bioche, n°s 25 et 26 ; Carré, 2. 473, n° 2123 ; J. H. 12. 284.

La vente doit être faite un jour de dimanche ou de marché (C. pr. 632), sur les lieux ou sur la place de la commune où est située la majeure partie des objets saisis, ou sur le marché du lieu, et, s'il n'y en a pas, sur le marché le plus voisin (C. pr. 633) ; le tout au choix du saisissant. Delap. 2. 217.

Sur le surplus on procède comme en matière de saisie-exécution. C. p. 634. Cet article est relatif non-seulement aux formalités de la vente, mais encore à toutes les autres formalités de la saisie-exécution non rappelées ou modifiées au titre de la saisie-brandon. Carré, n° 2124 ; Pig. *Comment.* 2. 218 ; A. 11. 644, n° 7 ; Bioche, n° 29 ; J. H. 12. 293.

Lorsqu'il ne se présente pas d'enchérisseur, le saisissant peut présenter requête au tribunal pour se faire autoriser, contradictoirement avec le saisi, à faire la récolte lui-même et à la faire vendre. Il doit compte au saisi et aux opposans de ce qui excède les causes de la saisie. Carré, n° 2125 ; Pratic. fr. 4. 248 ; Bioche, n° 31.

Le prix de la vente se distribue comme chose mobilière, si les fruits sont vendus séparément du fonds ; si au contraire la saisie-brandon a lieu après la saisie-immobilière du fonds postérieurement à la dénonciation, le produit de la vente des fruits est distribué comme celui du fonds, par ordre d'hypothèque. Pig. 2. 125 ; Bioche, n° 30.

La personne qui aurait acquis la récolte avant la saisie aurait qualité pour s'opposer à la vente qu'en voudrait faire un créancier du vendeur. Colmar, 18 brum. an 11 ; Pig. 2. 130 ; Bioche, n° 32.

SAISIE-EXÉCUTION.

C'est celle par laquelle un créancier met sous la main de la justice les meubles de son débiteur, afin de les faire vendre pour obtenir son paiement sur le prix.

DIVISION.

SECTION I. — DE LA SAISIE-EXÉCUTION.

§ 1. — *Principes généraux.*

ART. 1. — *Quelles personnes peuvent saisir- exécuter, sur qui une saisie-exécution peut être faite, pour quelles créances, en vertu de quels titres.*

Quelles personnes peuvent saisir-exécuter. Toute per-sonne envers laquelle une autre est obligé directement, peut saisir-exécuter les meubles appartenant à cette der-nière.

Le représentant du créancier a le même droit; mais avant de pouvoir saisir, il est tenu de faire connaître le titre qui le met aux lieu et place du créancier, par une signification, qui, du reste, peut être faite en même temps que le commandement. C. civ. 1690, 2214.

La saisie-exécution faite à la requête d'une partie qui n'avait pas qualité, doit être annulée, bien que pendant l'instance d'appel d'un jugement sur la validité de cette saisie, cette partie ait acquis la qualité contestée. Rennes, 22 avr. 1817; P. 7. 1. 433.

Sur qui une saisie-exécution peut être faite. La saisie-exécution peut être faite sur la partie directement obligée, ou sur celle qui la représente.

Toutefois, on ne pourrait procéder à une saisie-exécution sur l'Etat, les communes, les établissemens publics.

Pour quelles créances. La saisie-exécution ne peut être pratiquée que pour une créance liquide, certaine et exigible. C. pr. 551.

Si donc le saisi oppose des répétitions qui compensent et au-delà les causes de la saisie, il a le droit d'en faire prononcer l'annulation. Le saisissant alléguerait en vain qu'il a d'autres moyens à présenter pour fonder son action; si ces nouvelles créances ne sont pas encore liquides et certaines, il n'est pas possible de les admettre. Orléans, 15 mai 1818.

De même lorsqu'une créance est déclarée provisoirement compensée par une décision arbitrale, le créancier n'est plus recevable à exercer aucune poursuite par l'effet de cette compensation provisoire. Cass. 12 août 1807.

En vertu de quels titres. La saisie-exécution ne peut être faite qu'en vertu d'un titre exécutoire.

On devrait considérer un acte sous seing-privé, comme un titre exécutoire, s'il était déposé chez un notaire par le débiteur, et surtout si ce dernier avait reconnu sa signature et autorisé la délivrance de toutes grosses.

Lorsque le titre en vertu duquel une saisie-exécution a été pratiquée est annulé, la saisie doit l'être également comme faite sans titre, droit ou qualité, encore bien que le titre ait été déclaré valoir pour la portion héréditaire de celui qui en poursuit l'exécution. Cass. 29 août 1832.

ART. 2.—*Des choses qui sont ou ne sont pas saisissables.*

1° *Des choses saisissables.*

En général, on peut saisir-exécuter tous les objets mobiliers appartenant au débiteur et dont celui-ci est en
possession.

Le créancier ne peut faire saisir les meubles du débiteur lorsque celui-ci n'en est que locataire (Paris, 13
janv. 1810), et qu'il justifie d'un bail ayant date certaine,
sauf à attaquer cet acte comme frauduleux, s'il y a lieu.

On peut saisir-exécuter toute espèce d'objets mobiliers.
Ainsi on peut comprendre dans une saisie-exécution :

1° Un fonds de commerce, et spécialement un fonds
de pharmacie. Turin, 18 sept. 1811 ; A. 11. 656.

2° Un four construit par le locataire qui doit l'enlever
à la fin de son bail. Lyon, 14 janv. 1832. — Mais si ce
four était construit par un boulanger? Rés. aff.

3° Les deniers comptants. C. pr. 590. Mais on ne pourrait saisir les billets de banque et tous effets de commerce,
alors même qu'ils tomberaient par hasard sous la main de
l'huissier, et quoique ces effets soient de véritables valeurs mobilières. Carré, n° 2030 ; Bioche, v° *Saisie-exécution,* n° 86.

4° Des manuscrits trouvés chez l'auteur ; toutefois, des
raisons de convenance peuvent autoriser le juge à refuser
la saisie de ces objets. A. 11. 657 ; Bioche, n° 31.

5° Des meubles indivis étant en la possession du débiteur, sauf aux propriétaires à former une demande en
distraction et à procéder au partage avant la vente. Carré, n°s 1992 et 1994 ; J H. 12. 271.

6° De la vaisselle d'argent, des bagues et joyaux. — C.
pr. 621.

7° Des bacs, bateaux, et autres bâtiments de rivières,
des moulins et autres édifices mobiles. C. pr. 620.

2° *Des choses insaisissables.*

La loi déclare certaines choses insaisissables d'une manière absolue, et d'autres saisissables, seulement pour certaines créances.

Choses absolument insaisissables. — Sont absolument insaisissables :

1° *Le coucher nécessaire des saisis et ceux de leurs enfans vivant avec eux.* C. pr. 592-2°.

Le coucher insaisissable est celui de la résidence personnelle du saisi, et non celui d'un domicile légal qui ne serait pas celui de son habitation. Orl. 24 août 1822; A. 11. 657. Ainsi, lorsqu'une saisie est pratiquée dans une maison non habitée ordinairement par le saisi, une maison de campagne, par exemple, on peut saisir tous les lits qui s'y trouvent.

Par *coucher nécessaire*, on doit entendre les parties du lit qui sont indispensables au repos, tel que le bois de lit, les paillasses, matelas, traversins, draps, couvertures, et même les rideaux si le saisi est âgé ou malade. Tout le surplus, c'est-à-dire ce qui est de luxe, comme ciel-de-lit, housse, courte-pointes, dômes, tentures, tapisseries, est saisissable. Carré, 2050; Berr. p. 527; Pig. 2. 80. — Dans tous les cas, c'est aux tribunaux à apprécier ce qui est nécessaire et ce qui est de luxe. *Ibid.*; Pratic. fr. 4. 169; Fav. 5. 26; A. 11. 657.

Le lit qui doit être laissé au saisi, est celui où il couche ordinairement; le saisissant ne pourrait changer ce lit contre un autre de moins de valeur, — spécialement, substituer une couchette en bois peint à une autre en noyer. (Justice de paix de Paris, 6ᵉ arrondissement, 6 novembre 1835.)

En général, on doit laisser : 1° un coucher pour les saisis; 2° un pour leurs enfans, s'ils sont du même sexe, deux s'ils sont de sexes différens, ou si, étant du même sexe, leur nombre excède deux; 3° le coucher des domestiques. En cas de contestation, c'est aux tribunaux à apprécier si l'on doit ou non ajouter d'autres couchers à ceux laissés. Carré, n° 2058 ; Dem. p. 598 ; Fav. 5. 20 ; Prat. fr. 4. 168 ; A. 11. 657.

On ne pourrait jamais saisir le coucher des père et mère des saisis, ni celui d'autres personnes auxquelles ils devraient des aliments et qui vivraient avec eux. Thom. 2. 108.

2° *Les habits dont les saisis sont vêtus et couverts.* C. proc. 402-2°. Ce qui comprend tout ce que le saisi, sa femme et ses enfants ont sur le corps, même les manteaux dont ils se seraient couverts sans nécessité. Carré, n° 2039 ; Thom. 2. 108 ; Berr. p. 528 ; Bioche, n° 18.

En est-il de même des bijoux dont le saisi, sa femme et ses enfants se seraient parés ? Ces objets n'étant point déclarés insaisissables par l'art. 592-2° du Code de procédure, on peut les saisir ; mais comment opérer cette saisie en cas de refus de la part des saisis de se dépouiller des bijoux ; comment placer ces objets en la possession du gardien, comment les désigner ainsi que le veut l'art. 589 ? — V. *infrà*, n° 145. Evidemment, l'huissier ne peut employer la violence ; il ne peut s'exposer à une lutte, à des voies de fait, dans le but de dépouiller le saisi ; il ne peut agir avec celui-ci, en un mot, comme on agirait avec un voleur.

Prétendra-t-on que l'huissier devra faire sommation au saisi de se dépouiller de ses bijoux ? — Mais, en cas de refus, quelle peine sera applicable au saisi ? Aucune, car le fait de ce refus, ne tombe pas sous l'application de l'art. 600 du C. pr., qui prévoit seulement l'empêchement de l'établissement du gardien par des voies de fait, ou l'enlèvement et le détournement des objets saisis. En pareil cas, la sommation serait donc parfaitement inutile.

Ainsi, il n'est aucun moyen de pratiquer la saisie des bijoux dont le saisi est paré contre le gré de celui-ci, et il n'y a que lorsqu'il veut bien s'en dépouiller volontai-

56.

rement, que l'huissier peut les comprendre dans un procès-verbal de saisie-exécution.

3° *Les équipements militaires*, suivant l'ordonnance et
le grade, quoique le Code de procédure (art. 592 et 593)
déclare ces objets saisissables pour certaines créances (L.
10 juill. 1791, tit. 3, art. 65). Fav. p. 434; Carré, n°
2053; Berr. p. 529; Bioche, n° 19.

Il en est de même : 1° des croix et décorations confé-
rées à un militaire ou à toute autre personne; Thom. 2,
p. 102; 2° du sabre d'un officier général, d'une épée
d'honneur ou de toute autre arme donnée en récompense
de services rendus. J. H. 19. 263.

4° *Les chevaux, ustensiles, équipages et provisions*
destinés au service de la poste aux lettres.

La loi du 6 octobre 1791 qui défend la saisie des ru-
ches et des vers à soie au moment de leurs travaux, ainsi
que des feuilles de mûrier, est-elle abrogée par les art.
592 et 1041 du C. civ.? Nous ne le pensons pas. — *Contrà*. Bioche, n° 41.

Les objets que les créanciers d'un failli lui ont laissé par
un concordat homologué ne peuvent être saisis par les
créanciers hypothécaires eux-mêmes, quoiqu'ils n'aient
pas eu voix au concordat; tous les créanciers sont liés
par cet acte. Cass. 12 mai 1813, 26 avril 1814; Berr. p.
530, note 17.

CHOSES INSAISISSABLES, EXCEPTÉ SEULEMENT POUR CER-
TAINES CRÉANCES. Sont également insaisissables, excepté
seulement pour les créances énoncées *infrà* n° 61, les
objets ci-après :

1° *Les objets que la loi déclare immeubles par destination*. C. pr. 592-2°. — Ainsi, sont insaisissables les
animaux attachés à la culture par le propriétaire, les
ustensiles aratoires placés par lui dans sa ferme, et en
général tous les effets mobiliers, immobilisés par destination.

Mais on peut saisir-exécuter les pailles et engrais appartenant au fermier ou au colon d'un domaine rural ;

J. H. 12. 279; les objets déclarés immeubles par destination par les art. 524 et 525 du C. civ., lorsqu'ils ont
été placés par le fermier. Berr. p. 528 ; Carré, n° 2035;
J. H. 12. 280 ; — *Contrà*. Pig. 2. 79 ; les fruits détachés du sol, quoiqu'existant encore sur les terres. **J. H.**
12. 284; les chevaux et la voiture d'un individu qui possède seulement quelques ares de terrain. J. H. 16. 259.

La défense de saisir les objets que la loi a déclarés immeubles par destination cesse toutes les fois qu'ils ne
peuvent plus être employés à l'usage auquel ils étaient
destinés. Spécialement, le propriétaire qui a vendu les
charrues, charrettes, pailles et fourrages d'une ferme,
et rendu par là la culture des terres impossible, ne saurait se plaindre de la saisie, par un de ses créanciers,
des bœufs de la même ferme. Bourges, 9 fév. 1830.

2° *Les livres relatifs à la profession du saisi* jusqu'à
concurrence de la somme de 300 fr. à son choix. C. pr.
592-3°. Cette disposition est applicable aux hommes de
lettres, aux médecins, aux avocats, notaires, avoués
(Pratic. p. 4. 171 et 172) et aux huissiers. J. H. 17. 209.
— *Contrà*, Prat., *loco cit.*

Lorsque le saisi est présent, il choisit les livres qu'il
entend garder, et l'évaluation en est faite par lui et par
l'huissier conjointement (Pratic. p. 4. 177); s'ils ne sont
pas d'accord, l'huissier appelle un expert qui procède
seul à l'évaluation. Carré, n° 2040; Berr. p. 529. Si le
saisi présent refuse de faire son choix, ou s'il est absent,
l'huissier constate le refus ou l'absence, et appelle un
expert qui procède au choix et à l'évaluation.

Dans tous les cas, l'huissier doit constater quels sont
les livres qui n'ont pas été saisis, et quelle valeur a été
donnée à chacun d'eux, afin de prouver en tout temps
qu'il a accompli les prescriptions de l'article 592-3° du
C. pr. civile. — V. d'ailleurs *infrà*, n° 150.

3° *Les machines et instruments servant à l'enseignement, pratique ou exercice* des sciences et arts, jusqu'à
concurrence de 300 fr., et au choix du saisi. C. pr. 592-4°.

— Il en est de même des vases, ornemens et objets nécessaires aux prêtres des divers cultes pour l'exercice de leur ministère. Carré, n° 2042; Fav. 5. p. 26; Thom. 2. 109; Chauv. J. A. 19. 485. — V. *suprà*, n° 48.

On doit laisser cumulativement au saisi les livres et les instruments de science, de sorte que les objets qui lui restent s'élèvent à la concurrence de 600 fr.; Carré, Fav., *ibid.*; Bioche, n° 53.

4° *Les outils des artisans*, nécessaires à leurs occupations personnelles. C. pr. 592-6° — Mais on pourrait saisir les outils servant aux ouvriers des artisans (Carré, n° 2044; Delap. 2. 176; Pig. Comment. 2. 185), et même tous ceux des outils de l'artisan dont la privation ne l'empêche pas de se livrer à ses occupations journalières. Par exemple, quand on saisit sur un menuisier qui a tous ses outils en nombre pair, on peut lui saisir un outil de chaque espèce, de manière à lui laisser la moitié de ceux qu'il avait.

En prohibant la saisie des outils, la loi a voulu que le créancier ne puisse empêcher son débiteur de gagner sa vie. Il suit de là que, si on doit laisser à ce dernier tout ce qui lui est indispensable pour qu'il puisse travailler comme par le passé, il ne peut rien réclamer au-delà. Ainsi, un cheval et une charrette n'étant pas indispensables à la mise en activité d'un moulin, peuvent être compris dans une saisie-exécution. Orléans, 20 novembre 1823.

D'après le même principe, on devrait décider que le four construit par un boulanger sur le bien d'autrui, pour l'exercice de sa profession, et ses ustensiles, sont insaisissables. — Toutefois le contraire a été jugé. Lyon, 14 janv. 1852.

Les objets composant le matériel d'une imprimerie ne rentrent pas dans la catégorie des ustensiles, dont parle l'article 592 du C. pr. Toul. 5 mars 1817; J. H. 18. 336.

5° *Les farines et menues denrées* nécessaires à la consommation du saisi et de sa famille pendant un mois. C.

pr. 592-7°. Par *menues denrées*, on entend le pain, le gibier, la volaille et autres choses de moindre prix servant à la consommation. Berr. p. 529. — A défaut de denrées, il est convenable de laisser au saisi sur les deniers comptant, s'il y en a, une somme suffisante pour lui en tenir lieu pendant un mois. Carré, n° 2026; Delap. 2. 169; A. 11. 658.

La fixation de cette somme est faite de concert par l'huissier et le saisi, et, en cas de refus de ce dernier de procéder à cette fixation, ou faute de s'entendre, l'huissier détermine seul la somme qui doit tenir lieu des menues denrées et farines, sauf au saisi à se pourvoir, s'il y a lieu, en référé.

6° *Enfin une vache, ou trois brebis, ou deux chèvres*, au choix du saisi, avec les pailles, fourrages et grains nécessaires pour la litière et nourriture desdits animaux pendant un mois. C. pr. 592-8°. Cette réserve établie en faveur de l'indigence ne peut être invoquée par un saisi au-dessus du besoin, surtout s'il a donné ces animaux à cheptel. Cass. 1er thermid. an 11.

La fixation de la quantité des pailles, fourrages et grains est faite comme il est dit *suprà*, entre l'huissier et le saisi.

Les objets dont il est parlé *suprà*, n° 44 *et suiv.*, ne peuvent être saisis pour aucune créance, même celle de l'Etat, si ce n'est :

1° Pour aliments fournis à la partie saisie (C. pr. 593), tels que pain, viande, boisson, épiceries, mais non pour prix de vêtements ou bois de chauffage. Peu importe l'époque à laquelle les aliments on été fournis, la loi ne fait pas ici de distinction comme lorsqu'il s'agit de privilèges.

2° Pour sommes dues aux fabricans ou vendeurs desdits objets, ou à celui qui a prêté pour les acheter, fabriquer ou réparer. C. pr. 593. Ainsi celui qui a vendu les livres, instruments de science, les outils, la vache, celui qui a prêté des deniers pour les payer, celui qui a réparé ou donné des soins à ces objets, peuvent saisir ceux desdits objets qu'ils ont vendus, payés, réparés ou soignés. Mais pour cela, il nous semble qu'il faut que le titre en vertu duquel ils procèdent constate l'origine de leur créance, et qu'il ne puisse s'élever aucun doute sur l'identité de l'objet vendu, payé, réparé ou soigné et de celui saisi.

3° Pour fermages et moissons des terres à la culture desquelles ils sont employés, loyers des manufactures, moulins, pressoirs, usines dont ils dépendent, et loyers des lieux servant à l'habitation personnelle du débiteur. C. pr. 593. Par *fermages* on désigne à la fois les prix de ferme en argent et ceux en denrées ; et par *moissons* on entend les créances des ouvriers qui ont fait les récoltes. Carré, n° 2047 ; Ber. p. 520.

Il résulte de cette disposition, que tous les objets désignés *suprà*, peuvent être saisis, savoir : 1° ceux employés à la culture des terres, pour fermages et moissons ; 2° ceux qui dépendent des manufactures, pressoirs, usines, pour loyers desdits objets, mais non pour les gages des ouvriers et employés desdits établissements ; 3° ceux qui garnissent l'habitation du saisi, pour les loyers de ladite habitation et les autres charges de la location.

Faisons remarquer que l'art. 593 du C. p. est sans application, en ce qu'il semble permettre la saisie des meubles immobilisés par destination pour fermages et loyers, car les immeubles par destination ne peuvent appartenir qu'au propriétaire qui ne doit jamais de loyers et fermages ; et les meubles qui appartiennent au locataire, fussent-ils attachés à la culture des terres et à l'exploitation des usines, n'étant jamais immobilisés, peuvent toujours et pour toute créance, être saisissables.

EFFETS DE L'INSAISISSABILITÉ. — La partie saisie ne pourrait renoncer valablement au bénéfice résultant de l'insaisissabilité des objets que la loi lui réserve dans des vues d'ordre public et de bienséance. L'huissier ne pourrait donc saisir et vendre lesdits objets, même du consentement du saisi (Carré, n° 2032 ; Bioche, n° 44. — *Contrà*, A. 11. 656), sans encourir des peines disciplinaires.

La saisie d'objets insaisissables n'annulle pas la saisie, (Metz, 10 mai 1825 ; Cass. 1er therm. an 11 ; Berr. p. 530. — *Contrà*. Pig. *Comment*. 2. 185 ; Pratic. fr. 4. 177), alors surtout que le saisissant consent à ce qu'il soit fait distraction des objets saisis à tort. (Metz, 20 nov. 1818) ; elle donne seulement le droit au saisi de demander la distraction desdits effets (Metz, 10 mai 1825) avant la vente (Toul. 5 mars 1837 ; J. H. 18. 536), contre le saisissant, et de réclamer des dommages-intérêts. Cass. 1er therm. an 11.

Cette demande est portée devant le juge des référés ou devant le tribunal, à moins cependant que la saisie n'ait été pratiquée pour paiement de contributions directes, auquel cas elle doit être soumise à l'autorité administrative.

§ 2. — *Des formalités antérieures à la saisie-exécution.*

ART 1. — *Du commandement.*

Toute saisie-exécution doit être précédée d'un commandement (C. pr. 583), même celle pratiquée à la requête de la régie des domaines. Rennes, 29 août 1816. — V. *Form. n° 1.*

Le commandement doit être signifié à la personne ou au domicile du débiteur (C. pr. 583). Si le débiteur n'a pas de domicile connu, on doit se conformer à l'art. 69, § 8 du C. pr. — Carré, n°s 1992, 1994 ; Thom. 2. 91 ; A. 11. 647.

Le commandement ne peut être invoqué que contre celui qui l'a reçu. Ainsi, lorsqu'un créancier veut saisir des meubles appartenant indivisément à deux de ses débiteurs, il doit faire commandement à chacun d'eux ; celui qui n'en aurait pas reçu pourrait s'opposer à la saisie, s'il était en possession des meubles, ou former une demande en revendication de sa portion, si lesdits meubles étaient en la possession de son co-débiteur.

Le commandement est fait par un huissier, sans assistance de recors.

ART. 2. — *Des effets de l'élection de domicile faite dans le commandement.*

Le débiteur peut faire au domicile élu toutes significations, même d'offres réelles et d'appel. C. p. 584. Cette disposition est purement facultative au débiteur qui peut signifier un acte quelconque au domicile réel. (Cass. 23 vent. an 10); il *doit* même, à peine de nullité, signifier au domicile réel du créancier, si ce domicile est établi dans la commune où se fait la saisie-exécution. Douai, 30 janv. 1815; A 11. 651, à la note.

L'élection de domicile ne peut profiter qu'au débiteur; ainsi le gardien qui demande sa décharge (Poitiers, 25 févr. 1834. — *Contrà*, Thom. 2. 221), les tiers qui revendiquent tout ou partie des objets saisis, doivent assigner le créancier à son domicile réel. Cass. 3 juin 1812; Toulouse, 26 février 1828; Paris, 26 juin 1811; Chauv. 19, 432; A. 11. 650. — *Contrà*, Brux. 7 mai 1822. — Mais les créanciers du débiteur, agissant en son nom en vertu de l'art. 1166 du C. civ., profitent de l'élection de domicile. Colm. 5 août 1809; Pig. 1. 101; Carré, n° 2009.

L'assignation au domicile élu dispense de l'assignation au domicile réel du saisissant. Cass. 19 juil. 1811, 20 août 1822.

Les *offres réelles* peuvent être faite au domicile élu, quand même la convention fixerait un autre lieu pour le paiement.

ART. 5. *Des délais qui doivent exister entre la signification du titre et le commandement et la saisie.*

La saisie ne peut être faite qu'un jour au moins après le commandement; C. pr. 583. Ce jour doit être franc.

Bourges, 2 juill. 1825; J. H. 7. 376; Delap. 2. 159;
Dem. p. 394; Berr. p. 526. — *Contrà*, Pig. 1. 114.
Ainsi, la saisie serait nulle si le commandement ayant
été fait le 13 à midi, elle a eu lieu le 14 à une heure.
Bourges, *Ibid.*

Le délai entre le commandement et la saisie est susceptible d'être augmenté à raison des distances, lorsque
le domicile du saisi est éloigné du lieu où sont les objets
saisis : l'augmentation est, dans ce cas, de deux jours
par trois myriamètres. Thom. 2. 92.

ART. 4. — *Des obstacles qui peuvent survenir entre le
commandement et la saisie.*

Il peut survenir, entre le commandement et la saisie,
des obstacles à l'exécution. Dans ce cas, l'huissier doit
s'abstenir jusqu'à ce qu'ils aient été levés.

Par exemple, on peut former opposition au commandement ou l'attaquer en nullité ; il s'engage alors une
instance entre le créancier et le débiteur, et l'exécution
doit être retardé jusqu'au jugement de cette instance.

§ 3. — *De la saisie.*

Lorsqu'après le commandement tendant à saisie il n'est
survenu aucun obstacle, on peut procéder à cette opération.

L'huissier qui procède à une saisie-exécution doit être
assisté de deux témoins ou recors. C. pr. 585. — Mais il
n'est pas nécessaire qu'il soit porteur d'un pouvoir spécial, la remise de l'acte ou du jugement en vertu duquel
il procède suffit.

Il est défendu au poursuivant de se trouver présent à
la saisie (C. pr. 585), à peine de nullité de la saisie
(Biret, *des Nullit.* 2. 162), mais il peut envoyer quel-

57.

qu'un pour désigner les lieux et les personnes. Carré, n° 2013; Berr. p. 531, note 22; Bioche, n° 81.

S'il ne trouve aucun objet saisissable, il doit rédiger un procès de perquisition ou de carence. Carré, 2024; Delap. 2. 167; Berr. p. 535. Il en est de même lorsqu'on ne trouve à saisir que des objets d'une valeur si minime qu'elle se trouverait absorbée par les seuls frais de vente.

Il n'est pas permis à l'huissier de fouiller le débiteur ni les personnes qui lui sont attachées, à peine d'être puni de peines correctionnelles (J. H. 12. 273; Carré, n° 2023), ni d'examiner les papiers du saisi, sous quelque prétexte que ce soit. Carré, n° 2030; Bioche, n° 86.

Lorsque la saisie est faite en présence du saisi et que l'huissier trouve des papiers, il ne peut jamais, hors le cas de faillite, faire apposer les scellés sur lesdits papiers. Thom. 2. 104; Carré, art. 591; Bioche n° 82.

L'huissier qui se présente pour saisir peut éprouver différents obstacles :

Lorsque la partie est présente, que les portes de son domicile sont fermées et qu'elle en refuse l'ouverture, ou lorsqu'il ne se trouve personne au domicile du saisi, ni lui, ni sa femme, ni ses domestiques ou serviteurs, encore que dans ce dernier cas les portes soient ouvertes ou qu'elle puisse l'être sans effort ni fracture (Poitiers, 7 mai 1818; J. H. 1. 130), — l'huissier doit établir gardien aux portes pour empêcher le divertissement, se retirer sur-le-champ devant le juge de paix, ou, à son défaut, devant le commissaire de police et, dans les communes où il n'y en a pas, devant le maire et, à son défaut, devant l'adjoint, en présence desquels l'ouverture des portes et même celle des meubles fermans, est faite au fur à mesure de la saisie (C. pr. 587); le tout à peine de nullité. Biret, 2. 169; Bioche, n° 88.

Ainsi, l'huissier doit d'abord se retirer devant le juge de paix, et ce n'est seulement que lorsque ce magistrat est absent qu'il peut se rendre devant le commissaire de police, ou le maire ou l'adjoint. — A défaut du juge de paix, l'huissier n'est pas tenu de s'adresser au suppléant avant de requérir le commissaire de police. **J. H.** 18. 33.

Quelle est la mission des gardiens établis aux portes ? Ils doivent surveiller la maison, et, dans le cas où quelqu'un en sortirait emportant des effets, reprendre ces effets et les réintégrer malgré toute résistance ; s'ils étaient obligés de céder à une force supérieure, ils devraient suivre les objets et savoir où on les déposerait. Dans aucun cas il ne leur est permis de se livrer à des voies de fait contre qui que ce soit. L'huissier mentionne sur son procès-verbal les tentatives faites ou le détournement des objets.

Si l'huissier, entré dans la maison sans obstacle, éprouve de la résistance, des menaces ou voies de fait de la part du saisi ou de ses gens, il en dresse procès-verbal et se retire devant le commandant de la gendarmerie pour requérir main-forte suffisante après avoir établi gardien aux portes.

Le saisi qui outrage par paroles le fonctionnaire requis par l'huissier pour assister à l'ouverture des portes, est passible des peines portées par l'art. 222 du C. pén. Cass. 1er avril 1813 ; Thom. 2. p. 101.

Réclamations de la partie saisie. Les réclamations de la partie saisie, quelles qu'elles soient, ne doivent pas arrêter la saisie. C. pr. 607. Ainsi, lorsque le saisi prétend qu'il ne doit rien, lors même qu'il représente une quittance de la dette, ou une saisie-arrêt pratiquée entre ses mains, ou une vente des objets à saisir faite à un tiers mais n'ayant pas date certaine, ou qu'il exhibe un titre de créance de nature à opérer la compensation avec celle pour laquelle il est poursuivi, l'huissier doit passer outre à la saisie, — sauf au saisi à assigner le saisissant en référé. C. pr. 607.

Réclamations des tiers. Les réclamations et oppositions des tiers et des créanciers peuvent arrêter la vente ou empêcher la distribution des deniers en leur absence, mais elles ne peuvent jamais empêcher la saisie.

Un huissier peut-il procéder à une saisie-exécution dans la maison du débiteur dont la femme est en mal d'enfant ou dans les neuf jours de l'accouchement? La coutume d'Epinal le défendait (J. H. 9. 119), mais le Code de procédure n'ayant pas renouvelé cette sage prohibition, une telle saisie, si elle était pratiquée, n'aurait rien d'illégal. — Toutefois nous croyons qu'un huissier n'encourrait aucune peine, s'il se refusait de procéder à une saisie dans le lieu où une femme est en couches ou accouchée depuis moins de neuf jours; il serait même du devoir de ce fonctionnaire de refuser son ministère, car en le prêtant il pourrait causer la mort d'une mère, et ce serait là un acte d'inhumanité fort blâmable. Quel est donc le tribunal qui pourrait condamner un huissier, soit à des dommages-intérêts, soit à des peines disciplinaires, pour ne pas avoir exposé la vie d'une femme en couches?

La saisie est constatée par un procès-verbal soumis aux formalités générales des exploits. — Il ne doit jamais y avoir qu'un seul procès-verbal (Nancy, 14 déc. 1825) pour constater l'accomplissement de toutes les formalités dont nous allons parler.

Le procès-verbal de saisie est signé tant sur l'original que sur les copies : — 1º par les témoins (C. pr. 585). Le défaut de signature des témoins n'entraîne pas la nullité de la saisie (Bourges, 6 août 1825; Bord. 13 avril 1832; J. H. 13. 545; — Contrà, Carré, nº 2014); — 2º par le gardien; s'il ne sait signer, il en est fait mention (C. pr. 599). Le défaut de signature du gardien n'est pas non plus une cause de la nullité du procès-verbal (Arrêts de Bourg. et de Bord. cités; — Contrà, Colmar, 16 fév. 1813); — 3º par l'huissier, à peine de nullité; — 4º par l'officier public qui assiste à l'ouverture des portes. — V. suprà, nº 113; — 5º par les gendarmes et les ouvriers qui assistent à la saisie et ouvre les portes. — V. suprà, nᵒˢ 109 et 118.

Le procès-verbal de saisie doit être fait sans déplacer (C. pr. 599), c'est-à-dire que l'huissier doit le rédiger sur le lieu même et sans divertir à d'autres actes. Cependant l'huissier pourrait interrompre l'opération et la remettre au lendemain en prenant la précaution d'établir un gardien aux objets déjà saisis. Berr. 532 ; Carré, n° 2055 ; Pig. 2. 190 ; Hautef. 331 ; Fau. 5. 31 ; Lep. 398 ; Chauv. J. A. 19. 479. J. H. 12. 272.

Copie de la saisie doit être laissée : 1° au saisi (C. pr. 601) ou à sa femme, ses enfants, serviteurs ou domestiques, si le saisi n'est pas là. (Rennes, 27 août 1835 ; J. H. 17. 267) ; — Si le saisi, sa femme, ses enfants ou domestiques sont absents, la copie doit être laissée au magistrat qui, dans le cas de refus de portes, en a fait faire l'ouverture et qui vise l'original (C. pr. 601), sans distinction du cas où les portes sont ouvertes d'avec celui où elles sont fermées. Carré, n° 2060 ; Berr. p. 532 ; Lep. 399 ; Hautef. 332 ; Fav. 6. 31. — *Contrà*, Pig. 2. 93 ; Liège, 14 fév. 1824. Cette remise est prescrite à peine de nullité. Rennes, 22 sept. 1810 ; Biret, 2. 170 ; — *Contrà*, Thom. 2. 117, qui accorde seulement des dommages-intérêts, s'il y a lieu, et condamne l'huissier à l'amende d'après l'art. 1030 ; — s'il y a plusieurs saisis, chacun d'eux doit recevoir une copie du procès-verbal quand même ils seraient obligés solidairement. Carré, n° 2061 ; Bioche, n° 118 ; 2° et au gardien. C. pr. 599.

Lorsque la saisie est faite hors du domicile et en l'absence du saisi, on suit les formalités indiquées *suprà*, seulement, on n'est pas tenu de faire itératif commandement.

§ 4. — *Du gardien.*

Le gardien est l'individu préposé à la garde et à la conservation des objets saisis.

Le gardien est établi d'office par l'huissier (C. pr. 597), à moins que la partie saisie n'en offre un convenable qui se charge volontairement et sur-le-champ de la garde. C. pr. 596. Il n'est donc pas nécessaire que l'huissier interpelle la partie pour savoir si elle entend présenter un gardien, c'est à celle-ci à prendre l'initiative et à en offrir un, si elle le juge à propos.

Ne peuvent être gardiens, le saisissant, son conjoint, ses parents et alliés jusqu'au degré de cousin issu de germain, inclusivement, et ses domestiques ; mais le saisi, son conjoint, ses parents, alliés et domestiques peuvent être établis gardiens de leur consentement et de celui du saisissant. C. pr. 598. Il suffit que ce consentement soit constaté par le procès-verbal. Carré, n° 2054 ; A. 11. 659 ; Bioche, n° 129. — *Contrà*, Delap. 2. 182.

Il est admis que le saisi peut être constitué gardien même malgré le saisissant, 1° s'il s'agit d'objets dont la conservation ou la garde exige une expérience et une vigilance particulière, par exemple, une galerie d'animaux sauvages. Bord. 1er juill. 1833 ; 2° s'il s'agit d'objets de peu de valeur comparativement aux frais qu'entraînerait un autre gardien. Thom. 2. 112 ; Bioche, n° 128.

Les incapacités créés par l'art. 598 ne peuvent être étendues. Ainsi, les temoins qui ont assisté l'huissier dans la saisie peuvent être constitués gardiens. Metz, 28 nov. 1818 ; Rennes, 19 mai 1820 ; Delap. 2. 181 ; Pratic. pr. 4. 184 ; Carré, n° 2053.

Ceux qui empêchent l'établissement d'un gardien par des voies de fait, c'est-à-dire qui maltraitent la personne que l'huissier désigne pour remplir cette mission, doivent être punis conformément aux art. 209 et suiv. du C. pén. C. pr. 600. L'huissier constate ce délit dans son procès-verbal. Dem. p. 400 ; Carré, n° 2059 ; Thom. 2. p. 116.

Le gardien doit apporter à la conservation de la chose saisie tous les soins d'un bon père de famille ; C. civ. 1962 ; il est responsable des détériorations survenues par sa faute. Cass. 31 janv. 1820 ; Berr. p. 556, note 37.

Il est tenu de représenter les objets saisis, soit à la décharge du saisissant pour la vente, soit à la partie contre laquelle les exécutions ont été faites, en cas de main-levée de la saisie (C. civ. 1962), à peine d'y être contraint par corps.

Le gardien n'est responsable de la perte des objets qu'autant qu'elle est arrivée par sa faute; il n'est tenu, dans aucun cas, des accidents de force majeure, à moins qu'il n'ait été mis en demeure de représenter les objets saisis. Arg. C. civ. 1929.

L'action contre le gardien dure 30 ans. Arg. C. civ. 2262.

La soustraction des objets saisis faite par le gardien, constitue un vol par abus de confiance, frappé de la peine prononcée par l'art. 408 du Code pénal. Cass. 20 octobre 1812; Carré. art. 600; Pig. 2. 191; Thom. 2. 115. Toutefois, lorsque le gardien est le saisi lui-même, son fils, son conjoint, son père ou sa mère, il n'y a lieu contre lui qu'à une action civile en dommages-intérêts. C. pén. 380; Pig. Thom. *Ibid.*

La soustraction ou le détournement des objets saisis, fait par toutes autres personnes, doit être poursuivie conformément aux art. 209 et suiv. du C. pén. (C. pr. 600), sur la plainte du gardien et à la requête du ministère public. Thom. 2. 116.

Le gardien ne peut se servir des choses saisies, les louer ou prêter, à peine de privation des frais de garde, et de dommages-intérêts, au paiement desquels il est contraignable par corps. C. pr 603. Si les objets saisis ont produits quelques profits ou revenus, il est tenu d'en compter aussi par corps. C. pr. 604.

Les devoirs du gardien cessent du moment où il a remis les meubles à l'huissier au lieu où ils lui avaient été confiés (J. H. 12. 286). Ainsi le transport des meubles lui est étranger. Carré, n° 2088; Delap. 2. 197; Bioche, n° 139.

Le gardien peut demander sa décharge si la vente n'a pas été faite au jour fixé par le procès-verbal, à moins qu'elle n'ait été empêchée par quelqu'obstacle; auquel cas la décharge ne peut être demandée que deux mois après la saisie, sauf au saisissant à faire nommer un autre gardien. C. pr. 605.

La décharge est demandée contre le saisissant et le saisi par une assignation en référé devant le juge du lieu de la saisie ; si elle est accordée, il est procédé préalablement au récolement des effets saisis. C. pr. 606. Le saisissant et le saisi sont sommés d'y assister. Arg. C. pr. 606; Tar. 24; Chauv. 2. 126.

Frais de garde. — Le gardien a droit à un salaire déterminé ainsi qu'il suit, savoir : — pour les douze premiers jours de garde : à Paris, Lyon, Bordeaux et Rouen, 2 fr. 50 cent.; dans les villes où siège une cour royale ou dont la population excède 50 mille ames, 2 fr. 25 c.; dans les villes où il y a un tribunal de première instance, 2 fr.; ailleurs, 1 fr. 50 cent. par chaque jour de garde. — Pour les jours suivants, à Paris, Lyon, Bordeaux et Rouen, 1 fr.; dans les villes où siège une cour royale ou dont la population excède 50 mille ames, 90 cent.; dans les villes où il y a un tribunal de première instance, 80 cent.; ailleurs, 60 cent. par jour. Tarif, art. 34; 2ᵉ décr. 16 fév. 1807.

Les frais de garde courent du moment de la saisie, et ils doivent être alloués au gardien jusqu'à sa décharge. Les juges ne pourraient les modérer sous le prétexte que la garde effective a cessé avant cette époque. Bourges, 19 août 1825; J. H. 8. 332; Bioche, n° 148.— *Contrà,* Colm. 16 févr. 1813.

Toutefois, le gardien n'aurait droit à aucun salaire, s'il avait laissé détourner tout ou partie des objets saisis, et cela, encore qu'il ait tenu compte de la valeur des objets détournés. Bord. 21 déc. 1827; J. H. 9. 282. Dans ce cas, il n'a pas en effet rempli les devoirs de sa fonction, et il doit en être puni par la privation de son salaire.

Les frais de garde sont pris sur le prix de la vente, et, dans le cas où ce prix est insuffisant, le gardien a une action tant contre le saisissant que contre les opposants qui ont récolté (C. civ. 1962), sauf le recours de ces derniers contre le saisi. Pig. 2. 191. Ceux-ci sont tenus desdits frais solidairement vis-à-vis du gardien, et par portions égales entr'eux. Arg. C. civ. 2002 ; C. pr. 793 ; Bioche, n° 152.

Toutefois lorsque la saisie a été annulée, le gardien ne peut réclamer son salaire que du saisissant. Chauv. Tar. 2. 123 ; Bord. 17 mars 1851 ; J. H. 12. 253.

La demande du gardien en paiement de ses frais, est de la compétence du tribunal civil chargé de l'exécution du jugement en vertu duquel la saisie a été faite, et non de la compétence du juge de paix, bien que la somme réclamée n'excède pas 200 fr. Arg. C. pr. 553 ; Cass. 28 mai 1816.

Décidé néanmoins que les règles de compétence et de procédure établies pour les instances relatives aux droits dûs à la régie des domaines, s'appliquent à celle engagée entre la régie et un gardien établi à une saisie pratiquée par elle, au sujet de la taxe du salaire de celui-ci. Cass. 25 août 1830.

En cas de décès du gardien, ses héritiers sont tenus de prévenir le saisissant et de pourvoir, en attendant l'établissement d'un nouveau gardien, à la conservation des objets saisis. Mais ils ne succèdent pas aux fonctions de gardien. Bioche, n° 155. Si après avoir été mis en demeure, le saisissant n'établissait pas un nouveau gardien, ils pourraient l'assigner et demander la décharge de leur auteur.

En cas de saisie d'animaux et ustensiles servant à l'exploitation des terres, il peut être établi un gérant à l'exploitation (C. pr. 594), afin d'empêcher l'interruption des travaux. Un semblable gérant peut être établi pour des moulins, pressoirs, usines, en cas de saisie des ustensiles. Lep. 405 ; Pig. 2. 92 et Comment. 2. 197 ; Car. n° 2048 ; Fav. 5. 27 ; Thom. 2. 110 ; J. H. 12. 288.

58

Les personnes qui se prétendent propriétaires de tout ou partie des objets saisis, peuvent les revendiquer et s'opposer à la vente (C. pr. 608), mais elles n'ont pas le droit, dans aucun cas, de s'opposer à la saisie. Carré, n° 2069; Pig. 2. 87. Cette disposition est applicable à la femme dont on a saisi les meubles comme appartenant à son mari; elle ne pourrait donc se borner à demander la nullité des poursuites. Brux. 3 juill. 1809.

Toutefois lorsqu'un tiers prétend que la partie saisie demeure avec lui, et que tout le mobilier qu'on veut saisir lui appartient, il peut interdire l'entrée de son appartement à l'huissier (Carré, n° 2072). Alors ce dernier fait prudemment d'établir gardien aux portes, et de se transporter de suite en référé avec le tiers pour faire statuer sur le mérite de l'opposition. A. 11. 653; Bioche, n° 194.

La revendication peut être formée jusqu'à la vente; mais si elle n'est faite qu'après l'apposition des placards, le revendiquant reconnu propriétaire, doit payer les affiches et publications qu'il aurait pu et dû ne pas laisser faire. Bioche, n° 195; A. Dall. n° 234.

Celui qui revendique doit le faire par une opposition signifiée au gardien (C. pr. 608) et dénoncée dans le délai des ajournemens (C. pr. 72. 1033; Besanç. 30 avril 1814), 1° au saisi (C. pr. 608), 2° au saisissant (*ibid.*), à son domicile réel (Cass. 5 juin 1812), avec assignation libellée et contenant l'énonciation des preuves de propriété, à peine de nullité. C. pr. 608. Le gardien restant étranger à l'instance, il n'est pas nécessaire de lui dénoncer les preuves de propriété. Metz, 19 juin 1819.

Section II. — De la vente.

Un créancier, fût-il même privilégié, ne peut s'approprier les biens de son débiteur à titre de paiement; il n'a le droit que de les faire vendre afin de se faire payer sur leur prix.

Lorsqu'après la saisie aucun obstacle n'est survenu qui puisse empêcher la vente, lorsque surtout aucune demande en distraction n'a été formée, le saisissant peut poursuivre la vente. Mais si, après la saisie, il survenait des obstacles à la vente, par exemple, si la nullité de la saisie ou du commandement était demandée, si une revendication était formée, on devrait attendre que ces obstacles fussent levés avant de procéder à la vente; il ne serait pas prudent, en effet, de s'exposer à des dommages-intérêts considérables en vendant des objets saisis à tort, ou saisis par des actes nuls.

La vente ne peut, dans aucun cas, être effectuée qu'après qu'il s'est écoulé huit jours au moins depuis la signification du procès-verbal de saisie au débiteur. C. pr. 613. — Ce délai, qui est de rigueur, est franc. Carré, nᵒ 2083; Pig. 2. 105; Thom. 2. 130; Biret. 2. 169. Ainsi, le jour de la signification et celui de l'échéance du délai ne sont pas compris dans les huit jours. — Il est susceptible d'augmentation à raison des distances. Arg. C. pr. 614; Lep. p. 408; A. 11. 662; Bioche, nᵒ 213.

Toutefois, lorsque les objets saisis sont sujets à dépérissement, ils peuvent être vendus avant l'expiration du délai de huitaine; mais, dans ce cas, il est indispensable d'obtenir préalablement une ordonnance du juge. Carré, nᵒ 2083, note 1.

La loi n'ayant fixé aucun délai fatal dans lequel il dût être donné suite à une saisie-exécution, il suit que la vente pourrait avoir lieu plusieurs années après le commandement ou le procès-verbal de saisie. Paris, 28 ger. an 11; Pau, 29 juin 1821; Pig. Comment. 2. 494; Lep. 410.

La vente est annoncée, un jour auparavant, par quatre placards au moins, affichés: l'un au lieu où sont les effets, le second à la porte de la maison commune, le troisième au marché du lieu, et, s'il n'y en a pas, au marché voisin, le quatrième à la porte de l'auditoire de la justice de la paix; et, si la vente se fait dans un lieu autre que le marché ou le lieu où sont les effets, un cinquième placard est apposé au lieu où se fait la vente. C. pr. 617.

Outre les placards, la vente est annoncée par la voie des journaux dans les villes où il y en a (C. pr. 617). Ainsi, lorsque la vente doit avoir lieu dans une ville où il y a un journal, elle doit être annoncée dans le journal, peu importe d'ailleurs que la saisie ait eu lieu dans un endroit où il n'y a pas de journal. — Mais l'insertion est inutile dès que la vente doit être faite dans un lieu où ne se publie aucun journal. Il est justifié de l'insertion dans les cas où elle est prescrite, comme en matière de *saisie-immobilière*.

ART. 3. — *Au cas ou il s'agit de vaisselle d'argent, bagues et joyaux.*

Ces objets ne peuvent être vendus qu'après placards apposés et trois expositions, soit au marché, soit dans l'endroit où sont lesdits effets; sans que néanmoins, dans aucun cas, lesdits objets puissent être vendus au-dessous de leur valeur réelle, s'il s'agit de vaisselle d'argent, ni au-dessous de l'estimation qui en a été faite par des gens de l'art, s'il s'agit de bagues et joyaux. C. pr. 621.

Dans les villes où il s'imprime des journaux, les trois publications sont suppléées comme il est dit en l'art. 620 C. pr. civ. C. pr. 621.

La vente doit être faite au plus prochain marché public (C. pr. 617), peu importe que ce marché soit hors du canton, de l'arrondissement ou même du département du lieu de la saisie, la loi ne distingue pas. — La saisie qui indiquerait un marché autre que le plus voisin, serait nulle (Bioche, n° 2024), et la vente qui aurait lieu à un marché plus éloigné que ce dernier marché, donnerait lieu contre l'huissier à des dommages-intérêts.

La vente est faite aux jour et heure ordinaires des marchés, ou un jour de dimanche (C. pr. 617); mais dans ce dernier cas à une heure autre que celle de l'office divin. Thom. 2. 133 ; Bioche, n° 231. Le tribunal peut permettre de vendre à un autre jour que le dimanche (Thom. 2. 134). La permission est donnée comme il est dit *suprà n°* 259.

La vente doit avoir lieu au jour indiqué par la signification de la saisie ; si elle se fesait un autre jour, le saisi devrait y être appelé par une sommation à personne ou à domicile (Tar. 29) avec un jour d'intervalle , outre un jour par trois myriamètres en raison de la distance du domicile du saisi et du lieu où les effets doivent être vendus. C. pr. 614.

Les créanciers du saisi , pour quelque cause que ce soit , même pour loyers , ne peuvent former opposition que sur le prix de la vente. C. pr. 609.

Cette opposition peut être utilement faite avant ou depuis la vente, tant que le prix n'est pas distribué (Arg. C. pr. 609 , 659 , 660); il suit de là que l'opposition peut être dénoncée au saisissant postérieurement à la vente. Liège , 14 avril 1823 ; Carré, n° 2063 ; Pig. p. 100. Mais elle ne produirait aucun effet , si elle était faite après le versement, par l'huissier, des fonds aux saisissant et aux créanciers opposans. Brux. 7 mai 1822; Orléans , 23 mai 1816.

Pour former l'opposition dont parle l'art. 609, il n'est pas nécessaire d'avoir un titre, ni à défaut de titre d'obtenir la permission du juge (Carré , n° 2077 ; A. 11. 662 ; Bioche , n° 184); mais on doit indiquer pour quelles causes elle est faite. C. pr. 609.

L'opposition est faite : — soit par exploit signifié au saisissant et à l'officier chargé de la vente , avec élection de domicile dans le lieu où la saisie est faite, si l'opposant n'y est pas domicilié ; le tout à peine de nullité de l'opposition , et de dommages-intérêts contre l'huissier, s'il y a lieu. C. pr. 609. — V. *Form. n°* 24. — Soit par une déclaration sur le procès-verbal de saisie ou sur le procès-verbal de vente si le créancier se présente au moment de la rédaction de ces actes.

L'opposition ne doit être ni dénoncée, ni contre-dénoncée, ni suivie de demande en validité : ce serait une procédure frustratoire. Chauv. *Tar.* 2. 128.

Toutes les difficultés rélatives à une saisie-exécution sont de la compétence du tribunal civil du lieu de la situation des objets saisis. Grenoble, 5 févr. 1825.

Ainsi, on doit porter à ce tribunal : 1° les réclamations du saisi (Paris, 13 pluv. an 13; Carré, art. 584; Berr. 2. 547; Bioche, n° 181); 2° les demandes en nullité d'une saisie-exécution qui a été pratiquée en vertu d'un arrêt de la cour royale. Montp. 13 août 1810; Chauv. J. A. 19. 412; Berr. p. 557. — *Contrà*, Paris, 14 avr. 1807; Nimes, 24 août 1812.

SAISIE-IMMOBILIÈRE.

La saisie-immobilière offre une matière trop vaste pour trouver place dans cet ouvrage : nous nous contenterons de renvoyer les lecteurs aux articles 673 et suivants du code de procédure, modifiés par la loi du 2 juin 1841.

SÉPARATION DE BIENS.

État de deux époux dont les biens ne sont pas en commun, et dans lequel la femme a l'administration de ceux qui lui appartiennent.

Causes de séparation. La femme seule, et non le mari, a le droit pendant le mariage de poursuivre en justice la séparation de biens; toute séparation volontaire serait nulle (C. civ. 1443) de plein droit, encore qu'elle fût constatée par acte authentique, et que les deux époux se fussent engagés d'honneur à vivre séparés de biens.

La séparation ne peut être demandée que dans deux cas : 1° lorsque la dot de la femme est mise en péril; 2° lorsque les affaires du mari sont dans un désordre qui fait craindre que les biens de celui-ci ne soient pas suffisants pour remplir les droits et reprises de la femme. C. civ. 1443.

En général, il n'est pas indispensable que la femme ait apporté une dot ni qu'elle ait actuellement, soit des reprises à exercer, soit des biens soumis à l'administration de son mari, pour pouvoir provoquer sa séparation de biens; il suffit qu'elle puisse acquérir, par la suite, des biens à quelque titre que ce soit (Toull. 13. 24; Bellot, 2. 99; Batt. 626; Dur. 14. 404; A. 10. 230), ou qu'elle ait un talent, une industrie dont le mari dissipe les produits (Toull. 13. 28; Bell. 2. 100; Fav. A. 10. 231; Angers, 16 mars 1808); ou que le douaire auquel la femme a droit, soit en péril. Cass. 11 mars 1816.

Formes. Aucune demande en séparation de biens ne peut être formée sans une autorisation préalable que le président du tribunal doit donner, sur requête à lui présentée à cet effet (C. pr. 685) par un avoué (Tar. 72) et contenant les moyens de la demande avec les pièces à l'appui. — Avant d'accorder cette autorisation, le président peut faire les observations qu'il juge convenables. C. pr. 865.

L'autorisation du président rend la femme, même mineure, habile à plaider en séparation, sans qu'il soit besoin de lui nommer un curateur (Merl ; Toull. 13, 43; Thom., art. 865; Bioche, n° 11. — *Contrà*, Pig. 1. 493.) Dans aucun cas la femme n'a besoin d'une nouvelle autorisation pour appeler du jugement qui rejette sa demande. Carré, *L. procéd.*, 3. 245; A. Dall. n° 57; Bioche, n° 11.

La demande, non soumise au préliminaire de conciliation (C. pr. 49-7°), est formée par exploit signifié au mari, avec copie de l'ordonnance qui l'autorise.

Elle doit être inscrite et publiée, à peine de nullité C. pr. 869), dans la forme prescrite par les articles 866, 867 et 868 du Code de procédure.

Si pendant l'instance en séparation de biens, le mari tombait en faillite, la femme devrait mettre en cause les syndics de la faillite, à peine de nullité, qui, toutefois, doit être proposée avant le délai d'un an. Bourges, 24 mai 1826.

Instruction, mesures conservatoires. La demande, qui doit être communiquée au ministère public (Pig. 1. 498), est instruite et jugée de la même manière que toute autre action civile (Bioche, n° 21). Toutefois, le jugement qui intervient sur cette demande, ne peut être prononcé qu'un mois après l'observation de la dernière des formalités prescrites par les articles 866 à 868 du C. pr. C. pr. 869; Toull. 13. 50; Carré, n° 2937. Ce mois se compte de quantième à quantième; il ne doit y être ajouté aucun délai à raison de la distance des lieux où résident les créanciers du mari. Pig. 1. 498; Carré, n° 2938.

L'aveu du mari ne fait pas preuve des faits de dissipation et de dérangement qui lui sont imputés, soit qu'il y ait ou qu'il n'y ait pas de créanciers intervenants (C. pr. 879); peu importe d'ailleurs que cet aveu concoure avec celui des créanciers présents. Colmar, 24 fév. 1808; Berr. p. 670.

La preuve des faits à lieu tant par titres que par témoins, sauf au mari la preuve contraire. Toull. 13. 67. Lorsque le péril de la dot est justifié par les pièces et les circonstances de la cause, les juges peuvent se dispenser d'ordonner une enquête; Cass. 26 janv. 1808; Toull. 13. 68; au cas contraire, une enquête est ordonnée; on y procède suivant les formes ordinaires.

La femme, peut dès l'instant de sa demande, faire des actes conservatoires pour assurer l'exercice de ses reprises; elle n'est pas tenue en effet d'attendre l'expiration du mois prescrite pour le jugement. C. pr. 689. Par exemple, elle peut s'opposer au paiement des sommes dues à son mari et en faire ordonner le dépôt (Pig. 1. 498), et, avec l'autorisation du président du tribunal : 1° faire saisir les effets de la communauté vendus par le mari, en fraude de ses droits (Cass. 20 juin 1807; Toul. 13. 64); 2° faire apposer les scellés sur les effets de la

communauté. Toull. 13. 60; Carré, n° 2939; Thom.
art 869.

Jugement. Le jugement qui prononce la séparation
liquide les reprises de la femme (C. civ. 1447, 1444),
on renvoie cette opération devant un notaire qui, en cas
de contestations, dresse procès-verbal des dires des parties, et les renvoie devant le juge-commissaire. Pig. 1.
504.

Le jugement qui prononce la séparation de biens
doit, à peine de nullité, être rendu public dans la forme
prescrite par les art. 1445 du C. civ. et 842 du Code de
procédure.

Quand on peut commencer cette exécution. La femme
ne peut commencer l'exécution du jugement qui prononce la séparation de biens, que du jour où les formalités prescrites par les art. 872 du C. pr. et 1444 du
Code civil, ont été accomplies, sans que néanmoins il
soit nécessaire d'attendre l'expiration du délai d'un an,
pendant lequel l'extrait dudit jugement doit rester exposé.
C. pr. 872.

Mais il n'est pas nécessaire d'attendre, pour commencer l'exécution du jugement, l'échéance du délai de
huitaine prescrit par l'art. 155 du C. pr., à compter de
la signification à avoué ou à partie; autrement la loi serait
inexécutable. Amiens, 19 févr. 1824; Carré, n° 2944.

*Du délai dans lequel le jugement doit être exécuté à
peine de nullité.* Le jugement qui prononce séparation de
biens, doit, à peine de nullité, être exécuté dans la
quinzaine qui suit sa prononciation (C. civ. 1444), et non
sa signification (Cass. 21 mai 1810; Merl.; Pig. 1. 502).
En cas d'opposition ou d'appel, ce délai ne court que du
jour du jugement ou de l'arrêt sur l'opposition ou sur
l'appel.

L'inexécution du jugement dans la quinzaine entraîne
la nullité non-seulement du jugement de séparation,
mais encore de toute la procédure antérieure (Cass. 11
juin 1823; Berr. p. 674). Cette nullité, qui est absolue,

59

peut être proposée pour la première fois en appel. **Cass.**
11 juin 1818,

Elle ne peut être opposée que par les créanciers et
non 1° par les époux aux créanciers (Colmar, 8 août
1820); 2° par la femme (Bord. 28 avr. 1825), surtout si
elle a exécuté le jugement (Bord. 4 juin 1835); 3° par le
mari à sa femme. **Cass.** 30 mars 1825; Gren. 8 avril
1835; J. H. 17. 14.; Amiens, 9 déc. 1825; Poit. 4
mars 1830; Lyon, 28 mai 1824. — *Contrà.* Amiens,
19 fév. 1824; Bord. 17 juill. 1833.

Quand il y a exécution. L'exécution a lieu :

Par le paiement réel des droits et reprises de la femme,
effectué par acte authentique, jusqu'à concurrence des
biens du mari. C. civ. 1444. Toutefois, lorsque les époux
ont réglé leurs intérêts à l'amiable, il suffit que le paiement d'une partie des droits de la femme ait été effectué
dans la quinzaine. Cass. 29 août 1827, 3 fév. 1834.

2° Ou par des poursuites commencées dans la quinzaine
qui a suivi le jugement, et non interrompues depuis. C.
civ. 1444. Comme on le voit, cette disposition n'exige
pas que les poursuites soient terminées, il suffit qu'elles
soient commencées et non interrompues. Bell. 2. 117;
Bioche, n° 47.

Décidé qu'il y a commencement d'exécution lorsque
dans la quinzaine : — 1° la femme a assigné son mari, à
fin de liquidation, ou pour procéder à l'inventaire s'il y
a doute sur l'état de la communauté; A. Dall. n° 133;
— 2° les époux n'étant point d'accord, passent un compromis authentique sur la difficulté qui les divise; Toull.
13. 77 et 78; Battur, n° 642; A. 10. 240; — 3° la
femme a exercé des poursuites en liquidation de reprises;
Colmar, 31 août 1811; — 4° le jugement a été signifié
au domicile du mari avec sommation de l'exécuter;
Amiens, 17 mars 1826; J. H. 7. 287; — 5° la femme
a fait commandement au mari de payer les frais, et re-
pris possession de ses biens; Cass. 30 mars 1825; —
6° la femme a fait constater par un procès-verbal de ca-

rence, que le mari n'a pas de biens. Pig. 1. 5o3 ; Carré,
n° 2951.

Mais le commencement d'exécution ne résulterait pas
de la simple signification du jugement (Toull. 13. 77.
— *Contra*, Pig. 1. 5o2), ni de l'affiche du jugement
(Turin, 4 janv. 1811), ni d'une citation en conciliation
non suivie d'assignation dans le mois. Nimes, 21 mai
1819.

Dans le cas d'interruption de poursuites, la loi s'en
rapporte à la prudence du juge, qui ne doit voir d'interruption que là où il y a mauvaise foi ou négligence évi-
dente, et préjudiciable à des tiers. Pig. 1. 5o2 ; Berr.
p. 675, Bioche, n° 61.

L'exécution forcée du jugement qui prononce une séparation de biens a lieu par les voies ordinaires.

Créanciers de la femme. Les créanciers personnels de
la femme ne peuvent, sans son consentement, demander
la séparation de biens. — Néanmoins, en cas de faillite
ou de déconfiture du mari, ils peuvent exercer les droits
de leur débitrice jusqu'à concurrence du montant de
leur créance. C. civ. 1446.

Ainsi, en cas de faillite ou de déconfiture du mari, les
créanciers de la femme ont le droit d'intervenir dans les
opérations de la *faillite* ou de la *déconfiture*, et de faire
liquider les droits de la femme, de la faire colloquer au
rang qu'elle doit avoir, et de se faire attribuer le montant
de sa collocation jusqu'à due concurrence.

Créanciers du mari. Les créanciers du mari peuvent,
jusqu'au jugement définitif, sommer, par acte d'avoué,
l'avoué de la femme de leur communiquer la demande
en séparation et les pièces justificatives. C. pr. 871. Ils
peuvent même intervenir pour la conservation de leurs
droits dans la demande et la contester, et ce, sans préliminaire de conciliation. C. pr. 871 ; C. civ. 1447.

Lorsque les formalités prescrites pour la publication
de la séparation ont été observées, les créanciers du mari
peuvent se pourvoir par voie de tierce-opposition contre

le jugement, quand la séparation a été prononcée et même exécutée en fraude de leurs droits, mais seulement pendant le délai d'un an. C. civ. 1447; C. pr. 873.

Ce délai d'un an, qui s'applique à tous les chefs du jugement, même à celui qui liquide les reprises de la femme (Riom. 26 déc. 1817; Cass. 4 déc. 1815; Dijon, 6 août 1817. — *Contrà*, Gren. 21 mars 1817, 3 juill. 1828), est opposable au tiers détenteur de l'immeuble grevé de l'hypothèque légale de la femme. Dijon, 6 août 1817. — *Contrà*, Agen, 19 août 1824.

Si les formalités de publication n'ont pas été accomplies, les créanciers du mari peuvent toujours, même après le délai d'un an, s'opposer au jugement de séparation, et contredire toute liquidation qui en a été la suite. Pig. 1. 512; Berr. p. 673; Dur. 14. 413; Carré, n° 2958.

Dans tous les cas où la liquidation des reprises de la femme a lieu par acte séparé ou par un jugement subséquent, les créanciers peuvent attaquer ces actes ou jugement, pour cause de fraude, pendant 30 ans. Rouen, 12 mars 1817; Cass. 26 mars 1833; Toull. 13. 87; Pig. 1. 313.

Le jugement qui prononce la séparation de biens remonte, quant à ses effets, au jour de la demande (C. civ. 1445), à l'égard du mari comme à l'égard des tiers. Toull. 13. 100; Battur, n° 650. — *Contrà*, Riom, 31 janvier 1826; Pig. 2. 509. Ces autorités ne font pas remonter les effets du jugement, à l'égard des tiers de bonne foi, au jour de la demande.

Il dissout la communauté (C. civ. 1441); néanmoins il laisse à la femme le droit de l'accepter ou d'y renoncer. En cas de minorité, la femme ne peut exercer son option qu'après un inventaire et l'autorisation du conseil de famille. Pig. 2. 501.

Mais elle peut, sans l'autorisation de son mari ou de justice, poursuivre le recouvrement de sa dot contre les tiers (Nîmes, 12 juill. 1831), et surenchérir l'immeuble vendu par son mari Orl. 25 mars 1831.

La femme séparée de biens reprend la libre administration des siens ; elle peut disposer de son mobilier et
l'aliéner, mais elle ne peut aliéner ses immeubles sans
le consentement du mari, ou sans être autorisée en justice en cas de refus. C. civ. 1449.

Le mari n'est point garant du défaut d'emploi ou de
remploi du prix de l'immeuble que la femme séparée a
aliéné sous l'autorisation de la justice, à moins qu'il
n'ait concouru au contrat, ou qu'il ne soit prouvé que
les deniers ont été reçus par lui, ou ont tourné à son
profit. — Il est garant du défaut d'emploi ou de remploi,
si la vente a été faite en sa présence et de son consentement : il ne l'est point de l'utilité de cet emploi. C. civ.
1450.

La séparation de corps et de biens, ou de biens seulement, ne donne pas ouverture aux droits de survie de
la femme, mais celle-ci conserve la faculté de les exercer
lors de la mort naturelle ou civile du mari. C. civ.
1452.

La femme séparée de biens doit contribuer proportionnellement à ses facultés et à celles du mari, tant aux
frais du ménage qu'à ceux d'éducation des enfants communs. Elle doit supporter entièrement ces frais, s'il ne
reste rien au mari. C. civ. 1448.

La femme séparée de biens n'est point dégagée des
liens de la puissance maritale en tout ce qui concerne sa
personne ; elle reste soumise à tous les devoirs de co-ha-
bitation, et à l'obligation de suivre son mari. C. civ. art.
214 ; Toull. 13. 109.

Dès que la puissance maritale continue de subsister, il y
a présomption légale que tous les meubles qui se trouvent dans le domicile marital appartiennent au mari, à
moins de preuve contraire à établir par la femme. A.
Dall. n° 216.

SÉPARATION DE CORPS.

C'est aujourd'hui le seul moyen légal de se soustraire à l'habitation conjugale, accordé à celui des époux dont l'honneur ou l'existence se trouve gravement compromis par le fait de son conjoint : le divorce ayant été aboli par la loi du 8 mai 1816.

SERVITUDE.

Une servitude est une charge imposée sur un héritage, pour l'usage et l'utilité d'un héritage appartenant à un autre propriétaire.

La servitude est une chose essentiellement incorporelle, qui n'a aucune existence sur la propriété qui s'en trouve grevée.

La servitude ne peut exister que sur un fonds et en faveur d'un autre fonds, et ne peut être imposée à une personne, ni en faveur d'une personne. Les servitudes consistent à souffrir et à laisser faire, jamais à faire ; parce qu'elles ne pèsent que sur les héritages, et que les héritages ne peuvent être soumis à l'obligation de faire.

De ce que la servitude est un droit d'un fonds sur un fonds, il résulte nécessairement qu'il faut qu'il y ait deux héritages, et de plus, que la servitude s'exerce sur un fonds dont on n'est pas propriétaire. C'est à titre de propriété, et non de servitude, que le propriétaire de deux immeubles jouit de l'utilité que l'un des deux peut retirer de l'autre : la servitude ne commence que lorsque les deux fonds cessent de se trouver dans la même main.

L'héritage auquel la servitude est due s'appelle *héritage dominant* ; celui qui la doit, *héritage servant*.

Les servitudes n'établissent aucune prééminence d'un héritage sur l'autre ; elles dérivent, ou de la situation naturelle des lieux, ou des obligations imposées par la loi, ou des conventions entre les propriétaires.

§ Iᵉʳ.

Servitudes qui dérivent de la situation des lieux.

Les fonds inférieurs sont assujettis envers ceux qui sont plus élevés, à recevoir les eaux qui en découlent naturellement, sans que la main de l'homme y ait contribué.

Le propriétaire inférieur ne peut point élever de digue qui empêche cet écoulement. Le propriétaire supérieur ne peut rien faire qui aggrave la servitude du fonds inférieur.

Le principe que le propriétaire du fonds supérieur ne peut rien faire qui aggrave la servitude dont est grevé le fonds inférieur, quant à l'écoulement naturel des eaux, est applicable alors même que les deux fonds sont séparés par la voie publique ; dans ce cas, comme dans celui où les deux héritages se joignent, il n'est pas permis au propriétaire supérieur de faire sur son fonds des travaux qui, en dirigeant les eaux sur la voie publique, ont pour résultat de porter dommage aux propriétés inférieures (Arrêt de cassation du 8 janvier 1834.)

Ce qui distingue particulièrement les servitudes qui dérivent de la situation des lieux, c'est qu'elles existent par la seule position des héritages sans autre titre.

On en distingue trois :

1° Les obligations qui concernent les eaux ;

2° Le droit des propriétaires voisins, de se contraindre réciproquement au bornage de leurs propriétés contiguës ;

3° La faculté de clore un héritage pour le soustraire à la vaine pâture et au parcours.

§ II.

Servitudes établies par la loi.

Les servitudes établies par la loi ont pour objet l'utilité publique ou communale, ou l'utilité des particuliers.

Celles établies pour l'utilité publique ou communale ont pour objet le marche-pied le long des rivières navigables ou flottables, la construction ou réparation des chemins et autres ouvrages publics ou communaux. Tout ce qui concerne cette espèce de servitude, est déterminé par des lois ou des réglements particuliers.

§ III.

Servitudes établies par le fait de l'homme.

Il est permis aux propriétaires d'établir sur leurs propriétés, ou en faveur de leurs propriétés, telles servitudes que bon leur semble, pourvu néanmoins que les services établis ne soient imposés ni à la personne, ni en faveur de la personne, mais seulement à un fonds et pour un fonds, et pourvu que ces services n'aient d'ailleurs rien de contraire à l'ordre public.

Les servitudes sont établies ou pour l'usage des bâtiments, ou pour celui des fonds de terre. Celles de la première espèce s'appellent *urbaines*, soit que les bâtiments auxquels elles sont dues soient situés à la ville ou à la campagne. Celles de la seconde espèce se nomment *rurales*.

Les principales servitudes urbaines sont : que le bâtiment d'un voisin soutiendra le bâtiment de l'autre ; qu'on pourra appuyer des poutres sur son mur ; qu'il recevra sur son terrain l'égoût des toits ; qu'on pourra avoir des fenêtres, des balcons donnant sur sa propriété, sans conserver la distance requise ; qu'il ne pourra pas élever son bâtiment, de manière à nuire aux jour, vues.

Les servitudes rurales sont celles qui résultent du droit de passage sur le fonds voisin : cette servitude peut varier selon qu'on a le droit de passer à pied, avec des troupeaux ou avec des charriots ; le droit d'aqueduc, c'est-à-dire le droit de conduire de l'eau, par le terrain d'autrui, celui de puisser de l'eau de mener un troupeau, etc.

Les servitudes sont, ou *continues*, ou *discontinues* : les servitudes continues sont celles dont l'usage est ou peut être continuel sans avoir besoin du fait actuel de l'homme : tels sont les conduites d'eau, les égoûts, les vues, et autres de cette espèce. Les servitudes discontinues sont celles qui ont besoin du fait actuel de l'homme pour être exercées : tels sont les droits de passage, puisage, pacage et autres semblables.

Cette division est fort importante, parce que les servitudes continues ou discontinues ne s'établissent pas de la même manière. En effet, les servitudes continues et et apparentes peuvent s'acquérir par titre ou par la prescription, tandis que les autres ne peuvent s'acquérir que par titres.

Les servitudes sont apparentes ou non apparentes. Les servitudes apparentes sont celles qui s'annoncent par des ouvrages extérieurs, tels qu'une porte, une fenêtre, un aqueduc. Les servitudes non apparentes sont celles qui n'ont pas de signe extérieur de leur existence, comme par exemple la prohibition de bâtir sur un fonds, ou de ne bâtir qu'à une hauteur déterminée. Même importance pour cette division.

§ IV.

Comment s'établissent les servitudes.

Les servitudes continues et apparentes s'acquièrent par titre, ou par la possession de trente ans. Les servitudes continues non apparentes, et les servitudes discontinues apparentes ou non apparentes ne peuvent s'établir que par titre. La possession même immémoriale ne suffit pas pour les établir.

Celui auquel est due une servitude a droit de faire tous les ouvrages nécessaires pour en user et pour la conserver.

60

Si l'héritage pour lequel la servitude a été établie vient à être divisé, la servitude reste due pour chaque portion, sans néanmoins que la condition du fonds assujetti soit aggravée.

Le propriétaire du fonds débiteur de la servitude ne peut rien faire qui tende à en diminuer l'usage ou la rendre plus incommode; de son côté, celui qui a un droit de servitude ne peut en user que suivant son titre; sans pouvoir faire, ni dans le fonds qui doit la servitude, ni dans le fonds à qui elle est due, de changement qui aggrave la condition du premier.

§ V.

Comment s'éteignent les servitudes.

Les servitudes cessent lorsque les choses se trouvent en tel état qu'on ne peut plus en user. Elles revivent si les choses sont rétablies de manière qu'on puisse en user; à moins qu'il ne se soit écoulé un espace de temps suffisant pour faire présumer l'extinction de la servitude.

Ainsi, lorsque l'eau revient à la source qui avait été tarie, lorsque la rivière se retire du chemin qu'elle avait inondé, lorsque le mur abattu est reconstruit, toutes les servitudes revivent. Cependant lorsqu'il s'est écoulé 50 ans, pendant lesquels il était impossible d'exercer la servitude, celle-ci est éteinte par prescription.

SOCIETÉS COMMERCIALES.

La société est un contrat par lequel deux ou plusieurs personnes conviennent de mettre quelque chose en commun, dans la vue de partager le bénéfice qui pourra en résulter.

Toute société doit avoir un objet licite, et être contractée pour l'intérêt commun des parties. Chaque associé doit apporter ou de l'argent ou d'autres biens, ou son industrie.

Toutes sociétés doivent être rédigées par écrit, lorsque leur objet est d'une valeur de plus de cent cinquante francs. La preuve testimoniale n'est point admise contre et outre le contenu en l'acte de société, ni sur ce qui serait allégué avoir été dit avant, lors et depuis cet acte, encore qu'il s'agisse d'une valeur moindre de cent cinquante francs.

Les sociétés commerciales se régissent par les dispositions du Code civil, dans tous les points qui n'ont rien de contraire aux lois et usages du commerce, par les dispositions du Code de commerce, et par les conventions des parties.

La loi reconnaît trois espèces de sociétés commerciales : la société en nom collectif, la société en commandite, la société anonyme. Indépendamment de ces trois sociétés commerciales, le Code de commerce en reconnaît encore une quatrième, sous le titre d'association en participation.

§ Ier.

De la société en nom collectif.

La société en nom collectif est celle que contractent deux personnes ou un plus grand nombre, et qui a pour objet de faire le commerce sous une raison sociale.

On appelle *raison sociale*, la dénomination sous laquelle la société est connue et a contracté ses engagements. Cette raison sociale se compose du nom de l'un, ou de quelques-uns des associés avec addition de ces mots *et compagnie*; il n'y a que les associés qui puissent, aux termes de l'art. 21 du Code de commerce, faire partie de la raison sociale. La Cour de cassation a décidé qu'un commis intéressé ne pouvait être considéré comme un associé. (Arrêt du 31 mai 1831).

Le caractère distinctif de la société en nom collectif, est de rendre les associés solidaires pour tous les engagements de la société, encore qu'un seul des associés ait signé, pourvu que ce soit sous la raison sociale.

§ II.

De la société en commandite.

La société en commandite est celle qui se contracte entre un ou plusieurs associés responsables ou solidaires, et un ou plusieurs associés, simples bailleurs de fonds, qu'on nomme commanditaires ou associés en commandite ; elle est régie sous un nom social, qui doit être nécessairement celui d'un ou plusieurs des associés responsables et solidaires.

Celui qui, sous le titre de prêt, a fourni des fonds à une maison de commerce avec stipulation d'un intérêt déterminé, doit être réputé associé commanditaire, et non simple prêteur ; si, outre l'intérêt convenu, il s'est réservé une quote-part dans les bénéfices présumés, le droit de prendre communication des registres, celui d'assister aux inventaires, et autres prérogatives de ce genre, qui régulièrement n'appartiennent qu'à un associé. (Arrêt de la cour de Paris du 10 août 1807).

Les sociétés en commandite peuvent, comme celles en nom collectif, être constatées par des actes publics ou sous signature privée.

Le nom d'un associé commanditaire ne peut faire partie de la raison sociale.

Il est de l'essence de la société en commandite qu'il existe un associé responsable, ou plusieurs associés solidaires, qui soient tenus *indéfiniment* de tous les engagements de la société, sans pouvoir, par aucune convention, limiter leurs risques à leur mise. Il est même de l'essence de la société en commandite :

1° Que l'associé commanditaire ne soit passible des pertes que jusqu'à concurrence des fonds qu'il a mis ou a dû mettre dans la société ;

2° Qu'il ne puisse faire aucun acte de gestion, ni être employé pour les affaires de la société, même en vertu d'une procuration. Et en cas de contravention à la prohibition mentionnée dans cet article, l'associé commanditaire est obligé solidairement, avec les associés en nom collectif, pour toutes les dettes de la société.

Le capital des sociétés en commandite peut être divisé en actions, sans aucune dérogation aux règles établies pour ce genre de société.

Ces actions peuvent être au porteur. (Arrêt de la cour de Paris du 7 février 1832).

Les sociétés en commandite diffèrent des sociétés anonymes ou compagnies de banque, relativement au sort du dividende ou au partage des bénéfices. Une société en commandite n'est réellement en profit ou en perte qu'à l'expiration de sa durée : tout partage de bénéfices est donc essentiellement provisoire et soumis à rapport. Ainsi, l'associé commanditaire qui, avant la dissolution de la société, a retiré des sommes à titre de bénéfices, est tenu, dans le cas où la société vient à faillir, de faire compte aux créanciers des sommes qu'il a retirées, bien qu'il les eût retirées en vertu d'une clause de l'acte de société. (Arrêt de la cour de Paris du 11 février 1811).

§ III.

De la société anonyme.

La société anonyme n'existe point sous un non social : elle n'est distinguée par le nom d'aucun des associés ; elle est qualifiée par la désignation de l'objet de son entreprise.

Les sociétés anonymes prennent plus particulièrement le nom de *compagnie*, quand elles se composent d'un grand nombre d'associés , et qu'elles ont pour objet une entreprise considérable. Des associations mal combinées dans leur origine, ou mal gérées dans leur exécution , pourraient compromettre la fortune des actionnaires et des administrateurs , et altérer même le crédit général. Ces graves considérations ont déterminé le législateur à exiger qu'aucune société anonyme ne pût exister qu'avec l'autorisation du roi , et avec son approbation pour l'acte qui la constitue. Cette approbation doit être donnée dans la forme prescrite par les réglements d'administration publique.

Les sociétés anonymes ne peuvent être formées que par des actes publics.

Un réglement du ministre de l'intérieur, en date du 3 décembre 1807 , a prescrit les formes dans lesquelles l'autorisation du gouvernement doit être demandée et accordée. Aux termes de ce réglement , la demande de l'autorisation est nécessaire pour l'établissement d'une société anonyme : elle doit être formée par une pétition signée de ceux qui veulent former la société.

Cette pétition doit être adressée au préfet du département , et , à Paris , au préfet de police. (Art. 1er du réglement.)

La pétition doit contenir la désignation de l'affaire ou des affaires que la société veut entreprendre , les termes de sa durée , le domicile des pétitionnaires , le montant du capital que la société devra posséder, la manière dont ils entendent former le capital , soit par souscription simple, soit par actions , les délais dans lesquels ce capital devra être réalisé , le domicile choisi où sera placée l'administration , le mode d'administration , enfin l'acte ou les actes d'association passés entre les intéressés.

Si les souscripteurs de la pétition ne complètent pas eux seuls la société qui doit être formée , s'ils déclarent avoir l'intention de la compléter lorsque seulement ils auront reçu l'approbation du gouvernement, ils devront, dans ce cas, composer, au moins, le quart en somme du capital, et s'obliger à payer le contingent aussitôt après l'autorisation donnée.

Le préfet, après avoir fait prendre des informations sur les qualités et la moralité, soit des auteurs du projet, soit des préliminaires, comme aussi sur les facultés de ces derniers, à l'effet de s'assurer s'ils sont en état de réaliser la mise de fonds par laquelle ils ont déclaré vouloir s'intéresser, donne son avis sur la nature et l'objet de l'entreprise, sur son utilité, sur la probabilité du succès qu'elle peut obtenir, sur les conséquences qui peuvent en résulter sous le rapport de l'intérêt général ou particulier. Le préfet transmet son avis avec la pétition et toutes les pièces au ministre de l'intérieur; et, sur le rapport de ce ministre fait au Roi en conseil d'Etat, l'autorisation est accordée ou refusée.

Rien ne pourra être changé aux bases et au but de la société anonyme, après l'approbation reçue, sans avoir obtenu, dans les formes qui sont prescrites par les articles ci-dessus rapportés, une nouvelle autorisation du gouvernement, et ce, à peine d'interdiction de la société.

La société anonyme est administrée par des mandataires à temps, révocables, associés ou non associés, salariés ou gratuits.

Les administrateurs ne sont responsables que de l'exécution du mandat qu'ils ont reçu. Ils ne contractent, à raison de leur gestion, aucune obligation personnelle, ni solidaire relativement aux engagements de la société.

Le capital de la société anonyme se divise en actions, et même en coupons d'actions d'une valeur égale. L'action peut être établie sous la forme d'un titre au porteur. Dans ce cas, la cession s'opère par la tradition du titre.

A la différence des sociétés dont nous venons de parler, la société anonyme n'est jamais dissoute par la mort de l'un des associés, les droits de celui-ci étant essentiellement transmissibles à des tiers sans l'intervention des autres associés. De même la faillite d'un associé n'empêcherait pas la continuation de la société avec les créanciers qui peuvent le représenter et vendre son action, si bon leur semble.

Obligations imposées par la loi pour les diverses sociétés commerciales.

L'article 42 du Code de commerce porte : l'extrait des actes de société en nom collectif et en commandite, doit être remis au greffe du tribunal de commerce de l'arrondissement dans lequel est établie la maison de commerce social, pour être transcrit sur le registre, et affiché pendant trois mois dans la salle des audiences. Les formalités seront observées, à peine de nullité, à l'égard des intéressés ; mais le défaut d'aucune d'elles ne pourra être opposé à des tiers par des associés. L'ordonnance du Roi qui autorise les sociétés anonymes, devra être affichée avec l'acte d'association et pendant le même temps.

§ IV.

Des associations commerciales en participation.

Ces associations n'ont pour objet que des opérations momentanées, quelquefois une seule ; et en cela elles diffèrent essentiellement des trois autres sociétés commerciales dont nous venons de parler, qui constituent entre les associés une longue série de rapports et d'intérêts communs, et par suite les unissent par des liens beaucoup plus durables.

Elles sont relatives à une ou plusieurs opérations de commerce ; elles ont lieu pour les objets, dans les formes, avec les proportions d'intérêt et aux conditions convenues entre les parties.

Les associations en participation peuvent être formées par des particuliers entre eux, par l'exploitation d'entreprises mises en adjudication, soit par le gouvernement, soit par une autorité ou administration quelconque.

Les associations en participation n'ayant pour objet que des opérations passagères et presque toujours d'une courte durée, telles que l'achat et la revente de certaine quantité de bestiaux, de denrées ou autres marchandises, et se formant souvent inopinément, et à l'instant même où ces opérations doivent s'effectuer, et le plus communément dans les foires et marchés, elles ne pouvaient pas être assujetties aux formalités prescrites pour les autres sociétés; c'est pourquoi elles en ont été affranchies par une disposition expresse du Code de commerce, art. 50.

L'art. 49 porte qu'elles peuvent être constatées par la représentation des livres, de la correspondance, ou par la preuve testimoniale, si le tribunal juge qu'elle peut être admise.

§ V.

Différentes manières dont finissent les sociétés.

La société finit, 1° par l'expiration du temps pour lequel elle a été constituée; 2° par l'extinction de la chose, ou la consommation de la négociation; 3° par la mort naturelle de quelques-uns des associés; 4° par la mort civile, l'interdiction ou la déconfiture de l'un d'eux; 5° par la volonté qu'un seul ou plusieurs expriment de n'être plus en société.

La prorogation d'une société à temps limité ne peut être prouvée que par un écrit revêtu des mêmes formes que le contrat de société.

FORMULE

D'UN ACTE DE SOCIÉTÉ EN NOM COLLECTIF.

Les mises de fonds des associés, n'opérant aucune obligation ou libération, ne sont passibles d'aucun droit particulier.

Entre les soussignés. (Préambule de la formule précédente.)

61

Ont constitué entre eux une société en nom collectif aux conditions suivantes :

Les opérations de la société pourront embrasser toute sorte de commerce , d'achats et ventes de marchandises.

Pour cet effet , M. B. a présentement apporté dans la société une somme de   francs, *et M. R.* a déposé aussi pour sa portion dans la société , la somme principale de   francs en numéraire ; plus , une pareille valeur en marchandises...

Les valeurs de la société , ci-dessus exprimées, seront déposées dans une caisse à deux clés , et n'en seront sorties que pour acheter des marchandises , ou entreprendre des opérations de commerce qui auront été respectivement convenues entre les parties.

Il sera établi un registre spécial pour établir l'emploi des fonds communs aux achats et ventes. Ces livres seront tenus par les associés , suivant les règles du commerce.

La raison sociale sera C... et R..., sous laquelle seront signés et consentis tous les actes et les opérations communes. Cette signature engagera solidairement les associés , encore qu'elle ne soit donnée que par un seul.

Le siège de la société sera établi à

La présente société est consentie pour six ans à compter de ce jour. Chaque année il sera fait inventaire des marchandises , de l'actif et du passif de la société , afin d'en constater la situation. Les bénéfices seront partagés par moitié entre les soussignés.

Les soussignés se réservent de proroger la présente société , si bon leur semble, lorsque le terme en sera expiré.

En cas de décès de l'un des associés , pendant le terme ci-devant fixé, la société sera dissoute, et sa liquidation sera confiée au survivant.

Enfin, il est convenu que ni l'un ni l'autre des associés ne pourra entreprendre aucunes opérations ou spécula-

tions de commerce qui seraient étrangères à la société, sous peine de tels dommages-intérêts qu'il appartiendra.

Fait double, à　　　le　　　mil...

(Signatures des Parties.)

FORMULE

D'UN ACTE DE SOCIÉTÉ EN COMMANDITE.

Nous soussignés,

(Le préambule des formules précédentes.)

Avons constitué entre nous une société de commerce en commandite, aux conditions suivantes :

La société est fondée pour faire et entreprendre toutes les opérations de commerce, achats et ventes de marchandises quelconques, suivant qu'elles seront d'abord approuvées et convenues par les associés solidaires et responsables ci-après nommés.

La masse de la société sera composée d'une somme principale de 300,000 fr., de laquelle somme cent mille francs ont été fournis présentement par G...... T......, cent autres mille francs ont été aussi fournis à l'instant par R..... R....., et les cent mille francs restant seront fournis par S.... D....

Ces fonds seront versés dans la caisse sociale dont l'administration sera confiée à un caissier comptable, qui ne pourra faire aucun emploi de l'argent de la société que pour les paiements des affaires, négociations, achats et autres objets qui seront désignés par les soussignés ou par les livres de la société.

Les susnommés nomment pour leur caissier le sieur G...., qui ne pourra entrer en exercice qu'après avoir versé un cautionnement de la somme de　　　entre les mains des soussignés qui lui en donneront décharge, et lui en paieront l'intérêt à　　　pour cent par an.

Ce cautionnement lui sera remis lorsqu'il cessera ses fonctions.

La raison sociale de la société sera celle de R... S... et S... D... Tous les actes de la société seront exclusivement signés sous cette raison, et chacun des associés responsables pourra la signer seul : les actes qu'il signera ainsi obligeront la société.

Les soussignés désignent pour associés solidaires responsables, lesdits R... S..., S... D... En conséquence, ils administreront exclusivement la masse sociale.

Le siège de la société sera fixé dans la maison de S... D...

A l'égard de G... T..., il n'est reconnu qu'associé en commandite dans la présente société ; en conséquence il ne sera tenu des pertes que jusqu'à concurrence du fonds qu'il a mis dans la société, mais il aura droit au tiers des profits, à quelque valeur qu'ils puissent se monter.

La présente société en commandite est faite pour le temps de huit ans, pendant lesquels elle ne pourra être dissoute que du consentement des parties, ou en cas de mort de l'un des associés. En ce cas, les héritiers du décédé pourront demander la restitution de sa mise, aux charges de droit, sauf à supporter les pertes, s'il y en a.

Les associés responsables et solidaires rendront compte de leur gestion tous les six mois ; ils partageront avec les autres associés les bénéfices qu'ils auront pu faire dans la société. A la fin de chaque année, ils feront un inventaire des meubles, effets, marchandises, créances et immeubles de la société, afin d'en constater la situation.

Les livres et registres de la société seront tenus suivant les règles du commerce. Les associés gérants et solidaires fixeront le traitement du caissier et des commis.

Fait triple, à   le   mil...

(Signatures des Parties.)

FORMULE

D'UN ACTE DE SOCIÉTÉ EN PARTICIPATION.

Les soussignés ,
Louis R..., marchand , demeurant à
Et Luc B..., marchand , demeurant à
Reconnaissent avoir acheté en participation un bateau
chargé de blé de Bourgogne , du sieur G..., qu'ils ont
payé comptant , chacun pour sa moitié , suivant quit-
tance dudit G..., en date du
Ce blé sera rendu comptant par les soussignés , en-
semble ou séparément, soit sur les lieux , soit sur les
places où il en sera fait des demandes.
Chacun des associés rendra compte à l'autre, tous les
six mois , des ventes qu'il aura faites séparément ; le
produit en sera partagé par moitié , sauf la déduction des
frais de magasinage , d'ouvriers et autres déboursés. Si,
au lieu de profit , il résultait des pertes desdites ventes ,
elles seraient supportées par moitié , et chacun en fera
raison à l'autre.
La présente association cessera de plein droit aussitôt
que le blé dont il s'agit sera vendu, et que les comptes de
vente en seront respectivement réglés.
Fait double, à   le   mil...

(Signatures des Parties.)

§ VI.

Du jugement des contestations entre associés.

Toute contestation entre associés et pour raison de la
société , doit être jugée par des arbitres.

Les difficultés sur les associations commerciales en
participation sont , comme celles qui ont lieu dans toutes
les autres sociétés , du domaine de l'arbitrage forcé.
(Arrêt de cassation du 28 mars 1815.)

L'art. 51 du Code de commerce doit être entendu daus un sens absolu et impératif : de telle sorte que les tribunaux de commerce ne peuvent, même du consentement des parties, connaître des contestations entre associés, bien qu'il s'agisse d'une société commerciale en participation ; ils doivent les renvoyer d'office devant les arbitres. (Arrêt de cassation du 7 janvier 1818.)

Toutes actions contre les associés non liquidateurs et leurs veuves, héritiers ou ayant-cause, sont prescrites cinq ans après la fin ou la dissolution de la société, si l'acte de société qui en énonce la durée, ou l'acte de dissolution, a été affiché et enregistré, conformément aux art. 42, 43, 44 et 46, et si depuis cette formalité remplie, la prescription n'a été interrompue à leur égard par aucune poursuite judiciaire.

Enregistrement.

Les actes de société ou de leur dissolution sont soumis au droit fixe de 5 fr.

Les actes sous seing privé contenant établissement, changement, prolongation ou dissolution de société, doivent être enregistrés avant la remise au greffe du tribunal de commerce des extraits dont l'affiche est ordonnée.

La déclaration signée par les associés ou gérants portant que la société a été formée par convention verbale, doit également être enregistrée avant d'être reçue au greffe du tribunal de commerce, au droit fixe de 5 fr.

Les actes contenant cession de portion d'intérêt dans une société en commandite, sont assujettis au droit de 50 c ou 2 fr. par cent francs, suivant que le titre de cession ne confère pas, ou confère une propriété dans l'entreprise.

TESTAMENT.

Le testament est un acte par lequel on dispose, pour le temps où l'on ne sera plus, de la totalité ou d'une partie de ses biens, et que l'on peut toujours révoquer.

Ce droit est conféré à l'homme par les lois civiles, et remonte à la plus haute antiquité.

L'ancienne jurisprudence française avait conservé un grand nombre de manières de disposer à titre gratuit; outre les donations entre-vifs et les testaments, on connaissait les substitutions, les donations à cause de mort, etc. Le Code civil a réformé cette diversité de législations; et aujourd'hui toute distinction entre la qualité d'héritier et celle de légataire a été abolie. Chacun peut disposer par testament, soit sous le titre d'institution d'héritier, soit sous le titre de legs, soit sous toute autre dénomination propre à manifester sa volonté.

L'acte qui contient le testament ne doit être l'expression de la volonté que d'une seule personne. Ainsi par le même acte ne peuvent tester deux personnes, soit au profit de l'une ou de l'autre, soit d'un tiers, ou même de personnes totalement étrangères.

La loi ne reconnaît pas de testament verbal.

Il y a trois sortes de testaments : le testament olographe, le testament par acte public et le testament mystique.

Le testament olographe doit être écrit en entier, daté et signé de la main du testateur ; il est assimilé aux actes sous seing privé, et suivant les art. 1323 et 1324, la vérification tant de l'écriture que de la signature du testateur peut être ordonnée en justice.

Le testament olographe doit être écrit en entier de la main du testateur ; un seul mot tracé par une main étrangère, même du vivant du testateur, et à sa connaissance annullerait le testament ; il peut être écrit en forme de lettre missive, pourvu qu'elle contienne les dispositions réelles, et qu'elle réunisse les autres qualités nécessaires au testament olographe : peu importe la matière sur laquelle et avec laquelle il aura été écrit. Il doit être daté, c'est-à-dire, qu'il doit indiquer le jour, le mois, et où il a été écrit.

Le testament olographe peut avoir plusieurs dates ; les erreurs de date sont réparables, mais elles ne peuvent être rectifiées que par des preuves tirées du corps même de l'acte; des dispositions non datées qui suivraient la signature seraient nulles; mais si plusieurs dispositions étaient signées et une seule datée, elles n'en seraient pas moins valables.

Le testament olographe doit être signé; la signature doit être celle que le testateur apposait ordinairement à ses actes. Le testament olographe peut être fait dans tous pays.

Le testament par acte public est sujet à certaines formalités, dont l'inexécution, entraîne la nullité du testament.

Pour connaître ces formalités, il faut combiner le Code civil avec la loi du 25 ventose an XI, sur le notariat, qui est toujours applicable à cet acte.

Le testament par acte public est reçu par deux notaires, ou par un notaire et quatre témoins; le testateur dicte, et le notaire ou l'un d'eux écrit sous sa dictée : ainsi le notaire ne pourrait écrire un testament qui serait fait par signes, car la loi exige expressément que le testateur puisse parler, c'est-à-dire prononcer mot pour mot ce qui doit être écrit.

Le testament doit être lu au testateur en présence des témoins; il est signé par le notaire, le testateur et les témoins; mention est faite dans le testament de la dictée, de l'écriture, de la lecture, si le testateur ne sait ou ne peut signer.

Il est aussi fait mention de la signature des témoins, du testateur, de la réquisition à eux faite par le notaire de signer, de leurs déclarations qu'ils ne savent ou qu'ils ne peuvent signer.

Les témoins appelés aux testaments par acte public, doivent être mâles, majeurs, citoyens français, avoir l'exercice des droits civils.

Les notaires sont responsables de la nullité des actes qu'ils rapportent, et par conséquent de la nullité des testaments.

L'omission de la date, quoique le Code civil n'en parle pas, annullerait le testament; car la date seule peut faire connaître si, à l'époque où il a été reçu, le testateur était capable de disposer.

Lorsque le testateur voudra faire un testament mystique ou secret, il sera tenu de signer ses dispositions, soit qu'il les ait écrites lui-même, ou qu'il les ait fait écrire par un autre. Sera le papier qui contiendra ses dispositions, ou le papier qui servira d'enveloppe s'il y en a une, clos et scellé. Le testateur le présentera ainsi clos et scellé au notaire et à six témoins au moins, ou il le fera clore et sceller en leur présence, et il déclarera que le contenu en ce papier est son testament écrit et signé de lui, ou écrit par un autre et signé de lui; le notaire en dressera l'acte de suscription qui sera écrit sur ce papier ou sur la feuille qui servira d'enveloppe; cet acte sera signé tant par le testateur que par le notaire, ensemble par les témoins. Tout ce que dessus sera fait de suite et sans divertir à autres actes et, en cas que le testateur, par un empêchement survenu depuis la signature du testament, ne puisse signer l'acte de suscription, il sera fait mention de la déclaration qu'il en aura faite, sans qu'il soit besoin, en ce cas d'augmenter le nombre des témoins.

Pour faire un testament, il faut être sain d'esprit.

Le mineur, âgé de seize ans accomplis, émancipé ou non, pourra disposer par testament, mais seulement jusqu'à concurrence de la moitié des biens dont la loi permet au majeur de disposer.

La femme mariée n'a besoin ni du consentement du mari, ni de l'autorisation de justice, pour disposer par testament.

Ses libéralités, soit par acte entre-vifs, soit par testament, ne pourront excéder la moitié des biens, si le testateur n'a qu'un enfant à son décès; le tiers, s'il laisse deux enfants; le quart, s'il en laisse trois ou un plus grand nombre.

62

Les donations entre-vifs ou les legs par testament ne pourront excéder la moitié des biens, si, à défaut d'enfants, le défunt laisse un ou plusieurs ascendants dans chacune des lignes paternelle et maternelle ; et les trois quarts s'il ne laisse d'ascendants que dans une ligne.

A défaut d'ascendants et de descendants, les libéralités pourront épuiser la totalité des biens.

Les dispositions qui excéderont la quotité disponible ne seront point nulles, mais seulement réductibles à cette quotité lors de l'ouverture de la succession.

La portion qu'on peut donner à une seconde femme, ne peut excéder une portion d'enfant le moins prenant, c'est-à-dire que s'il y a cinq enfans, le legs ne peut être que d'un sixième.

Dans toute disposition testamentaire, les conditions impossibles, celles qui sont contraires aux lois et aux mœurs, sont réputées non écrites.

FORMULE

D'UN TESTAMENT OLOGRAPHE.

Je soussigné (nom, prénoms, qualités du testateur ; et si c'est une femme mariée ou veuve, ajoutez : femme de... nom, prénoms et qualité de son mari), *donne et lègue, par préciput et hors part, à M.* mon neveu (expliquer ici les objets de la donation ou du legs), *à compter du jour de mon décès.*

J'institue mes légataires universels (noms, prénoms et qualités des institués ou légataires).

Je nomme pour exécuteur testamentaire (nom, prénoms, profession et qualité).

Je révoque tous autres testaments et codicille que j'ai faits antérieurement.

Fait à ce cinq janvier mil huit cent quarante-six.

(Signature du Testateur).

FORMULE

DE LA DISPOSITION PORTANT RECONNAISSANCE D'UN ENFANT NATUREL.

Je déclare que je me reconnais (père ou mère) d'un enfant du sexe... qui a été présenté le premier mai mil huit cent quarante-cinq à l'officier de l'état civil de la commune canton de département de et qui a été inscrit sur le registre de l'état civil, sous le nom de etc.

FORMULE

DE LA DISPOSITION QUI CONFÈRE L'ADOPTION.

Désirant user de la faculté que la loi me donne, je déclare, dans la prévoyance de mon décès, adopter, par mon présent testament, M... (nom et prénoms), âgé de vingt ans, dont la tutelle officieuse m'a été conférée par acte de ou par délibération du conseil de famille, reçue par M. le juge de paix du canton de en date du

Le testament est présenté au président du tribunal de première instance de l'arrondissement dans lequel la succession est ouverte. Procès-verbal de l'ouverture et de l'état de ce testament est dressé par le président, qui en ordonne le dépôt entre les mains du notaire par lui commis.

Le greffier en délivre expédition au notaire, avec un extrait ou expédition du procès-verbal, qui lui tient lieu de minute de dépôt.

AUTRE FORMULE

D'UN TESTAMENT OLOGRAPHE.

(Droit d'enregistrement : 5 fr. 5o c.)

Si l'on veut donner toute sa fortune à une personne sans faire aucune disposition particulière, on peut faire son testament simplement comme il suit :

J'institue M. Louis Bernard, propriétaire, demeurant à   mon légataire universel.

A   le   janvier mil huit cent quarante-six.
(Signature du Testateur.)

Si l'on veut instituer plusieurs personnes dans l'intention que la part que l'une d'elles ne pourra pas recueillir, parce que sa mort est arrivée avant celle du testateur, ou par quelque autre événement, accroisse à l'autre, on peut tester comme il suit :

J'institue M. André A..., négociant, demeurant à et Jacques B..., peintre, demeurant à   mes légataires universels.

A   le   mars mil huit cent quarante-six.
(Signature du Testateur.)

Si l'on veut instituer un légataire à titre universel, on teste ainsi :

Je lègue à M. Adrien N..., propriétaire demeurant à   la moitié de ma succession.

A   le   avril mil huit cent quarante-cinq.
(Signature du Testateur.)

Si l'on veut faire des dispositions particulières que devra acquitter le légataire universel, on fait son testament ainsi qu'il suit :

*J'institue M. André L....., propriétaire, demeurant
à   mon légataire universel.*

*Je lègue au sieur Louis B......, avocat, demeurant
à   une maison située à*   (désigner exactement.

*Je lègue au sieur Stanislas B...., négociant, demeu-
rant à   la somme de*

Je lègue etc.

A   le   *mai mil huit cent quarante-cinq.*

(Signature du Testateur.)

TRANSACTION.

C'est un contrat par lequel les parties terminent une
contestation née ou préviennent une contestation à
naître.

Les notions qui se rattachent à ce contrat sont relatives, 1° à la forme dans laquelle il peut être passé ; 2° à
la capacité nécessaire aux parties qui y figurent ; 3° à son
objet et aux effets qu'il produit ; 4° enfin aux motifs qui
peuvent le faire annuller ou modifier.

Ce contrat doit être rédigé par écrit. On exige que la
transaction soit rédigée par écrit, même au-dessous de
150 fr., parce qu'elle a pour but d'éteindre ou de prévenir les procès ; il ne faut donc pas qu'elle puisse en faire
naître : ce qui aurait lieu si une partie niant qu'il y ait
eu transaction, l'autre pouvait le prouver par témoins.
Du reste, la transaction est un contrat non *solennel*,
pour lequel il n'y a pas de formalités particulières. Elle
est *judiciaire* ou *extrajudiciaire* : judiciaire, lorsque dans
le cours d'un procès les parties rédigent leur transaction
en forme de jugement et la font sanctionner par le tribunal : on la nomme alors *expédient* ; extrajudiciaire,
lorsqu'elle est rédigée par acte sous signature privée ou
devant notaire.

Pour transiger, il faut avoir la capacité de disposer des
objets compris dans la transaction. Le tuteur ne peut tran-

siger pour le mineur ou l'interdit, conformément à l'art. 407, au titre *de la Minorité, de la Tutelle et de l'Emancipation;* et il ne peut transiger avec le mineur devenu majeur, sur le compte de tutelle, que conformément à l'art. 472 au même titre. Les communes, les établissements publics ne peuvent transiger qu'avec l'autorisation expresse du Roi.

En effet, dans une transaction, les parties, dans le but de terminer leur différend, se font des concessions mutuelles, et aliènent une partie des droits qu'elles pouvaient avoir sur les objets de la transaction. Ainsi le mineur émancipé peut transiger sur ses revenus, il ne le peut pas sur ses capitaux; la femme séparée de biens, sur son mobilier et non sur ses immeubles.

On peut transiger sur l'intérêt civil qui résulte d'un délit; la transaction n'empêche pas la poursuite du ministère public.

On distingue bien le préjudice causé par le délit, du délit lui-même : le préjudice est fait à des particuliers, c'est à eux à en demander la réparation; le délit trouble l'ordre public et blesse la société, c'est à elle à en poursuivre la vengeance.

Les transactions ont entre les parties l'autorité de la chose jugée en dernier ressort. Elles ne peuvent être attaquées pour cause d'erreur de droit, ni pour cause de lésion.

Ainsi par une transaction valable, la contestation est éteinte irrévocablement, et les parties ne peuvent plus revenir.

La lésion n'est pas admise dans les transactions, parce qu'il est de la nature de ces actes, que les parties abandonnent des prétentions qui peuvent être fondées, et s'exposent ainsi à être lésées, dans l'intention d'éviter un procès.

Néanmoins une transaction peut être rescindée, lorsqu'il y a erreur dans la personne ou sur l'objet de la contestation Elle peut l'être dans tous les cas où il y a dol ou violence.

Il y a également lieu à l'action en rescision contre une transaction, lorsqu'elle a été faite en exécution d'un titre nul, à moins que les parties n'aient expressément traité sua la nullité.

Si, par exemple, une contestation s'élève entre un héritier et un légataire, relativement à un legs dont ce dernier demande la délivrance, l'héritier transige : postérieurement il découvre que le testament invoqué par le légataire est nul, il en fait alors prononcer la nullité ; il pourra aussi demander celle de sa transaction. Mais si la contestation s'était élevée sur la validité du testament, et que la transaction eût été passée sur la cause de nullité existante, elle ne pourrait plus être annulée, quand même on découvrirait que le testament est réellement nul.

La transaction faite sur pièces qui depuis ont été reconnues fausses, est entièrement nulle. La transaction sur procès terminé par un jugement passé en force de chose jugée, dont les parties ou l'une d'elles n'avaient point connaissance, est nulle. Si le jugement ignoré des parties était susceptible d'appel, la transaction serait valable, parce que, dans ce dernier cas, la contestation n'étant pas encore terminée irrévocablement, il restait encore à la partie condamnée une voie qui lui était toujours ouverte. Ainsi le doute subsistant, la transaction doit être valable.

L'erreur de calcul dans une transaction doit être réparée. Cette règle est évidemment contraire à l'intérêt des parties.

Enregistrement.

Les transactions qui ne contiennent aucune stipulation des sommes et valeurs, ni dispositions soumises à plus fort droit d'enregistrement, ne sont passibles que du droit fixe de 3 fr.

FORMULE

DE TRANSACTION.

Entre les soussignés,
M. Jules Robert, propriétaire, demeurant à
Et M. Lucien Bulle, négociant, demeurant à
A été observé,
Que par acte d'huissier, en date du   (énoncer la cause du procès existant entre les parties.)
MM. Robert et Bulle, voulant terminer le procès dont il vient d'être parlé, ont fait, à titre de transaction irrévocable, la convention suivante :
M. Robert s'oblige à payer à M. Bulle la somme de (énoncer la somme et l'objet de l'obligation.)
M. Bulle déclare accepter ladite obligation.
Au moyen de la présente transaction, le procès existant entre les parties, au tribunal de   *demeure éteint et terminé.*
Fait double, à   *le*   184

                   (Signature des Parties.)

TRANSPORT DE CRÉANCE.

C'est un acte par lequel on cède à quelqu'un une créance ou autre droit incorporel.

Celui qui fait le transport se nomme *cédant ; cessionnaire* est celui au profit duquel il a lieu.

Tout ce qui est dans le commerce peut être l'objet d'un transport.

Cet acte peut être fait dans la forme authentique ou sous seing privé comme la vente ordinaire Il pourrait même avoir lieu verbalement. Cependant la forme authentique est préférable ; car elle permet au cessionnaire de faire substituer son nom sur le registre des inscriptions hypothécaires à celui du cédant, et de procéder, au besoin, à la saisie immobilière.

Le prix convenu doit être énoncé : quelle qu'en soit la vileté, le cédant ne peut jamais exercer d'action en rescision pour cause de lésion.

Le cessionnaire, aussitôt que la délivrance lui a été faite, est irrévocablement saisi vis-à-vis du cédant, de la créance ou du droit de transport; c'est-à-dire que ce dernier ne pourra en céder verbalement la propriété à un autre.

Cette délivrance s'opère par la remise du titre. Mais il en est autrement à l'égard des tiers, tels que les créanciers du cédant, ou le débiteur lui-même.

Postérieurement au transport, ces créanciers auraient encore le droit de faire des saisies-arrêts entre les mains du débiteur, et celui-ci pourrait valablement se libérer, soit entre leurs mains, soit entre celles de son créancier originaire. Si le cédant tombait en faillite, les syndics pourraient le faire annuler, en sorte que le cessionnaire, en cas d'insolvabilité de ce créancier, éprouverait une perte irréparable.

Pour obvier à cet inconvénient, deux moyens sont offerts au cessionnaire : il peut faire intervenir le débiteur dans l'acte, afin qu'il accepte le transport, et, dans ce cas, l'acte doit nécessairement être authentique, ou bien il doit le même transport.

Le cessionnaire se trouve alors saisi à l'égard des tiers d'une manière incommutable.

La signification faite au débiteur par le cédant produirait le même effet.

C'est au domicile réel du débiteur que doit avoir lieu la signification.

L'effet du transport est de mettre le cessionnaire au lieu et place du cédant, et de lui conférer tous les droits qui appartenaient à son vendeur.

Si donc il s'agit d'une créance, le transport comprend

63

tous les accessoires de cette créance, tels que caution, privilége et hypothèque.

Deux sortes d'obligations pèsent sur le cédant.

1° Il doit délivrer l'objet transporté ;

2° Il est tenu de la garantie.

Le cédant ne répond de la solvabilité du débiteur que lorsqu'il s'y est engagé, et jusqu'à concurrence seulement du prix qu'il a retiré de la créance. Du reste, lorsqu'il a promis la garantie de la solvabilité du débiteur, cette promesse ne s'entend que de la solvabilité actuelle, et ne s'étend pas au temps à venir, si le cédant ne l'a expressément stipulé.

Enregistrement.

Toute cession de créance à terme est passible de 1 fr pour cent francs sur le capital exprimé dans l'acte et qui en fait l'objet.

FORMULE

DE TRANSPORT DE CRÉANCE ET AUTRES DROITS INCORPORELS.

Entre les soussignés.

M. Joseph Bouvier, architecte, demeurant à

Et M. François Burnier, avocat, demeurant à

A été faite la convention suivante :

M. Bouvier cède et transporte à M. Burnier la somme de   due audit Bouvier par le sieur Gagne, en vertu d'un acte (énoncer le titre constitutif de la créance.)

M. Bouvier déclare, en outre, subroger ledit Burnier dans tous ses droits, actions, priviléges et hypothèques résultant dudit acte.

En conséquence, ledit sieur Bouvier a remis à l'instant au sieur Burnier ledit titre, ainsi qu'il le reconnait.

Ce transport est fait moyennant la somme de

que le sieur *Burnier a comptée au sieur Bouvier, dont quittance.*

Fait double, à le *mil...*

(Signature des Parties.)

———◆◆◆———

VOITURIER.

C'est celui qui fait profession de transporter des marchandises soit par terre, soit par eau.

Les voituriers par terre et par eau sont assujettis, pour la garde et la conservation des choses qui leur sont confiées, aux mêmes obligations que les aubergistes.

Ils répondent non-seulement de ce qu'ils ont déjà reçu dans leur bâtiment ou voiture, mais encore de ce qui leur a été remis sur le port ou dans l'entrepôt pour être placé dans leur bâtiment ou voiture.

Ils sont responsables de la perte et des avaries des choses qui leur sont confiées, à moins qu'ils ne prouvent qu'elles ont été perdues ou avariées par cas fortuit ou force majeure.

Les voituriers sont garans de la perte des objets à transporter, hors le cas de force majeure.

Ils sont aussi garans des avaries autres que celles qui proviennent du vice propre de la chose ou de la force majeure.

Si, par l'effet de la force majeure, le transport n'est pas effectué dans le délai convenu, il n'y a pas lieu à indemnité contre le voiturier pour cause de retard.

La réception des objets transportés et le paiement du prix de la voiture, éteignent toute action contre le voiturier.

En cas de refus ou contestation pour la réception des objets transportés, leur état est vérifié et constaté par des experts nommés par le président du tribunal de commerce, ou, à son défaut, par le juge de paix et par ordonnance au bas d'une requête.

Le dépôt ou séquestre, et ensuite le transport dans un dépôt public, peuvent être ordonnés.

La vente peut en être ordonnée en faveur du voiturier jusqu'à concurrence du prix de la voiture.

Les mêmes dispositions sont communes aux maîtres de bateaux, entrepreneurs de diligences et voitures publiques.

Toutes actions contre le commissionnaire et le voiturier, à raison de la perte ou de l'avarie des marchandises, sont prescrites après six mois, pour les expéditions faites dans l'intérieur de la France, et, après un an, pour celles faites à l'étranger; le tout à compter, pour le cas de perte, du jour où le transport des marchandises aurait dû être effectué : et pour les cas d'avaries, du jour où la remise des marchandises aura été faite, sans préjudice des cas de fraude ou d'infidélité.

Lorsqu'une personne reçoit des ballots ou des marchandises qui paraissent avoir éprouvé des avaries, elle doit les faire constater par le président du tribunal civil ou de commerce, ou par le commissaire de police, ou bien encore par le juge de paix, pour les requérir de faire vérifier par des hommes de l'art l'état des ballots ou marchandises. Cette requête doit être faite sur papier timbré.

FORMULE.

A M. le président du tribunal de commerce de
Ou à M. le juge de paix du canton de
    A l'honneur d'exposer,

Le sieur Louis ...., négociant , demeurant à que par l'entremise du sieur LAURENT, voiturier, demeurant à il lui a été expédié par M..., négociant à telles marchandises (*les détailler*), qui viennent d'arriver à l'instant, qu'à la première inspection des caisses et ballots les contenant, il s'est aperçu qu'elles étaient avariées, et qu'il a refusé de les recevoir. A ces causes il vous demande, M. le président, ou M le juge de paix, de nommer des experts pour vérifier et constater l'état desdites marchandises, afin que, sur le rapport, il soit statué ce qu'il appartiendra ;

Et vous ferez justice.

(Signature).

Le président met au bas de la requête l'ordonnance qui nomme les experts

FORMULES DIVERSES.

PÉTITIONS AU PRÉFET.

PÉTITION, EN CAS D'IMPOSITION DANS UNE COMMUNE, POUR UN BIEN SITUÉ DANS UNE AUTRE.

A Monsieur
Monsieur le préfet du département d...
   N...., (qualité et demeure), *a l'honneur de vous ex-*
poser, qu'il est propriétaire d'un terrain en nature de...
(indiquer sa nature, son étendue et ses tenants et aboutissants), *situé sur le ban de la commune de...., au lieu*
dit..., pour lequel il a été imposé dans la commune de...,
tandis qu'il ne doit l'être que dans celle susdite de..., lieu
de sa situation ; que cette erreur dont l'exposant ignore
la source, pouvant donner occasion de lui faire payer
simultanément les contributions de ce même bien, dans
deux communes différentes, il lui importe de la faire
redresser, et de recourir à cet effet, à votre autorité.
   A ces causes, monsieur le préfet, vu le certificat en
bonne forme délivré par le maire de la commune de.... et
ci-joint, par lequel il conste que la pièce de bien ci-des-
sus désignée et confrontée, est identiquement la même
que celle spécifiée à l'article...., section.... de la matrice
de rôles de ladite commune sur le ban de laquelle elle est
située, et où elle est imposée, comme telle, pour un re-
venu net de..., il vous plaise arrêter, qu'au moyen de la
somme de...., à laquelle l'exposant est déjà cotisé dans
ce même rôle, il sera déchargé du paiement de celle
de..., à laquelle il a été mal-à-propos imposé dans la
commune de..., et ferez justice.

(Signature.)

AUTRE, DANS LE CAS OU UNE PROPRIÉTÉ A ÉTÉ COTISÉE SOUS
UN AUTRE NOM QUE CELUI DU VÉRITABLE PROPRIÉTAIRE.

(Même intitulé que celui ci-dessus.)

N..., (qualité et demeure), *a l'honneur de vous exposer,
qu'il a été imposé par erreur, dans la commune de....,
pour une pièce de bien* (indiquer sa nature, son étendue,
sa situation et ses tenants et aboutissants) , *dont il n'a
jamais été propriétaire ni fermier ; que cette erreur provenant sans doute de la similitude de noms qui existe
entre celui du propriétaire de cet immeuble et celui de
l'exposant, ce dernier a le plus grand intérêt à faire
rectifier, quant à ce, la matrice de rôles où elle a été
commise à son préjudice.*

*Ce considéré, monsieur le préfet, et vu le certificat
ci-joint constatant que l'exposant n'a jamais été propriétaire ni possesseur, à quelque titre que ce soit, de la
pièce de bien dont s'agit, il vous plaise arrêter que la
cote concernant cet immeuble sera rectifiée dans la matrice de rôles de ladite commune de...., en tant qu'elle
comprend le nom de l'exposant qui y a été inséré mal-à-
propos, en enjoignant à l'autorité locale d'y substituer
le nom du véritable propriétaire qu'elle aurait dû connaître, et ferez justice.*

(Signature.)

AUTRE, DANS LE CAS OU UN PROPRIÉTAIRE SE CROIT TAXÉ DANS
UNE PROPORTION PLUS FORTE QU'UN OU PLUSIEURS AUTRES
PROPRIÉTAIRES DE LA COMMUNE OU SES BIENS SONT SITUÉS.

(Même intitulé qu'aux précédents.)

N... , (qualité et demeure) , *a l'honneur de vous exposer , qu'il possède un héritage* (indiquer sa nature, son
étendue et ses tenants et aboutissants), *situé sur le ban*

de la commune de...., tandis que ses voisins ne sont imposés, dans la proportion de leurs propriétés qui sont de même nature, sol et produit, que pour une somme de ..... ; qu'une telle surtaxe, si elle n'est pas due à la malveillance, est tout au moins le fruit d'une erreur grave qui deviendrait infiniment préjudiciable à l'exposant, si elle devait subsister plus longtemps ; ce qui le met dans l'obligation de réclamer à cet effet.

A ces causes, monsieur le préfet, vu la déclaration des propriétés et des revenus de l'exposant, ci-jointe, il vous plaise arrêter que la cote à laquelle il a été imposé dans ladite commune de...., pour les biens ci-dessus désignés et spécifiés, sera réduite au taux de celle à laquelle les propriétés voisines ont été fixées, en prenant pour base de la nouvelle répartition qu'il sollicite, les mêmes proportions qu'exigent leur nature, leur étendue et leur produit, comparativement à la propriété de l'exposant, et ferez justice.

(Signature.)

AUTRE, DANS LE CAS OU UN PARTICULIER A ÉTÉ TAXÉ A LA CONTRIBUTION PERSONNELLE DANS UNE COMMUNE OU IL N'A POINT DE DOMICILE.

(Même intitulé que pour les autres ci-dessus.)

N..., (qualité et demeure), a l'honneur de vous exposer, que quoiqu'il ne soit point domicilié dans la commune de..., il a été imposé néanmoins dans le rôle de la contribution personnelle, pour une somme de.... ; que ne pouvant être tenu d'acquitter cette imposition que dans la commune de...., où il a son domicile et où il est déjà cotisé pour la somme de...., il est dans le cas de recourir à votre autorité pour faire cesser une erreur aussi nuisible à ses intérêts.

A ces causes, monsieur le préfet, vu l'extrait en bonne forme et ci-joint du rôle de la contribution personnelle de

la commune de... , dans laquelle l'exposant justifie être
compris et cotisé pour la somme de... , il vous plaise arrêter que son nom sera effacé du rôle de la même contribution dans la commune de..., où il a été indûment porté,
avec défenses de l'y comprendre à l'avenir, sous telles
peines que de droit , et ferez justice.

(Signature).

AUTRE, DANS LE CAS DE SURTAXE, A RAISON DE SES
FACULTÉS.

A Monsieur,

Monsieur le préfet du département d...... N....,
(qualité et demeure), a l'honneur de vous exposer, que
dans le rôle de la contribution personnelle de ladite commune , il a été cotisé à la somme de..., que cette somme
étant évidemment supérieure à ses facultés et revenus et
n'étant point en proportion de celles que paient d'autres
individus de la même localité quoique beaucoup plus for-
tunés que l'exposant, celui-ci est dans le cas de solliciter
la réduction que la justice et les lois doivent lui faire obtenir.

Ce considéré, monsieur le préfet, vu la déclaration
des facultés et des revenus de l'exposant, ci-jointe, il
vous plaise arrêter que la cote d'imposition personnelle
qui lui a été fixée dans le rôle des contributions de ladite
commune de ..., sera réduite à un taux plus conforme à
celui de ses facultés, et ferez justice.

(Signature).

OBSERVATION. Les modèles ci-dessus peuvent s'appliquer aux réclamations contre la contribution des portes
et fenêtres et celle des patentes.

64

PÉTITION AUX FINS D'OBTENIR UNE REMISE OU MODÉRATION D'IMPOSITIONS, EN CAS DE GRÊLE, INCENDIE, INONDATION ET AUTRES CAS EXTRAORDINAIRES.

A Monsieur,

Monsieur le préfet du département d...

N..., (qualité et demeure), *a l'honneur de vous exposer, que par* (indiquer ici le genre de fléau dont les propriétés du pétionnaire ont été atteintes, ainsi que l'époque de son invasion), *la totalité ou partie de ses récoltes a été ravagée, au point qu'il se voit non-seulement privé des ressources qu'il devait en attendre, mais encore dans la pure nécessité de recourir à des emprunts très-onéreux; pour se mettre en situation d'ensemencer* (ou réparer ou reconstruire ses propriétés, s'il s'agit d'incendie); *que les impositions auxquelles tout individu est assujéti, représentant la juste indemnité qui est due au gouvernement chargé du maintien de la conservation et de la jouissance paisible des propriétés des contribuables, pour faire face aux dépenses de l'état, cete indemnité doit cesser aussitôt que, par un cas extraordinaire tel que celui dont l'exposant vient d'être affligé, le contribuable éprouve la perte de la totalité ou de la majeure partie des propriétes dont la conservation lui était assurée par le paiement de ses impositions. Or, l'exposant se trouvant malheureusement dans ce cas, il a lieu d'espérer que l'administration viendra à son secours, en lui accordant une remise ou modération de sa cote de contributions.*

Ce considéré, monsieur le préfet, vu également les certificats ci-joints, constatant les pertes survenues à l'exposant, (répéter ici les causes de ces pertes), *il vous plaise lui accorder la remise ou tout au moins une modération dans la fixation de la cote de ses contributions, et ferez justice.*

(Signature.)

OBSERVATION. Il est utile de répéter ici que ces remises ou modérations, lorsque les réclamations sont reconnues justes et fondées, sont prises sur les centimes additionnels aux deux contributions foncière et personnelle, dont la moitié est à la disposition des préfets, pour être employé, comme fonds de non-valeur, auxdites remises ou modérations.

Les pétitionnaires doivent considérer en outre que, bien que leurs réclamations soient directement adressées au préfet, elles doivent néanmoins être remises et déposées préalablement à la sous-préfecture de leur arrondissement, afin que le sous-préfet qui en prend communication, puisse faire procéder à toutes les opérations sur lesquelles il doit baser son avis; car ce n'est qu'après l'entier accomplissement des formalités exigées par la loi et que nous avons déjà indiquées plus haut, que le sous-préfet transmet toutes les pièces, avec son avis, au préfet qui statue alors définitivement sur les réclamations et fait connaître ensuite sa décision aux pétitionnaires. Les pétitions doivent être rédigées sur timbre d'un franc vingt-cinq centimes.

MODÈLE DE PÉTITION AU MAIRE DE LA COMMUNE, RELATIVEMENT A LA FIXATION DU PRIX DE VENTE DES BOISSONS.

A Monsieur
Monsieur le maire de la ville ou commune d...
N..., (qualité *ou* profession), *demeurant à....,*
(indiquer la classe et la date de la patente, si on y est sujet), *a l'honneur de vous exposer, que malgré que dans la déclaration par lui faite au bureau de la régie des contributions indirectes, le..., il ait formellement annoncé son intention de ne vendre le vin rouge contenu dans une futaille de la contenance de... hectolitres, et le vin blanc renfermé dans un tonneau de... hectolitres, qu'à raison de... le litre de vin rouge, et de... le litre de vin blanc, et que l'identité de ces prix soit inscrite sur*

*l'affiche apposée dans le lieu le plus apparent de son do-
micile ; néanmoins les préposés de ladite régie, sous le
prétexte que les vins dont s'agit ne sont pas fixés à leur
valeur réelle, prétendent à une augmentation des charges
de l'exposant, pour lui faire supporter un droit de détail
supérieur à celui qu'il doit payer réellement ; ce qui lui
occasionnerait un préjudice notable.*

*Ce considéré, monsieur le maire, vu l'ampliation de
la déclaration faite par l'exposant au bureau de la régie,
ledit jour... et dont copie conforme est affichée dans le
lieu le plus apparent de son domicile, ci-jointe, ensemble
les dispositions de l'article 49 de la loi du 28 avril 1816,
relatif à la déclaration dont s'agit, il vous plaise fixer
d'office la valeur du prix de vente des vins ci-dessus mentionnés, et ferez justice.*

(Signature)

MODÈLE D'UNE PÉTITION A PRÉSENTER AU PRÉFET, DANS LE
CAS OU LE DÉBITANT CROIRAIT AVOIR A SE PLAINDRE DE LA
DÉCISION DU MAIRE.

*A Monsieur,
Monsieur le préfet du département d...*

*N...., (qualité et demeure), a l'honneur de vous ex-
poser, que lors de l'exercice qui a été fait chez lui, par
les préposés de la régie des contributions indirectes, le..
et contrairement à la déclaration qu'il a faite le.... précédent, ainsi qu'à l'affiche apposée en conséquence, dans
le lieu le plus apparent de son domicile, indiquant les prix
de vente en détail des vins par lui déclarés et consistant,
savoir : en un tonneau de vin rouge, n°..., de la contenance de... hectolitres... litres, à raison de... le litre,
et une futaille de vin blanc, n°..., de la capacité de......
hectolitres.... litres, à raison de ... le litre ; ces préposés ont arbitrairement taxé les mêmes vins, à un prix
infiniment supérieur, ce qui a mis l'exposant dans la
nécessité de s'adresser à monsieur le maire de ladite com-*

mune, afin d'obtenir le maintien de la fixation portée dans la déclaration précitée, comme étant exactement conforme à celle du prix de vente en détail des vins dont s'agit ; mais que ce fonctionnaire ajoutant foi trop légèrement aux observations desdits préposés, n'a tenu aucun compte des justes réclamations de l'exposant et que sans autre examen qui eût pu l'éclairer sur la véracité des unes ou des autres, il a, par sa décision du... suivant, ordonné que l'exposant acquitterait les droits, au taux qu'il a ainsi plu à ces mêmes préposés de fixer : que cette décision étant évidemment une surprise faite à la religion de monsieur le maire, et consacrant une injustice à l'égard de l'exposant, puisqu'elle oblige ce dernier d'acquitter, à son préjudice, un excédant de droit sur un produit inexistant, et que d'après la loi, il ne peut être assujéti à d'autres droits que ceux résultant de la somme qu'il retire des consommateurs, il lui importe de réclamer contre cette surtaxe, qu'il peut porter le défi tant aux employés de la régie qu'à qui que ce soit, de faire la preuve que l'exposant ait vendu ses vins, à un prix supérieur à celui qu'il a déclaré et indiqué dans son affiche. C'est pourquoi il a l'honneur de recourir à votre autorité.

A ces causes, monsieur le préfet, vu l'ampliation de la déclaration faite par l'exposant au bureau de la régie des contributions indirectes, le.... ensemble la décision de monsieur le maire de ladite commune de..., en date du..., le tout ci-joint, et sans avoir aucun égard à ladite décision, laquelle sera considérée comme non avenue et sans effet ; il vous plaise arrêter que le prix de vente en détail des boissons mentionnés en ladite déclaration, sera et demeurera maintenu, tel qu'il y a été porté et que l'exposant le retire des consommateurs; ce faisant, ordonner que tout ce qui aurait été par lui payé, au-delà du prix fixé par la même déclaration, lui sera restitué, comme ayant été indûment perçu, et ferez justice.

(Signature.)

Nota. Ces pétitions doivent être rédigées sur timbre d'un franc vingt-cinq centimes.

TABLE

DES MATIÈRES.

65

FIN DE LA TABLE.

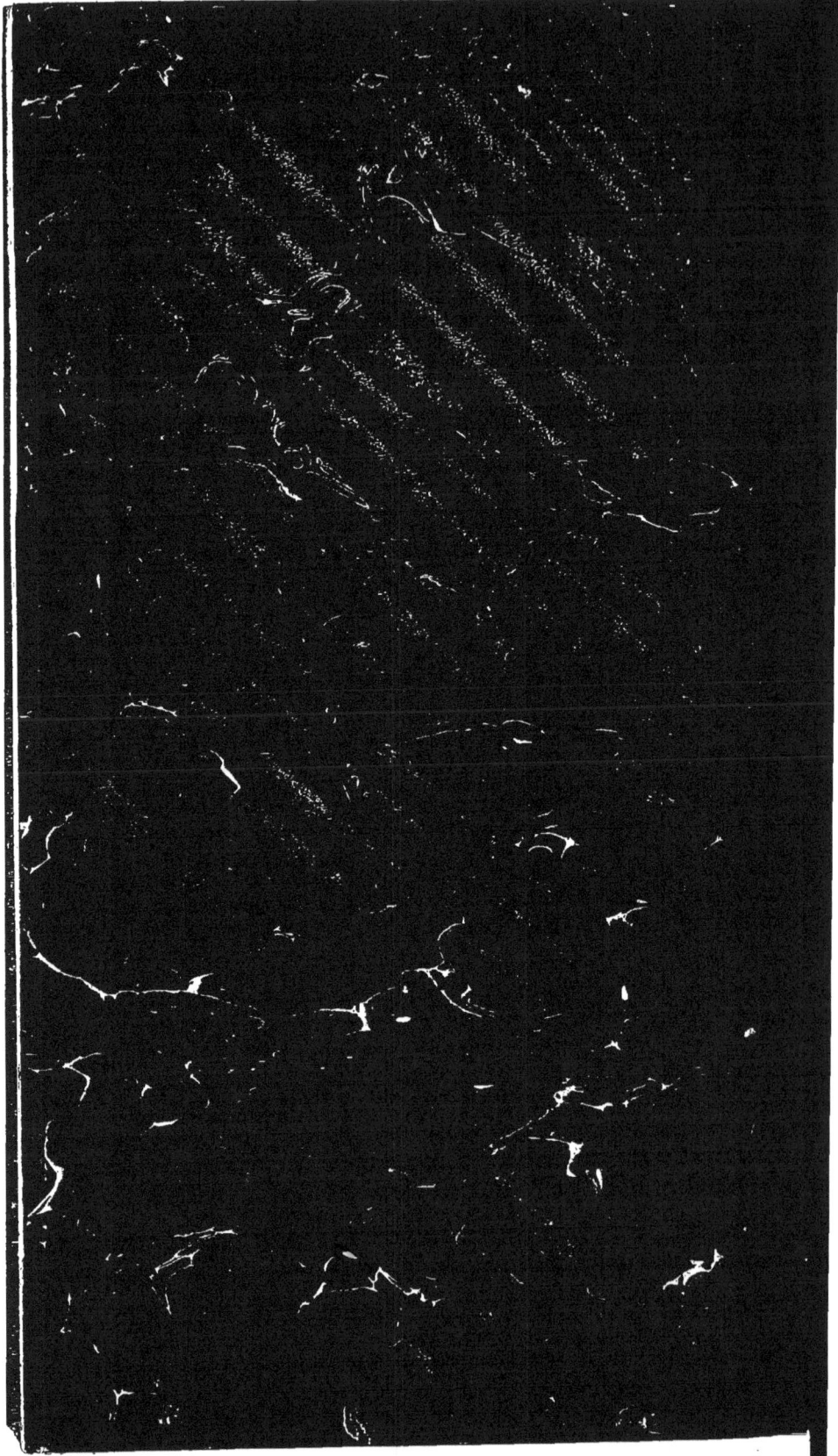